W0088724

Hans-Peter Minetti
Erinnerungen

HANS-PETER MINETTI

# Erinnerungen

ULLSTEIN

## BILDNACHWEIS

DEFA/Wenzel: 7; DEFA/Kilian: 8; Abraham Pisarek, Berlin: 10, 22; Albert Kolbe, Berlin: 12; DEFA/Borst: 13; DEFA/Meister: 14; DEFA/ Daßdorf: 16; Heinz Krüger, Berlin: 18, 19; DEFA: 21; Tassilo Leher, Berlin: 23; Manfred Uhlenhut, Berlin: 24; Vera Tenschert, Berlin: 25, 27; Herbert Schulze, Neu-Buch: 26; Volkstheater Rostock: 28; Klaus Winkler, Berlin: 30; Daniela Klemencic, Wien: 32; Salzburger Festspiele/ Weber: 33; Ernst Schär, St. Gallen: 38; Arwid Lagenpusch, Berlin: 40; Maria Steinfeldt, Berlin: 42; Fotoagentur Netzhaus, Bochum: 43; Heinrich Pawlick, Leipzig: 44; Joseph Klaes, Leverkusen: 46; Ralph Weibel, St. Gallen: 48; Gabriele Senft, Berlin: 49; Katja Rehfeld, Berlin: 50, 51, 53;
    Alle übrigen Fotos stammen aus dem Privatarchiv des Autors.
    Die Anschriften einiger der hier aufgeführten Bildrechte-Inhaber konnten nicht ermittelt werden. Berechtigte Honoraransprüche werden selbstverständlich abgegolten.

## TEXTQUELLENNACHWEIS

Bertolt Brecht »Dramatische Form des Theaters/Epische Form des Theaters«
Aus: »Bertolt Brecht Gesammelte Werke«
© Suhrkamp Verlag, Frankfurt am Main 1967
Johannes R. Becher »Wohl dem . . .«
Aus: J. R. B., ALS ICH WIEDER KAM – Dichtungen
© Aufbau-Verlag, Berlin 1955

© 1997 by Ullstein Buchverlage GmbH, Berlin
Alle Rechte vorbehalten
Satz: ew print & medien service gmbh, Würzburg
Druck und Verarbeitung: Wiener Verlag, Himberg bei Wien
Printed in Austria 1997
ISBN 3 550 06908 1

Die Deutsche Bibliothek – CIP-Einheitsaufnahme
**Minetti, Hans-Peter:**
Erinnerungen / Hans-Peter Minetti. – Berlin ; Frankfurt/Main
: Ullstein, 1997
ISBN 3-550-06908-1

Gedruckt auf alterungsbeständigem Papier
mit chlorfrei gebleichtem Zellstoff

*»Wahrheit sag ich euch, Wahrheit und immer Wahrheit – versteht sich:*
*Meine Wahrheit; denn sonst ist mir auch keine bekannt.«*

Aus den »Xenien« von Goethe und Schiller

Für die Enkelkinder
Anne-Elise, Paul
und Philip

# INHALT

# DIE PREMIERE
# KOMMT IMMER ZU FRÜH

Tagebuchnotizen sind Lebenshilfe. Sie haben darüber hinaus noch viel Verführerisches an sich. Man führt gleichsam ein privates und beinahe zwangsläufig auch ein geschichtliches Protokoll. Man kann Stunden, Tage und Nächte Geschehenes und Nicht-Geschehenes, Welt und Umwelt verarbeiten, einordnen, kritisieren, für sich selbst sogar auch korrigieren, man kann reagieren und auch sich abreagieren. Tagebuch schreiben befördert Selbsterkenntnis, Selbstdisziplin, Nachdenklichkeit, Hygiene, Bei-sich-Sein, Mit-sich-allein-sein-Können.

Insofern ist auch nur allzu verständlich, daß es bedeutungsschwere Institutionen gab und gibt, die das Führen und Mit-sich-Führen von Tagebüchern ausdrücklich verbieten.

Gerade nun angesichts des Aufschreibens von Erinnerungen tut es mir heute mehr denn je leid, ein derartiges Tagebuch nie geführt zu haben. Vieles, alles wäre leichter, zuverlässiger gewesen, rückhaltloser und rücksichtsloser.

Aber jedesmal, wenn ich in der Vergangenheit der Verführung zu Notationen nachgeben wollte, beschlich mich die Furcht, das Aufschreiben könnte das Leben und das intensive Ausleben dieses Lebens beeinträchtigen oder gar beschädigen – als sei derartiges Aufschreiben und »Festhalten« nur zu Lasten des Lebens möglich.

So entschied ich mich immer wieder dafür, die Gedanken zu denken, die Gefühle nur zu erfahren – zumal sie sich damit ja auch in einen Fundus eingraben, aus dem sie erneut auftauchen können, nur leicht verwandelt. Das bleibt zwar

9

stets Glückssache, aber ich habe erlebt, daß es sich lohnen kann, solcherlei Auftauchen geduldig abzuwarten. Gewesenes bleibt ja irgendwo immer gegenwärtig.

Bei jedem Erinnern, gerade auch beim schriftlichen, kann dieses Abwarten auf wiederauftauchende oder nicht mehr auftauchende Bilder, Gespräche, Gedanken und Empfindungen eine sehr spannende Angelegenheit werden: voller Überraschungen, voller Zufälligkeiten auch. Nichts läßt sich herbeizwingen. Zum Glück nicht.

Aber nur voller Vertrauen und Geduld abzuwarten genügt auch nicht – zumal Geduld leider nicht meine starke Seite ist: weder vom Naturell und schon gar nicht von der Zeit her, die mir für das Aufschreiben zur Verfügung stand. Also sucht man zu graben – »grabe, wo Du gerade stehst«. Das ist dann längst keine Glückssache mehr!

Erinnern ist Schwerstarbeit, ist voller Risiken: dieses »Innere«, das Bewußte wie das Unbewußte wie das Vergessene hochnotpeinlich befragen, es liebevoll umwerben, ihm ebenso vertrauen wie mißtrauen zu müssen; unbestechlich bleiben zu wollen und gleichzeitig immer neu und bitter zu erfahren, wie vorzüglich dieses Innere einen selbst zu bestechen vermag; wie schwierig es ist, dem zu widerstehen, wie schwierig auch, bis sich Wissen und Gewissen miteinander vertragen ...

All dies führt womöglich schon in Sphären einer Utopie. Ich suche mich damit zu trösten, daß all dies so oder so wohl jeden betrifft, der sich ohne eigene Notizen ans schriftliche Erinnern wagt.

Aber wie wird's dem Leser ergehen? Können so gewonnene oder verlorene Gedanken und Gefühle ihn erreichen, ihn gar animieren – zum Vergleichen, zum Verwerten, zum Bejahen und Verneinen? Es gibt so viele Autobiographien jetzt. Ist das für den Leser nun von Vorteil oder von Nachteil?

Diese Frage möchte ich nicht anheim stellen, sondern will es riskieren, sie vage zu beantworten, und will darum dreist behaupten: erst viele, vielleicht erst sehr viele Biographien und Autobiographien, gerade weil sie – ihrem Wesen nach – persönlich, subjektiv, also auch befangen sein müssen, können sie subsumiert werden, können sich einer Wahrheit zaghaft annähern – einer augenblicklichen Wahrheit, einer verstrichenen und einer kommenden ..., der jeweils *eigenen* Wahrheit – im Sinne des Mottos, das diesem Buch vorangestellt ist.

Erst eine mehr oder weniger stolze *Summe* verschiedener Autobiographien könnte somit den Wahrheiten auf die Spur kommen – gerade weil Erinnerungen so gnadenlos abhängig bleiben: von der behandelten Zeit wie auch von der Zeit, in der sie verfaßt sind.

Die Zeit meiner Generation war so aufregend wie fast jede Zeit. Erinnerung an die Weimarer Republik? Ja, wenn auch natürlich nur sehr dunkle. Und 1933? Schon etwas hellere Erinnerung, obwohl die Zeiten mit diesem Jahr viel dunkler wurden. Viele braune Uniformen, dann die Vorkriegszeit: unentwegt zwischen Hoffen und Bangen. Dann der vielbeschworene Krieg selbst. Ein zweiter Weltkrieg, eine Weltverdunkelung. Früh Soldat sein müssen. Viele Tage und Nächte im Trommelfeuer liegen müssen. Schließlich heilloser Rückzug, der irgendwann in Flucht übergeht. Niederschmetternde Niederlage. Aber Niederlagen können hellsichtig machen. Siege gewinnt man, Niederlagen analysiert man. Wie sorglos gingen die Sieger mit ihren Siegen um? Andererseits: wieviel Nachdenklichkeit bringt eine Niederlage ein? Wieviel Ungestüm in dieser 1945/46 heranwachsenden Generation der Achtzehn-, Neunzehn-, Zwanzigjährigen, wenn sie auch am Heranwachsen ganz neu- und andersartiger Lebens- und Denkformen teilhaben können? Wenn der Beginn des eigenen Denkens und der

Beginn eines großen öffentlichen Umdenkens zusammen-
fallen?

Solche Fragen muß jeder dieser Generation sich selbst
beantworten – bei ersten hin- und herreißenden Demokra-
tieerfahrungen in vier verschiedenen Besatzungszonen, in
meinem Falle in der Britischen.

Studiumbeginn. In Kiel. Unsicherheit in der Wahl eines
späteren Berufs. Sicherheit hingegen im politischen Engagement für die im Spätherbst 1946 zugelassene Kommunistische Partei Deutschlands. In-Opposition-sein-Können!
Wechsel an andere Universitäten – zuerst nach Berlin, dann
wieder zurück in die Britische Zone nach Hamburg. Mit
verändertem Berufsziel: Fortsetzung des Studiums in Weimar. 1948/49. Sowjetische Besatzungszone. Alles sehr anders. Aber immer noch Bundesbürger und immer noch
KPD. Schließlich DDR-Bürger und Mitglied einer revolutionären Partei, die Marx und Engels und Bebel und Lieb-
knecht/Luxemburg zu ihren Vorgängern und Vorbildern
zählt. 1958 Mitglied (Kandidat) eines ihrer führenden Organe, des Zentralkomitees. Woraufhin eigentlich? Mutmaß-
lich auch aufgrund einer inzwischen verbreiteten Popularität als Schauspieler – vor allem durch Filmrollen, später
auch durch das Fernsehen.

Als Schauspieler auch viele internationale Gastspiele.
Und nationale und internationale Funktionen.

Niedergang, Zusammenbruch der DDR. Der Begriff
»Wende«, im Oktober 1989 von einer eben notdürftig er-
neuerten SED-Führung erfunden, reicht ja wohl nicht aus.
Die so titulierte Wende 1982, als eine SPD/FDP-Regie-
rungskoalition in Bonn von einer CDU/FDP-Regierung
abgelöst wurde, mag ja eine Wende gewesen sein – aber
1989? Keine Wende. Zusammenbruch. Untergang ... nicht
einmal mit wehender Flagge. Aber immerhin: die Massen,
das Volk der DDR als Souverän, vollzogen einen Umbruch.

Beide, Volk und Regierung, vergossen keinen Tropfen Blut. Ziemlich einmalig in der Geschichte. Am Untergang der DDR änderte das alles nichts. Nach einer unerbittlichen geschichtlichen Logik. Mit einem Verschulden, persönlichem und politischem. Alles andere als ein blinder Schlag des Schicksals.

Aber wieder Niederlage. Und wieder Analyse? Wieder Erkenntnis. Hellsichtigkeit?

Jedenfalls wieder Bundesbürger. Und Schauspieler geblieben, wieder auch ein internationaler. Immer noch Kommunist?

Über die Befindlichkeiten eines Kommunisten möchte ich in diesem Buch gerne räsonieren. Solches Räsonieren war in der Vergangenheit oft auch der einzige Weg, dieses oder jenes Übel, diese oder jene Bürde zu verkraften. Andererseits haben derartige Skrupel und Reflexionen die Lust am Verändern dieser Welt trüben können. Ein paar Promille Hamlet im Blut reichen dafür aus.

Wie steht es also um Kommunisten heute, wenn immer deutlicher zutage tritt, was sie sich alles gegenseitig und anderen haben antun können? War es *darum* Kommunisten in führender Position untersagt, Autobiographien zu verfassen? Wenn ich heute genauer wüßte, was ein Kommunist ist, wüßte ich auch genauer, ob ich noch einer bin. Ich weiß nur, daß ich mir sehr wünschte, noch einer zu sein! Aber ich bin mir nicht sicher, ob ich den damit verbundenen Anspruch noch verdiene. Ganz sicher bin ich mir jedoch, ein Linker zu sein – und ein Marxist; dafür sorgt dankenswerterweise ja das Kapital, das uns mit seiner traditionellen Maßlosigkeit immer wieder Marx bestätigt.

Auf der anderen Seite hatte ich schon seit jeher, jedenfalls seit es mir das erste Mal unterkam, sehr viel Sympathie für dieses mir so in Erinnerung gebliebene Lenin-Wort: »Ein intelligenter, richtiger Rechtskonservativer ist mir zehn, ach,

13

hundert Mal lieber ... als ein bornierter Linker!« Ob diese
Sentenz nun von Lenin stammt oder nicht, bestätigt hat sie
sich für mich in vielen Begegnungen und Gesprächen vor
1990 und nach 1990. Intelligenz kann sogar Ideologien
durchsichtig und einsichtig machen, kann sie verdiesseiti-
gen, verlebendigen, kann – unabhängig von einem berech-
neten Intelligenzquotienten – zu gegenseitiger Hochachtung führen, kann sogar vor den Niederungen der Politik
und des Geistes bewahren und kann sogar noch Vorurteile
dämpfen! Muß nicht, aber kann. Das ist schon viel. Denn:
»Wohlan! Es eifere jeder seiner unbestochnen, von Vorurteilen freien Liebe nach!« Diese Weisheit verkündet Nathan.
Von Vorurteilen frei? Was für ein Anspruch! Zu hoch für
das menschliche Geschlecht? Wo wir doch alle in unsere
Vorurteile so verliebt sind. Aber sich gegenseitig verstehen
lernen ..., meinetwegen auch die gegenseitigen Vorurteile,
gegenseitige Motivierungen, auch gegenläufige Biographien
kennenlernen wäre einer von vielen Wegen.

Während es so aussieht, als hätte mich politischer Ehrgeiz
nicht verlassen (schauspielerischer erst recht nicht), hat es
mir hingegen an literarischem, schriftstellerischem Ehrgeiz
immer gemangelt. Ich muß den Leser deshalb um Nachsicht bitten, wenn ich ihn – infolge dieses Mangels – mit
Umständlichkeiten und Sprunghaftigkeit in Ausdruck,
Schreibweise und Interpunktion allzusehr behelligen sollte.
Insofern bewundere ich auch den vielfältigen Mut dieses
Verlages, der mich zum Schreiben bewogen hat, auch wenn
er sehr wohl gewußt haben muß, was alles auf ihn zukommt.

Es hat sich unter altvorderen Genossen im deutschen
Osten mitunter eingebürgert, daß wir von manchen hoch-
verdienten, zu früh Verstorbenen sagen: »Gut, daß ihnen so
vieles erspart geblieben ist.« Ich bin dankbar, daß es mir
nicht erspart blieb. Bitterkeit, ja, schmerzhafte Wunden,

14

Verwundungen, ja, aber merkwürdigerweise kein Groll, keine Ressentiments, vielmehr neue Erkenntnisse, Erfahrungen. Stoff für einen Schauspieler, seine Verwandlungen, in Hülle und Fülle. Stoff aber auch zum Aufschreiben, selbst wenn es noch so ungewohnt war, enervierend, Zeit verzehrend und hektisch.

Doch inzwischen habe ich verstehen gelernt: das alles ist im Verlagsgeschäft wahrscheinlich nicht anders als im Theater: Die Premiere kommt immer zu früh.

Und das Tagebuch gibt es nach wie vor nicht. Es muß sich infolgedessen immer noch damit zufriedengeben, bloß gelebt zu werden.

# FRÜHE JAHRE
## 1926 – 1942

Man gerät hin und wieder in Versuchung, dem Schicksal zu unterstellen, es habe die eigene Entwicklung so oder so vorherbestimmt. Ich habe, zumindest was meine Entwicklung zum Schauspieler betrifft, da meine Zweifel. Ich glaube vielmehr, daß das Schicksal alles versucht hat, mich vom Schauspielerberuf fernzuhalten. Das war sicher gut gemeint, aber es hat nichts genutzt, auch wenn sich das Schicksal hat viel einfallen lassen. Da gab es eine Szene, die wie im Drama durchaus zu einer Schlüsselszene hätte werden können.

Die Stimme meines Vaters wurde immer lauter. Das Telefongespräch dauerte nun schon über eine halbe Stunde. Es mußte um etwas ganz Wichtiges gehen, sonst wäre er nicht so aufgebracht gewesen. Es schien undenkbar, daß wer auch immer am anderen Ende der Leitung war, nicht auch schon um die Wette mitbrüllte. Das Anreden mit »Du« und »Sie« wechselte in einem unbestimmbaren Rhythmus.

Der Name Mephisto fiel sehr oft. Mit meinen immerhin schon dreizehn Jahren konnte man ahnen, daß es also um den Faust gehen mußte. Aber von Faust war nie die Rede – immer nur von Mephisto. ... Ja, immer wieder Mephisto – nein, nicht nur Mephisto ... jetzt hatte mein Vater schon ein paarmal den Erdgeist erwähnt, noch dazu schön verächtlich, leicht höhnisch, hatte recht, ist nicht die stärkste Stelle von Goethe, ziemlich schwülstiger Text. So despektierlich darf man von Goethe nur mit zwölf, dreizehn Jahren denken. Jetzt wurde mein Vater so laut, daß ich ihn kaum noch verstehen konnte, seine berühmte steile Stimme schraubte sich hoch nach oben, ohne an Kraft zu verlieren, erreichte eine optimale Höhe, allerdings blieb die Artikulation nicht mehr ganz so klar, in diesem Augenblick konnte ich kein Wort verstehen. Die Kaskaden erreichten den Höhepunkt: Dort hast du mich schon das und das nicht spielen lassen; da haben Sie den X mir vorgezogen, obwohl Sie genau wußten, daß ich viel besser bin. Alle möglichen Läuse dieser Welt, die ihm je über die Leber gelaufen waren, meldeten sich nun lautstark zu Wort.

Bei mir als freiwillig-unfreiwilligem Teilnehmer der Szene stieg stärker denn je die Gewißheit auf: Nein, so etwas tust du dir nie an! Schauspieler zu sein ist offenbar die höchste Form des Elends. Wie demütigend und deprimierend muß diese ständige und vollständige Abhängigkeit von Intendanten, Regisseuren, Partnern sein. Man ist ihnen gänzlich ausgeliefert, hilflos, und ohnmächtig spinnen sie ihre Intrigen. Du wirst eingebunden in finstere Ränke, hängst wie eine Marionette an Fäden, die andere ziehen. Während dieses sich endlos hinziehenden Telefonats zwischen meinem Vater und seinem Intendanten festigte sich also ein unverrückbarer Standpunkt: Ich werde alles andere – nur kein Schauspieler. Nie und nimmer.

Was ist das? Im Augenblick kann ich kein Wort verstehen – wie soll der andere ihn da verstehen? Aber der brüllt ja bestimmt auch.

Zuhören scheint nicht mehr gefragt. Jetzt aber kann ich wieder einen Satz aufschnappen: Das ist bodenlos, weißt du, was du da sagst, das ist nicht wahr; daran habe ich nicht einmal gedacht.

Das hat doch nicht das geringste mehr mit Mephisto zu tun … Kein Zweifel: da stritten zwei Mephistos miteinander gegeneinander. Mit einem Mal wird die Tonart unversehens ruhiger, Gott sei Dank! Jetzt reden sie sogar sehr zivilisiert miteinander, merkwürdig. Jetzt scheinen sie auch nicht mehr völlig aneinander vorbeizureden. Sie antworten sich!

Das wäre ja etwas ganz anderes, sagt mein Vater. Kann ich mich auf Ihr Wort verlassen? Nein, da hast du recht, bis jetzt hast du mich in dieser Beziehung noch nie enttäuscht. Unter diesen Umständen ließe sich sogar über den Erdgeist reden, obwohl ... nein, wieso denn ausgerechnet nur der Erdgeist? Du hast mir doch selbst einmal zugestehen müssen, daß mein Mephisto ... doch, doch, das war vor einem Jahr etwa, das könnte auch Fehling dir bestätigen.

Die Tonlage des Gesprächs klingt jetzt viel gemäßigter, aber noch immer brauche ich mich in keiner Weise anzustrengen, um mitzuhören. Ich hatte auch nicht das geringste schlechte Gewissen. Die ursprüngliche Lautstärke war ja geradezu eine Herausforderung, eine förmliche Einladung gewesen, diesem Mono-Dialog durch die Türe wenigstens ein Ohr zu schenken. Jetzt werden nur noch Schluß-Höflichkeiten ausgetauscht, eiskalte allerdings wohl. Mein Vater konnte gut eiskalt sein. Seine Stimme schien dafür wie geschaffen, und das Gespräch schien keiner Aufmerksamkeit mehr wert. Ich konnte mir inzwischen ohnehin einen Reim auf das Gehörte machen.

Mein Entschluß, nie Schauspieler zu werden, hätte eigentlich keiner Bestätigung mehr bedurft.

Das Telefongespräch war längst beendet, ich suchte in meinem Zimmer den Vorgang noch einmal zu rekonstruieren. Es mußte also um Faust gegangen sein – wahrscheinlich eine Neuinszenierung, denn die alte Faust-Inszenierung lag noch gar nicht lange zurück. Damals hatten sie, Vater und Gründgens, den Mephisto alternierend gespielt.

Meine Mutter hatte mir eine Kritik von Herbert Jhering zu lesen gegeben. Jhering mußte beide Mephistos gesehen haben – denn er verglich sie sorgfältigst miteinander und hatte vorsichtig meinem Vater den Vorzug gegeben. Und nun wollte Gründgens also, bloß weil er der Intendant war, den Mephisto allein spielen, und er hatte meinem Vater aus-

18

gerechnet den Erdgeist zugespielt. Wenn's noch der Valentin gewesen wäre …, aber nein, der wird ja mit Mephistos Hilfe erstochen – das wollen wir dem Gründgens nicht gönnen.

Was für ein Theater wird im Theater um Rollen gemacht. So schön der Beruf auch sein mag: Andere Menschen darzustellen, jedenfalls auf der Bühne ein anderer zu sein, als man selber ist (oder sein will). Aber was muß man alles anstellen, um an eben die Rolle heranzukommen, die man selber am besten spielen kann. Denn irgendein anderer glaubt immer, er könne den anderen sehr viel besser spielen als der andere.

Und sogar die ideal ausgebildete Stimme scheint man nicht nur für die Bühne, sondern vor allem auch für den Kampf um die Behauptung der eigenen künstlerischen Existenz gebrauchen zu müssen.

Von diesem Beruf wirst du die Finger lassen! Aber hatte ich mir das eben nicht schon einmal geschworen? Schwüre von solcher Größenordnung sollte man nicht wiederholen, sonst werden sie aufgeweicht und in Frage gestellt.

Ohnehin hatte ich meine möglicherweise naturgegebene Neigung zum Beruf des Schauspielers strikt für mich behalten. Da man allerdings in der Regel in diesen Jahren von den Erwachsenen immer wieder gelöchert wird, welchen Beruf man dereinst erwählen würde, hatte ich auf die Frage, je nachdem, wer der Fragesteller war, immer die verschiedensten Antworten parat gehabt. Auf meiner Liste standen unter anderem auch Nordpolforscher und Taxifahrer.

Ich erinnere mich, daß ich einmal sogar meine Eltern gebührend schockieren konnte, als ich ihnen verkündigte, ich hätte mich nunmehr endgültig entschlossen, Paläontologe zu werden. Aha, Paläontologie, sagte mein Vater gedehnt, naja, das ist doch ein interessanter Beruf. Später einmal erzählte mir meine Mutter, sie hätten sich bei der nächsten

Gelegenheit auf ein Lexikon gestürzt, um nachzuschlagen, was es mit Paläontologie auf sich hat. Ich hoffe, der Leser wird nicht ein Gleiches tun.

Ich war darauf nur verfallen, weil ich meine Biologielehrerin verehrte und weil sie, als sie das mitbekam, dies nicht ohne Erfolg ausnutzte, um mich für die Biologie zu gewinnen. Paläontologie war ihr Steckenpferd. Ich denke sehr gerne an meine Biologielehrerin zurück.

Die Sache mit dem Erdgeist ging ihren Gang. Die gute Stimmung, die normalerweise im Elternhaus herrschte, litt darunter eine Zeitlang. Offensichtlich war die Rolle eines Intendanten derart dominierend, wie es ihm zukommt.

Wir, meine Mutter und ich, sein Bruder, mein Onkel, und Tante Friedchen, die den Haushalt führte, wir hatten meinem Vater auf meinen Vorschlag hin den Titel »Chef« verliehen. Freunde des Hauses hatten meinem Vorschlag Respekt bekundet und sich ihm angeschlossen. Das Unglück war also nur, daß unser »Chef« einen Chef hatte. Eigentlich aber schienen Gründgens und mein Vater sich ganz gut miteinander zu verstehen. Sie kannten sich schon aus Kiel, und »Chef« war so ziemlich der einzige, der weiterhin im vertraulichen »Du« mit ihm verkehrte, wenn sie nicht gerade einmal »Sie« zueinander sagten. Sie blieben leidlich-freundschaftlich miteinander verbunden. Chef schätzte Gründgens sehr, weil dieser sein Ensemble sehr viel mit Fingerspitzengefühl und weniger mit Autoritäts-Gehabe leitete. Gründgens bemühte sich, daß jede Schauspielerin und jeder Schauspieler sich an seinem Theater wohl fühlte, und besetzte sie oder ihn entsprechend ihren Fähigkeiten und Leistungen – bis auf Ausnahmen. Schon in jedem Mai hing am Schwarzen Brett die Besetzungsliste für die ganze nächste Spielzeit; so wußte jeder oder jede, woran mann oder frau war. Regte sich Widerspruch, suchte sich Gründgens damit vorwiegend argumentativ auseinanderzusetzen und weniger mit der Kraft seines Amtes. Aber die argumentative Kraft schien es auch in sich gehabt zu haben. Und von dieser argumentativen Kraft hatte ich ja im Nebenzimmer der Diele, in der jenes Telefongespräch stattfand, Kostproben, zumindest indirekt, zu hören bekommen. Als Zuschauer im Schauspielhaus hatte mir der Schauspieler Gründgens immer sehr imponiert. Seine Diktion, seinen unnachahmlichen Tonfall, der melodiös wie aber auch streng gedanklich und darum eben auch so unprätentiös war, habe ich, unabhängig von Kassetten und Medien, noch immer im Ohr. Davon könnte ich sogar immer noch Kostproben abgeben. Von meinem Vater selbstverständlich auch. Lessings »Emilia Galotti«, zweiter Aufzug, dritter Auftritt: Marinelli/Minetti reißt sich los und geht ab: »Nur Geduld, Graf Appiani, nur Geduld!« Auch dieser unheilverkündende Ruf, diese tödliche Drohung ist mir bis heute im Ohr geblieben. Gründgens hatte den Prinzen gespielt, Käthe Gold die Emilia, Käthe Dorsch die Gräfin Orsina und Friedrich Kayßler den Odoardo.

Bleiben wir mit Emilia Galotti in Italien, der ursprünglichen Heimat der Minettis. Antonio Guglielminetti soll 1820 die Provinz Aosta verlassen haben, weil die von ihm betriebene Zinngießerei durch eine aufkommende Glasproduktion niederkonkurriert wurde. Es soll aber noch einen zweiten Grund gegeben haben, weshalb er in die Nähe des schönen Hameln zog. Die Gugliels sollen protestantisch gewesen sein und es in der katholischen Umgebung entsprechend schwer gehabt haben. Mein Großvater meinte, der Auszug nach Deutschland sei auch politisch motiviert, mithin eine Emigration gewesen. Mag sein. Klingt gut. Auf dem Weg nach Norden gab unser Ahne auch den vorderen Teil unseres Namens preis. Als Antonio Minetti hat er wieder Zinngeschirr zu gießen begonnen. Er heiratete und zeugte einen Sohn Theodor, der als Tischlergeselle auf

Wanderschaft ging und sich dann in seinem Metier in Hamburg niederließ. Seine Werkstatt – Achtung! – lag in der Langen Reihe, einer sehr engen belebten Straße, die ihren Ausgang zwischen Schauspielhaus, Kirche und Bahnhof nahm.

Theodor Minetti ehelichte die Tochter eines schwedischen Steuermannes. Aus dieser Ehe ging Henry Minetti hervor, der in Stuttgart Architektur studierte und die Tochter eines Kollegen ehelichte. Diese Familie wiederum stammte aus der Gegend von Ulm, war sehr bodenständig, was meiner Großmutter zu schaffen machte, als sie mit meinem Großvater nach Kiel übersiedelte. Sie fühlte sich droben im Norden zuerst sehr fremd. Henry Minetti arbeitete in Kiel als Architekt, schließlich als Stadtbaurat, worauf wir alle sehr stolz waren. Unter seiner Regie entstand eine Reihe von Gebäuden, darunter die klassische städtische Fischmarkthalle am Kieler Hafen. Das Jugendstilbauwerk aus dem Jahre 1913 steht heute unter Denkmalschutz. Das soll der Stadt Kiel angeblich nicht behagen, weil sie anstelle dieser Halle wohl lieber die eine oder andere Hafeneinrichtung unterbringen würde.

Im Januar 1905 kam dort mein Vater zur Welt. Er wurde Bernhard getauft. Er besuchte in Kiel das Gymnasium und machte 1923 sein Abitur.

Schon als Pennäler hatte er sich entschieden, Schauspieler zu werden. Das Theater und die Literatur hatten seine Phantasie entfesselt, er spielte in Schüleraufführungen, las alle Theaterkritiken, besuchte das Kieler Stadttheater (hatte einen festen Stehplatz im Rang für vierzig Pfennige) und durfte schließlich sogar als Statist mitwirken. So lernte er Gustaf Gründgens und Ernst Busch kennen, Hans Söhnker und andere junge Schauspieler aus Gründgens' Gefolge.

Die Mitteilung meines Vaters an seine Eltern, er wolle ans Theater, soll diese wie ein Schock getroffen haben. Immerhin war eine Tante meines Vaters, also die Schwester meines Großvaters, von heute auf morgen aus dem Familienalbum gestrichen worden, als es sie zu einem Zirkus hingezogen hatte. Fortan galt sie als »verschollen«. Auf Nachfrage hieß es nur: Es wird ihr wohl gut gehen. Nein, die Familie Minetti war gutbürgerlich und deutsch-national gesinnt. Kunst duldete man als schmückende reizvolle Arabeske, aber bitte nicht unter dem eigenen Dach.

Mein Vater zog sich folglich auf einen Kompromiß zurück, der da lautete: Ich studiere Germanistik, dann werden wir weitersehen. Er ging nach München und begab sich unter die Fittiche von Arthur Kutscher, seinerzeit eine der Koryphäen auf dem Gebiet der Germanistik ... und der Theaterwissenschaft! Der Zufall, an den ich aber nicht so recht glauben mag, fügte es, daß dort auch Anne Gerbrandt studierte. Ihr Vater war Verleger und gab die »Kieler Neuesten Nachrichten« heraus. In Kiel hatten sicher schon Rendezvous stattgefunden, doch nun in München loderten die Flammen der Leidenschaft auf ..., und am Ufer der Isar, nahe Grünwald, soll es geschehen sein. Mein Großvater hatte meinen Vater nach einer baldigen Offenbarung dahingehend vergattert, daß er die werdende Mutter nun auch zu heiraten hätte. Was er gar nicht ungerne tat. Der einzige, dafür um so heftigere Widerstand gegen die Eheschließung kam aus der Familie Gerbrandt. Der gutsituierte Zeitungsverleger glaubte in meinem Vater eher einen ruhelos umherschweifenden Komödianten zu erkennen als den Verlobten seiner Tochter und verhielt sich demzufolge kritisch und ein wenig knurrig. Im September 1925 wurde die Ehe geschlossen. Im April 1926 erblickte ich in Berlin das Licht der Welt. Die Geburt erfolgte in einem Krankenhaus in Charlottenburg und war eine erster Klasse, weil mit einer hoffentlich versöhnenden Geste von Herrn Gerbrandt finanziert. Mein Vater war zur Zeit meiner Geburt noch

Schauspielschüler! Auch in den frühen Engagements in Gera und Darmstadt sowie anfangs der dreißiger Jahre in Berlin müssen seine Einkünfte sehr dürftig gewesen sein. Ich hatte gelernt, Kinderwünsche in Grenzen zu halten.

Meine Eltern waren kurz vor meiner Ankunft von der Isar an die Spree gezogen, weil dort Leopold Jeßner, der Kopf des Preußischen Staatstheaters, eine Schauspielschule gegründet hatte. Von dieser Absicht hatte mein Vater schon in München aus der Zeitung erfahren. Er gehörte mit zu den 250 Bewerbern, die vorsprachen. In der Aufnahmekommission saßen – neben Jeßner – große Namen: Maria Koppenhöfer, Lucie Höflich, Tilla Durieux, Paul Bildt. Mein Vater wußte zu überzeugen, Jeßner nahm ihn auf und wurde ihm zu einem beispielhaften väterlichen Freund.

1930 holte Jeßner ihn ans Preußische Staatstheater zurück, doch als mein Vater mit Familie im Sommer 1930 aus Darmstadt in Berlin eintraf, war Jeßner schon nicht mehr Intendant. Die deutsch-nationale Presse hatte den couragierten Sozialdemokraten aus dem Amt geschrieben. Sie hatte ihn gestürzt – nach allen Regeln der Nicht-Kunst – allein schon, weil Jeßner Jude war. Selbst die erste Garde der Kritiker, verkörpert durch Alfred Kerr und Herbert Jhering, konnte ihn als Intendanten nicht mehr stützen. Als Regisseur jedoch inszenierte Jeßner Anfang 1932 am Schillertheater Schillers »Räuber« mit dem Chef als Franz Mohr. Er wurde von der Presse (natürlich inklusive Kerr und Jeßner) und erst recht vom Publikum emphatisch gefeiert. Das war sein Durchbruch in Berlin. Die Inszenierung, obwohl sie Anfang der dreißiger Jahre in Berlin über die Bühne ging, soll noch vom Glanz der »Goldenen Berliner zwanziger Jahre« illuminiert gewesen sein.

Obwohl in der Mitte dieser zwanziger Jahre geboren, hatte ich keinerlei Gewinn mehr von solchem Glanz. Oder doch? Denn ich soll am Rand einer belebten Berliner Straße

24

auf dem Schoß einer alten Berlinerin, die mich immer be-
treute, wenn meine Mutter zu meinem Vater nach Gera
fuhr, gesessen haben und fasziniert auf die mit Lärm und
wilder Bewegung erfüllte Straße gestarrt haben. Noch heute ertrage ich lärmende Hektik einigermaßen gut. Klar, die
Kindheitsbilder wurden höchstens im Unterbewußtsein ge-
speichert. Und als ich gerade die Umwelt etwas bewußter
aufzunehmen begann, herrschte bereits monotoner Gleich-
schritt von SA-Kolonnen auf den Straßen; und ich saß auch
nicht mehr auf dem Schoß der lieben Frau Muschiol, die,
wie mich mein Vater erst in diesen Tagen, da ich diese Erinnerungen zu Papier bringe, unterrichtet hat, im Hinterhof
eines großen Mietshauses ein kleines Etablissement unterhielt. Dort befand sich auch das kleine möblierte Zimmer,
aus dem meine Mutter hoffentlich recht regelmäßig zu
meinem Vater nach Thüringen entfloh, wo er sein erstes
Engagement hatte.

Das Reußische Theater in Gera hatte ihn für die Spielzeit
1927/28 für eine Monatsgage von 160 Reichsmark verpflichtet. Das Angebot hatte er auf Anraten Jeßners angenommen. »Gehen Sie in die Provinz«, hatte Jeßner ihm
gesagt, wohl wissend, wie förderlich die Praxis an einer kleineren Bühne trotz mancher Widrigkeiten sein kann. Chef
spielte in seiner ersten Spielzeit zwanzig Rollen in siebzehn
Stücken – beneidenswert? Ja, ich denke schon. Ganz bestimmt aber beneidenswert sein zweites Engagement in
Darmstadt, wohin ihn Carl Ebert 1928 holte, der dort die
Intendanz am Hessischen Staatstheater übernommen hatte.
In Darmstadt durfte ich in einer winzigen Zwei-Zimmer-
Wohnung mit hausen. Aus dieser Zeit sind sowohl Anekdoten als auch bildhafte Erinnerungen in meinem Gedächt-
nis geblieben.

Die Liebe des Papa zum Fußball trieb beachtliche Blüten.
Mir fiel dieser Tage das vom Deutschen Fußballbund 1955

herausgegebene Fußballjahrbuch in die Hand. Das Geleit-
wort, so lese ich vergnügt, stammt »vom Staatsschauspieler
Bernhard Minetti, Frankfurt«. Mein Vater beantwortet auf
zwei Druckseiten die rhetorische Frage, weshalb er zum
Fußball gehe, und kommt dabei zu solch beachtlichen Fest-
stellungen wie dieser: »Ähnlich wie das Schachspiel im ab-
strahierenden Geistigen, so bietet der Fußball (vom Einfall,
der Phantasie her der Strategie des Schachs gar nicht so
unähnlich) im materiell, sinnlich Körperlichen eine Fülle
von Variationen. Es wäre philosophisch höchst reizvoll abzuwägen: das Verhältnis von Gemeinschaft (Mannschaft)
und Individuum (Einzelspieler). Wie ein Mann die Mannschaft formt, wie ein Mann als Versager die Arbeit einer
Mannschaft hindert oder illusorisch macht. Wie mann-
schaftliche Verbundenheit den einzelnen Mann stärkt und
mitträgt, wie andererseits die spezifische Art einer Mannschaft einen außergewöhnlich befähigten Spieler nicht zu
seiner persönlichen Wirkung kommen läßt. (Ähnlich an
der Bühne: ein mäßiges Ensemble kann einen guten Schauspieler hemmen – oder ihn veranlassen, sich zu isolieren,
ein ›Star‹ zu werden, beides für die Kunst, die ja auch ein
›Spiel‹ ist, bleibt von negativer Wirkung.) Diese grundsätz-
lichen Bezogenheiten lassen sich innerhalb eines Spiels in
vielfachen Details beobachten: die unermüdlichen Vorlagen
eines Spielers, etwa von den Mitspielern nicht genutzt, oder
das unermüdliche Freistellen eines Spielers, von den Mitspielern nicht erkannt oder durch einen unverbesserlichen
Dribbelkönner unfruchtbar gemacht. Die selbstlose Arbeit
eines Kämpfertyps oder eines strategisch überlegenen Kop-
fes, unscheinbar für ein auf Effekte eingestelltes Auge der
Zuschauer ...« Und so weiter und so fort. Und wem hat
Papa diesen Beitrag von 1955 expressis verbis »in Vereh-
rung gewidmet«? Josef Herberger und Fritz Walter. Sepp
Herberger war häufig unser Gast.

Die Autofahrten quer durchs Land zu den wichtigsten Fußballplätzen sind mir unvergeßlich. Meine Mutter saß hinterm Lenkrad, Chef auf dem Beifahrersitz, eine Generalstabskarte auf den Knien. »So, jetzt rechts abbiegen«, forderte er, »links blinken und überholen, etwas schneller, so, und nun mehr Gas, wieder einordnen, rechts ran, bitte halten ...« Es war für mich sehr amüsant, den beiden über die Schulter zu schauen und ihnen zuzuhören. Chef weigerte sich konsequent, den Wagen selbst zu steuern, er hat nie erklärt, weshalb er es vorzog, auf dem Beifahrersitz zu reisen. Ich vermute, weil er andernfalls keine so dankbare Gelegenheit gehabt hätte, zu kommandieren, zu korrigieren und zu kritisieren. Damit will ich nicht sagen, daß es ihn vergnügte, den »Chef« zu spielen, aber er gefiel sich – ganz ein Kieler – wohl in der Rolle des Käpitäns, dem Steuermann, seiner Frau, den Kurs zu soufflieren.

Bei diesen Reisen gewann ich zu diesem Land, zu seinen Landschaften und Leuten ein Verhältnis. Ich genoß Wälder und Hügel, die flache Heide und das felsige Gebirge, Flüsse und Bäche, Meer und Brandung. Ich fand alles schön und begann es zu lieben, eine Leidenschaft, die mich bis heute nicht verlassen hat.

Hinzu kamen noch die Biographien von Verwandten und Bekannten, die zu erforschen und aufzuschreiben namentlich vom Großvater gefordert wurde. Die Familienchronik mit ihren Wurzeln in Italien, Süddeutschland, Norddeutschland, Holland und Schweden glich einer europäischen Kulturgeschichte und erklärte die verschiedenen Temperamente, die in uns steckten. Ich fühle mich noch heute als halber Italiener. Das hat wiederum wenig damit zu tun, daß ich mit dem politischen Deutschland nie ganz ins reine gekommen bin, weder im Tausendjährigen Reich, dort schon gar nicht, noch im geteilten Nachkriegsdeutschland oder im jetzigen, dem vereinten. Daß diese Teilung –

als Quittung für den von Hitlerdeutschland begonnen Völkermord – aufgehoben ist, halte ich für einen großen politischen Gewinn. Dennoch habe ich so meine Schwierigkeiten mit politischen Vorgängen, Personen und Entscheidungen, die mich daran hindern, mit inniger Zuneigung zu diesem Gemeinwesen zu stehen. Da geht es mir wie dem sympathischen Bundespräsidenten Gustav Heinemann, der auf die hintersinnige Frage, ob er die Bundesrepublik liebe, geantwortet hat: »Ich liebe meine Frau.«

Unsere erste Wohnung in Berlin, nach der Rückkehr des Papa aus Darmstadt, war klein und bestand aus zwei Zimmern. Sie befand sich in Steglitz. Dort besuchte ich seit 1932 für vier Jahre die 1. Volksschule. Von der ersten Stunde an begeisterten mich Deutsch und Religion. Meine Großeltern und Eltern waren Protestanten, aber konfessionell nicht sonderlich engagiert, meine Eltern traten später sogar aus der Kirche aus und meldeten mich gleich mit ab. Das hinderte mich jedoch nicht, ein heftiges Interesse für biblische Geschichte zu entwickeln. Daran, das will ich keineswegs verschweigen, war unsere junge Religionslehrerin nicht ganz unschuldig. Sie hatte eine vorhandene Saite getroffen, die ins Schwingen geriet. Da war der Jünger Petrus, dessen Namen ich trug, und mich faszinierten die überlieferten Gleichnisse, die Geschichten und Begebenheiten. Deren Wirkung auf mich hat bis heute nicht nachgelassen.

Später, als ich Rektor der Hochschule für Schauspielkunst war, habe ich meine zumeist aus atheistischen Elternhäusern kommenden Studenten immer wieder darauf hingewiesen, sich mit diesem Stoff auseinanderzusetzen. Schauspieler sein heißt, sich mit Weltdramatik zu befassen, und Weltdramatik sei ohne Weltreligion nicht denkbar. Die Reduzierung des Religionsbegriffs auf den Gedanken von Karl Marx, daß es sich um Opium des Volkes handele, und der Umstand, daß die Amtskirchen sich in ihrer Geschichte oft genug wenig christlich verhielten, führten in der DDR zu einem Unverständnis und Mißtrauen gegenüber der Kirche. Hinzu kam noch ein mangelndes Kulturbewußtsein; denn es war nicht nur ideologischer Eifer und Ignoranz, wenn man die religiösen Wurzeln von Literatur und bildender Kunst vernachlässigte.

Daneben gab es jedoch immer wieder Versuche, aus diesem selbstgewählten atheistischen Ghetto auszubrechen, etwa zu Martin Luthers 500. Geburtstag. Allerdings wurden diese zwölf Monate nicht etwa als Luther-Jahr apostrophiert – sie gingen vorrangig als »Karl-Marx-Jahr« in die DDR-Geschichte ein: Immerhin hatte der Mann aus Trier seinen 100. Todestag. Doch sei es, wie es war: Das DDR-Fernsehen produzierte – aufwendig in Inhalt und Ausstattung – einen Mehrteiler über den Wittenberger Reformator und seine Zeit. Der exzellente, 1995 verstorbene Ulrich Thein spielte den Luther, mir bot man drei verschiedene Rollen zur Auswahl an, und ich entschied mich für den Ablaßhändler Tetzel. Mich reizte herauszufinden und darzustellen, ob es vielleicht nicht doch religiös geführte Motive waren, die ihn – zugegeben mit viel Sinn für »Wirtschaft, Horatio, Wirtschaft« – zum Seelenhändler werden ließen.

Der Unterricht an der Volksschule in Steglitz scheint mir rückblickend noch wenig von nationalsozialistischer Ideologie berührt gewesen zu sein.

Der Sohn eines Heizers aus unserer Straße nahm mich mit zur HJ. Als Pimpf habe ich dann einige Male an irgendwelchen Geländespielen teilgenommen, doch hat mich das – was ich mir bis heute nicht recht erklären kann – kaum begeistert oder interessiert. Vielleicht lag es an der Erziehung in Elternhaus und Schule. Weil die Sache noch nicht so durchorganisiert war wie später, wurde mein Fernbleiben jedenfalls nicht geahndet.

Das Realgymnasium, das ich als Sextaner besuchte, war

ebenfalls in Steglitz angesiedelt. Mein Vater verdiente inzwischen etwas besser, wir zogen nach Dahlem und mieteten eine Etage in einem schönen Haus in der Peter-Lenné-Straße. Die Entscheidung, mich an diese Schule zu schicken, hatte einen plausiblen Grund. Sowohl Papa als auch die Mutter hatten – und das auch noch in ein und derselben Klasse – gemeinsam Latein gebüffelt. Deshalb sollte es nun auch der Filius lernen. Somit blieb mir, gottlob, der Besuch einer Oberrealschule erspart, an der die naturwissenschaftlichen Fächer dominierten.

Das Paulsen-Real-Gymnasium war eine im wörtlichen wie im übertragenen Sinne feine Schule; wir hatten – bis auf wenige Ausnahmen – angenehme, kultivierte, verständnisvolle Pädagogen. Da war der Lehrer Schwarzkopf, er unterrichtete Latein und war der Vater der später so berühmten Sängerin Elisabeth Schwarzkopf, die ihre Karriere – ich übertreibe ein wenig – in unserer Schulaula begann; zumindest erinnere ich mich an einige Auftritte. Hinter vorgehaltener Hand wurde getuschelt, Schwarzkopf sei Halbjude, was mir im nachhinein bewußt macht, daß Antisemitismus doch ein Thema an der Schule gewesen sein muß. Er trug bei Appellen und anderen feierlichen Anlässen stets das EK I am Jackett, um keinen Zweifel an seinem Patriotismus aufkommen zu lassen. Diese Haltung teilte er ja mit vielen anderen, und es war nicht Opportunismus, mit dem er sich am Zeitgeist anlehnte, sondern eher ein – wie wir heute wissen – hilfloser Versuch, sich vor Diskriminierung und Verfolgung zu schützen. Meinen Lehrer Schwarzkopf nahm ich mir, als ich Jahrzehnte später in Christoph Heins Stück »Passage« einen jüdischen Hauptmann spielte, zum Vorbild.

Sein Nachfolger, ein Dr. Dr. Freiherr von Wittgenstein, war ein strenger, mustergültiger Lehrer, wenn auch ein wenig skurril. Er baute uns sogenannte Eselsbrücken zum

Begreifen von mehr als dreißig Regeln des Latein. Er kleidete sie in Reime, wobei diese das Versmaß von bekannten Liedern besaßen, mithin also gesungen werden konnten. Während des Unterrichts mußten wir sie nicht singen (was mir bei meiner ausgewiesenen Unmusikalität auch schwergefallen wäre), es genügte, wenn wir auf eine entsprechende Frage von den Sitzen schnellten und etwa riefen: Regel 28!

Eine der gereimten Regeln, die Regel 16, paßte auf das Lied der Deutschen. Im Wortlaut hieß es dort: »Interesse mea tua / Aber patris auf für wen? / Für den Grad kann magni, parvi multum oder magis steh'n. / Auf ›Woran‹ entweder sage: NPA vel ACI / Oder einen Satz der Frage, / Doch ein Hauptwort wähle nie!«

Wenn wir anstelle des »Deutschland, Deutschland über alles« in der Aula diesen Text sangen, leuchteten seine Augen. Ich glaube, daß dies nicht Ausdruck von Naivität war, sondern Vorsatz: Er hatte ganz listig die anrüchigen Zeilen auf legalem Wege getilgt.

In warmer Erinnerung geblieben ist mir der Englischlehrer Dr. Rosette, ein sensibler, zurückhaltener Mann. Als unmittelbar nach dem Überfall auf Polen Großbritannien seine Garantieverpflichtung bekräftigte und Deutschland den Krieg erklärte, sagte er vor der Klasse: »Das wird ein bitterer, ein erbitterter Krieg. Die Briten können hervorragend kämpfen, sie sind ausgezeichnete Soldaten. Und sie wissen warum: ›Right or wrong, my country!‹« Die drei Sätze hingen kommentarlos im Raum: er wußte, daß wir alt genug waren, um uns darauf einen eigenen Reim zu machen.

Oder unser Deutschlehrer Werner Penner. Wir behandelten einmal irgendwelche literarischen Texte, in denen von Besorgtheit die Rede war, in denen es um Ängste ging. Es war gerade am Anfang des Krieges. Penner stand am Fenster und schaute minutenlang durchs Glas. In unser irri-

31

tiertes Schweigen hinein sagte er plötzlich mit wenig modulierter Stimme: »Ich mache mir Sorgen um unser Vaterland.« Das traf uns ins Herz.

Natürlich handelte es sich weder um eine Form des Widerstandes noch um einen akzentuierten Ausdruck von Zivilcourage. Aber es waren für uns Heranwachsende besondere Momente, in denen wir deutlich spürten: Da waren kluge Menschen, die sich die platten Parolen nicht zu eigen machten und ihren subtilen Widerspruch am Geist der Zeit auch signalisierten. Nicht nur bei mir fielen solche Äußerungen auf fruchtbaren Boden. Lange bevor der erste Schuß fiel, war das Thema »Krieg« auch zu Hause Familiengespräch.

Chef erzählte wiederholt in jener Zeit, wie er als Zwölfjähriger während des Krieges gehungert habe. Er berichtete von den Kohlrübenwintern und der allgegenwärtigen Not seinerzeit, meine Mutter tat ein Gleiches. Mehr noch. Ich bekam von ihr ein Buch über den Ersten Weltkrieg geschenkt, in dem ich schon deshalb eifrig blätterte, weil es ihre handschriftliche Widmung trug: »Für Hans-Peter: damit er das nie erleben muß«. Die Eintragung lag allerdings schon lange zurück und datierte aus dem Jahr 1928. Da war ich zwei Jahre alt, und als ich es nun geschenkt bekam, lag der nächste große Krieg schon in der Luft. Wunsch und Hoffnung meiner Mutter sollten sich nicht erfüllen.

In unserer Familie hielt man Distanz zu den Nazis. Allerdings war sie nicht frei von Widersprüchen: im Gegensatz zu Hitler und Goebbels schnitt beispielsweise Hermann Göring unverdientermaßen noch ziemlich gut ab. Das erklärte sich so: Als preußischer Ministerpräsident war Göring auch oberster Patron des Schauspielhauses am Gendarmenmarkt. Zudem unterhielt er, der sich gern als Musenfreund ausgab, zur dort engagierten Schauspielerin Emmy Sonnemann freundschaftliche Beziehungen, die später in eine

Ehe mündeten. Goebbels, der als Berliner Gauleiter der NSDAP und Propagandaminister alle übrigen Theater der Hauptstadt seinem Diktat unterworfen hatte, wurde nachgesagt, daß sein Appetit auf das Schauspiel ihm von Göring verdorben worden war. Dadurch bekam der Reichsmarschall plötzlich die Aura eines väterlichen Beschützers und Gönners. Er hatte Gründgens mit dem Satz »Sie sind beauftragt, dieses Haus zum besten Theater Deutschlands zu machen und damit der Welt« in sein Amt eingeführt und ihn dann gewähren lassen. Die Entscheidung wurde vom Ensemble überwiegend zustimmend aufgenommen, und Gründgens vermochte – mit diesem Gönner im Rücken – sowohl Ruhe als auch künstlerisches Format in die Theaterarbeit hineinzutragen. Selbst wenn er Konzessionen machen mußte, war er darin vorsichtig und durchsichtig, wie mein Vater meinte. Gründgens inszenierte keine platten NS-Stücke beflissener Dramatiker, im Vordergrund stand das klassische Repertoire. Insofern schien es gerechtfertigt, das Preußische Staatstheater in dieser Zeit als einmalig zu kennzeichnen.

»Wir haben«, schreibt mein Vater in seinen Erinnerungen, »am Gendarmenmarkt elf Jahre in der Diktatur Theater gespielt. Man kann diese Arbeit aus zwei Perspektiven sehen. Man kann sagen, und das ist heute das Geläufige, wir hätten die Diktatur durch Kunst legitimiert und verklärt, hätten der politischen Unkultur ein kulturelles Gesicht gegeben. Man kann auch sagen, hier sei versucht worden, der Kunst in der Unkultur überhaupt noch Raum zu schaffen und auf die noch mögliche Weise zu opponieren.«

In seiner Inszenierung von »Richard III.« wagte Jürgen Fehling, die Mörder in braunen Hemden auftreten zu lassen. Das löste einen Sturm offizieller Entrüstung aus.

Künstlerischer Opposition verweigerte sich mein Vater nicht, ohne daß er deswegen ein politisch Oppositioneller gewesen wäre. Doch er besaß eine linke Gesinnung. Ich erinnere mich an seine Reaktion, als ich ihn im Winter '45/'46 in Kiel mit der Mitteilung überraschte, ich sei Mitglied der KPD geworden. Er hob ein wenig die Augenbrauen. »Was ist das schon: KPD?« fragte er. »Ich habe 1930, '31, '32 bei der KAPD rezitiert!«

Diese Kommunistische Arbeiterpartei Deutschlands war 1920 als linke Abspaltung von der KPD gebildet worden, was seinerzeit fast zur Halbierung der 107 000-köpfigen KPD-Mitgliedschaft geführt hatte. Die KAPD galt, verglichen mit der moskautreuen KPD, als viel linker und revolutionärer. Diese Meinung vertrat wohl auch Chef: »Meine« KPD nahm er nicht sonderlich ernst.

Hans Otto und Wolfgang Heinz, die Kommunisten im Ensemble des Staatstheaters, mit denen mein Vater freundschaftlich verbunden war, versuchten ihn in langen Diskussionen wenigstens als Sympathisanten für die KPD zu gewinnen. Die bürgerlichen Parteien empfand mein Vater als kraftlos und reaktionär, die SPD rehabilitierte sich in seinen Augen erst 1933 durch ihren – letztlich wirkungslosen – Widerstand gegen die Ermächtigungsgesetze der Nazis. Doch noch stärker als seine Sympathie für die Linken war Papas anarchisches Element. Ihm widerstrebte jede Form von Vereinigung und Organisation. Sich unter ein verpflichtendes Statut zu begeben, sich auf ein politisches Programm festzulegen, dazu war er weder willens noch fähig.

Der Dramaturg Adam Kuckhoff und dessen Frau Greta waren oft bei uns daheim zu Gast. Sie gehörten, was mein Vater damals nicht wußte, der Widerstandsorganisation »Rote Kapelle« an. Sie suchten seine Freundschaft. Aber für politische Ziele konnten sie meinen Vater nicht gewinnen. 1942 wurde Adam Kuckhoff von den Nazis in Plötzensee hingerichtet.

Der Beginn des Krieges veränderte noch nicht sofort unser Leben. Gleichwohl gab es nun ein Vorher und ein Nachher sowie ein beklemmendes Gefühl, das von meinem Vater mit den Worten ausgedrückt wurde: »Ich fürchte, wir sitzen mit Hitler in einem Boot!« Diese Feststellung war sehr zwiespältig. Sie deutete an, daß man, unfreiwillig zwar, aber objektiv, künftig für Hitler in Mithaftung genommen werden könnte. Oder um im Bilde zu bleiben: Wenn Hitlers Boot sank, würden wir mit untergehen. Aber aus Furcht vor dem gemeinsamen Untergang ruderte man mit. Merkwürdig.

Ich bin mir keiner irgendwie gearteten Parteinahme bewußt, der Krieg bewegte sich zunächst nur an der Peripherie unseres Schülerlebens. Andere Dinge waren wesentlich wichtiger. Ein Deutschlehrer hatte eine Laienspielschar organisiert, die später von der Hitlerjugend, von deren Mozartchor übernommen wurde. Zu unserem Repertoire gehörten Goldonis »Diener zweier Herren«, Lope de Vegas »Pastetenbäcker« und die »Komödie der Irrungen«. Mit Shakespeare gerieten wir sogar ins Fernsehen. Das muß so um 1940 gewesen sein. Während der Olympischen Sommerspiele 1936 hatte die Reichspost mit Probesendungen begonnen, die sie dann fortsetzte. Ich weiß nicht, wie viele Menschen in Berlin das sehen konnten, was wir in einem Studio in der Nähe des Funkturms vor der Kamera boten. Ich kann mich auch nur noch an den Hinweis in einer Pause erinnern, ich möge doch gefälligst meine Armbanduhr abnehmen, das mache keinen guten Eindruck auf die paar Zuschauer.

Ein weiterer Anziehungspunkt war der riesige Bücherschrank meines Vaters, der auch ein verschließbares Fach aufwies. Die zugängliche Literatur hatte ich bereits zu großen Teilen gelesen; so vor allem Shakespeare, Bacon, Schopenhauer und »Querschnitt«, eine berühmte Kulturzeitschrift aus den zwanziger Jahren. Doch was war hinter dieser Tür? Ich probierte unzählige Schlüssel, um das Geheimnis zu lüften. Alle Versuche scheiterten. Schließlich nahm ich meinen Mut zusammen und einen Schraubenzieher zur Hand. Das Holz splitterte, die Tür sprang auf, und ich erspähte Dutzende Buchrücken und Schellackplatten. Die Autoren hießen Thomas und Heinrich Mann, Brecht, Feuchtwanger, Majakowski, Trotzki, Tairoff, meist nie gehörte Namen. Und die Platten – ich legte sie nacheinander auf unseren neuen Plattenspieler auf – krächzten eine schrille Musik ins Zimmer. »Dreigroschenoper« von Brecht/Weill stand auf der Hülle.

Die Russen faszinierten mich allein durch den Klang ihrer Namen. Was von den Erwachsenen verschwiegen oder nur in Andeutungen oder verklausulierten Wendungen erklärt wurde, weckte schon lange eine wilde Neugier in mir – wer waren die Freimaurer, die Bolschewiken oder Juden? Was, zum Beispiel, war die Sowjetunion, dieses unbekannte Riesenreich im Osten? Meine Unwissenheit wandelte sich zu einer romantischen Verklärung, als ich die wuchtigen Verse von Majakowski zu lesen begann. Mir noch heute im Gedächtnis:

»Ach, Themen für Lieder weiß ich in Masse,
Doch ist jetzt nicht die Zeit
Für ein Lied, das erschlafft.
An Dich, zum Angriff vorstürmende Klasse,
Verschwende ich all meine Dichterkraft.«

Ich sog die Zeilen in mich hinein und pinnte einen Spruch an die Wand meines Kinderzimmers: »Wenn ein Mensch stirbt, ist es Tragik. Wenn Millionen sterben, ist es Geschichte!« Dieses Zitat wurde Lenin zugeschrieben; ich denke nicht, daß es wirklich von ihm stammt, ich habe es später nie in seinen Schriften gefunden. Aber damals hat mich dieses Zitat unheimlich berührt und gedanklich beschäftigt.

Es blieb nicht aus, daß Papa irgendwann meinen »Einbruch« bemerkte. Ich hatte zwar versucht, die Stelle, an der der Holzspan herausgebrochen war, mit Tusche dunkel zu färben. Doch dieser Versuch war derart dilettantisch, daß das, was eigentlich vertuscht werden sollte, besonders hervorstach. Allerdings reagierte mein Vater sehr souverän und mit großer Nachsicht. Also, sagte er, diese Literatur ist verboten, aber lies sie ruhig, nur behalte es für dich. Es darf keiner wissen, was wir hier noch für Bücher und Schallplatten besitzen.

Seine Gelassenheit im Augenblick der Entdeckung meiner Missetat habe ich bewundert. Ich hielt mich natürlich nicht an seine Maßgabe. Die Schallplatten habe ich gemeinsam mit meinem Klassenkameraden Klaus Schütz, dem nachmaligen Regierenden Bürgermeister von Berlin, und anderen engen Freunden angehört. Eine Aufnahme mit Bertolt Brecht aus der »Dreigroschenoper« hatte es uns besonders angetan. Vor allem jene Passage aus dem Song des Peachum:

»Natürlich hab ich leider recht.
Die Welt ist arm, der Mensch ist schlecht.
Wir wären gut, anstatt so roh.
Doch die Verhältnisse, sie sind nicht so.«

Wir waren eine verschworene Gemeinschaft, die dichthielt.

Mir erschloß sich eine völlig neue, bis dahin unbekannte Welt. Mein Vater sprach manchmal mit mir über dieses oder jenes Buch, über gesellschaftliche Verhältnisse, in die man hineingeboren werde. Er sprach von »oben« und »unten«, von Verhältnissen, die so sind und nicht so sind. Ich glaube kaum, daß er Marx mit dem Satz zitierte, der Mensch sei das Ensemble der gesellschaftlichen Verhältnisse, doch viel später hat der Chef, wenn er guter Laune war, behauptet, daß er mich damals marxistisch infiltriert habe. Im Prinzip hat er ja auch recht. Ohne diese Bücher aus dem verschlossenen Fach und ohne seine Hinweise, wie ich was zu lesen und zu verstehen hätte, wäre ich wohl nie zu Schlüssen gelangt, die ich später für mich zog.

Meine Eltern haben meinen Appetit auf Literatur und Kultur geweckt und systematisch gefördert. Sie haben mit Absicht in mir ein humanistisches Weltbild entstehen lassen: Ich erinnere mich der Freude bei meiner Mutter, wenn ich – schon vor dem September 1939 – den Krieg als Hölle titulierte und mich dagegen wandte, daß der Spruch von Heraklit, der Krieg sei der Vater aller Dinge, von den Nazis bewußt gebraucht, besser: mißbraucht wurde. Oder ich rieb mich an dem gruseligen Spruch des Generalfeldmarschalls und nachmaligen Reichspräsidenten von Hindenburg, der naßforsch erklärt hatte, der Krieg sei ihm bekommen wie eine Badekur. Dieser Zynismus war angesichts von Millionen Kriegstoten, von Not, Hunger und Elend so offenkundig, daß selbst Halbwüchsige ihn erkannten. Das hat mich immunisiert und unempfänglich gemacht für platte Kriegspropaganda der Nazis, die sich auf die von mir geschätzten Klassiker berief. Hölderlins Spruch, wonach der Tod auf dem Schlachtfeld das höchste Glück eines jungen Deutschen sei, wurde uns immer wieder gepredigt. Oder der primitive Rassenhaß, den die Nazis lehrten. Er prallte bei mir ab. Ich fürchtete mich nicht vor den Fremden, sondern war neugierig auf das, was sie anders machten, was sie von uns unterschied: eingeschlossen die Juden, die ja keine Fremden waren, schließlich lebten sie unter uns. Doch der staatsoffizielle Antisemitismus machte sie zu Fremden im eigenen Land, zu einem mysteriösen Etwas, das bei mir eher Interesse denn Ablehnung erzeugte. Ich dachte dabei an meinen Lehrer Schwarzkopf.

38

Ich entsinne mich einer Begebenheit in der U-Bahn. Mein Vater, Hans Rehberg und ich fuhren zu einer Probe oder irgendeiner Veranstaltung; der Anlaß ist mir nicht mehr gewärtig, er ist auch unerheblich. Rehberg war ein Dramatiker ersten Ranges, Mitglied der NSDAP und dennoch kein Parteigänger der Nazis. Er besaß eine Leidenschaft für die preußische Geschichte. In seinen Augen war sie roh, hart, konsequent, auch komisch, und so stellte er sie auch dar. Schon in der Zeit der Weimarer Republik hatte er sich dieses Themas erfolgreich bemächtigt, nach 1933 blieb es sein Schwerpunkt. Die Nazis befanden, daß er Preußen miesmache und seine Leitbilder ihrer Glorie beraube; die Ideologen um Rosenberg haßten ihn geradezu. Aber letztlich benutzten sie ihn alle, denn Autoren vom Format Rehbergs, die ihnen – alles in allem – nicht feindlich gesinnt waren, sondern aus einer konservativen Grundhaltung heraus nahestanden, gab es nicht allzu viele. Außerdem besaß Rehberg viele einflußreiche Freunde, die ihn vor dem Absturz schützten.

Rehberg ließ sich nach dem Krieg in Duisburg nieder. Der überzogene Vorwurf, er sei Görings Haus- und Hofdichter gewesen, führte zu seinem frühen Ende. Er brach ihm, im Wortsinne, das Herz. Hans Rehberg nahm nie ein Blatt vor den Mund und machte auch in der Öffentlichkeit aus seinem Herzen keine Mördergrube.

So auch bei dieser Fahrt in der U-Bahn. Kurz zuvor hatten die Nazis den Juden das Tragen der diskriminierenden gelben Davidsterne verordnet und die Benutzung öffentlicher Verkehrsmittel untersagt. In unserem Abteil saß jedoch ein so Gebrandmarkter, woran zunächst niemand Anstoß nahm. Plötzlich kam ein junger Unteroffizier, ein langer Schnösel, und bellte den völlig verängstigten Mann an, er solle sofort verschwinden. Da sprang Rehberg auf und stellte den Uniformierten zur Rede. »Hören Sie«, sagte er schneidend, »Sie sind nicht nur Soldat der Wehrmacht, sondern auch ein Mensch. Und dieser Mann hier ist ebenfalls ein Mensch. Also behandeln Sie ihn gefälligst auch wie unseresgleichen!« Die Atmosphäre war zum Zerreißen gespannt. – Der Unteroffizier stieg an der nächsten Station wortlos aus. Der Jude schien zu zittern, blieb aber sitzen.

Anders als die Episode mit Rehberg scheint mir die Sache mit Hans Baumann zu sein, dem ich auf groteske Weise verdanke, daß ich zusammen mit Gründgens auf der Bühne stand. Baumann hatte sich vornehmlich als Liederdichter einen Namen gemacht. Von ihm stammt der furchterregende Text »Wir werden weitermarschieren, wenn alles in Scherben fällt, denn heute gehört uns Deutschland und morgen die ganze Welt«, aber auch das wunderschöne Weihnachtslied »Hohe Nacht der klaren Sterne«.

Doch mir geht es um seinen »Alexander«: Dieses Stück handelt von dem großen Strategen, der auszog, ein Imperium zu begründen. Es war Anfang 1941. Ich wußte von der geplanten Inszenierung und dem Umstand, daß noch reichlich jugendliche Statisten gesucht wurden. Das habe ich in unserer Laienspielschar verkündet. Gründgens hatte sich für das Stück und für die Hauptrolle entschieden.

Auf meinen Vorschlag fuhren wir ins Schauspielhaus und meldeten uns. Wir wurden an einen Regieassistenten von Gründgens verwiesen, der uns nach einer kurzen Besichtigung in Perser und Makedonen einteilte. Wem zum Gardemaß noch ein paar Zentimeter fehlten, der wurde zum Perser ernannt, zu sogenannten Jubelpersern, wie sich dann bald herausstellte; die Größeren, Kräftigeren unter uns – und zu denen zählte ich – machte man zu Makedonen. Ich kannte den Mann, der uns einteilte, vom Sehen, doch er erkannte mich nicht. Das war mir mehr als recht, denn ich wollte anonym bleiben. Ich wollte nicht aufgrund meines Namens protegiert werden.

Gründgens' Kostüm mit Brustpanzer und kurzem Rock schien uns sehr unangemessen, doch sobald er zu spielen anfing, zählte das alles nicht mehr. Wenn er uns, die Makedonen, zur Ordnung rief, schraubte sich seine Stimme in eine Höhe, die leicht zur Manie hätte werden können, aber er fing sich selbst rechtzeitig ab. Er hatte sich in der Gewalt und uns in seiner Gewalt. Er zelebrierte seine Gestik exaltiert und präzise, so daß sie wie zufällig und beiläufig erschien. Das alles aus nächster Nähe verfolgen zu können, genoß ich sehr. Irgendwie muß er doch meinen Namen mitbekommen haben, denn eines Tages baute er sich vor mir auf und sagte: »Ah, der junge Minetti. Ich freue mich, daß wir zusammen spielen.« Sprach's und rauschte auch schon davon. Meine Mit-Makedonen grienten schadenfroh, denn sie wußten, wie sehr mir an meiner Anonymität lag, die nun dahin war.

Wir standen vielleicht zwölf-, vierzehnmal auf der Bühne und versperrten dem Großen Alexander tapfer den Weg nach Indien, bis das Stück – höchstwahrscheinlich nach der Intervention einer politischen Obrigkeit – gewissermaßen über Nacht aus dem Spielplan verschwand. Inzwischen war nämlich Feldherr Hitler selbst gen Osten aufgebrochen, deutsche Panzer drangen nach Moskau vor, und die Parallele zum Schicksal des Alexander wurde so überdeutlich, daß man es vorzog, die Analogie aus dem Theater zu verbannen.

Über die Absetzung des Stückes durfte nicht geschrieben und gesprochen werden. Doch wir diskutierten natürlich ausgiebig darüber.

In meiner pubertären Zeit hatte ich unzählige Sommersprossen im Gesicht und an den Armen, die mir viel zu lang schienen, zwei linke Hände. Mein Selbstbewußtsein, sofern überhaupt vorhanden, kümmerte dahin, ich war in Sorge, nie eine Frau zu finden. Meine Mutter schmunzelte weise, wie es wohl alle Mütter tun, wenn sie mit diesen Sorgen ihrer Kinder konfrontiert werden.

In unserer Laienschauspielgruppe war mir Renate aufgefallen, ein reizvolles blondes Mädchen, der ich auch dadurch zu imponieren hoffte, daß ich sie gelegentlich mit ins Schauspielhaus nahm. Ich hatte die Möglichkeit, sogenannte Steuerkarten preiswert zu ergattern. Mitunter ging ich mit Renate nach der Vorstellung noch zum Bühneneingang, wo dann die Mimen, die wir soeben noch vorn auf der Bühne in Kostüm und Maske bewundert hatten, nun abgeschminkt und abgespannt in unauffälligem Zivil an uns vorbei mußten. Die Pförtner duldeten mich im Vorraum, weil sie mich kannten, denn ich hatte dort schon oft meinen Vater abgeholt.

Eines Abends, wir hatten den »Wallenstein« gesehen, warteten Renate und ich auf Lola Müthel. Die Tochter des Schauspielers und Regisseurs Lothar Müthel war für mich eine Art Traumfrau. Mit meinen fünfzehn, sechzehn Jahren fand ich sie unglaublich attraktiv, ich habe sie verehrt und heimlich heiß geliebt.

Doch nicht sie kam herangeschwebt, sondern der Wallenstein, Werner Krauss. Die Dame, die seiner harrte und ihn liebevoll anlächelte, machte Anstalten zu einer gebührenden Eloge. Doch Krauss schnitt ihr ziemlich brüsk das Wort ab. »Was war das heute für ein Publikum«, stöhnte er, »so was habe ich ja noch nie erlebt. Lauter tote Ölgötzen hockten da auf ihren Sesseln, wir spielten uns die Seelen wund, und nichts kam zurück. Wir rannten gegen eine Wand an aus Stumpfsinn.« Er griff die Dame unter den Arm und polterte mit ihr von dannen.

Wir blickten ihnen entgeistert nach. Drei Stunden hatte Werner Krauss uns mit seiner Schauspielkunst in seinen Bann gezogen. Noch heute habe ich seine Stimme im Ohr:

»Nacht muß es sein, wenn Friedlands Sterne strahlen.« Und dann: »Ich denke einen langen Schlaf zu tun, denn dieser letzten Tage Qual war groß.« Welch ein Abgang in den Tod hinein – auf der Bühne. Welch trauriger Abgang ins nächtliche Berlin.

Wir trotteten zu Fuß nach Hause und waren erschüttert. Was ist das für eine Kunst, mit der man ein Publikum derart erheben und verzaubern kann und gleichzeitig die Zuschauer ihrer nicht wert erachtet. Schauspielerei, nichts als gegenseitige Täuschung und Enttäuschung? Nein, sagten wir uns, wir wollen um keinen Preis Schauspieler werden. Unser Pech oder Glück: wir sind es beide geworden.

Zunächst war allerdings die Schauspielerei für mich erledigt. Dabei dankte ich ihr doch viele wunderbare Erlebnisse. Als Zwölfjähriger erlebte ich den Chef erstmals bewußt auf der Bühne; er spielte im Kleinen Haus des Preußischen Staatstheaters in der Nürnberger Straße den Chlestakow in Gogols »Der Revisor«, in der Regie von Jürgen Fehling. Er spielte ihn wie einen Lausbub und war hinreißend in seiner schäbigen Eleganz. Ich habe meinen Vater genossen und war stolz auf ihn. Es war ihm ein leichtes, als Revisor mein Herz zu erobern. Dann folgte der Marinelli in der »Emilia Galotti«, und schließlich der Robespierre in Büchners »Dantons Tod«. Das war der Höhepunkt. Das Stück wirkte auf mich mit unbeschreiblicher Gewalt. Der Streit um die Revolution der Jakobiner und Girondisten faszinierte mich: »Eure Barmherzigkeit mordet die Revolution. Der Atemzug eines Aristokraten ist das Röcheln der Freiheit. Nur ein Feigling stirbt für die Republik, ein Jakobiner tötet für sie.« Dazu die »Marseillaise«, die mich bis ins Mark traf. Kaum glaublich, doch wahr: Selbst 1939/40 spielte man in Hitlerdeutschland noch die französische Revolutionshymne, dieses aufrüttelnde Fanal. Vielleicht hätte sich meine schwärmerische Verklärung, die Romantisierung der Revolution nicht eingestellt, wenn mein Vater den Danton gegeben hätte. Vielleicht. So aber brillierte er als leidenschaftlicher Robespierre mit geschliffener Rhetorik, die mich für ihn und für den Revolutionär einnahm. Manche Sentenzen sind mir unvergeßlich: »Danton, du hast die Rosse der Revolution vor dem Bordell halten machen.« »In einer Republik sind nur Republikaner Bürger, Royalisten sind Feinde.« »Die soziale Revolution ist noch nicht fertig; wer eine Revolution zur Hälfte vollendet, gräbt sich selbst sein Grab ... die Tugend muß durch den Schrecken herrschen.«

Ich bin anschließend in die Antiquariate gelaufen und habe Bücher über die Französische Revolution zu lesen begonnen. Ich stellte fest, wo Büchner die historische Wahrheit dramatisiert und auch wo er etwas weggelassen hatte. Die »Rosse der Revolution« galoppierten fortan durch meine Gedanken und Träume, und ich glaubte erkannt zu haben, daß »das Schwert in der Hand des Freiheitshelden ein anderes ist als das Schwert des Tyrannen«.

Eindrücke wie diese formten frühzeitig mein Weltbild und meine widersprüchlichen Erlebnisse im und um das Theater, sie bewegten mich, das andauernde Für und Wider des Schauspielerberufes erneut abzuwägen.

In der Schule ging ich meinen Kameraden fortan mit Schwärmereien für die Französische Revolution und Freiheit, Gleichheit, Brüderlichkeit auf die Nerven. Für mich gleichsam eine Prädestination, denn nichts wünschte ich mir so sehr wie eine Revolution: einmal nur an solch einem gesellschaftlichen Umsturz teilnehmen!

Goebbels und Hitler und die anderen Nazipropagandisten tönten, es habe in Deutschland eine Revolution stattgefunden, eine nationalsozialistische, doch das war wohl eher eine Verhöhnung der Revolution. Kein inneres Feuer, statt dessen Stumpfsinn. Und so erzählte ich gern einen Witz weiter, in dem das Rot der Revolution – die Jakobinermützen waren von eben dieser Farbe – eine gewisse Rolle spielte: Die Hemden von Garibaldis Freiheitskämpfern waren rot, damit man das vergossene Blut nicht sah. Die Uniformen der SA sind braun, damit ... Die Pointe formulierte sich jeder im eigenen Kopf.

Inzwischen hatte ich zwei meiner zentralen Fragen – was ist ein Jude, und wie sieht ein Kommunist aus? – für mich beantworten können. Jetzt mußte ich noch herausfinden, was es mit dem dritten Feindbild der Nationalsozialisten auf sich hatte: den Freimaurern. Es gelang mir unfreiwillig.

Meine kleine Schwester, Jahrgang 1940, die auf Grund der Vorliebe meines Vaters für Fußball – meine Mutter mußte freiwillig immer mit – beinahe im Berliner Poststadion frühzeitig das Licht der Welt erblickt hätte, erkrankte als Zweijährige an Scharlach. Ich wurde sicherheitshalber in Quarantäne und zu einem befreundeten Schauspielerehepaar nach Tilsit geschickt. Den schulischen Rückstand nach meiner Rückkehr aufzuholen gelang mühelos – nur in Mathematik schaffte ich den Anschluß nicht. Mein Lehrer erbot sich, den Stoff mit mir bei sich zu Hause zu repetieren. Das kam mir sehr zupaß, denn auf dem Schulhof wurde hinter vorgehaltener Hand gemunkelt, er habe etwas mit Freimaurerei zu tun gehabt. Allerdings erhielt ich von ihm auf meine entsprechenden und vorsichtigen Fragen nur zögernde und verklausulierte Antworten.

In Deutschland hatte die Propaganda Hochkonjunktur. Verkündet wurde: die Bolschewiken seien endgültig und vernichtend geschlagen. Es sei nur eine Frage kurzer Zeit, bis auch die letzten versprengten feindlichen Truppenteile vollständig aufgerieben wären. Der Ostfeldzug sei praktisch zu Ende. Sogar Wehrmachtsberichte klangen anders, und ich fragte mich, was mochte das bloß für ein Gegner sein, den man, weil man ihm nicht gewachsen war, propagandistisch für tot erklären mußte? Diese Bolschewiken schienen ein ganz anderer Gegner zu sein als alle bisherigen.

Ich erinnerte mich an eine Ufa-Wochenschau vom Herbst 1940 zurück. Am Anhalter Bahnhof in Berlin wurde ein kleiner, scheinbar unscheinbarer Mann in Zivil mit allem militärischen Pomp empfangen. Er schritt die waffenstarrende, stramme Ehrenkompanie hochgewachsener SS-Männer ab und lüftete dabei immer wieder höflich seinen Hut. Das war der Außenminister der Sowjetunion. Er hieß Molotow. Der Mann hatte Würde. Die Soldaten und Diplomaten des Dritten Reiches stach er allesamt aus. Die pikante Ironie seines Auftritts stiftete Unruhe im Kino. Die Szene war mehrdeutig, für mich war sie eindeutig: Wie brachte er es bloß fertig, der Überlegene zu sein?

Eine Reaktion auf die deutsche Unterlegenheit im Osten um die Jahreswende 1942/43 bestand darin, daß nunmehr auch die »jüngere Jugend« einberufen wurde – zur Vaterlandsverteidigung. Unsere Schulklasse wurde zu einer Flakstellung bei Schönfließ im Norden Berlins abkommandiert. Mit sechzehn Jahren war ich mit dabei.

# IN UNIFORM
*1943–1945*

Unzähligen Berichten war zu entnehmen, daß die meisten Jugendlichen in dieser Zeit förmlich darauf brannten, ihren Anteil an der gewaltigen Kriegsmaschinerie zu leisten. Die Nazis hatten es verstanden, einen natürlichen Drang Jugendlicher nach erster Bewährung durch flächendeckende Propaganda in buchstäblichem Sinne auszuschlachten. Dem entsprach auch die Bildunterschrift zu einem Foto, das von uns in Frohnau gemacht und im »Völkischen Beobachter« veröffentlicht wurde: »In diesen vor Begeisterung glühenden Gesichtern der Luftwaffenhelfer sieht man die Freude auf den ersten Kriegseinsatz ...«

Auf mich traf das keinesfalls zu. Meine Mutter hatte mich zum Pazifisten erzogen. Andererseits wollte ich mich nicht vor der Uniform drücken. Aber die Vorstellung, als ein Krüppel in einem Lazarett zu landen, machte mir angst und bange. Ich war sicher nicht der einzige, der eher zögerlich denn begeistert nach Frohnau/Schönfließ fuhr. Es handelte sich um eine Scheinwerfereinheit, deren Aufgabe darin bestand, feindliche Bomber am nächtlichen Himmel ausfindig zu machen, damit die benachbarte Flakbatterie, in die auch einige von uns abkommandiert worden waren, sie mit ihren 8,8-cm-Granaten unter Beschuß nehmen konnten. Es gab verschiedene für uns vorgesehene Funktionen, die nach Eignung besetzt wurden.

Ich weiß nicht mehr, ob ich mein Licht unter den Scheffel gestellt habe, aber ich landete an einem Horchgerät. Meine Aufgabe bestand darin, akustisch den Kurs der Flugzeuge festzustellen. Dazu bekam ich einen Kopfhörer aufgestülpt, mit dem man das Brummen der Motoren hören sollte. Nun mußte so lange mit dem technischen Ohr in den Himmel gelauscht und dieser abgesucht werden, bis der Ton gleichmäßig stark in beiden Hörmuscheln dröhnte. Sodann gab ich die Standortmeldung an die »Scheinwerfer« weiter, die umgehend den Himmel mit ihren Lichtsäulen durchfächerten. Das war einerseits sehr kompliziert, andererseits – verglichen mit heutigen technischen Möglichkeiten – recht primitiv. Radar kam, wie wir wissen, erst gegen Ende des Krieges auf, und weil die Briten und Amerikaner annahmen, daß bei der Funkmeßtechnik die Deutschen weiter seien als sie selbst, begannen sie im Laufe des Jahres auch mit dem Abwerfen von Stanniolstreifen. Wir selbst wußten nicht, was dieses silberne Flitterzeug zu bedeuten hatte, das plötzlich vom Himmel schneite, und auch unsere Offiziere zeigten sich hochgradig irritiert, denn sie gaben die Parole aus: »Auf keinen Fall berühren, die Streifen können vergiftet sein!« Als später bekannt wurde, daß dieses Zeug ausschließlich abgeworfen wurde, um unsere Funkmeßanlagen zu täuschen, bewunderte ich im stillen die List unserer Feinde.

Das Jahr 1943 war für uns nicht sonderlich angenehm. Das ist natürlich relativ zu sehen, denn uns war durchaus bewußt, daß es den Soldaten draußen an allen Fronten und den Zivilisten in den Luftschutzkellern eher sehr viel schlechter erging – von denen zu schweigen, von deren Los man kaum etwas erfuhr: den Opfern der Nationalsozialisten in Ghettos, Zuchthäusern, KZs und Vernichtungslagern.

Die Kindheit lag mit einem Male schon weit hinter uns. Formell waren wir noch Schüler. Unsere alte Lehrerin kam tagsüber in unsere Stellung und unterrichtete uns vormittags weiter. Am Nachmittag erfolgte die militärische Ausbildung. Wir wurden gedrillt, mußten marschieren und uns eingraben, Gewehre auseinandernehmen und wieder zusammenbauen, es gab Zeugdienst und Wache und diesen ganzen unerfreulichen Klimbim, der das Soldatenleben so abwechslungsreich gestaltete. Nachts hockten wir bei Alarm schläfrig in unseren Gefechtsständen und sicherten den Luftraum. Die Folgen: Die Lehrer waren mit uns unzufrieden, weil wir anderentags nur mühsam ihrem Unterricht folgen konnten, und die Offiziere und Unteroffiziere brüllten herum, weil wir ihnen nicht rund um die Uhr zur Verfügung standen, und wenn, dann nicht mit vollem Einsatz. Es war für alle Beteiligten eine höchst mißliebige Situation, und alle hofften auf ihr baldiges Ende.

Im Herbst 1943 wurde ich zum Reichsarbeitsdienst (RAD) in einen Grenzort des Sudetenlandes abkommandiert. Diesen Dienst gab es seit Beginn der dreißiger Jahre; damals fand er noch auf freiwilliger Basis statt. Ab Juni 1935 diente er zur vormilitärischen Erziehung der männlichen und weiblichen Jugend. Der RAD war der Vorhof zur Wehrmacht. Alle Regeln stammten von dort. Struktur und Kommandos, Umgang und Uniform waren paramilitärisch.

In unserer Einheit, die Straßen zu bauen und zu reparieren hatte, schaute gelegentlich ein Zivilarzt nach dem Rechten, und damit er nicht bei jeder Schramme und bei anderen Wehwehchen gerufen werden mußte, gab es einen sogenannten Heilgehilfen. Doch der war meistens besoffen und/oder unauffindbar und folglich ein Totalausfall. Sein bisheriger Stellvertreter, tituliert als Heilgehilfenhelfer, war inzwischen im Kriegseinsatz. Also mußte ein Hilfsheilgehilfenhelfer her. Auf die Frage hin: ist hier jemand medizinisch bewandert, habe ich mich per Handzeichen gemeldet und geantwortet: »Ich habe etliche medizinische Bücher studiert.« Daß es sich dabei lediglich um vier Bände Hippokrates handelte, in denen ich interessiert geblättert hatte, ver schwieg ich natürlich. Aber da sich keine Konkurrenz regte, wurde ich in die Sanitätsstube beordert.

Die neue Tätigkeit empfand ich zunächst als angenehm, weil ich nicht mehr bei Wind und Wetter hinausmußte. Das verlor sich jedoch bald, nachdem die ersten Patienten mich aufgesucht hatten. Ein Pflaster zu verabreichen ging ja noch hin – doch was sollte ich tun, wenn jemand über eine Gastritis klagte oder asthmatisch keuchte? Ich begriff, daß ich so gut wie nichts wußte, und wurde zunehmend unsicherer und von Gewissensbissen geplagt. Eines Abends kreuzte ein Kamerad bei mir auf und jammerte über irrsinnige Schmerzen im Unterleib. Ich war kopflos, weil ich weder den Vertragsarzt noch den Heilgehilfen erreichen konnte. Was tun? Bei meiner hektischen Suche im Medizinschrank stieß ich auf ein Fläschchen Opium. Ich hatte einmal gelesen, daß Opium auch schmerzlindernd sei. Also verabreichte ich meinem Patienten einen maßvollen Schluck. Er verabschiedete sich dankbar, und ich fiel erleichtert auf meinen Stuhl. Nach geraumer Zeit erschienen einige Freunde und erkundigten sich besorgt nach dem Verbleib ihres Kameraden, der noch nicht in die Baracke zurückgekehrt war. Mir fuhr der Schreck in alle Glieder, und ich löste damit eine größere Suchaktion aus. Schließlich fanden wir den Vermißten in einem Graben. Er schnarchte und war völlig zu. Als wir ihn endlich wach bekamen, lächelte er beseligt. Dieser Moment gehört mit zu den glücklichsten meines Lebens, weil ich schon mit dem Schlimmsten gerechnet hatte. Mit weichen Knien hatte ich mich an der nächtlichen Suche beteiligt, bei jedem Schritt wurde mir klarer: Arzt wirst du auch nicht. Die Lust war mir endgültig vergangen. Das änderte sich auch dadurch nicht, daß mir entgegen meiner Erwartung diese Episode Anerkennung und Sympathie eintrug. Selbst der Vertragsarzt schmunzelte, als er davon hörte. Ich hatte fortan bei allen einen Stein im Brett. Nach einem Vierteljahr hatte meine Hilfsheilgehilfenhelfer-Existenz und meine Zeit beim RAD ein Ende.

Die Weihnachtsfeier des Jahres 1943 in Berlin fiel bescheiden und freudlos aus. Unser Haus in Dahlem war durch Fliegerbomben bereits arg beschädigt. Das war auch der Grund, warum sich Mutter und meine kleine Schwester Jennifer auf dringendes Anraten des Chefs bei Bekannten in Mecklenburg einquartiert hatten.

Mein Vater war geblieben, weil er noch am Staatstheater spielte, doch ihm schwante, daß es nur noch eine Frage der Zeit war, bis auch das Haus am Gendarmenmarkt geschlossen werden würde. Gustaf Gründgens wußte, daß es so kommen würde. Mit den Worten »ich schließe kein Theater« hatte er sich deshalb freiwillig zur Wehrmacht gemeldet. Er wollte auf diese Weise das Schicksal von vielen Menschen teilen. Den Mächtigen, die ihn emporgehoben hatten, wolle er nicht mehr dienen, sagte er meinem Vater.

Im Januar 1944 bekam ich meine Einberufung nach Bad Saarow. Dort wurden Sanitätsoffiziere und Sanitäter geschult. Die Ausbildung war unmenschlich und bösartig. Die Begründung lautete: Draußen, an der Front, verrecken die Kameraden. Sie haben nicht mal Zeit zum Luftholen. Ihr aber genießt in aller Ruhe und Gemütlichkeit die Ausbildung in der Etappe. Den Genuß aber werden wir euch noch gründlich versalzen.

Mich schikanierten unsere Ausbilder mit besonderer Leidenschaft. Ich war der Sohn des berühmten Staatsschauspielers Bernhard Minetti, dem man gern zeigte, was er in ihren Augen doch für ein armseliges Würstchen sei. Allerdings räume ich gern ein, daß ich ihnen mit meiner Disziplinlosigkeit auch regelmäßig Anlaß für vielerlei Schikanen bot. Im Wehrmachtsjargon galt ich als der Katschmarek der Kompanie, als jener, der es bei den Vorgesetzten total verschissen hatte. Es waren die schlimmsten acht Wochen meines Lebens. Ich war ausgegrenzt und spielte hin und wieder mit dem Gedanken, mich von der Menschheit zu verabschieden. Es gab jedoch zweierlei Bedenken, die mich zögern ließen. Da war zum einen die wiederholt erklärte Absicht der Vorgesetzten, mich zu einer kämpfenden Einheit zu versetzen. Damit wäre mir vermutlich erspart geblieben, den Schlußakt selber zu vollziehen. Und da war zum anderen dieser Kaplan, dessen Name mir leider entfallen ist. Dieser katholische Geistliche nahm sich meiner an. Er muß gespürt haben, was in mir los war. Als Sanitätsfeldwebel kam er mit dem Goldenen Verwundetenabzeichen von der Front, einer ziemlich seltenen Auszeichnung. Die galt unter Landsern weit mehr als ein Ritterkreuz mit Eichenlaub. Dennoch schien er körperlich unversehrt. Ich habe ihn nie nach der Art seiner Verwundungen gefragt.

Von ihm hörte ich zum ersten Mal die Bibelworte: »Herr, lehre uns sterben, auf daß wir klug werden.« Ich meinerseits traktierte den Ärmsten mit Nietzsche, den ich zwar nicht im Tornister, aber halt doch bei mir hatte: »Man sollte das Sterben *lernen* ...« Dieses Zitat kannte er natürlich. Daß er auch meine Lebens-Maxime, meine ausgewählte Lieblingsstelle aus der Bibel, kennen würde, war zu erwarten: »Und dem Engel zu Laodicea schreibe: Das sagt, der da Amen heißt, der treue und wahrhaftige Zeuge, der Anfang der Schöpfung Gottes: Ich weiß deine Werke, daß du weder kalt noch warm bist. Ach, daß du kalt oder warm wärest! Weil du aber lau bist und weder warm noch kalt, werde ich dich ausspeien aus meinem Munde.«

Darüber ließ es sich trefflich reflektieren. Meinen Vorsatz, nie »lau« sein zu wollen, hieß er gut. Man solle stets Position beziehen, um für andere erkennbar zu werden.

Er gab mir meinen Lebensmut zurück. Der Abschied fiel uns beiden schwer, als ich im April 1944 nach Berlin-Lankwitz abkommandiert wurde. Ich war ein Kanonier, der den Äskulapstab an der Uniform trug. Ausgebildete Sanitäter wurden in diesem fünften Kriegsjahr bei den nun zum Alltag gewordenen Bomberangriffen dringend gebraucht. Nächtens dröhnten die alliierten Flugzeuge meist aus Richtung Braunschweig heran und klinkten in großer Höhe ihre tödliche Fracht über der Reichshauptstadt aus – von unserer Luftabwehr nicht mehr zu erreichen. Insofern war es grotesk, daß wir mit der Flak wie wild auf sie schossen. Die Granaten zerplatzten irgendwo am nächtlichen Himmel. Tagsüber wurde ich an einem Vierlingsgeschütz ausgebildet, mit dem Tiefflieger bekämpft werden sollten, die zumindest in Berlin noch nicht auftauchten.

Ab und zu bekam ich Ausgang. Auch am 20. Juli 1944. Das Haus, notdürftig instand gesetzt, war leer, nur die liebe Tante Else hütete noch unsere Wohnung. Es schien ein Kriegs- und Sommertag zu sein wie viele andere auch. Am späten Nachmittag kam eine merkwürdige Spannung auf. Es hieß, Hitler habe im Rundfunk gesprochen, und er sei einem Attentat entkommen. Als ich mich abends in der Kaserne zurückmeldete, herrschte dort bereits helle Aufregung. Unter den Kameraden hatte sich eine Stimmung breitgemacht, die uns mit einem Mal in zwei Lager spaltete. Die Nazis unter uns gingen in die Offensive: So sind diese arroganten Generäle, dieses ehrlose Pack. Während die tapferen Feldgrauen das Vaterland verteidigen, fallen die adligen Etappenhengste dem Führer in den Rücken.

Die andere Hälfte in unserer Truppe schwieg jedoch und hörte sich die Vorwürfe lediglich an. Ihr Schweigen war allerdings beredt. Es offenbarte sich Distanz zu den Brüllern und zu dem Manne, dem der Anschlag gegolten hatte. Tage später kam ein nationalsozialistischer Führungsoffizier, der eine Durchhalterede über den Appellplatz rief – und auch sie wurde mit stoischem Schweigen kommentiert. Kein

»Sieg heil!« oder etwas anderes, was bei solchen Anlässen aus Hunderten von Kehlen emphatisch aufstieg, kein Lied, kein Beifall. Nichts.

Wenig später wurde ich nach Lüdenscheid im Sauerland abkommandiert. Die Soldaten der dort stationierten Einheit begleiteten bestimmte Güterzüge auf einem offenen Waggon, auf dem zur Abwehr von Tiefliegerangriffen Vierlings- oder Zwillings-Flak montiert waren. Sie wurden unter einem Tarnnetz versteckt. Bald darauf erlebte ich den ersten Angriff zweier Tiefflieger auf unseren Zug, und obgleich sie sich noch außerhalb der Reichweite meiner Vierling befanden, was mir durchaus bewußt war, kam der Feuerbefehl, und ich trat aufs Pedal. Schon nach dem ersten Feuerstoß drehten die Maschinen ab, offenkundig waren sie von der Attacke überrascht. Der kommandierende Offizier jedoch wurde hochnotpeinlich verhört; unmittelbar nach dem 20. Juli roch jede Panne, sofern sie von einem Offizier verursacht worden war, nach Sabotage. Auch diese Reaktion verriet, wie blank die Nerven lagen und wie übermächtig die Endzeitstimmung in die Psyche drang. Unter normalen Umständen wäre ein verfrühter Feuerbefehl mit Heiterkeit quittiert und als Ausdruck von Unerfahrenheit gewertet worden. Und sachlich betrachtet, hatte der abgegebene Feuerstoß das angestrebte Resultat gebracht, nämlich die Angreifer vertrieben. Der Zug erreichte unbeschadet sein Ziel. Doch das alles zählte nicht.

Zum Jahresende 1944 wurde ich Gefreiter und neuerlich versetzt. Stettin lautete die neue Adresse, und das war zu dieser Zeit schon fast Ostfront. Die Russen hatten Budapest genommen und standen bereits jenseits der Weichsel; die Briten und Amerikaner am Rhein und südlich der Alpen. Der Krieg war für Deutschland verloren, das sah jeder, der nicht verblendet war. Es schien nur eine Frage von Wochen, bis die Rote Armee auch die Oder erreichte, und von dort mußte sie nur noch siebzig Kilometer ins Herz des Reiches, nach Berlin, zurücklegen.

In Stettin machte man mich, keine neunzehn Jahre alt, zum Ausbilder von noch jüngeren, die mich ehrfürchtig mit »Herr Gefreiter« anzureden hatten, was ich albern fand, zumal in dieser Zeit ein Witz kursierte, der dem obersten Gefreiten des Reiches galt: »Wie kann man einen dritten Weltkrieg verhindern?« Antwort: »Alle Gefreiten totschlagen.« Ich hatte sie an der Zwillings- und Vierlings-Flak auszubilden und fühlte mich ein wenig in der Rolle des Kaplans von Bad Saarow.

Die Russen rückten näher und näher. In der Winteroffensive '45 brach bald die gesamte deutsche Ostfront von der Ostsee bis zu den Karpaten zusammen. Am 31. Januar bildete die Rote Armee bei Kienitz den ersten Brückenkopf diesseits der Oder. In den Berichten der Frontsoldaten, die zu uns drangen, verklärten sich geradezu die Waffen der Russen. Oh, der T 34! Und erst die Stalinorgeln, diese Raketenwerfer mit der unerreichbaren Feuergeschwindigkeit, die alles niedermähten. Auch in dieser Hinsicht hatten unsere unmittelbaren Gegner klar die Oberhand. Deutsche Kriegstechnik schien bestenfalls zweite Wahl; an die immer wieder von der Propaganda versprochenen »Wunderwaffen« glaubte wohl keiner mehr, der Uniform trug.

Anfang März bekamen wir Befehl, die Kaserne zu räumen und in Altdamm jenseits der Oder eine Verteidigungsanlage aufzubauen. Dort gruben wir uns auf der westlichen Seite eines Bahndammes ein. Hinter uns lag der Fluß, vor uns das Schußfeld, auf dem die Russen erscheinen sollten. Dahinter war der Wald, in dem sich angeblich bereits Soldaten der Roten Armee verschanzt hatten. Plötzlich hieß es: Wer kann rudern? Inzwischen hatte ich gelernt, daß man sich bei solchen Fragen nie in den Vordergrund drängen durfte. Wenn Freiwillige gesucht wurden, handelte es sich meist um ein Himmelfahrtskommando, und dafür war man sich einfach zu schade. Die Landser-Regel lautete: nicht melden, nie auffallen. Ich durchbrach diese Regel, ohne zu wissen, warum. Ich meldete mich. Von nun an bestand meine Aufgabe darin, nächtens Proviant und Munition zu einer Insel mitten in der Oder zu schaffen. Dort befanden sich etwa zehn Soldaten mit einem Fähnrich. Die ihnen zugedachte Aufgabe war strategisch ebenso sinnlos wie mein permanenter Munitionsnachschub, denn sie verbrauchten ja nichts. Doch Befehl war Befehl. Nach etwa drei, vier Wochen hieß es: Alles einpacken, die Insel wird geräumt, wir ziehen uns zurück. Bis dahin hatten wir keinen einzigen Russen zu sehen bekommen.

Wir wechselten von der rechten auf die linke Oder-Seite und gruben uns nunmehr hinter den Deichen ein. Die Nachrichten, die uns in den Erdlöchern erreichten, waren bitter: Kolberg verloren, Brückenköpfe diesseits der Oder bei Küstrin gesprengt, 30. März: Danzig aufgegeben, 9. April: Königsberg kapituliert. Über den Stettiner Hafen liefen die Fluchtwege nach Westen. Zehntausende Menschen aus Ostpreußen, Danzig und Pommern wurden mit Schiffen nach Kiel und anderen Häfen gebracht.

Erst Mitte April erreichte die Rote Armee auch unseren Abschnitt an der Oder und versuchte, mit Trommelfeuer unsere Linien zu zerschlagen. Drei Tage und drei Nächte flogen die Granaten über uns hinweg und schlugen in beunruhigender Nähe oder beruhigender Entfernung ein. Daran gewöhnte man sich. Man stumpfte schnell ab.

Bei einem Meldegang machte ich aber einen Fund, der meine Befindlichkeit grundlegend veränderte. Ich entdeckte eine weggeworfene Pistole 08 mit drei Schuß Munition, die ich hastig einsteckte. Von nun an fühlte ich mich frei. Die Nächte zuvor hatte man in einem kalten Loch gelegen, zu schlafen versucht, immer mit der Angst im Hinterkopf, man könne als Kriegsgefangener aufwachen. Die Furcht vor einem russischen Lager war noch größer als die Furcht vor dem Tod. Zwei Seelen wüteten in meiner Brust: Da war die von Verklärung der Oktoberrevolution und der Bolschewiken, die von Gogol und Dostojewski beeinflußte abstrakte Zuneigung zu Russen – und auf der anderen Seite die schreiende Angst vor ihrer Rache.

Ich besaß eines jener zweisprachigen Flugblätter, die die Russen aus klapprigen Flugzeugen, die wir Nähmaschinen nannten, auf unsere Stellungen herabgeworfen hatten. Der Besitzer dieses Passierscheines, so stand zu lesen, ist von allen Soldaten und Offizieren der Sowjetarmee als Kriegsgefangener streng nach den Regeln der Genfer Konvention zu behandeln und ordnungsgemäß in ein Kriegsgefangenenlager zu überstellen. Als sehr einladend empfand ich diese Offerte nicht, von einer Verführung zur Desertion konnte keine Rede sein. Die Zusage, als Kriegsgefangener behandelt zu werden, schien mir dann doch etwas zu dürftig. Stand man denn nicht auch ohne solchen Passierschein unter dem Schutz der Genfer Konvention? Und wenn man dies nun praktisch als Sonderbehandlung in Aussicht gestellt bekam – was mußte erst die Soldaten erwarten, die keine solche schriftliche Zusicherung hatten?

Ich vermutete, daß ich nicht der einzige in unserer Einheit war, der dieses Blatt bei sich trug, auch wenn darauf standrechtliche Erschießung drohte.

Doch ich hatte meine 08 und hielt nun allnächtlich Zwiesprache mit Freund Hein. Ich weiß nicht, ob er mein Freund wurde, aber ich wollte seiner werden. Tod, wo ist dein Stachel? Hölle, wo ist dein Sieg? Ich setzte die Waffe probehalber an die Schläfe und auf die linke Brusthälfte, mal steckte ich den kalten Lauf in den Mund – ich überlegte, welche Methode die sicherste sei, denn ich hatte von Fällen gehört, wo sich Selbstmörder nur verletzt hatten, wofür sie dann anschließend wegen Selbstverstümmelung verurteilt worden waren. Das wollte ich vermeiden. Ich dachte auch an den verunglückten Selbstmord des Robespierre.

Auf einmal hieß es: Alles einpacken, zurück nach Stettin! Man nannte uns eine Uhrzeit und einen Stellplatz, und schon brachen wir auf, zunächst noch halbwegs geordnet, dann verlief sich irgendwie ein jeder. Jedenfalls war ich in Stettin auf einmal alleine. Ich irrte durch die Stadt, die mir angesichts der Trümmer völlig fremd war. Es herrschte ein heilloses Durcheinander. Ich besaß keinerlei Orientierung und auch nur wenig Lust, mich erneut unter ein Kommando zu begeben. Mein Befehl lautete, mich bei einer Einheit Henrici zu melden – doch wo sollte die sein? Mit anderen Soldaten verließ ich die Stadt in Richtung Westen. Irgendwann stießen wir auf einen Landser, der am Straßenrand ein Fahrrad reparierte. Er forderte mich auf, ihm dabei behilflich zu sein, und als wir damit fertig waren, sagte er: »Paß auf, wir machen auch noch die andere Karre flott, und dann türmen wir gemeinsam.« Wir radelten Richtung Neubrandenburg, immer auf der Hut vor »Fliegenden Standgerichten« und SS-Streifen. Wir sahen Männer in Uniformen und Zivil an Bäumen und Laternen hängen mit Schildern vor der Brust: »Ich bin ein feiges Schwein!« Oder: »Ich habe den Führer verraten!«

Wir fuhren und sprachen kaum, schliefen und versorgten uns unterwegs in verlassenen Häusern, schnappten Gerüchte auf: Aufpassen, in Stavenhagen sitzt die SS! Ich weiß heute nicht mehr, wann und wodurch wir uns verloren. Mich trieb nur ein Gedanke vorwärts: Richtung Westen. Wobei ich nicht genau wußte, ob ich nach Kiel flüchten sollte, wo ich meine Großeltern wähnte, oder ob ich mich nach Hitzacker durchschlagen sollte, wo die Familie mittlerweile untergekommen war. Doch Hitzacker lag jenseits der Elbe

– und wie sollte ich da hinübergelangen? Alle Brücken, das wußte ich aus eigenem Erleben, waren aus strategischen Gründen in die Luft gejagt worden.

Ich lief zu Fuß, mal allein, mal mit anderen. Hin und wieder lud mich ein Bauer auf seinen Wagen. Wenn Tiefflieger auftauchten und uns beschossen, hatte ich wie alle immer den Eindruck, sie hätten es einzig und allein auf einen selber abgesehen. Auch wenn SS-Truppen nahten, schlug ich mich seitwärts in die Büsche. Ich war im klassischen Sinne ein Deserteur, aber die Uniform trug ich noch und war also erkennbar. Vor Schwerin stieg ich wieder zu einem Bauern auf den Pferdewagen, dort saßen schon andere Soldaten. Wir kamen in die Stadt. Als wäre weder Krieg noch Dramatik angesagt, stand mitten auf der Kreuzung ein Mann und dirigierte lässig die Kolonnen. Ich rieb mir die Augen und schaute wieder und wieder auf den Verkehrsposten, der mit eleganter Armbewegung und beneidenswerter Selbstverständlichkeit die Fuhrwerke und Wehrmachtsfahrzeuge dirigierte. Sein Stahlhelm ließ mich stutzen: Das war ja ein Amerikaner! Schwerin mußte also demnach besetzt sein.

In einem Lazarett fanden wir Obdach. Aber nur für eine Nacht, mahnte uns eine Oberschwester. Dann mußten wir weiter. Wir: Ein Häuflein Soldaten, das sich zufällig zusammengefunden hatte.

Hinter Schwerin stießen wir in einem Waldstück wieder auf Amerikaner, die uns unmißverständlich aufforderten, stehenzubleiben, die Hände zu heben und langsam zu ihnen zu kommen, was die meisten aus unserem Trupp auch taten. Nur zwei oder drei, darunter auch ich, ignorierten den Befehl und türmten, was das Zeug hielt. Ich war mir ziemlich sicher, daß sie uns zwischen den vielen Bäumen nicht treffen würden. Aber sie schossen nicht. Wenig später hörte ich nur noch mein Blut in den Ohren und die Baumspitzen über mir rauschen. Ich war plötzlich allein und ging ruhig, aber voller Spannung weiter.

Meine nächste Station hieß Güstrow, wo mich eine Frau mittleren Alters beherbergte, deren Mann ebenfalls im Krieg war und die gleich mir aber in Richtung Westen wollte. Bratkartoffeln ... etwas zu fett, sie hatte es gut gemeint. Aber mir wurde schlecht. Doch sie sorgte auch für Besserung. Sie stattete mich nicht nur mit ziviler Kleidung aus, sondern wurde mir auch ein treffliches Alibi. Als unauffälliges Pärchen brachen wir anderntags auf. Ich trug tapfer ihren schweren Koffer, der mich als einen hilfsbereiten Gatten ausweisen sollte. Die Amerikaner, die uns gelegentlich kontrollierten, akzeptierten das und ließen uns passieren. Mir ist heute nicht mehr erinnerlich, wo und unter welchen Umständen wir uns verloren, ich weiß nur noch, daß ich plötzlich vor einem Kriegsgefangenenlager stand und mich der amerikanische Posten hinter den Stacheldraht schickte, wo sich viele deutsche Soldaten aufhielten. Ich marschierte quer durch das Camp, traf an einem anderen Eingang, den ich als Ausgang benutzen wollte, wieder auf einen Wachsoldaten und ging freundlich grüßend und wie selbstverständlich an ihm vorbei in die Freiheit. Er reagierte überhaupt nicht, und ich drehte mich auch nicht mehr um.

Wenig später las mich ein weiterer Amerikaner auf und lud mich in seinen Jeep. Wir sprachen während der Fahrt lange miteinander, er amüsierte sich über mein Englisch und über meine Behauptung, nie Soldat gewesen zu sein. Ich erinnerte ihn wohl an seinen Sohn, und er sah mir die Lüge an. Oh, *an actor,* pfiff er anerkennend durch die Zähne, als ich ihm erzählte, daß mein Vater Schauspieler sei. Beim Abschied gab er mir seine Adresse. Er heiße Kenneth Berghius und wohne in Miami, und wenn ich mal in Florida sei, solle ich bei ihm vorbeikommen. *»My house is your* *house«*, sagte er mit breitem Kaugummigrienen und drückte mir die Hand.

Die Elbe erreichte ich nördlich von Hitzacker unweit eines Dorfes, in dessen Nähe es einen improvisierten Fährverkehr gab. Die Betreiber verlangten Sachwerte für ihre Dienste, Geld lehnten sie ab, denn dessen Wert war fragwürdig. Bei einem Ring oder einem Stück Wurst aber wußte man sofort, welchen Preis die Ware besaß. Ich erkaufte mir die Überfahrt mit meiner Armbanduhr.

Am späten Nachmittag traf ich zu Fuß in Hitzacker ein, wo ich noch nie zuvor gewesen war. Ich stieß auf eine lange Mauer, und ich war mir sicher, daß sie zum Gut Dötzingen gehörte, wo ich meine Familie wähnte. Endlich endete die Mauer, ich schritt durch das Tor und auf ein Haus zu. Davor spielte ein fünfjähriges Mädchen unbeschwert in einem Buddelkasten. Als sie mich sah, erhob sie sich und sah mich erstaunt an. Ich fragte sie: »Weißt du, wer ich bin?« – Und sie antwortete, als sei es die selbstverständlichste Sache der Welt: »Ja. Du bist mein Bruder Peter.« Und dabei hatte sie mich zuletzt als Zweijährige gesehen.

Jennifer nahm mich bei der Hand und führte mich durch das zerstörte und geplünderte Gebäude, das die Bezeichnung »Schloß« nicht mehr verdiente. In ihm waren etliche Familien untergebracht, nicht nur die Minettis. Meine kleine Schwester führte mich zu einer Frau, die gerade beim Aufräumen war: es war meine Mutter. Sie hatte eine schwere Diphtherie überstanden und war noch von der Krankheit gezeichnet. Wir lagen uns in den Armen. Eine Stunde später riß mein Vater die Tür auf und fiel mir gleichfalls um den Hals. Er hatte Milch beim Bauern geholt. Ein Mitglied der Gastgeber- und Gutsbesitzerfamilie von der Busche hatte ihm bei seiner Rückkehr eher beiläufig auf die Schulter geklopft und die schlichten Worte gefunden: »Wie schön, daß Ihr Sohn zurückgekommen ist.«

Chef schrieb später über diese unverhoffte Begegnung: »Ich stand da, erschüttert vor Freude, und ich spürte die Tränen. Ich weiß keinen Tag in meinem Leben, der dem Tag dieses Wiederfindens gliche.«

Das war am 6. Mai, und zwei Tage später war der Krieg endgültig beendet. In den Wochen danach füllte sich das Haus mehr und mehr mit näheren und entfernteren Verwandten derer von der Busche. Zu ihnen gehörte ein Claus von Amberg, mit dem ich mich bald anfreundete. Wir verstanden uns gut, mit einer Ausnahme: Wir beide hatten unseren Blick auf das gleiche hübsche Mädchen geworfen. Zu unseren gemeinsamen Freunden zählte Ernie, ein britischer Sergeant, der es mit dem Gebot *no fraternisation* nicht so genau nahm, wenn auch auf seinem Jeep zu lesen stand: »*Show them no mercy*«.

# STUDIUM
## *1945–1950*

Die Tage auf Schloß Dötzingen vergingen rasch. In der ländlichen Umgebung begannen die Narben des Krieges vielleicht rascher zu verheilen als in der Trümmerwüste Berlins. Ich war neunzehn und vor die Frage gestellt: Was nun? Schauspielerei schien mir weniger denn je eine Perspektive. Angesichts der Not und des Elends, der Verzweiflung und Verbitterung hielt ich es für unvertretbar, auf einer Bühne Spiele zu treiben. Theater erschien mir in dieser Zeit als anachronistischer Luxus.

In der Zwischenzeit hatte ich zu schreiben begonnen: kleine Aufsätze, kurze Texte, Beiträge für eine Provinzzeitung. Warum wirst du nicht Journalist, fragte ich mich. Und gleichzeitig erinnerte ich mich meiner früheren Vorliebe für Geschichte. Weshalb nicht, sagte ich mir, dann studierst du eben Zeitungswissenschaften und Geschichte.

Der führende Berliner Publizistikwissenschaftler Emil Dovifat, den ich einmal erlebte, als Renate mich zu einer seiner Vorlesungen mitnahm, war mir nicht geheuer. Als Wortjongleur brachte er es fertig, von Luthers Sprachgewalt den Bogen zu schlagen bis zu Hitlers Redeleidenschaft und Mussolinis glänzender Rhetorik. Berlin war damit als Studienplatz für mich erst einmal aus dem Rennen.

Ich bewarb mich darum an drei anderen Universitäten. Köln sagte ab wegen Überfüllung, und Göttingen verweigerte die Aufnahme, weil ich nur ein sogenanntes Notabitur besaß. Also erhielt ich von dort jeweils formlos mein Abschlußzeugnis der Paulsen-Schule zurück, in dem zu lesen stand: Der »Sohn des Staatsschauspielers Bernhard Minetti«, hieß es in der allgemeinen Beurteilung, habe »in seiner nicht gewöhnlichen geistigen Aufgeschlossenheit« sein besonderes Interesse »vor allem der deutschen Sprache zugewendet und hier auch Überdurchschnittliches geleistet. Seine gewinnende, zuverlässige und lebensfrohe Art hat ihm auch stets eine sehr erfreuliche Achtung unter seinen Klassenkameraden eingetragen.« Abschließend erkannte mir der stellvertretende Schulleiter Dr. Kanning, »aufgrund der nachgewiesenen Einberufung zur Wehrmacht gemäß Erlaß des Herrn Reichsministers für Wissenschaft, Erziehung und Volksbildung vom 8. September 1939«, die Reife zu.

Aus Kiel traf eine Zusage ein. Man habe extra für Notabiturienten ein Vorsemester eingerichtet, mit dem sie sich auf das eigentliche Studium vorbereiten sollten, ließ man mich wissen. Meine Freude war zweifach: erstens wegen des positiven Bescheids, zweitens weil er aus Kiel kam. Dort hatte ich oft und gern meine Großeltern besucht; allerdings war Großvater Henry leider kurz vor Kriegsende verstorben. »Johanna, ich glaube, der Tod spielt schon mit mir«, soll er meiner Großmutter kurz vor dem Ende gesagt haben. Ich habe sehr an ihm gehangen.

Die Studenten in Kiel waren nach meinem Eindruck in der Mehrzahl Marineoffiziere; jung noch an Jahren, aber kriegserfahrener als ich, zumal ich jetzt wohl ziemlich der Jüngste an Bord war. Dies ist wörtlich zu verstehen. Denn mehrere unserer Vorlesungs- und Seminarräume befanden sich auf der »Sophia«, einem einst unter bulgarischer Flagge fahrenden Fracht- und Passagierschiff, das nun im Hafen festlag. Die Stadt, einschließlich der Universitätsgebäude, war bei den vielen und heftigen Luftangriffen zu großen Teilen zerstört worden. Also begann der Lehrbetrieb zunächst in Behelfs- und Ausweichquartieren. Wir wurden mit Booten und Barkassen zur »Sophia« übergesetzt. Das verlieh unserem Studium einen besonderen Reiz.

Die Gespräche unter uns Studenten mündeten schon bald in hitzige politische Diskussionen ein, die sich vor allem an dem im Herbst 1945 in Nürnberg tagenden Internationalen Militärtribunal entzündeten. Vertreter der Alliierten saßen zu Gericht über Nazi- und Kriegsverbrecher. Angeklagt waren die Überlebenden des Regimes. Hitler, Goebbels, Himmler und andere hatten sich bereits vor dem Untergang des Dritten Reiches durch Selbstmord jeder Strafe entzogen, doch Göring, Heß, Ribbentrop, Kaltenbrunner, Streicher und weitere Hauptverantwortliche saßen nun stellvertretend für das Blutregime auf der Anklagebank.

An Nürnberg schieden sich die Geister unter uns. Nur eine Minderheit empfand das Verfahren als notwendig und halbwegs gerecht; die Mehrheit jedoch, namentlich die einstigen Offiziere, empörte sich und brandmarkte das Verfahren als Racheakt der Kriegsgewinnler. Zunächst hatte ich zu diesem Prozeß keine eindeutige Meinung, mich brachten jedoch die zunehmend schrillen nationalen Töne der Prozeßgegner in Wallung. Nürnberg polarisierte und machte uns zu ganz unterschiedlichen Extremisten. Ich war seit geraumer Zeit allergisch gegen dumpf-deutsche Majoritäten, so daß ich fast zwangsläufig in die oppositionelle Minorität geriet. Wir alle besaßen noch nicht die Souveränität im Umgang mit der gerade beendeten Vergangenheit – eine Souveränität, wie sie etwa der Dresdner Erich Kästner beschrieben hatte: »Die Erinnerung ist eine mysteriöse Macht und bildet den Menschen um. Wer das, was schön war, vergißt, wird böse. Wer das, was schlimm war, vergißt, wird dumm.« Eine Feststellung, die für viele Drehpunkte deutscher Geschichte Gültigkeit hat – auch für die Jahre nach 1989.

1945/46 kümmerten sich die allermeisten um das schiere Überleben und hatten mit Politik wenig oder gar nichts im Sinn. Gerade das evozierte nun mein Interesse für Politik.

Die CDU ließ ich gleich links liegen, weil sie mir zu rechts war. Aber SPD und KPD lockten mich schon. Ich rannte zu fast jeder ihrer Zusammenkünfte.

Mit der SPD bekam ich bald meine Probleme. Die erinnerten mich ein wenig an die unentwegt taktierenden Girondisten: dies ja, und das nein, jetzt das aber, pardon, nein, das auch, das und das besser noch nicht, oder das doch schon ja ... Und so weiter. Nur nicht präzise festlegen. Es gab stets ein »sowohl« und ein »als auch«. Das lief auf Halbherzigkeit hinaus. Irgendwie roch es nach Opportunismus. Nicht, daß man den Leuten zum Munde redete, das nicht. Aber bittere Wahrheiten sagte man ihnen auch nicht gerade. Bloß wer, wenn nicht Sozialdemokraten, Kommunisten, wäre dazu moralisch legitimiert gewesen?

Die Kommunisten waren da jedenfalls direkter, unverblümter. Sie hatten mehr Biß. Das nahm mich für sie ein. Die wirkten auch nicht so verkrampft. Sie besaßen souveräne Verbindlichkeit, als sei dies selbstverständlich. Geprägt und geeint hatte sie der antifaschistische Widerstand mit all seinen Folgen: Illegalität, Gefängnis, KZ oder auch Emigration. Überraschend deshalb, ja befremdlich blieb für mich die jakobinische Leidenschaft, mit der sie mit sich selbst zu Gericht gingen – oft bis hin zu gegenseitiger Zerfleischung.

Einen derartigen, gebeutelten Genossen fragte ich später einmal, wie er solche politischen Nackenschläge denn aushalten könne.

Seine Antwort: »Der Helm eines Kommunisten hat viele, viele Beulen, und einige wenige stammen auch vom Klassenfeind.« – Eine Metapher, die aus den zwanziger Jahren stammte.

Ich räume ein: mein Bild von den Kieler Kommunisten war ein wenig vorschnell und idealisiert, von jakobinischer Romantik durchdrungen. Ich wußte zu dieser Zeit nichts von den Stalinschen Bluturteilen in den Schauprozessen

1937/38 in der Sowjetunion, nichts von den Verfolgungen deutscher und anderer kommunistischer Emigranten im Vaterland der Werktätigen. Wo immer mir dies entgegengehalten wurde, qualifizierte ich es als billigen Antikommunismus ab.

Wir haben uns ein halbes Jahrhundert gegen die bittere Wahrheit gesträubt, daß Lenins Nachfolger Stalin, der Generalsekretär der KPdSU, mehr deutsche Kommunisten ermorden ließ als Hitler. Nicht zu reden von den unzähligen Opfern im eigenen Land. Freiheit, Gleichheit, Brüderlichkeit – Stalin trat die Ideale meiner geliebten Französischen Revolution mit den Füßen, ebenso wie die Idee von einer gerechten, menschenwürdigen, sozialen und solidarischen Gesellschaft, für die seit dem vorigen Jahrhundert die arbeitende Klasse, Abermillionen Menschen in aller Welt stritten. Ihre Hoffnung, diese Idee würde in Sowjetrußland Realität werden, war Trug.

Im Winter '45/'46 trübte jedoch keinerlei Zweifel meine hohe Meinung von den Kommunisten, zumal ich dort auf Persönlichkeiten wie Otto Preßler stieß, Arbeiter von der Kieler Howaldt-Werft, Novemberrevolutionär von 1918. Der Fünfzigjährige besaß die kostbare Gabe, seinem Gegner zuhören zu können. Diese Fähigkeit war, wie ich bald feststellen mußte, auch unter Kommunisten nicht sonderlich verbreitet. Statt die Ohren zu öffnen, öffnete man lieber den Mund und agitierte, den Widerspruch des anderen nicht achtend, nicht nutzend. Das konnte später auch mir passieren.

Auch Kurt Hager war einer der wenigen, die diese Kunst des Zuhörens beherrschten. Er konnte schweigen, nicht aus Rücksichtnahme; es war mehr eine Art des Vergewisserns. Hager wollte erfahren, inwiefern der andere so oder anders dachte als er selbst. Und dann stellte er überraschende, ungewohnte Fragen, um ein Thema gleichberechtigt mit dem

Partner zu behandeln. Ich bin überzeugt, daß Hager sich nicht im Besitz einer ewigen Wahrheit dünkte und dies dann nur noch bestätigt haben wollte. Ich weiß wohl, daß die Meinungen über Hager da sehr, sehr weit auseinandergehen. Aber ich will, ich kann das jetzt nicht anders schildern, als ich es erlebt habe. Ich sage dies unabhängig davon, daß Hager mich später des öfteren gegen Hinterhältigkeiten der Abteilung Kultur des ZK oder auch des Ministeriums für Kultur in Schutz genommen hat – so wohltuend diese Rückendeckung auch war, insbesondere während der Vorbereitung des 5. Kongresses der Theaterschaffenden 1985. Doch darüber später mehr.

Zurück zu Otto Preßler. Er hat mir imponiert. Er warb um mich, und es schmeichelte mir, umworben zu sein. Erst später begriff ich, daß sich die proletarisch geprägte Kieler Parteiorganisation durch die Mitgliedschaft eines Studenten aufgewertet wähnte. Ich gehörte zur Intelligenz, war in ihren Augen etwas Besonderes, und mancher fand diese Annäherung an einen Bürgersohn auch nicht passend. Doch Preßler und andere wollten bewußt aus diesem linken Ghetto ausbrechen. Das erklärte auch, weshalb die Genossen so schrecklich stolz waren, als Otto von den Briten zum Ratsherrn der Stadt bestimmt wurde. Die britische Besatzungsmacht war äußerst pingelig und prinzipiell bei der Vergabe öffentlicher Ämter, lange bevor demokratisch und frei gewählt werden durfte. Sie besetzte die Position angeblich gemäß dem letzten Wählervotum vor 1933. So kam die KPD ins Kieler Rathaus – und berauschte sich daran. Persönlich freute ich mich für Otto Preßler, aber dieser Jubel und der forcierte Stolz über öffentliche Posten ging mir gegen den Strich. Ich fragte mich, ob Kommunisten nicht doch dazu verurteilt sein sollten, kühne und konsequente Opposition zu betreiben, Positionen zu beziehen – aber keinen Posten? Die Verstrickung in Ämtergerangel und

Ränkespiele lieber den andren zu überlassen? Wenn es doch nur so geblieben wäre!

In dieser Zeit wohnte ich möbliert zur Untermiete. Die Wirtin war eine Witwe, deren Mann, Marineoffizier, schon in den ersten Kriegsjahren gefallen war. Die Wohnung war schön, die Witwe war schön, unser Umgang wurde determiniert von der Regel: Entweder man lebt, oder man ist konsequent. Die Witwe verhielt sich inkonsequent – sie lebte, wir lebten, wobei ich viel Neues über die Mentalität von Offizieren erfuhr und meine Vorurteile ihnen gegenüber als Vorurteile erkennen konnte. Denn sie erzählte mir von den inneren Konflikten ihres Mannes, in die er während des Krieges geriet: Die Loyalität gegenüber Hitler war bald aufgezehrt, doch alle Skrupel konnten den auf den Führer geleisteten Eid nicht außer Kraft setzen.

Ich meinerseits hatte genug zu tun, um die Witwe von ihren Vorurteilen gegenüber Kommunisten zu befreien.

Bei meiner Aufnahme in die KPD im März '46 – Bezirk Wasserkante, Thälmanns Bezirk! – hatte der Kadermann, ein ehemaliger Matrose, eine kleine Ansprache gehalten, die mich bis heute begleitet hat. Sie hat mich gegen Anfechtungen aller Art hinreichend immun gemacht. »Du darfst dich jetzt Kommunist nennen«, sagte er. »Es ist ein hoher Anspruch, ein Kämpfer für die Befreiung der Menschheit sein zu wollen. Viele werden dir dankbar sein. Aber du wirst dafür auch bespuckt und bespien werden und verdächtigt und verleumdet. Es kann sein, daß es dir ans Leben geht – an deine Ehre allemal.«

Das waren seine Lebenserfahrungen, die er mir auf den Weg gab. Keine Floskeln, sondern bittere Wahrheit, die er bislang am eigenen Körper verspürt hatte – wie die Stürme auf See, die hinter ihm lagen. Seine Ernsthaftigkeit flößte mir Beunruhigung ein, doch zugleich auch Stolz. Ich gehörte fortan einem Kampfbund Gleichgesinnter an.

Wir nannten uns Avantgarde. Das ist die Reihe, die zuerst ins Feuer muß. Unsere Ablehnung der rein bürgerlichen Demokratie wurde zwangsläufig von den Repräsentanten dieser Demokratie erwidert. Der Respekt vor der Demokratie war den deutschen Kommunisten in der Demokratie Weimarscher Prägung abhanden gekommen. Beide – bürgerlicher Staat und Kommunisten – waren sich wechselseitig bedingende Antipoden.

In der DDR zitierte man ausgiebig und gern das Wort von Thomas Mann, der Antikommunismus sei die Grundtorheit unseres Jahrhunderts. Man verwendete es gern als Losung auf Plakaten ebenso wie als Argument gegen jene, die dem Kommunismus den Garaus bereiten wollten. Am 5. Mai 1965 aber forderte Erika Mann als Bevollmächtigte der Erbengemeinschaft Thomas Manns erstmals den seinerzeitigen Vizepräsidenten der Akademie der Künste der DDR, Alfred Kurella, schriftlich auf, dieses Zitat künftig zu unterlassen, da es eine »Vereinfachung« darstelle, »die der Fälschung gleichkommt«. 1943 nämlich hatte Mann in seinem Aufsatz »Schicksal und Aufgabe« tatsächlich folgendes geschrieben: »Sie sehen, daß ich in einem Sozialismus, in dem die Idee der Gleichheit die der Freiheit vollkommen überwiegt, nicht das menschliche Ideal erblicke, und ich glaube, ich bin vor dem Verdacht geschützt, ein Vorkämpfer des Kommunismus zu sein. Trotzdem kann ich nicht umhin, in dem Schrecken der bürgerlichen Welt vor dem Kommunismus, diesem Schrecken, von dem der Faschismus so lange gelebt hat, etwas Abergläubisches und Kindisches zu sehen, die Grundtorheit unserer Epoche.«

Der Protest war berechtigt, denn Thomas Mann hatte nicht den Antikommunismus, sondern den »Schrecken der bürgerlichen Welt vor dem Kommunismus« als Grundtorheit bezeichnet.

Eine öffentliche Korrektur, dies nur nebenbei, ist in der

DDR nie erfolgt. Das »falsche« Zitat ist noch immer im Bewußtsein vieler Menschen.

Sommer 1946 zogen auch meine Eltern an die Förde und in ihre Heimatstadt. Hier lebte auch Theo, der Bruder meines Vaters, mit seiner Frau Liesel. Kriegsbedingt war er Student wie ich. »Tetsche« ist bis heute der ruhende Pol im Clan der Minettis geblieben. Mein Vater avancierte zum Theaterdirektor. Das große Haus des Kieler Stadttheaters lag in Trümmern, doch das kleine Theater in der Holtenauerstraße – mit immerhin 500 Sitzplätzen – war unversehrt geblieben. Auch Chef wurde zuvor politisch überprüft. In Berlin gaben Ernst Legal von der Bühnengenossenschaft und Paul Wegener ein Gutachten ab, in Hamburg sprach sich der Leiter der britischen Behörden, ein Emigrant und Schriftsteller, für ihn aus.

Selbst Studenten – nicht nur Professoren – mußten mehr als 130 Fragen zur politischen Herkunft beantworten. Die Besatzungsmacht wollte sogar wissen, welche Partei man 1932 bei den Reichstagswahlen gewählt hatte. Dieses Verfahren mutete lächerlich an. Erstens waren die meisten Studenten 1932 noch nicht im wahlberechtigten Alter. Zweitens, wie wollte man überprüfen, ob einer 1932, wie versichert, tatsächlich für die SPD und nicht etwa für die NSDAP gestimmt hatte? Doch der Mut zur Lüge war in diesen Monaten nach dem Krieg allerdings noch nicht sehr groß. Wie die Briten nach 1945 konnten auch die Deutschen nach 1989 die Vorliebe für bürokratische Fragebögen nicht unterdrücken. Mir blieb das an der Hochschule für Schauspielkunst erspart, da meine ordnungsgemäße Emeritierung als Professor ohnehin bevorstand.

Meine Eltern führten in diesen Monaten wie schon zuvor in Berlin auch in Kiel ein offenes Haus. Es wurde mit vielen Gästen diskutiert, getratscht und auch gestritten.

Der Chef amtierte nur ein halbes Jahr als Chef des

Schauspiels. Er hatte das leidvolle Leiten eines Theaterbetriebes satt und wollte einfach nur wieder Schauspieler sein.

Für uns Notabiturienten verlief das Vorsemester sehr anstrengend. Ich, der ich der Schule längst entronnen zu sein glaubte, mußte nicht nur meine Lieblingsfächer Deutsch, Englisch und Geschichte büffeln, sondern auch Mathematik und Latein. Am Ende des Semesters wurde auf der Basis der Noten entschieden, wer nun richtiger Student werden durfte. Die Guten ins Töpfchen, die Schlechten nach Hause...

Ich hatte unter den Kommilitonen zwei Freunde – Karl-Heinz Drogula, der das Parteibuch der SPD besaß, und den Hessenauer von der CDU. Dieser war ein wenig älter als Drogula und ein sehr nobler, feinsinniger Mensch, der auch Linken gegenüber tolerant war. Unsere aus heutiger Sicht vielleicht ungewöhnliche Freundschaft erfuhr eine Bewährungsprobe gleich zu Semesterbeginn.

Professor Jordan erschien eines Tages nicht zu seiner Geschichtsvorlesung. Nachdem das akademische Viertel verstrichen war, erklomm ein Student das Pult und erklärte mit Pathos – die Tagespresse war wieder voll mit Berichten vom Nürnberger Kriegsverbrecherprozeß gewesen –, er möchte die Abwesenheit des Professors nutzen, um seiner Sorge über das Verfahren in Nürnberg Ausdruck zu geben. Wie immer man zu den Angeklagten gestanden habe: Sie seien Repräsentanten des Deutschen Reiches gewesen und dürften darum nicht derart niederträchtig wie Kriminelle behandelt werden. Die meisten Kommilitonen trommelten Zustimmung, der Redner setzte sein Plädoyer ermutigt fort. Nach etwa zwanzig Minuten erschien Professor Jordan, der Student räumte seinen Platz, und Jordan begann seine Vorlesung ohne ein Wort der Erklärung für seine Verspätung.

Das sah nach Absprache aus. Hessenauer, Drogula und ich setzten uns nach der Vorlesung zusammen und kamen überein, daß wir eine derartige Attacke nicht unwidersprochen hinnehmen durften, und meldeten uns beim Professor an. Wir erklärten, daß wir durchaus den Hintergrund und den Vordergrund des Rollentausches im Hörsaal zu deuten wüßten. Doch wenn er Demokrat sei, müsse er auch der Gegenposition die gleiche Redezeit zubilligen.

Jordan willigte nach gebührendem Zögern ein. Aber wohl weniger, weil er Demokrat war, sondern weil ihn der Umstand irritierte, daß das aufmüpfige Trio, welches fordernd vor ihm stand, aus einem Sozialdemokraten, einem Kommunisten und einem Christdemokraten bestand, welche gemeinsame Sache machten. Es gelang uns, diese Abrede geheimzuhalten, und bei der nächsten Jordan-Vorlesung stieg zunächst Hessenauer zum Pult. Er erschien uns als der Seriöseste. Er distanzierte sich von der Erklärung des Kommilitonen in der letzten Vorlesung und begründete sehr überzeugend, weshalb wir ein deutliches Nein sagen müßten zu dem, was die Nürnberger Angeklagten in zwölf Jahren aus Deutschland gemacht hatten. Im übrigen könne davon ausgegangen werden, daß der Prozeß fair sei. Hessenauer fand viel Zustimmung.

Eine Woche später ergriff Drogula das Wort. Auch er argumentierte stichhaltig. Als letzter war ich an der Reihe und hatte es damit naturgemäß am schwersten, weil ich lediglich variierte Wiederholungen anbieten konnte. Als ausgewiesenes Mitglied der KPD war ich nicht sonderlich gelitten. Mit den Nazis war eben keineswegs auch der Antikommunismus untergegangen. Ich konnte mich zunächst nur mühsam gegen ziemliche Unruhe behaupten – hatte aber Glück mit einer gelungenen Parade auf einen Zwischenruf. Mit den Lachern auf meiner Seite konnte ich meine Wortmeldung schnell beenden.

Aus unserer Dreiergruppe formierte sich ein Antifaschistischer Ausschuß der Studenten der Universität Kiel. Wir organisierten Diskussionsrunden, gaben zu bestimmten politischen Ereignissen gemeinsame Stellungnahmen ab und waren öffentlich immer präsent. Der aktive Kreis zählte bald ein halbes Dutzend Köpfe, ich war der einzige Vertreter der KPD und fürchtete nichts so sehr wie die Frage: Und wieviel Kommunisten seid ihr denn eigentlich an der Uni?

Ich war der einzige – bis Jens-Uwe Heuer dazukam. Allerdings legte er Wert auf den Status eines Sympathisanten. Immerhin waren wir damit zu zweit. Als sich später noch ein Dritter hinzugesellte, konnte ich auf die Gretchenfrage nach unserer Zahl reinen Herzens antworten: mehrere.

Heuer studierte Jura und wurde später Professor in Ostberlin. Er war der Spezialist für sozialistische Demokratie, den Akzent dabei mutig immer auf Demokratie setzend. Heute ist er Abgeordneter der PDS im Bundestag.

Eines Tages lief ein russischer Frachter in Kiel ein. Er sollte demontierte Werftanlagen bunkern, die als Reparationen für die Sowjetunion bestimmt waren. Die Kieler schimpften. Wie sollen wir denn je die Wirtschaft in Gang kriegen, wenn auch noch der letzte Nagel ins Ausland verschwindet?

Die Briten sahen zu und verschanzten sich hinter dem Potsdamer Abkommen, das zu dieser Zeit für alles herhalten mußte.

Trotzdem: ich lief zum Hafen und war sehr bewegt, als ich die rote Fahne mit dem Hammer und der Sichel am Heck des Schiffes flattern sah. Zu meiner großen Freude kam mir auch noch ein sowjetischer Seeoffizier entgegen. Ich nestelte mein Parteidokument heraus und hielt es ihm voller Stolz unter die Nase. Der Russe lächelte ein wenig hilflos, nickte und ging an mir vorüber. Ich war enttäuscht. Da ging mir ein Licht auf: Als Kommunist habe man Russisch zu können.

Über eine Zeitungsanzeige fand ich einen Russischlehrer.

Seine Wohnung wirkte reichlich verwahrlost. Seine Frau bekam ich kaum zu Gesicht. Aber der Mann gab sich wirklich Mühe, mir Sprachkenntnisse zu vermitteln. Als ich nach rund einem Vierteljahr anfing, Gedichte von Lermontow auf russisch zu deklamieren und damit zu renommieren, prasselte ein unerwartetes Donnerwetter auf mein Haupt hernieder.

Ich wurde in die Kieler Kreisleitung einbestellt. In einem Hinterzimmer des offiziellen Büros wies mir ein Genosse, den ich nicht kannte, einen Stuhl zu. Er nahm sich Zeit und blätterte in Papieren. »Sag mal, Genosse Minetti, entspricht es der Wahrheit, daß du privaten Russischunterricht nimmst?«

»Aber sicher, ja. Gerade als Kommunist will ich mich auch ein bißchen heimisch fühlen in der Sprache des Landes, das als erstes…«

»Weißt du, Genosse Minetti«, unterbrach er mich, »auch wenn ich selbst kein einziges Wort Russisch kann, so halte ich mich dennoch für einen guten Kommunisten. Nur, wenn du schon meinst, es ginge nicht ohne, dann kannst du mir sicher verraten, warum du dir als Lehrer ausgerechnet einen berüchtigten Weißgardisten ausgesucht hast, der als Offizier des Zaren viele Kommunisten auf dem Gewissen hat.«

Ich war schön sprachlos. Davon hatte ich nicht den Schimmer einer Ahnung gehabt. Als mein Schock vorüber war, sprudelte aus mir heraus, wie man mich bloß verdächtigen könne, mir vorsätzlich einen Konterrevolutionär herausgesucht zu haben. Ganz harmlos hätte ich den Mann über eine Annonce in der »Volkszeitung« entdeckt.

»Wie, du liest die ›Volkszeitung‹? Sag mal, wirfst du hin und wieder wenigstens auch einen Blick in unser eigenes Parteiorgan, das ›Norddeutsche Echo‹?«

»Entschuldige mal, Genosse, unsere Zeitung lese ich nicht nur, sondern schreibe sogar ab und an Artikel für sie.«

»Ist mir bekannt«, sagte er lakonisch und wurde nun spürbar freundlicher. »Ich will dir glauben, daß du ahnungslos warst. Aber hüte dich vor deiner Naivität. Und lerne daraus. Ein guter Kommunist kannst du nur werden, wenn du immer und überall höchste Wachsamkeit an den Tag legst.«

Die Parole von der Pflicht eines Kommunisten zu äußerster Wachsamkeit haben wir später oft – zu oft – beschworen und damit inflationiert. Doch damals auf meinem Arm-Sünder-Stühlchen vernahm ich dieses Wort Wachsamkeit zum ersten Mal. Halt! Nicht zum ersten Mal. Robespierre: »Man stellt sich, als zittre man. Aber ich sage euch, wer in diesem Augenblick zittert, ist schuldig; denn nie zittert die Unschuld vor der öffentlichen Wachsamkeit.«

Wenigstens hatte ich nicht gezittert, und unschuldig war ich schon längst nicht mehr.

Mit einer gnädigen Handbewegung wurde ich entlassen. Ein bißchen benommen fand ich mich im Vorraum wieder. Ich wollte mir vor dem dort anwesenden Genossen nichts anmerken lassen. Entweder, weil er Bescheid wußte, oder weil er seinerseits in Gesichtern zu lesen verstand, wollte er mich trösten: »Nimm's dir nicht so sehr zu Herzen, du wirst da noch viel mehr wegstecken müssen.«

Das war bestimmt gut gemeint, aber es klang auch bedrohlich. *Nitschewo!* Macht nichts! *Nje nitschewo!* Macht doch was!

Ich bekam meine ersten Drohbriefe. Manchmal stand nur der Satz drin: »Du wirst dran glauben müssen!« Das hat mich nicht verängstigt, sondern mit Stolz erfüllt. Ich werde als Kommunist ernst genommen, sagte ich mir. Wenn man mich nicht wichtig nähme, schriebe man mir auch keine anonymen Briefe. Ich fand das richtig dramatisch und wollte damit im Büro der Kreisleitung Eindruck schinden. Die

Genossen schauten besorgt drein. Das müsse man schon sehr ernst nehmen, sagten die einst von Gestapo und SA Gehetzten, und sie erkundigten sich nach meinen gebräuchlichen Wegen. Als besonders kritisch bewerteten sie meine Fußmärsche zum Hafen, wo mein schwimmender Studienplatz lag. Zuvor mußte ich nämlich durch das Düsternbrooker Gehölz, einen damals verwilderten Park. Dort könne es passieren, orakelten sie.

Ab sofort standen zweimal in der Woche am frühen Abend zwei kräftige Männer auf der Pier, die mich nach Ende des kunsthistorischen Seminars in die Mitte nahmen. Es waren Arbeiter von der Howaldt-Werft, die zu meinem Schutz von der Partei dorthin geschickt worden waren. Sie absolvierten die Aufgabe mit einer gewissen Lässigkeit, wirkten nicht verbissen, wenngleich ernst – immerhin handelte es sich um einen Parteiauftrag. Bis das Semester auslief und die »Sophia« nach Bulgarien überführt wurde, lernte ich auf diese Weise vier verschiedene Duos kennen, die mich flankierten. Ich fand es sympathisch, wie sie sich interessiert nach meinem Studium erkundigten. Ihre Wißbegier war echt und unaufdringlich. Trotzdem gaben sie mir zu verstehen, daß ich nicht ihresgleichen war. Ein Anflug von Brüderlichkeit zwischen uns war dennoch spürbar. Wir sprachen beileibe nicht nur über Politik. Ich lernte sie als gewitzte, selbstbewußte Genossen kennen, die mein bisher abstraktes, weil idealisiertes Bild von der »Arbeiterklasse« nicht gleich widerlegten, wohl aber verdiesseitigten.

Ich faßte den Vorsatz, solche Genossen wie diese, die sich so rührend um mich kümmerten, nie zu enttäuschen.

Das geriet mir fast zu einer Art Selbstschwur, zu einer Art Selbstvergatterung, mit der ich mich einer – zunächst noch freiwilligen – Selbstdisziplin annäherte, die dann aber gleichsam zwangsläufig in eine über sich selber verhängte Parteidisziplin münden sollte.

Kein anderer als Lenin war es, der mir eine derartige Parteidisziplin schmackhaft gemacht hatte. Denn die Parteizentrale in Berlin verschickte jede Menge Broschüren – auch nach Kiel. In einer Lenin-Schrift fand ich nun eine sympathische Erklärung für die Selbstverständlichkeit von Parteidisziplin. Der Arbeiter, hieß es da, ist an seinem Arbeitsplatz ganz und gar abhängig von seiner Disziplin: jeder Handgriff, jede Bewegung muß präzise sein, will er nicht einen Unfall riskieren, der ihn Gesundheit oder gar Leben kosten kann. Arbeitsdisziplin liegt in seinem eigensten Interesse.

In einer Partei der Arbeiter sollte daher analog auch eine strikte Parteidisziplin gelten, die es einem jeden Mitglied auferlegt, die von Parteiorganen gefaßten Beschlüsse entsprechend zu realisieren, um die politische Kraft, die in der Geschlossenheit jeder Avantgarde liegt, nicht aufs Spiel zu setzen.

Der Intellektuelle hingegen, derlei Disziplin ungewohnt, tut sich sehr viel schwerer mit ihr. Aber, will er sich nicht über die Arbeiter und deren Partei erheben, muß er sich auch deren Disziplin zu eigen machen, ja, sich ihr unterwerfen.

Das fand ich ungemütlich, aber einleuchtend.

Inzwischen haben Parlamentsfraktionen bürgerlicher Parteien in puncto Fraktionsdisziplin wohl längst mit Lenin gleichgezogen. Verkommt Disziplin jedoch zu einem mechanischen Reflex, der substantielle Diskussion gar nicht mehr benötigt, dann kann eben diese Parteidisziplin der allmähliche Anfang vom Ende einer Partei werden. Auf diese schleichende Paralyse zurückzukommen wird sich immer wieder lohnen, fürchte ich.

An mich trat eine erste Bewährungsprobe heran, die meine Verläßlichkeit als Verbündeter der revolutionären Klasse unter Beweis stellen sollte. In der Britischen Besatzungszone existierten Internierungslager für deutsche Soldaten. Formell galten sie als Kriegsgefangene, doch die alten Wehrmachtsstrukturen blieben intern aufrechterhalten. Die Offiziere durften sogar weiter ihre Waffen tragen. Es galt Gruß- und Disziplinarordnung der Deutschen Wehrmacht. Churchill ist in seinen Memoiren auf diese nachträgliche Kriegslist eingegangen. Er meinte, sie sei nötig gewesen, um intakte deutsche Truppenteile parat zu haben, für den Fall, daß die Sowjets sich nicht an die gegenseitigen Abkommen hielten.

Mit einem Genossen wurde ich beauftragt, Kontakte zu den deutschen Soldaten aufzunehmen, sie zur Flucht zu bewegen beziehungsweise ihnen dabei behilflich zu sein.

Die Unternehmung war alles in allem abenteuerlich. Ich verhehle nicht, daß sie mir schon deshalb eine gewisse Genugtuung bereitete; obgleich … ganz ungefährlich war sie nicht. Ich kann mir gut vorstellen, daß sowohl die Briten als auch die dort noch diensttuenden deutschen Offiziere höchst unglimpflich mit uns verfahren wären, wenn sie unser denn habhaft geworden wären.

Zunächst beobachteten wir mit einem Feldstecher – dessen Besitz offiziell verboten war – das Lager von außen. Soweit sie vorhanden waren, mißachteten wir auch Absperrungen, was keine große Schwierigkeit darstellte. Rasch kamen wir mit Soldaten ins Gespräch. Ich erzählte ihnen, wie ich noch vor Kriegsende stiften gegangen und bereits zu Hause gewesen sei, bevor der Krieg beendet war. Wir seien bereit, ihnen zu helfen, damit auch sie so schnell wie möglich zu ihren Familien gelangen könnten.

Die Soldaten verhielten sich eher distanziert. Sie unterstellten zwar nicht, daß wir sie provozieren wollten, aber ganz geheuer war ihnen das alles nicht. Außer der Bitte, Briefe nach draußen zu befördern, kamen zunächst keine Reaktionen. Wir setzten unsere heimlichen Besuche weiter fort. Und mit einem Mal wurde es tatsächlich noch ernst: Zwei Soldaten gingen auf unser Angebot ein. Wir besorgten ihnen Zivilsachen, Fahrkarten für die Bahn, etwas Verpflegung und brachten sie auf den Weg. Das war's, obwohl es nicht viel war. Aber ich hatte meine Bewährungsprobe in den Augen der Kieler Genossen bestanden.

Mein Heimweh nach Berlin war im Lauf der Zeit nicht geringer, sondern eher stärker geworden. Ich hatte Sehnsucht nach Renate. Es zog mich mit aller Kraft an die Spree. Das ließ ich auch meine Genossen wissen, doch die schüttelten nur ihre Häupter. Wir brauchen hier jeden Kopf und jede Hand.

Ja, sagte ich, das wisse ich, aber sie müßten auch verstehen, daß Berlin meine Heimat sei. Außerdem wolle ich ja nicht gleich für immer dort bleiben, sondern mich erst einmal umschauen.

Gut, sagten sie in Kiel. Dann kannst du den Genossen in der Wallstraße erzählen, was hier so läuft. Und wir geben dir einen Brief mit, den du dort abliefern wirst …

Ich schlich mich in der Nähe von Lübeck über die sogenannte Grüne Grenze in die sowjetische Besatzungszone. Auftragsgemäß lieferte ich in Berlin-Mitte den Brief für den Parteivorstand ab. Doch in meiner Erinnerung wird das alles überlagert von der Wiedersehensfreude. Ich traf Renate, sah viele andere bekannte Gesichter, und meine Entschlossenheit wurde bestärkt, sobald als möglich nach Berlin heimzukehren.

Nachdem ich wieder in Kiel war, wurde ich von den Genossen befragt, wie alles gelaufen sei, wen ich im Parteivorstand gesprochen und ob ich irgend etwas mitgebracht habe. Klar, sagte ich: Noch mehr Heimweh. Gut, antworteten sie zu meiner Überraschung, bei deiner nächsten Tour läuft das aber ein wenig anders. Du fährst zunächst nach Hamburg zur Bezirksleitung Wasserkante und meldest dich dort beim Genossen Otto Fink, dem Kaderchef.

Der Name Fink war mir durchaus geläufig, doch ich dachte irrtümlich zunächst an seinen Bruder Hein. Der war Werftarbeiter und später Betriebsratsvorsitzender bei Blohm & Voß, ein außergewöhnlich populärer, aufgeschlossener und lebenslustiger Mann. Das ganze Gegenteil von seinem Bruder Otto, wie ich bald feststellen mußte.

Der Kaderchef war die Verkörperung der Konspiration in Person und insofern hochinteressant für mich. Vertrauen ist gut, Vertrauen und Kontrolle sind besser, soll Lenin gesagt haben (also nicht die verstümmelte Formel »Vertrauen ist gut – Kontrolle ist besser«). Für Otto Fink schien zu gelten: Vertrauen ist möglich, wenn Mißtrauen unnötig geworden ist!

Du warst in Berlin? Privat? Soso. Mit wem hattest du Kontakt, wen hast du gesprochen?

Ich war auch in der Wallstraße, erklärte ich stolz. Ich habe dort von unserer Arbeit berichtet, von der Bodenreform und wie sie von den Briten ausgehebelt wurde, obwohl KPD und SPD sie gemeinsam und mehrheitlich im Landtag von Schleswig-Holstein beschlossen hatten.

Warst du auch bei der SPD in Berlin? wollte er weiter wissen. Nein, was sollte ich da, fragte ich etwas irritiert zurück. Hast du Verbindung zu den Engländern? Ich verneinte wieder und spürte, daß Fink mich nach allen Regeln der Kunst aushorchte.

Das kaum kaschierte Verhör endete damit, daß er mir einen verschlossenen Brief gab, den ich in Berlin beim Parteivorstand abgeben sollte. Er wisse selber nicht, was drin stünde, sagte Fink, aber es werde schon etwas Wichtiges sein. Laß ihn dir also keinesfalls abnehmen, auch wenn du dich diesmal beim Grenzübertritt erwischen lassen mußt.

Ich blickte erstaunt.

Das habe seine Richtigkeit, belehrte mich Fink und schob einen zusammengefalteten Zettel herüber. Du stellst dich dem ersten sowjetischen Soldaten, den du hinter der Demarkationslinie antriffst, verlangst aber sofort einen Offizier zu sprechen. Und diesem – nur diesem, hörst du! – gibst du dieses Papier. Kannst du Russisch?

Ich nickte und dachte dankbar an »meinen« Weißgardisten. Ob er, Fink, von meinem extravaganten Sprachunterricht gehört hatte?

Aber er sagte nur: Um so besser.

Ich schloß mich bei Lübeck einer der vielen Gruppen an, die sich aus unerforschlichen Gründen zusammenfanden, um auf Schleichwegen illegal über die Grenze von der britischen in die sowjetische Besatzungszone hinüberzuwechseln. Alle waren bestrebt, nur ja keinem russischen Soldaten über den Weg zu laufen, was aber mein befohlener Wunsch zu sein hatte. Ich setzte mich darum ab und lief tatsächlich einer Doppelstreife in die Arme. Ich war glücklich, daß der erste Teil meines Auftrages planmäßig erfüllt war, und sie waren ebenso glücklich, mich als Beute ihrer Wachsamkeit präsentieren zu können. Mein in bestem Russisch vorgetragenes Begehr, sofort einen Offizier sprechen zu wollen, zeitigte eine Antwort in noch besserem Russisch, die ich deswegen nicht verstand. Statt dessen sperrte man mich in einen Keller, was ich noch weniger verstand. Dort hockten schon mehrere Personen, die sehr bedrückt wirkten. Ich fragte mich, worauf ich mich da eingelassen hatte. Man tauschte untereinander Erfahrungen und Befürchtungen aus.

Erst nach endlosen Stunden wurde ich einem Offizier vorgeführt. Sein Gesicht gefiel mir. Er war jung, sehr ruhig. In einwandfreiem Deutsch fragte er mich, woher ich käme.

Hamburg, sagte ich und reichte ihm den Zettel, den Otto Fink mir gegeben hatte. Der Offizier hielt ihn gegen das Licht, ich sah zum ersten Mal das Wasserzeichen, dessen

Bedeutung mir unbekannt war. Das Papier erhielt ich nicht zurück. Er nahm es in Verwahrung. Ich hätte es so gern für mich behalten.

In Ordnung, konstatierte er. Sie müssen nach Berlin? Ich nickte. Er sagte nur noch: Warten Sie nebenan. Das war alles. Eine Stunde später hockte ich auf dem Sozius eines Motorrades, das mich zum nächsten Bahnhof brachte. Dort bestieg ich eine einzelne Lokomotive, die noch in derselben Nacht nach Schwerin fuhr. Ein wenig eigenartig war das alles schon. Doch vor allem sehr spannend. Ab Schwerin benutzte ich schließlich einen regulären Zug Richtung Berlin.

Mein erster Weg führte mich natürlich zum Parteivorstand der SED, der inzwischen seinen Sitz in die Lothringer Straße verlegt hatte.

So, du willst zum Genossen Stahlmann, wurde ich gefragt, als ich erklärte, ich käme von Otto Fink aus Hamburg, und den mir anvertrauten Brief vorlegte. Stahlmann? Ich hatte den Namen noch nie gehört. Doch, doch, das habe schon seine Richtigkeit.

Als ich Stahlmanns Zimmer betrat, lag mein Brief bereits auf seinem Tisch. Er war ungeöffnet. Der Mann dahinter besaß ein Gesicht, das mich vom ersten Augenblick an faszinierte. Es war ebenmäßig, wenn auch sehr breit, mit einem großen Mund und auffallend buschigen Brauen, die ihm in Sekundenschnelle auch einen bärbeißigen Ausdruck verleihen konnten. Seine schalkhaft blitzenden Augen hatten etwas Gewinnendes, schienen mir eine Einladung, sich ihm anzuvertrauen. Da war jedenfalls keine Spur von Geheimnistuerei oder gar Mißtrauen, wie ich es bei Otto Fink verspürt hatte. Und dies, obwohl Stahlmann ein Komintern-Geheimagent gewesen war, wie ihn Freund und Feind sich vorstellten.

Stahlmann musterte mich und nahm sich Zeit dafür.

Dann stellte er mir einige Fragen, nicht insistierend, doch gehörig präzise.

Der Brief, den ich mitgebracht hatte, lag noch immer verschlossen auf dem Schreibtisch, als er mich entließ. Mittlerweile bin ich mir ziemlich sicher: In dem Umschlag steckte ein leeres Blatt Papier.

Auf den Gedanken, daß dies damals eine neuerliche Bewährungsprobe für mich war, brachte mich erst viel später der DEFA-Film »Fünf Patronenhülsen« von Frank Beyer, der im spanischen Bürgerkrieg spielt. Ein tödlich verwundeter Kommissar der Interbrigaden, verkörpert von Erwin Geschonneck, übergibt seinen Genossen Patronenhülsen, in denen hochwichtige Nachrichten versteckt sind, die unbedingt durch die feindlichen Linien hindurch zu den eigenen Reihen gebracht werden müssen. Das ist ihr Parteiauftrag, und darum müssen sie überleben. Am Ende stellt sich heraus, die Hülsen sind leer.

Als ich die Tür zu Stahlmanns Büro schloß, fragte mich ein Genosse auf dem Gang: »Du bist aus Kiel, und du warst bei Stahlmann?« Anerkennung schwang in seinen Worten mit, als hätte ich soeben eine Art Ritterschlag empfangen: Welche Schlüsselrolle Richard Stahlmann im Apparat der Partei spielte – er, dessen Name nach seinem Tode 1974 in keinem Lexikon der DDR auftauchte –, konnte ich damals nur erahnen.

Stahlmann, Jahrgang 1891, wurde als Artur Illner in Königsberg geboren, er lernte Tischler, saß von 1917 bis 1919 in britischer Kriegsgefangenschaft und schloß sich nach seiner Entlassung in seiner Heimatstadt der KPD an. 1923 baute er den zentralen militärischen Apparat der Partei auf, er besorgte Waffen und bildete illegale militärische Gruppen aus. Zu diesem Zweck ging er 1924 unter dem Tarnnamen Richard Stahlmann in die Sowjetunion, wo er einen militärpolitischen Lehrgang der Kommunistischen Internationale absolvierte. Danach, von 1925 bis 1931, wirkte er im Auftrag der Komintern illegal in Großbritannien, China, wo er das halbe ZK aus dem schon umzingelten Kanton herausschleuste und Mao Tse-Tung persönlich kennenlernte, in der Tschechoslowakei und in Frankreich. Nach dem Besuch der Leninschule in Moskau arbeitete er – bis zu dessen Verhaftung nach dem Reichstagsbrand 1933 – als Sekretär Georgi Dimitroffs in Berlin, von wo aus Stahlmann das illegale Balkanbüro betrieb. Er besorgte Quartiere, Deckadressen, falsche Pässe, Visa für Genossen und vermutlich mehr; bis 1936 schleuste Stahlmann gefährdete Genossen ins Ausland, danach setzte er sich selbst nach Paris ab. 1936/37 kommandierte er im Spanienkrieg eine Partisaneneinheit. Daran schlossen sich zwei Jahre Untergrundarbeit in Paris an, von dort wechselte Stahlmann nach Schweden, wo er mit Herbert Wehner und Karl Mewis die Verbindung zum kommunistischen Untergrund im Reich und zur Parteiführung in Moskau knüpfte. Stahlmann kehrte erst im Januar 1946 von Moskau nach Berlin zurück, wurde umgehend mit dem Aufbau der Volkspolizei beauftragt und im Mai 1946 zum Leiter der Hauptabteilung »Organisation« im Apparat des SED-Parteivorstandes berufen. Inoffiziell hielt dieses Gremium die Verbindung zu den KPD-Organisationen in den Westzonen – und so lernte ich ihn demzufolge auch kennen. Danach wirkte Stahlmann maßgeblich bei der Installation der Staatssicherheitsorgane der DDR mit; bis zu seinem Ausscheiden aus dem aktiven Dienst 1960 war er stellvertretender Leiter der Hauptverwaltung Aufklärung (HVA) des Ministeriums für Staatssicherheit.

Als ich Stahlmann in der Mitte der sechziger Jahre wiedertraf, war er Rentner. Das machte es ihm leichter, mit Geschichten und Abenteuern aus seiner Zeit als Agent der Komintern aufzuwarten. Eine Anekdote ist mir haftengeblieben. In den dreißiger Jahren war er einmal befragt worden, ob er für einen bestimmten Genossen, mit dem er in der Illegalität zusammenarbeiten sollte, seine rechte Hand ins Feuer legen könne. Da habe er geantwortet, ja – bis auf Daumen und Zeigefinger! Die seien unentbehrlich. Die brauche er für seine Mauser.

Bei unserem Abschied stellte ich ihm die Frage, die mir seit unserem ersten Zusammentreffen auf der Seele brannte: Ob denn mein Kurierbrief von damals wirklich etwas beinhaltete oder nicht?

Da strahlte er mich nur an: »Das müßtest du doch eigentlich selbst wissen.«

Damit wußte ich also wieder nichts.

Die leise vor sich hingemurmelten Worte, »ein Glück, daß du bloß Schauspieler und kein Kurier im Ernstfall geworden bist«, bekam ich dennoch mit.

Im September 1946 konnte ich von Kiel nach Berlin aufbrechen, um an der noch namenlosen, später nach den Gebrüdern Humboldt benannten Universität mein Studium fortzusetzen. Zunächst hatte ich ein oder zwei Semester geplant, danach wollte ich wieder zurück. Die Genossen in Kiel sagten: Ja, natürlich, das wollen wir auch. Aber wir wünschten uns, du könntest deine Naivität und den Amateur-Marxismus in Berlin zurücklassen. So freundlich das alles gesagt war, blieb doch die Kritik unüberhörbar. Besonders traf mich der Vorwurf des Amateur-Marxisten. Dabei hatte ich mir Marx und seine Kritik des Gothaer Programms sehr genau besehen, weil mir die Kunst seiner scharfen Polemik sehr zusagte; ich hatte darüber hinaus den Eindruck gewonnen, daß er weniger ein System – Marxismus genannt – begründete, sondern eher eine erfolgreiche Methode zur Veränderung der Welt, und das machte mir ihn, der von sich gesagt hatte: *»Moi – je ne suis pas Marxiste«*, so sympathisch.

Ein zweites Büchlein ist mir aus dieser Zeit in Erinnerung geblieben. Es hieß schlicht »Unsere führenden Genossen« und zeigte die Köpfe der ersten Reihe. Es gab noch kein Fernsehen und nur wenig Möglichkeiten, SED-Politiker bekanntzumachen. Also hatte man diese klassische Form ihrer Popularisierung gewählt. Dagegen war zunächst nichts einzuwenden, doch mit dem zeitlichen Abstand und dem späteren Wissen besaß diese Veröffentlichung durchaus schon personenkultische Züge, denen ich eigentlich immer entgegentreten wollte. Diesen löblichen Vorsatz konnte ich dann in die Praxis umsetzen, als man in der Berliner Universität Büsten Wilhelm Piecks aufstellen wollte. Abgesehen davon, daß der andere paritätische Vorsitzende der SED, Otto Grotewohl, völlig vergessen schien, erregte mich diese Unverfrorenheit. In meinem und dem Hinterkopf vieler Kommilitonen rumorte noch die Erinnerung an die unzähligen und unseligen Hitler-Büsten, die an solchen Orten noch bis vor kurzem zu finden waren. – Was wollt ihr, hielten die Linientreuen dagegen. Das sind doch unsere Vorbilder, wir müssen sie bekanntmachen und durchsetzen; die Bourgeoisie macht es doch mit ihren Leitfiguren ebenso und hat dabei keinerlei Skrupel. Unser massiver Widerstand war jedoch vorerst erfolgreich; die Büsten verschwanden und mit ihnen der ohnehin aussichtslose Vorschlag, die Universität nach Wilhelm Pieck zu benennen.

»Unsere führenden Genossen« fand ich trotzdem noch reizvoll, weil ich dort eine Reihe interessanter Physiognomien entdeckte. Am aufregendsten erschien mir Anton Ackermann, eine markante Persönlichkeit. Er war mit den ersten Kommunisten aus dem Moskauer Exil nach Berlin zurückgekehrt und gehörte nunmehr dem inneren Führungszirkel der SED an. Seine Teilhabe an der Macht währte nur kurz, er wurde gewissermaßen als Bauer im Schach mit Moskau geopfert, weil er Überlegungen zu einem eigenständigen deutschen Weg zum Sozialismus formuliert hatte. Bestimmt nicht nur aus eigenem Antrieb: Da wird es Souffleure gegeben haben.

Ulbrichts Konterfei und seine kalten Augen strahlten etwas Unheimliches aus, aber auch Entschiedenheit.

Pieck erschien mir brav, väterlich; nicht unsympathisch, aber vielleicht ein wenig zu seriös; doch schlummerte in mir noch ein leiser Groll, weil er 1945 erklärt haben sollte, die deutsche Jugend sei von Hitler völlig verdorben, man könne ihr nicht über den Weg trauen. Aber das erwies sich später als ein Vorurteil, von dem ich mich wieder nur zu gerne trennte. Dessenungeachtet hatte Einstein recht mit seiner Feststellung, es sei wesentlich leichter, einen Atomkern zu zertrümmern als ein Vorurteil.

Ein Teil meiner Spannung auf Berlin resultierte aus diesen Bilderbuch-Genossen. Ich war neugierig auf sie, wollte sie von Angesicht zu Angesicht erleben und bestätigt finden, was ich aus diesen Abbildungen herauslas.

Gelegenheit dazu bot der Wahlkampf. Am 20. Oktober 1946 sollten erstmals nach dem Krieg in Berlin eine Stadtverordnetenversammlung und die zwanzig Bezirksparlamente demokratisch gewählt werden. Die Westmächte hatten zunächst die Zulassung der SED in ihren Sektoren verweigert und mit dem Hinweis, die KPD habe sich in diesen Bezirken aufgelöst, einzig das Auftreten der SPD neben CDU und Liberalen gestattet. Durch einen Kompromiß im Alliierten Kontrollrat durften sowohl die SED als auch die Teile der SPD aus den Westsektoren, die sich mit Berufung auf die Urabstimmung vom 31. März 1946 einem Zusammenschluß mit der KPD verweigert hatten, in Gesamtberlin nebeneinander politisch tätig werden.

So kam es, daß mein Schulfreund Klaus Schütz an der Universität Unter den Linden erfolgreich für die SPD warb.

Auf SED-Seite engagierten sich unter anderem Oskar Hauser, Friedrich Wolff, später ein versierter Jurist und der Anwalt Honeckers, sowie Feodor Pappe, der bald mein bester Freund werden sollte.

Seine Mutter war immigrierte Russin, der Vater Jude. Feodor war kurz vor der Eroberung Berlins als Zivilist zur Roten Armee übergelaufen und hatte deutsche Artilleriestellungen verraten. Seitdem hatte er bei den Russen einen Stein im Brett. Nach dem Studium wurde er Dokumentarfilmregisseur; für seinen ersten Filmbeitrag zu den III. Weltfestspielen der Jugend 1951 erhielt er einen der ersten Nationalpreise der DDR. Feodor wurde leider nicht alt, er starb schon in den fünfziger Jahren.

Mit zu unserem kommunistischen Studentenzirkel an der Humboldt-Uni gehörte auch Klaus Bölling, der für die Ostberliner Jugendzeitung »Start« arbeitete. Auf seine journalistischen Leistungen war er zu Recht stolz. Ich bewunderte ihn ob seiner Eleganz und Eloquenz. Klaus Bölling erschien nicht zu jeder SED-Parteiversammlung, wußte jedoch genau, welche man keinesfalls versäumen durfte. Er meldete sich selten zu Wort, exponierte sich kaum – schrieb dafür aber treffsichere Kommentare und Beiträge. Ihm schien die schriftliche Mitteilung immer wichtiger als die mündliche, bei Feodor und mir war es genau umgekehrt.

Trotzdem berichtete ich, wie noch in der Kieler Zeit vereinbart, für das »Norddeutsche Echo« über den Wahlkampf. Ich besaß einen Presseausweis mit den Unterschriften aller vier Besatzungsbehörden, worauf ich nicht wenig stolz war. Dieses Papier öffnete mir fast alle Türen, ich war sogar in der Wahlnacht vom 20. auf den 21. Oktober im Neuen Stadthaus in der Parochialstraße, dem Sitz des Magistrats. Zuvor wagte ich in meiner Zeitung eine Prognose. Mit der Voraussage, daß die SPD auf Platz eins landen würde, lag ich noch richtig. Doch daß auch die konservative CDU die SED überrunden konnte, hatte kaum einer erwartet. Auch ich nicht. Die SED kam lediglich auf 19,8, die CDU auf 22,2 und die SPD auf sage und schreibe 48,7 Prozent der abgegebenen Stimmen. Als vierte Partei zogen die Liberalen mit 9,3 Prozent ins Stadtparlament ein.

Nach der ersten Enttäuschung auf unserer Seite argumentierte die SED-Presse nahezu jubelnd, daß fast 70 Prozent der Berliner ja für die beiden Arbeiterparteien votiert hätten, ergo müßten diese im Interesse der Stadt eng zusammenarbeiten. Das war – nach den erbitterten Wahlkampfauseinandersetzungen gerade zwischen SPD und SED – ein geradezu unsittlicher Heiratsantrag.

Im Stadtparlament, im Magistrat und in den Bezirksämtern booteten die anderen drei Parteien mit ihrer Vierfünftel-Mehrheit die SED postwendend, aber nicht immer fein aus. Die sowjetische Besatzungsmacht protestierte und verwies auf den Artikel 36 der zwei Monate zuvor vom Alliierten Kontrollrat erlassenen Vorläufigen Verfassung von Groß-Berlin, der die Beteiligung aller in der Stadt zugelassenen Parteien an der Stadtverwaltung vorsah.

Erst der mit Temperaturen bis zu 20 Minusgraden einbrechende »Katastrophenwinter« 1946/47 brachte Bewegung in die ideologisch verhärteten Fronten. Um das Überleben der Menschen zu sichern, mußte auch mit der SED zusammengearbeitet werden. Oberbürgermeister Otto Ostrowski (SPD) sprach Ende Februar 1947 mit dem sowjetischen Stadtkommandanten Kotikow und handelte daraufhin mit dem SED-Landesvorstand ein auf drei Monate befristetes Arbeitsprogramm aus. Mit der Losung »Wir brauchen keinen Ostrowski, sondern einen Westrowski« zog die SPD innerparteilich gegen ihren eigenen Oberbürgermeister zu Felde. Anderthalb Monate später war er nicht mehr im Amt.

Ich war als Mitglied der KPD Gast der SED-Parteigruppe

an der Universität und an allen internen Auseinandersetzungen beteiligt, wurde von Ideen und Personen sowohl angezogen als auch abgestoßen. Ich war noch immer auf der Suche. Der echten Oppositionsrolle, die meine KPD im Westen spielen konnte, trauerte ich in Berlin gehörig nach. Die SED in der geteilten Stadt war weder Fisch noch Fleisch. In der Ostzone, wo sie die Macht ausübte, war das ganz anders. Nur konnte ich mich mit ständiger Apologetik, derzufolge sie als Macht alles immer richtig machte, nicht anfreunden.

Einmal traf ich mich mit Klaus Schütz und Feodor Pappe in einem Lokal in Charlottenburg, also im Britischen Sektor, und wir schrieben einen Brief an eine Londoner Adresse, die als Sitz der IV. Internationale angegeben war. Wir baten um Material über die vom ausgestoßenen und 1940 im mexikanischen Exil ermordeten Trotzki gegründete Vereinigung, die im Osten offiziell gar nicht existierte. Wieso schwieg man sie tot? Und warum war die III., die Kommunistische, Internationale von Stalin aufgelöst worden?

Vorsichtshalber gaben wir die Adresse von Klaus Schütz im Westteil der Stadt an, weil uns im Osten der Empfang einer Rückantwort der IV. Internationale wegen der Kontrolle inopportun schien. Doch so ein Brief traf nie ein. Vielleicht war das auch ganz gut so.

Der Winter, der dann hereinbrach, war katastrophal. In meinem Zimmerchen bei einer lieben Wirtin in der Metzer Straße im Prenzlauer Berg war der Wasserabfluß zugefroren, in der Toilette auf dem Treppenabsatz floß kein Tropfen mehr. Laut Statistik handelte es sich um den bis dahin zweitkältesten Winter des Jahrhunderts. Die meisten Menschen lebten in notdürftig reparierten Behausungen, in Laubenkolonien und Behelfswohnheimen, die nicht beheizbar waren. Zudem fehlte Brennmaterial. Die Gaswerke konnten kaum noch produzieren, die Stromsperren dauerten mitunter von 0 bis 24 Uhr. In den Straßen türmte sich der Schnee. Über 60 000 Menschen erlitten Erfrierungen. 134 Personen raffte der Frost in den Betten dahin. Und dann der entsetzliche Hunger. Ich gehörte zu den etwa eine Million Berlinern, die der »nicht-arbeitenden Bevölkerung« zugerechnet wurden und folglich die Lebensmittelkarte V besaßen. Das hieß: pro Tag 300 g Brot, 20 g Fleisch, 7 g Fett, 30 g Nährmittel, 20 g Zucker und 400 g Kartoffeln. Ich hatte weder etwas zum Tauschen auf dem schwarzen Markt noch konnte ich mit der »Hamsterbahn« ins Umland fahren, um im Herbst auf den Feldern zu stoppeln oder bei den Bauern zu schnorren, wie es Zehntausende taten. Ich mußte studieren und auf Versammlungen herumsitzen. Allerdings fand sich oft eine junge Genossin, die sich einem hungernden Genossen aus Kiel gegenüber solidarisch verhielt, was ich dankbar annahm, zumal sich Renate doch zum Verlassen Berlins entschlossen hatte.

In diesen kalten Wochen saß ich gern in dem beheizten Raum der SED-Bezirksleitung in der Nähe der Hedwigs-Kathedrale, den die Partei für Studenten zur Verfügung stellte.

Professor Hartung hatte mir einen Vortrag über die Verfassung der Paulskirche von 1848 aufgebrummt. In wohliger Wärme brütete ich über einem Stoß von Büchern. Eigentlich hätte ich, wie alle Anwesenden auch, zu einer plötzlich anberaumten Parteiversammlung in die Uni gemußt. Doch ich war mit der Fertigstellung meines Referates in Verzug geraten – also arbeitete ich weiter. Plötzlich ging die Tür auf. Herein kam Edwin Lauterbach, in der Bezirksleitung zuständig für »Arbeit der Studenten«, ein feiner Kerl und, wie ich wußte, unter Hitler im Widerstand. Alle blickten erschrocken auf und unterbrachen ihre Arbeit, doch Lauterbach beschwichtigte uns und sagte: »Bleibt schön ruhig und macht weiter, ich komme zu jedem einzelnen von euch.« Da schwante uns schon, was kommen würde.

»Genosse, warum bist du nicht auf der Versammlung? Ist dir die Partei nicht so viel wert, daß du rechtzeitig deine Sachen zusammenpackst und dich auf den Weg zur Uni machst? Wie verträgt sich das mit deiner Parteidisziplin? Denkst du einzig und allein an das Studium, das du doch aber den Arbeitern verdankst, die es bezahlen?« fragte er schließlich auch mich mit sichtlicher Enttäuschung. Ich bekam ein sehr schlechtes Gewissen, entschied mich aber dennoch zu bleiben – im Unterschied zu den meisten, die sofort ihre Bücher zusammenrafften und loseilten. Die wenigen, die blieben, schämten sich entsprechend. Es tat uns schon weh, der Aufforderung keine Folge geleistet zu haben. Außerdem würde uns die Sache ein ärgerliches Nachspiel eintragen.

Das erwartete Gewitter blieb allerdings überraschenderweise aus. Und das verdankten wir dem »Kurier«, einer im französischen Sektor erscheinenden Abendzeitung. In der übernächsten Ausgabe erschien ein mehrspaltiger Artikel, in dem detailliert und genüßlich-ironisch von eben dieser SED-Studentenversammlung berichtet wurde. Die Veröffentlichung war insofern hochnotpeinlich, als das Geheimthema gelautet hatte: »Verdeckte antikommunistische Aktionen sozialdemokratischer Studenten«. Und dann waren natürlich die Gegenaktionen der SED debattiert worden. Viele wörtliche Zitate sollten das Intrigantentum und die Hinterhältigkeit der SED-Studenten belegen.

Darauf gab es unter uns natürlich noch einen Gesprächsstoff: Wer war der schäbige Verräter, wer war die Laus im Pelz?

Endlose Aussprachen, Fahndungen, Verdächtigungen. Nur wir, die Ofen-Sitzer, wie man uns nannte, waren unvermutet fein heraus.

Im Zuge dieser Aufklärungsaktion, die jedoch keine Aufklärung erbrachte, eröffnete mir eine befreundete Studentin: »Wenn du, Hans-Peter, an dieser Versammlung teilgenommen hättest, wäre es dir bestimmt an den Kragen gegangen.«

»Wieso?«

»Na, du giltst bei uns als höchst unsicherer Kantonist, schon weil du aus dem Westen und der KPD kommst.«

Da war's wieder.

Der »Kurier« hatte mir schon zuvor von allen westlichen Zeitungen am meisten zugesagt. Meine Genossen Kommilitonen waren fortan um so schlechter auf ihn zu sprechen.

Und ebenso verspürte ich innerhalb der aus KPD und SPD hervorgegangenen SED Gewichtsverlagerungen. Die ursprünglich echte Parität – Doppelvorsitzende auf allen Ebenen – blieb äußerlich zwar intakt, geriet innerlich aber ins Wanken. Terminologie und Propaganda wurden von kommunistischen Akzenten dominiert. Manch kritischer Kopf warf das Handtuch. So auch Klaus Bölling, der intern schon frühzeitig vor blinder Unterwerfung unter die Parteilinie und einem Defizit an Demokratie gewarnt hatte. Sein Fortgang schmerzte vor allem Feodor und mich um so mehr, als er bis dahin in seiner Jugendzeitschrift sowohl Bekennendes als auch versteckt schon Kritisches, wenn nicht Ketzerisches veröffentlicht hatte. An solche Aderlässe sollten wir uns leider gewöhnen lernen müssen.

Demokratie wollten wir, die in der SED organisierten Studenten natürlich eigentlich alle. Aber für uns war die Demokratie innerhalb der Partei noch viel, viel schwerer zu praktizieren als die nach außen.

In Kiel bei meiner KPD war das ganz anders gewesen: Dispute, Schlagabtausch, Streitbarkeit. Hoch her ging es dort um die Frage des taktischen Zusammengehens von KPD und SPD. Eine Minderheit in der KPD sperrte sich vehement dagegen – eine linke Minderheit in der SPD war nicht abgeneigt.

Dank meinem Interzonenpaß, war die Reise an die Förde kein Problem. Die Zeiten meiner »grünen« Grenzübertritte waren passé.

Ich weiß nicht, welcher Teufel mich ritt - vielleicht war es die kommunistische Leidenschaft, die ich in der Debatte vermißte, weil aus den von mir so geliebten politischen Hitzköpfen biedere, brave Kleinbürger geworden waren –, ich hielt eine zündende Rede, in der ich meine Kieler Genossen beschwor, nicht mit der SPD zu paktieren. Wir sollten das Licht unserer reinen revolutionären Flamme nicht unter den Scheffel stellen. Die Sozialdemokraten würden uns dafür Respekt zollen. Inhaltlich war wohl von den meisten etwas ganz anderes erwartet worden.

Wie tief ich damals den Stachel ins Fleisch der Kieler Genossen getrieben haben muß, wurde mir erst 1985 voll bewußt, als ich wieder dort weilte. Der Chef feierte seinen achtzigsten Geburtstag dort, und ich hatte ein Visum erhalten. Etliche alte Freunde, nunmehr in der DKP, erinnerten mich an meine damalige Rede. Ich hatte nicht das Gefühl, daß sie mir das inzwischen verziehen hätten.

Neben der ideellen Situation war auch meine materielle in Berlin nicht sonderlich angenehm. Sie war, um es deutlich zu sagen, prekär. Ein Stipendium bekam ich nicht, und die Zuwendungen meines Vaters hielten sich auch in überschaubaren Grenzen. Aus diesem Grunde machte ich von der Möglichkeit einer Patenschaft Gebrauch. In Ostberlin griffen einige Betriebe dem studentischen Nachwuchs unter die Arme, indem sie sich seiner Mitarbeit versicherten. Aufgrund meiner journalistischen Neigungen wandte ich mich deswegen an den Allgemeinen Deutschen Nachrichtendienst (ADN). Meiner Bewerbung wurde entsprochen, und das in Aussicht gestellte Salär von 300 Mark war beachtlich. Nur das Feld, das man mir zuwies, behagte mir nicht so recht: ich sollte als Gerichtsreporter tätig werden. Doch für Geld macht man bekanntlich vieles, und zunehmend gefiel mit dann sogar das Herumhocken im Gerichtssaal, vor allem, wenn mich die Richter und Anwälte grüßten, weil sie offenbar in der Zeitung gelesen hatten, was ich schrieb.

Nach den Gerichtssälen und den Kinos durfte ich nun auch ab und zu Pressekonferenzen heimsuchen. Und jedesmal gelang es mir, mit möglichst ausgefallenen Fragen aufzufallen. Überhaupt stellte man damals eine Frage, um Fragen zu stellen.

Otto Grotewohl – es ging um seinen ersten Verfassungsentwurf – antwortete mir ausführlich und wich bei keiner Gegenfrage aus. Er beeindruckte nicht nur mich.

Trotz meiner ausgeprägten Abneigung gegen alles, was SPD hieß, bestach mich deren Vorsitzender Kurt Schumacher, sein mich beinahe hinreißendes Rednertalent und Temperament, und zwar gerade auch dann, wenn seine oft maßlose Aggressivität förmlich explodierte, sobald er über Kommunisten herzog. Dann schwoll sein Kopf vor Wut rot an, aber seine Gedanken und damit auch seine Sprache wurden nur noch akzentuierter, noch eisiger.

Auf meiner ersten Pressekonferenz mit ihm behandelte er mich glimpflich – wahrscheinlich, weil er sich bei meiner hintersinnigen Frage dachte: Na, Jüngelchen, wie bist du denn hierher geraten? Vielleicht wollte er ja auch nur an mir demonstrieren, wie milde und sanft er sich gegebenenfalls gerieren konnte. Diejenigen, die Politik professionell betrieben, bildeten für mich eine Art Fundgrube für Menschenkenntnis und Psychologie, obwohl von einem Goetheschen »den spielenden Figuren der Zeit in die Karten gucken können« noch keine Rede sein konnte.

Neugier auf Menschen war es auch, die mich mal wieder meine Liebe zum Theater entdecken ließ: Von »des Lebens Bühne«, wie Schiller sie apostrophierte, zur eigentlichen Bühne, zur Bühne des Theaters.

Gerade auch in einer Zeit, da wir die Kunst des Überlebens probten, verlangte es uns nach existentiellen Antworten auf Fragen, welche die Politik halt nicht liefern konnte.

Von den Bühnen der Stadt Berlin erreichten einen allerdings kraß gegensätzliche Antworten, auch prononcierte Nicht-Antworten, die allesamt Lust auf neue Fragestellungen machten. Jeder konnte sich das ihm Gemäße heraussuchen.

Im Theater am Schiffbauerdamm standen beispielsweise »Die Matrosen von Cattaro« von Friedrich Wolf auf dem Spielplan; ein Stück über die Revolutionstage von 1918. Im Schlußteil holte Ernst Busch, der den Matrosen Franz Rasch gab, die rote Fahne ein – mit der klassischen Botschaft: »Kameraden – das nächste Mal besser!«

Busch sagte das mit einem ungeheuren Lakonismus, der mich schön fassungslos machte. Ich hätte die Worte, wenn ich mich in die Rolle eines Schauspielers hineinversetzte, ganz, ganz anders gesprochen: appellativer, kämpferischer, auf jeden Fall auch verzweifelter.

Erst nach dem Untergang der DDR habe ich Ernst Buschs Diktion, seine Interpretation voll verstanden. Und dabei hatte ich diesen Satz in Referaten und Diskussionen manchmal bis zum Überdruß zitiert, eben damit wir es tatsächlich besser machen ... und nicht etwa schlechter!

Die Worte des Dramatikers Friedrich Wolf aus dem Munde Ernst Buschs hallten schon damals in mir nach.

Konnte das Bessere zum Guten werden? Inwieweit konnte die Kunst des Aufstandes, die Kunst der Rebellion über den dritten Akt hinausreichen? Kann eine Revolution überhaupt revolutionär bleiben, wenn sie sich etabliert? Ist das Abwürgen einer Revolution mit Hilfe der eigenen Kader nicht prädestiniert? Auf meine geliebten Jakobiner folgten Napoleon und das Gespenst des Bonapartismus.

Sorgen, die wohl auch Ernst Busch quälten. Selbst in der Zeit seiner Verfemung in der DDR hat er nie ein Hehl daraus gemacht, daß er dieses revolutionäre Postulat, »das nächste Mal besser!« arg bedroht sah.

Wie allen, die im Spanischen Freiheitskrieg gekämpft hatten, zollte ich gerade auch Ernst Busch deswegen größte Hochachtung. Seine Spanienlieder, seine helle Stimme, die den Bogen von zärtlich bis zornig spannen konnte, gingen meiner Generation vom Kopf ins Herz und begleiten mich bis heute.

Von dieser Sentimentalität war ich nicht frei, als ich Anfang der achtziger Jahre als Rektor der Hochschule für Schauspielkunst gegen beträchtliche Widerstände ankämpfte, damit sie den Namen Ernst Busch erhielt, den sie bis heute trägt.

Weniger prophetisch als »Die Matrosen von Cattaro«, weniger aussagekräftig, wenn auch viel öffentlichkeitsträchtiger erwies sich am Deutschen Theater das Stück »Die russische Frage« von Konstantin Simonow. »Der Telegraf«, eine Westberliner Zeitung an vorderster Front der später von Willy Brandt so getauften Front-Stadt, schäumte vor verzweifelter Wut, daß Wolfgang Langhoff sich erdreistet hatte, das Publikum mit einem derart schamlosen Machwerk zu verstören.

Die amerikanische Kampagne, in der Charlie Chaplin, der sich selbst einen »Friedenshetzer« nannte, allen Ernstes kommunistische Anwandlungen vorgeworfen wurden, hatte Simonow veranlaßt, mit dem dramatischen Dreschflegel gegenzuhalten. Einen amerikanischen Journalisten ließ er auf der Bühne den Nachweis antreten, daß aller Friedenswille auf Erden von sowjetischen Menschen ausginge. Simonow wurde vorgeworfen, daß er mit Hilfe eines fiktiven Amerikaners gegen Amerika zu Felde zog, statt besser vor der eigenen russischen Tür zu kehren.

Gerade das aber hatte Simonow des öfteren in seinen Romanen gewagt. Doch das wußte man nicht, das interessierte auch nicht.

»Die russische Frage« spaltete das eh schon ziemlich entzweite Berlin. Der Gegenstand aller Aufregung, das Stück selber, war ausgesprochen schwach, flach, farblos. Immerhin schaffte die trotz prominenter Besetzung völlig mißratene Aufführung den Sprung vom Feuilleton auf Seite eins und in die Leitartikel. Berlin hatte wieder mal Stoff für den sich schon langsam warmlaufenden Kalten Krieg.

Ein wahrer Höhepunkt am Deutschen Theater war hingegen der »Hamlet« in der Inszenierung von Gustav von Wangenheim mit Horst Caspar in der Titelrolle. Das Theater im Theater, die »Mausefalle«, war hinreißend exponiert. Die Hofschranzen auf der Bühne mimten Desinteresse, flirteten, lachten – bis der scheinbar debile Hamlet in der Person Caspar mit einem elementaren Urschrei den ganzen Hof und das Publikum zu höchster Konzentration zwang. Die nachgespielte Ermordung des alten Königs nahm ihren Lauf. Das war für mich unvergeßliches Theater, Theater, wie es im Buche steht.

Oder Aribert Wäscher als Tartuffe! Gründgens und Werner Hinz in Wedekinds »Marquis von Keith«! Und Gründgens' das ganze Berlin begeisternde Inszenierung des »Schatten« von Jewgeni Schwarz.

Nicht nur der verfluchte Hunger war vergessen, mit dem

zusammen man ins Theater gekommen war – auch die schäbige, ruinierte Wirklichkeit schien nur zu dem einzigen Zweck entschwunden, um durch das Theater wiederentdeckt und um so besser oder schlechter verstanden werden zu können. Theater, wenn es einem etwas zu beißen gab, konnte zu Brot werden. Brot durch Spiele. *Panem per circensos.*

In den Westsektoren wurden ganz andere Dramatiker und Stücke favorisiert. Was für Sternstunden des Theaters: Sartre, Anouilh, Giraudoux, Arthur Miller, Thornton Wilder. Wohl alle deren Stücke hätten den Titel »Wir sind noch einmal davongekommen« tragen können.

Furore machte am Hebbel-Theater Sartres »Fliegen« in der grandiosen Regie von Jürgen Fehling. Eine Matinee führte Jean-Paul Sartre und den Ostberliner Professor Steininger zu einem Streitgespräch zusammen. Thema: »Existentialismus und Marxismus!« Der Existentialismus stand hoch in Mode, Marx war alles andere als altmodisch. Nur ganz selten habe ich ein Theater derart brechend voll erlebt.

Die von beiden Kontrahenten mit erbitterter geistiger Schärfe geführte Disputation war von hohem gegenseitigem Respekt bestimmt. Was gab allein die Sartresche These von der Freiheit als fatum her, von der Freiheit zur Schuld! Welch Zündstoff: »Die Menschen sind frei – aber sie wissen es nicht.« Steininger, der mit dem Anspruch des Marxismus alle Wahrheit auf seiner Seite wußte, suchte verzweifelt dem Franzosen klarzumachen, daß er sich mit seiner Philosophie verrannt habe und die Menschen nur verängstige, bestenfalls bloß verblüffe. Eine ideologische Kontroverse par excellence, auf höchstem Niveau öffentlich, fair ausgetragen. Daß der Anstoß dazu von einer Theaterinszenierung ausgegangen war, veranschaulichte mir die elementare, auch politische Kraft, welche vom Bühnengeschehen ausstrahlen kann.

Mir wurde durch dieses Erlebnis die Wahlverwandtschaft zwischen Theater und Rhetorik bewußt. Rhetorik hatte ich bei Professor Leyhausen belegt, der von uns den Spitznamen »Der Perser« angeheftet bekam, weil er seinen »Rhetorischen Übungen zu Freier Rede und Diskussion« die »Perser« des Aischylos zugrunde legte. Gleichzeitig aber verstand er es immer wieder, vom Thema abzuschweifen, vom Hundersten zum Tausendsten zu kommen.

Ich befürchte, ich habe mir in dieser Beziehung ein Beispiel an ihm genommen: Mir ist es später als Ordentlicher Professor für Diktion an der Hochschule für Schauspielkunst »Ernst Busch« nicht viel anders ergangen als ihm.

Auf der anderen Seite haben wir von Leyhausen allerhand lernen können. Er wirbelte thematische Begriffe und historische Begebenheiten wie ein professioneller Jongleur kunstvoll durcheinander und stieß am Schluß seiner exzedierenden Exkurse wie zufällig immer wieder auf ein entsprechendes: *Et fabula docet?*

Um so verblüffender waren seine blitzschnellen Gegenfragen an das meist andächtig lauschende Auditorium. Konnte man diese Bälle, die er einem plötzlich zuwarf, auffangen oder gar zurückwerfen, spornte ihn das mächtig an. Und die nun neu eskalierende Wort- und Gedanken-Inflation erfuhr erst mit einer erneuten Gegenfrage eine kurze Unterbrechung. Es gab natürlich Studenten, die Leyhausen mehr des Unterhaltungswertes halber schätzten. Aber den meisten hat diese sprudelnde Bildungsquelle viel auf den weiteren Lebensweg mitgegeben. Auch mir. Denn die Übungen formten in uns ein Gefühl für Sprache, für sprachliche Phantasie, für Rhythmus, für Bilder und Vergleiche, für Modulation, für Tonfall und Betonung.

Rhetorik war für Leyhausen sowohl Wissenschaft als auch eine Kunst. Da ergab sich eine Analogie zu Leopold von Ranke, demzufolge ja die Geschichtsschreibung gegenüber anderen Wissenschaften den Vorzug hat, gleichzeitig auch eine Kunst zu sein.

Der Refrain von Leyhausens Credo lautete: Rhetorik nicht beherrschen ist keine Schande – sie zu ignorieren jedoch ein Ausdruck von Kulturlosigkeit.

Die Abwesenheit von Rhetorik hat mich und andere Genossen später bei ZK-Sitzungen deprimiert, weil uns Langeweile anfocht. Ich habe dann aus schierer Verzweiflung die mannigfach falschen Betonungen bei den monoton vorgetragenen Reden notiert, auch diese Abfolgen von – am russischen Vorbild orientierten – Genitivketten, der Nominalstil einer Sprech-Automatik, die mit gleichbleibendem Rhythmus und entblößtem Pathos auf uns niederbrach. Man hört ja beim Vortrag eines Manuskripts genau, ob der Redner den Text abliest, ohne mitzudenken. Das nervt und entnervt. So wurden viele Worte nahezu regelmäßig auf der falschen Silbe betont, um ihnen »Nachdruck« zu verleihen. Halbsätze bekamen einen anderen Sinn, weil sie als Hauptsätze vorgetragen wurden. Es war schon eine ziemliche Zumutung, sich aus solcher Nicht-Rhetorik das politisch Verwertbare herauszufiltern.

Daher fragte ich einmal Albert Norden, einen der wenigen glänzenden Rhetoriker im Politbüro, warum wir uns mit derart drögen Wortbeiträgen anzuöden hätten.

Norden war Pressechef der Deutschen Wirtschaftskommission, als ich in Berlin studierte. Vor 1933 hatte er bei etlichen KPD-Zeitungen als leitender Redakteur gearbeitet, als Jude und Kommunist floh er vor den Nazis nach Frankreich und 1941 in die USA, wo er mit Gerhart Eisler den »Council for a Democratic Germany« organisieren half. 1949 wurde ihm die Leitung der Hauptabteilung Presse im Informationsamt der DDR übertragen. Vorübergehend geriet er in ein Zwielicht, weil er Westimmigrant war. Ein zuverlässiger Kommunist, so die damalige Auffassung, sollte sein Exil gefälligst in Moskau verbracht haben.

1958 hatte er auf dem V. SED-Parteitag mit einer zündenden, aus jedem Rahmen fallenden Rede brilliert und so dafür gesorgt, daß er zu einem Liebling der Delegierten wurde. Er erhielt Ovationen wie kein anderer Redner. Auf der nachfolgenden ZK-Sitzung wurde er nolens volens zum Vollmitglied des Politbüros und Sprecher für Westpropaganda bestimmt.

Norden, Sohn eines Rabbiners in Oberschlesien, beherrschte mehrere Fremdsprachen perfekt und wußte sie gekonnt einzusetzen. Ich entsinne mich einer Sitzung des Weltfriedensrates in Genf 1966, an der er in seiner Eigenschaft als dessen Präsidiumsmitglied teilnahm. Er begann seinen Vortrag auf deutsch, sagte dann aber, in der Geburtsstadt von Jean-Jacques Rousseau gebiete es ihm der Respekt vor dem größten Sohn dieser Stadt, nunmehr französisch zu reden, und damit wechselte er in die Sprache, die er mit Bravour beherrschte. Seine Rede war originell und temperamentvoll, von geistiger Tiefe, Eleganz und einer wunderbaren Melodik. Alle waren tief beeindruckt, zumal man von Vertretern der sozialistischen Länder eben alles andere als Rhetorik gewohnt war.

Ich war auf Nordens Betreiben hin Mitglied der DDR-Delegation und fragte ihn noch in Genf auf Grund meiner vielen so anders gearteten Erfahrungen: »Warum eigentlich bist du so allein auf weiter Flur? Eigentlich sollte doch wenigstens jeder zweite in unserer Parteiführung so ansteckend und anregend reden können wie du?«

Norden wiegelte ab, er sei nicht der einzige gute Redner, andere seien es auch. Vielleicht hätte ich an seiner Stelle ähnlich reagiert. Denn sogar als Mitglied des Politbüros stand einem nicht das Recht zu, sich irgendwie hervorzutun. Dieses Privileg gebührte immer nur dem Generalsekretär, der zur Stunde Ulbricht hieß und wohl mit Abstand der schwächste Redner unter unseren führenden Politikern war – obwohl Ulbricht, anders als Honecker, gelegentlich auch mit gelungenen Extempores und Improvisationen überraschen konnte.

Norden war aber zu feinfühlig, als daß ihm meine Enttäuschung über seine Antwort entgangen wäre. Außerdem schien er mich zu mögen und war wohl auch mit der Art, wie ich in Kommissionen oder sub-commissions des Weltfriedensrates auftrat, recht zufrieden. Jedenfalls nahm er mich beiseite. Wir verzogen uns in ein Vestibül des Völkerbundpalais, in dem wir tagten, und jetzt bekam ich endlich eine ganz andere und sehr ausführliche Antwort.

»Wir haben Ende der zwanziger, Anfang der dreißiger Jahre erleben müssen, wie mit allen Wassern gewaschene und trotzdem dreckig gebliebene Nazis uns Millionen und aber Millionen von Deutschen, die links orientiert waren, mit einer Wort-Gewalt, mit einem Wort-Geklingel und Getöse berauschender Reden, mit Niagara-Fällen von auf sie niederprasselnden Emotionen narkotisiert, uns erst abspenstig gemacht und dann regelrecht gestohlen haben.

Glaub mir, das steckt uns allen heute noch in den Knochen, die Ohnmacht und die Wut. Da haben wir uns geschworen: Das machen wir nicht mit! Wir quatschen die Leute nicht besoffen wie die Nazis, sondern wir klären sie auf. Wir versuchen sie allein mit der schlichten Wahrheit für unsere Seite zu gewinnen.«

»Dagegen sei ja nichts zu sagen«, erwiderte ich. »Aber die schlichte Wahrheit müsse doch nicht mit schlichten Worten und mit stets gleichen abgedroschenen Wortwendungen vermittelt werden. Wenn die Sprache Ausdruck der Gedanken sei, dann sei sprachliche Armut doch auch immer ein Hinweis auf gedankliche Armut. Überzeugen könne man auch mit Phantasie, mit Temperament und Leidenschaft, mit einem entsprechenden Reichtum an Worten und Glaubwürdigkeit. So, wie du uns das vormachst.«

Das wäre sein Naturell, gegen das er nicht ankäme, meinte Norden. Es risse ihn gelegentlich mit. Ich müsse es doch eigentlich wissen: er würde in Teilen der Parteiführung ohnehin schon scheel angesehen, weil er Jude und noch dazu West-Emigrant sei. Da wäre es nicht geraten, sich auch noch als Rhetoriker hervorzutun.

Ich glaube, er meinte es beinahe ernst, wenn er seine glänzende rednerische Begabung eher als fragwürdigen Makel denn als Gottesgeschenk betrachtete. Das sprach nicht gegen ihn, wohl aber gegen das Umfeld, in dem er sich behaupten mußte.

»Weißt du«, sagte Norden, »wir wollten den Lügen und Verdrehungen eine Wahrheit entgegenstellen, die für sich sprechen sollte. Aber damit ist die Wahrheit in der Hitze der Gefechte wohl immer überfordert. Wir versuchten, unter Verzicht auf rhetorische Orgien von Haß und Demagogie eine klare, rationale, eine einfache und schmucklose Argumentation zu finden – mitunter, da hast du recht, *zu* einfach, zu langweilig, zu billig auch manchmal, zu genügsam … Mit einem Wort: Wir wurden in unseren Ansprachen und Reden, sei es zu Partei-, sei es zu Massenveranstaltungen, zu vorsichtigen, enthaltsamen Puritanern. Und das sind wir auch geblieben. Leider.«

»Aber Karl Liebknecht, Rosa Luxemburg waren doch anders?«

»Bebel auch. Aber der stritt eben mit Bismarck. Da war ein Niveau vorgegeben. Und Liebknecht/Luxemburg konnten nicht ohne Feuer reden, weil sie Feuer hatten. Das haben Puritaner nicht unbedingt.«

»Und Thälmann?« Das mußte ich jetzt einfach fragen.

»Thälmann war ein Arbeiter durch und durch. Du kennst doch seine Briefe: ›Ich bin Blut vom Blute und Fleisch vom Fleisch der deutschen Arbeiter.‹ Das hat man ihm immer abgenommen. Das sprach aus jedem Satz, jeder Geste. Und dieser berühmte Zweisatz – wer Hindenburg wählt, wählt Hitler, wer Hitler wählt, wählt den Krieg –, der war ja wohl so rhetorisch wie aber auch prophetisch, und er war wahrhaftig. Den ersten Halbsatz wollten die Sozialdemokraten partout nicht wahrhaben, darum ließen sie ihn einfach weg: damit sie bei der Reichspräsidentenwahl 1932 in Ruhe wieder Hindenburg wählen konnten, der dann seinerseits doch Hitler 1933 zum Reichskanzler ernannte.«

Wir saßen im Vestibül, blickten auf die scheinbar zum Greifen nahen Alpen und schwiegen eine Weile. Dann konnte ich es mir nicht verkneifen, meine Anfangsfrage zu wiederholen: »Aber du selbst? Warum widerlegst du denn mit deiner rhetorischen Begabung deine eigene Interpretation?«

Ich weiß nur noch, daß Norden dann wohl auf seine Erfahrungen im amerikanischen Exil zu sprechen kam, und dann fiel auch irgendwann der Name Willi Münzenberg. Norden bezeichnete ihn als seinen Lehrer. Diesen Namen des 1937 aus der KPD ausgeschlossenen Genossen, der unter mysteriösen Umständen 1940 in Frankreich ums Leben kam, hörte man nur noch ganz selten. Und dann immer mit einer geheimnisvollen, leicht konspirativen Färbung. So auch jetzt. Da gehörte es dann zu einer Art Parteikonvention, nicht weiter zu fragen. Daran hielt auch ich mich damals wieder. Leider!

Norden mußte das Gespräch abschließen. Er stand auf, sagte aber noch diesen einen Satz, den ich mir später oft in Erinnerung habe rufen müssen: »Weißt du, Hans-Peter, es gibt in der Politik weite Strecken, da muß man sich die Nase fest und lange zuhalten können.«

106

Ich war noch sitzen geblieben und dachte nach über dieses ungewöhnliche Gespräch zwischen ihm, dem Politbüromitglied, und mir, dem ZK-Kandidaten – ungewöhnlich deshalb, weil wir es nicht gewohnt waren, Sorgen und Befürchtungen zu offenbaren. Norden hatte es getan. Durch sein Vertrauen war ich genötigt, seine Skrupel, der beste Redner zu sein, es aber nicht sein zu dürfen, für mich zu behalten. Wieder einmal. Leider!

Im Hauptfach studierte ich Geschichte. Doch Geschichte als bloße Historie funktionierte in dieser unmittelbaren Nachkriegszeit in keiner Weise mehr. Die Gegenwart brach immer wieder durch. Tag für Tag, Woche für Woche schien sich der Kalte Krieg nicht nur zu präparieren, sondern auch zu erwärmen, zu erhitzen. Wann würde er den Hitzegrad erreichen, den ein richtiger Krieg braucht, um loslegen zu können? Heutzutage mag ja kaum noch jemand vom Kalten Krieg etwas hören. Man hat ihn nach allen Freudschen Regeln verdrängt. Das ist verständlich, weil es auf beiden Seiten schwere Sünden gab. Aber eine solche Verdrängung erschwert den Zugang zur damaligen Zeit.

»Emser Depeschen« hatten keineswegs die historische Einmaligkeit ihrer Vorgängerin – Emser Depeschen in Miniformat gehörten zur alltäglichen Tagesordnung. Ich meine damit nicht die stetig zunehmenden Querelen einer alliierten Kommandantur in Berlin, sondern auch deren deutsche Satrapen, welche mit gewohnter und gleichartiger Inbrunst unentwegt neue Scharmützel eröffneten.

Anlässe zu Verdächtigungen, zu Verwicklungen, zu Skandalen und Randalen, zu Kränkungen und Fallenstellerei gab es speziell in Berlin en masse. In der Stadt gärte und brodelte es.

Wenn wir uns in unserer Runde mit Feodor Pappe, Klaus Schütz, Klaus Bölling und anderen die legendären zwanziger Jahre in Berlin vorzustellen versuchten, schienen sie uns oft vergleichsweise sehr viel harmloser, friedfertiger, möglicherweise darum auch produktiver. Trotzdem fühlten wir uns in den Strudeln dieser Jahre wohl. Unser Berlin war ein anderes, weil noch viel streitbareres Berlin. Aber es war noch *ein* Berlin. Oder gab es doch schon wieder das »Zweierlei Berlin«, wie es Majakowski schon 1924 beschrieb.


Zweierlei Berlin

Im Wagen
            den Kurfürstendamm hinsausend,
reiß ich die Augen auf:
                        sonderbar,–
ja, Deutschland
                  hat sich entschieden gemausert,
so wars noch nicht
                  im vorigen Jahr.
Zunächst erscheint
mir alles glatt:
hier wird nicht gegreint;
der Deutsche ist satt.
Galt früher
            der Dollar
                        als blendendste Strahlung,
heißts jetzt:
            »Wir nehmen nur Reichsmark in Zahlung.«
Heut stiefelt
            der Deutsche
                        schon nackenstark;
jüngst
      rann er noch scheu
                        wie ein Wässerlein.

Das macht, jawohl,
                    die gefestigte Mark,
sogar
      sein Grinsen
                  ist Marmorstein.
Doch halt!
          Wenn satte Gesichter
                        sich röten –

wozu ist denn
              überall
                 Schupo vonnöten?
Ich schlendre
            durchs Arbeiterreich
                        Berlin-Nord.
Die Not
      gibt hier allem
                 sein mageres Maß.
Hier heißts:
         »Die Wolfs …
                    ja, Doppelselbstmord …
samt Kindern …
             vor Hunger …
                   vergiftet durch Gas …«
Das dümmste Gör,
              wenns verwundert hier wandert,
wird sicher aus allem
              den Ratschluß ziehn:
Hier muß es zur Welt kommen,
                  hier,
                      ein andres,
ein besseres,
          drittes,
             ein Rotes Berlin!

Nicht lang wirds
          in Kerkern und Vorstädten nisten,
es bricht durch die Sperren,
                    es kommt bestimmt.
Erste Vorbotschaft:
          für die Kommunisten
haben
          drei Millionen gestimmt!

In dieser Zeit war Majakowski in der Hasenheide in Berlin persönlich aufgetreten. Viele Genossen, die seine Rezitationen noch leibhaftig erlebt hatten, sollten mir später noch davon vorschwärmen. Mit Stentor-Stimme hätte er seine Gedichte auf russisch vorgetragen. Nur einen Refrain schleuderte er auf deutsch in den weiten Saal: »Das Wort chast duu – Genosse Mauserr...«

Über Majakowskis Freitod im Jahr 1930 hatte ich viel gegrübelt. War da mehr unglückliche Liebe im Spiel oder mehr politische Enttäuschung?

Erst recht erweckte sein »Zweierlei Berlin« bei mir unvermeidliche Assoziationen zum zweierlei Berlin der fünfziger Jahre, das zur tragischen Ent-Zweiung, ja zu zwei Städten, noch dazu durch eine Mauer getrennt, 1961 führte.

Allerdings liegt der Ursprung einer Aufteilung Berlins sehr viel weiter zurück. An ein und demselben Tage, am 9. November 1918, wurden beispielsweise zwei völlig gegensätzliche Republiken ausgerufen. Karl Liebknecht proklamierte vom Balkon des Berliner Schlosses die freie sozialistische Republik; Philipp Scheidemann vom Balkon des Reichstags aus die deutsche Republik. Und etwa rund zehn Jahre später sollte es ein Rotes und ein Braunes Berlin geben.

Die Zerrissenheit dieser Stadt, ihre materiellen und immateriellen Trümmer haben die Berliner, haben auch mich

110

durch Vergangenheit und Gegenwärtigkeit begleitet. Auf diese permanente und latente Zwiespältigkeit haben wir alle jeweils auch sehr zwiespältig reagiert.

Ich gehöre zu den echten geborenen Berlinern, die aber heute möglicherweise in der Minderheit sind. Die Stadt war und ist meine Heimat, auch wenn ich ihr dann und wann durch Notwendigkeit oder Freiwilligkeit immer wieder mal untreu werden mußte. Sie ist meine Heimat, diese Stadt, die ich ebenso lieben will, wie ich mit ihrer Geschichte und Gegenwart hadern möchte. Doch das gehört sicher zum Selbstverständnis von Heimat.

Aber Berlin hatte ja auch immer seine Höhepunkte parat. In der Nacht vom 9. auf den 10. November '89 wurde ich ergriffen, vereinnahmt von dem Freudentaumel, der Ekstase der Menschen in dieser mit einem Mal – durch Beglückung – geeinten Stadt. Die Tropfen Wermut und Wehmut mischten sich in meinem Fall nur deshalb, weil ich, zumindest im Unterbewußtsein, ahnte, daß dieser Jahrhundert-Höhepunkt in der Geschichte der Stadt sicher auch den mählichen Abschied von der DDR bedeutete, mit der ich mich fest verbunden und verwoben fühlte. Trotzdem gehört diese einmalige Berlin-Erfahrung jetzt zur Peripherie eines Heimat-Bewußtseins, das sich nun allerdings mit einer Unwiederholbarkeit begnügen muß. Ein Sturm von Verbrüderung fegte zunächst alles Trennende, alle Anfeindungen hinweg. Unvorstellbar eigentlich, selbst abgehärtete Grenzsoldaten verabschiedeten sich von einer Stunde auf die andere von ihrer Bewacherrolle und leisteten so ihren Anteil an der Verbrüderung. Dergleichen Geschichtlichkeit muß sich leider wohl, eben um einmalig zu bleiben, auf Stunden oder höchstens Tage und Wochen beschränken, ehe man wieder zu nun vermehrten Verdächtigungen und Beschuldigungen zurückkehren konnte.

Heimat Berlin. Mit seiner Heimatstadt muß man auch

hadern können, um sie lieben zu lernen – hadern mit ihrer lärmenden Hektik, ihrer dauernden Gereiztheit, ihrer gleichgebliebenen, jetzt nicht mehr geteilten Arroganz, auch mit dem ständigen Auf und Ab ihrer wohl einzigartigen Geschichte und ihrer haltlosen Gegenwart.

Als Beispiel: Olympia 2000. Darunter durfte es nicht sein. Wer daran zu zweifeln wagte oder gar opponierte, wurde flugs als Miesmacher disqualifiziert. Letztlich war Berlin doch durch Öffnung der Mauer zum Mittelpunkt des Weltgeschehens geworden – folglich mußte nun auch die ganze Welt darauf brennen, sich in Berlin versammeln zu dürfen. Für eine derart offenkundige, leicht erkennbare Illusion wurden Millionen aus dem Fenster geworfen.

Nach der Abstimmungsniederlage im Olympischen Komitee, die zu einer globalen Blamage geriet, wurden eilends verräterische Belege haufenweise vernichtet. Alles »schön schönfärben« und schleunigst wieder neue Schulden machen. Doch Sparwillen muß gelegentlich öffentlich bekundet werden – also bekam das Schillertheater den Gnadenstoß verpaßt! Als Äquivalent wird eine Architektur befördert, die so tut, als hätte es einen Schinkel, eine maßvolle preußische Baukunst nie gegeben. Großspurigkeit darf nur durch Geschmacklosigkeit übertroffen werden.

Das alles kann man sich nur leisten, wenn einem Ate zur Seite steht – die Göttin der Verblendung. Vor und erst recht nach der 750-Jahr-Feier Berlins hatte Ate ihr Heimrecht in Ostberlin. Auch ich bin ihr von Fall zu Fall erlegen. Sie ist halt eine Frau, eine verführerische noch dazu.

Im neuen – alten – Roten Rathaus ist Ate nun einfach dageblieben, weil's ihr dort zu gefallen scheint. Und Politiker, die sich nur zu gern von ihr blenden und verblenden lassen, scheint sie immer wieder zu finden.

Das merkwürdige nur: trotz so gegensätzlicher Wahlresultate, die aus zwei in einer Stadt angesiedelten verschiedenen Welten zu stammen scheinen, wird spürbar, daß die Berliner untereinander sich wieder näherkommen. Doch bedarf es dazu des offiziellen Hauptstadttitels?

Es gibt Beispiele, wie gut eine Stadt als Regierungssitz und eine andere Stadt als Wissenschafts-, Wirtschafts- und Kulturzentrum sich miteinander vertragen, ergänzen können. Bern und Zürich, Washington und New York. Warum traut man Berlin keine derartige Zentripetalkraft zu, wie sie Zürich und New York entfaltet haben? Lieber Washington nach New York holen oder Bern nach Zürich oder Bonn nach Berlin. Armes Berlin. Geliebtes Berlin. Aber: Glückliches München, glückliches Dresden, glückliches Köln, glückliches Hamburg.

Nach Hamburg wollte, sollte ich mich mit dem dort beginnenden Wintersemester 1947/48 aufmachen, um mein Studium fortzusetzen. So war es auch von seiten der KPD Wasserkante vorgesehen.

Aber der Wechsel von Berlin nach Hamburg verzögerte sich und fiel mir schwerer als erwartet. Das hing vor allem mit den letzten Monaten in Berlin zusammen. Ein kleiner Kreis von Studenten war im Spätsommer '47 auf die glorreiche Idee verfallen, man könne eine Studentenbühne ins Leben rufen. Keiner war direkt dagegen, nicht einmal ich, der ich mir doch fest vorgenommen hatte, schon den allerersten Verführungen zum Schauspielerberuf tapfer zu widerstehen. Aber wie hieß das noch? Entweder man lebt … oder man ist konsequent. Ich war nun wieder einmal inkonsequent und machte mit. Allerdings sollte es weder einen Leiter noch einen Regisseur geben. So wurde die Studentenbühne ein wildes Theater, und weil alles immer drunter und drüber ging, fast ein richtiges Theater.

Wir versuchten es zuerst mit Kabarett und nannten uns Inter-Sekt, was sowohl mit einem Insekt inklusive Stachel als auch mit den vier Sektoren der Stadt zu tun haben sollte.

Doch nach den ersten Proben haben wir das Kabarett-Projekt trotz guter Texte feierlich beerdigt. Wir hatten nicht gewußt, daß wir uns an das Allerschwierigste gewagt hatten. Wir trafen diese Entscheidung nicht leichten Herzens, weil wir meinten, daß das Kabarett viel dichter an der Politik dran sei als das Schauspiel. Wir trugen allen messianischen Eifer in uns, die Welt zu erretten und, wenn dies schon nicht ginge, sie dann zumindest aufzuhellen.

Dann probierten wir einen Strindberg, was zum Glück schon sehr frühzeitig schiefging. Daraufhin nahmen wir, von allen guten Geistern verlassen, eine Kriminalkomödie ins Visier. Das machte allen Beteiligten einen Heidenspaß, aber schon den ersten Probenbesuchern keinesfalls. Erst der vierte Anlauf sollte halbwegs glücken. Zu uns stieß ein jüngerer talentierter Regieassistent vom Hebbel-Theater, der ein sowjetisches Drei-Personen-Stück mit dem Titel »Der Wirbelsturm« von Dimitrij Tscheglow vorschlug. Ein Rotarmist, den darzustellen ich mich nicht ungern überreden ließ, trifft in einer verlassenen sibirischen Blockhütte, die völlig eingeschneit ist, auf ein dorthin vor der Roten Armee geflüchtetes Ehepaar. Er ist ein weißgardistischer Offizier – sie eine hinreißende Frau. Daraus entwickeln sich natürlich heftige weltanschauliche Auseinandersetzungen und ein ebenso heftiger Streit um die Gunst der Frau, die sich gegen Ende des Stückes natürlich für mich, für den Rotarmisten entschied, woraufhin sie von ihrem Ehemann notwendigerweise über den Haufen geschossen wird. Da bleibt diesem Rotarmisten gar nichts weiter übrig, als seinerseits dem Weißgardisten die tödliche Kugel zu verpassen. Eine zünftige, klassische Kolportage, die alle zufriedenzustellen schien, sowohl das Haus der Sowjetischen Kultur Unter den Linden (das spätere Maxim-Gorki-Theater) unter Leitung eines Majors als auch unser überwiegend studentisches Publikum. Eine Gesamt-Berliner Studentenzeitschrift prophezeite in einer Kritik besonders der Schauspielerin und auch mir eine große schauspielerische Zukunft.

Das sollte sich schnell und zuerst an meiner Partnerin bewahrheiten, an Irina Garden, die damals noch Slawistik studierte. Sie spielte nicht nur, sie war auch eine verführerische Frau. Und sie wurde in den fünfziger und sechziger Jahren ein begehrter und beliebter Filmstar … und längst nicht mehr nur von uns Studenten, sondern nun auch von einem zahlreichen Publikum umschwärmt, bis sie sich schließlich von der Filmerei zurückzog, um in einer sehr glücklichen Ehe diesem Kult zu entfliehen.

Ich hatte während der Inszenierung eine Studentin der Kunsthochschule Weißensee kennengelernt, die uns die Kostüme verpaßte und in die ich mich gehörig verliebt hatte. Die Studentenbühne und Heidi Gropp, das waren die zwei Gründe, die mir meinen Abschied von Berlin so schwermachten.

*Hanseatisches*
*November '47*

Die Zerstörungen durch britische Bombardements schienen mindestens so verheerend wie in Berlin. Aber die Stadt war in sich eins, war eine Stadt. Die Nicht-Zerrissenheit und das Zusammengehörigkeitsgefühl der Hamburger ließen Wunden schneller heilen.

Das Theaterleben allerdings war nicht im entferntesten so produktiv wie in Berlin. Der Grund: ein »Zweierlei Hamburg« gab es eben nicht.

Die Universität verfügte nur über sehr wenige geeignete Gebäude und Räume, aber sie verfügte für diese immer noch ramponierte Zeit im Herbst 1947 über ein reichhaltiges Lehrprogramm.

Ich studierte nicht sonderlich eifrig »Geschichte des deutschen Journalismus«, dafür fleißig in der Weltgeschichte herum, »Europäisches Drama und Theater von Hebbel bis Strindberg«, und ließ selbst theologische Vorlesungen nicht aus. Da durfte ich teilhaben an Gesprächen über Gott und die Welt.

Ergiebiger noch als das Lehrprogramm waren politische Veranstaltungen der Studentenschaft. In Hamburg gab es sehr viel weniger politische Abstinenz als in Kiel – und es gab nicht die politische Aufgeregtheit wie in Berlin.

Die kommunistische Studentengruppe in Hamburg zählte immerhin rund vierzig Mitglieder, und unsere Beratungen verliefen sehr viel lebendiger und unbefangener, also auch streitbarer, als das in der SED je der Fall sein konnte. Schließlich praktizierten wir Opposition und fühlten uns dabei sehr wohl und wohlig.

In meinem kommunistischen Umfeld wurde ich durchaus respektiert. Ich war zwar erst im 4. Semester, aber zwei davon hatte ich eben in Berlin, in Ost-Berlin absolviert, also besaß ich einen »Erfahrungsvorsprung« im Klassenkampf, wie meine Genossen meinten.

Die Atmosphäre an der Hamburger Universität war angenehm, das politische Klima sehr liberal. Ich war in der Leitung der kommunistischen Studentengruppe für Agitation und Propaganda zuständig. Und diese Aufgabe war ebenso ersprießlich wie das Studium. Es mag mit hanseatischer Tradition und Toleranz zu tun gehabt haben, daß der Freiraum, der uns seitens des Rektors und der Verwaltung zugestanden wurde, von Großzügigkeit und schon damals seltenem Sinn für Fairneß zeugte. Wir waren nicht geliebt, aber geachtet. Auf Grund späterer Studienerfahrungen, auch in der DDR, erinnere ich mich dankbar dieser Um-

116

gangsformen, in denen Weltläufigkeit, Generosität und Souveränität sichtbar wurden.

Chef unserer KPD-Studentenorganisation war ein nüchterner, sehr umsichtiger Medizinstudent. Er erfüllte wahrscheinlich annähernd das Ideal, das sich Otto Fink, der immer noch der Kaderchef des ganzen Bezirks Wasserkante war, womöglich von allen studentischen Genossen wünschte: Gründlichkeit und Genauigkeit, Tüchtigkeit und Ergebenheit.

Diese Idealvorstellungen konnten nur wenige von uns bedienen, ich selbst gehörte zu einer eher schwierigen Mehrheit. Ich war immer noch sehr sprunghaft, neigte zu Spontaneitäten, zu Abenteuern und Ausflügen, aber meine Kommilitonen ertrugen das vorbildlich.

Otto Fink war da schon wesentlich strenger mit mir. Dafür lernte ich nun auch seinen Bruder Hein persönlich kennen. Kommunisten waren beide und beide von den Nazis verfolgt worden. Aber Heinz Fink war Arbeiter geblieben, ein Hafenarbeiter, der später zum Vorsitzenden des Betriebsrats von Blohm & Voss gewählt wurde. Er hatte ein aufgeschlossenes, zu Freundlichkeit einladendes hanseatisches Naturell. Im Gegensatz zu seinem Bruder hatte er mich ins Herz geschlossen.

Sein Herz hing aber vor allem noch an Ernst Thälmann, den er in jungen Jahren während des berühmten Hamburger Aufstands vom Oktober 1923 kennengelernt hatte.

Die Veteranen des Aufstands nahmen sich vorzugsweise der studierenden Genossen an. Wir besuchten mit ihnen die denkwürdigen Stätten in Barmbek, in Schiffbek und andernorts und bekamen demonstriert, wo die Barrikaden gestanden hatten, wo das eroberte Maschinengewehr in Stellung gebracht wurde, von wo aus Thälmann und seine Mitstreiter den Aufstand befehligten.

»Das war dort drüben, im Hinterzimmer dieser Kneipe da.«

»Nee, red doch nich solchen Blödsinn ... Da, siehst du dies alte Schulgebäude da. Dort in der Pförtnerloge direkt neben dem Eingang: das war Teddys Hauptquartier.«

»Von wegen Hauptquartier ... wie sich das anhört, nix Hauptquartier – siehst du die Apotheke da, direkt rechts daneben, dort im ersten Stock ...«

Viel wichtiger als die Klärung, von wo aus Thälmann und Kippenberg und die anderen den Aufstand gelenkt hatten, viel wichtiger war mir immer, während dieses lebhaften Hin und Her in ihre Gesichter zu schauen, wie sie sich dieser Stunden und Tage genauestens erinnern wollten.

Diese Erinnerung, dieser Stolz, den Freikorps die Stirne geboten zu haben, die Revolution, die von der Betriebsräte-Konferenz in Chemnitz zuerst für ganz Deutschland fest beschlossen war, nun aber wenigstens in der Hansestadt gewagt zu haben und für die Ehre deutscher Arbeiter – als einer Abteilung des Weltproletariats – kühn gestritten zu haben, das alles stand in ihren Gesichtern geschrieben, das hatte sie hochgehalten unter dem Faschismus. Und auch, daß Hitler sich erst 1934 in das rote Hamburg getraut hatte. Diesen leisen Stolz wollten sie auf uns delegieren, damit wir eine Ahnung von Klassenkampf bekämen.

Und von Teddy. »Das war einer, der ... So wie der müßten sie eigentlich alle sein: die Genossen an der Spitze. – Wie is 'n das in Berlin, du warst doch dort, der Pieck scheint 'n Arbeiter geblieben zu sein, wenn er auch bloß aus Bremen stammen soll, aber wie is das mit Grotewohl? Meint der's ehrlich, oder steckt der mit diesem Schumacher unter einer Decke? Und wer eigentlich ist dieser Ulbricht?« Und dies muß man sich in der herrlichen Hamburger Mundart gesprochen vorstellen.

Solche Exkursionen gehörten zu den vielen Höhepunkten in der Hamburger Zeit.

Unsere Studentengruppe war schön bunt gemischt: Es gab veritable Plebejer, strategisch denkende Intellektuelle, gemäßigte und schließlich revolutionäre Hitzköpfe, zu denen wohl auch ich mich im nachhinein zählen muß. Wir konnten uns aufeinander verlassen.

Ralph Giordano wollte ich gern zu meinen Freunden rechnen. Er erinnerte mich an Feodor Pappe in Berlin. Ihr Schicksal ähnelte sich. Auch Giordano hatte sich als Jude unter widrigsten Umständen in Hamburg versteckt halten müssen, hatte Widerstand geleistet, und seinen glühenden Haß auf den Faschismus konnte ich nachempfinden. Mein Haß war wohl eher ein blinder und richtete sich besonders gegen den Militarismus, denn den hatte ich noch am eigenen Leibe erfahren. Giordano war uns an Erfahrung und Erkenntnis überlegen. Das verlieh ihm Autorität, die er auch ausspielte.

Wenn einer von uns in der Diskussion etwas vorbrachte, das von der offiziellen Parteilinie abwich, und sei es nur um Zentimeter, konnte Ralph Giordano herrlich in Harnisch geraten. Und jeden wieder zurechtstauchen. Aber wir mochten ihn, achteten ihn, warben um ihn. Mir gefiel an ihm besonders seine Art, scharf denken und gleichzeitig messerscharf formulieren zu können. Das sichert jedem Sprecher höchste Aufmerksamkeit.

Einmal wurden wir beide zusammen nach Vlotho delegiert, um an einer Informationsveranstaltung der britischen Besatzungsmacht teilzunehmen. Es handelte sich um eine Art Lektion in Sachen Demokratie, die uns Vertreter Frankreichs, Großbritanniens und der USA erteilten, und man hielt es für richtig, auch Kommunisten daran teilnehmen zu lassen, denn zu dieser Zeit hatte der Antikommunismus noch nicht die Aggressivität der fünfziger Jahre erreicht, als logischerweise dann auch die KPD verboten wurde.

In Vlotho wurde leidenschaftlich debattiert. Etwa, als ein Amerikaner uns am Beispiel der Demokraten und Republikaner in den USA klarmachte, daß die Parteien sich von aller Ideologie fernhalten sollten, um sachlich besser gegeneinander, miteinander streiten zu können. Dann würden die Auseinandersetzungen nicht diesen irrationalen Zug bekommen, der ihnen in Deutschland innewohnte.

Giordano und ich verteidigten jedoch die politische Legitimität von Ideologie im Arsenal aller Parteien. Im Interesse der Wahrhaftigkeit und ihrer Visionen müsse sich eine Partei zu ihrer Ideologie bekennen. Ideologiefrei könne kaum jemand sein. Zu jener Zeit war der Begriff »Ideologie« noch nicht derart automatisch negativ besetzt, wie er das im Laufe der Zeit hat hinnehmen müssen.

Aber eines ist in Vlotho wohl erreicht worden: Wir alle lernten uns gegenseitig zu respektieren. Klaus von Bismarck war neben englischen und amerikanischen Gästen einer der mustergültigen Moderatoren dieser Veranstaltung.

Ralph wurde Anfang der fünfziger Jahre wegen Verstoßes gegen das KPD-Verbot inhaftiert, danach brach er mit der Partei. Da war ich längst nicht mehr in Hamburg. Als ich davon erfuhr, war ich sehr niedergeschlagen, weil ich es mir nicht erklären konnte.

Viel später, nachdem er sein Buch »Die zweite Schuld. Oder von der Last, Deutscher zu sein« veröffentlicht hatte, trafen wir uns einmal in Berlin. Wir haben uns höflich begrüßt, doch es stand etwas zwischen uns. Menschlich verband uns, wie es schien, noch ein winziger Rest, doch politisch trennten uns Welten. Er hielt mir meine Nibelungentreue gegenüber der SED und der DDR vor, und ich war immer noch nicht frei von der Enttäuschung, die er mir mit seiner Flucht vor der roten Fahne bereitet hatte. Aber ich hielt ihm die unerbittliche Konsequenz zugute, mit der er das so eilfertige Freisprechen von exponierten Nazis und deren übergangslose Wiederverwendung angeprangert hatte. Eine unbestechliche Analyse.

Natürlich schmerzte mich das Kapitel: der verordnete Antifaschismus – denn es gab ihn! Aber ebenso gab es auch den lebendigen, *nicht* verordneten Antifaschismus. In der opulenten Literatur der DDR, in vielen Filmen und Theaterstücken, in der bildenden Kunst fand er vitalen Ausdruck und wurde dadurch allgegenwärtig. Antifaschismus als ein Lebensbedürfnis.

Wenn es galt, kommunistische Positionen zu vertreten, wurde ich nun immer öfter ins Rennen geschickt, denn Streitgespräche hatten Hochkonjunktur. Bei einem meiner Auftritte sollte ich auf den Vorsitzenden des SDS an der Hamburger Uni treffen. SDS war das Kürzel für den Sozialistischen Deutschen Studentenbund. Der Kommilitone an dessen Spitze war mehrere Jahre älter als ich, ein echter Hanseat … und hieß Helmut Schmidt.

Ihm sagte man nach, daß er ein ganz gewiefter und schon sehr versierter Redner sei … und ein passionierter Antikommunist. Da kannst du dich auf was gefaßt machen, gab man mir freundlicherweise mit auf den Weg.

Helmut Schmidt war dann aber sehr korrekt, beinahe ritterlich, wenn vielleicht auch etwas herablassend, was ich dem Altersunterschied zuschreiben wollte.

Wir kreuzten also die Klingen. Schmidt erwies sich tatsächlich als wortgewandt, wortgewaltig und scharfzüngig, mit einer geschliffenen Ironie, die mir ganz schön zu schaffen machte. Ich versuchte zwar tapfer gegenzuhalten, war aber natürlich der Unterlegene. Immerhin flogen Fetzen hin und her, das gefiel den versammelten Studenten. Er besiegte mich klar nach Punkten. Doch ich war heilfroh, daß es wenigstens keinen K.o. gab.

»Von Ihnen kann man allerhand lernen«, sagte ich beim Händereichen.

»Das will ich doch stark hoffen«, gab er trocken zurück.

Ich meinerseits möchte stark hoffen, daß auch heute noch viele vieles von ihm lernen können.

Meine Niederlage – es gab ja keine Kampfrichter, die Fehlurteile hätten fällen können – führte dazu, daß ich auch bei der Wahl zur Studentenvertretung, dem AStA, ebenfalls knapp unter der Marke blieb, die zu überspringen erforderlich war.

Von meinen darob enttäuschten Genossen, die sich aber auf gut unterrichtete Quellen beriefen, wurde mir mitgeteilt, ich sei ohnehin fast nur von Studentinnen gewählt worden – was mich dann verständlicherweise über diese Wahlniederlage glänzend hinwegtröstete.

Anläßlich des hundertjährigen Bestehens der Gewerkschaft Bergbau und Energie im DGB im Frühjahr 1989 erreichte mich eine Anfrage, ob ich auf der Festveranstaltung in Dortmund aus Gedichten, die in den vergangenen hundert Jahren von Bergarbeitern geschrieben worden sind, rezitieren wolle. Die Auswahl könne ich selber treffen. Ich gastierte anläßlich der Ruhrfestspiele in Recklinghausen in der Rolle des Immanuel Kant. Dort erfuhr ich, daß für das Jubiläum Helmut Schmidt als Festredner gewonnen worden war. Ich war mächtig gespannt auf eine Wiederbegegnung mit ihm nach mehr als vierzig Jahren. Bis dahin blätterte ich eifrig in den gesammelten Gedichten der Bergarbeiter und war tief berührt von all dem, was sie in Jahrzehnten unter Tage bewegt, bedrängt hatte – sowie von dem, was sie *über* Tage davon zu Papier gebracht hatten.

Es waren Gedichte von einer ursprünglichen Kraft und anrührenden Angst, Gedichte vom Trost der Angst und vom Fluch der Kraft. Religiöse Reflexionen wechselten mit der Schilderung wilder, wütender Aktionen, wechselten mit poetischen Phantasien und Mutterwitz. Das Auswählen war schön qualvoll. Aber meine unentwegte Wunschvorstellung vom Arbeiter als dem Produzenten materieller und immaterieller Werte wurde auch hier, auch in Westdeutschland, in einer Art und Weise bestätigt, als wäre es gar keine Wunschvorstellung.

Gemeinsam mit einer hinreißenden Band hatten wir dann unseren Dortmunder Auftritt. Dem folgte Helmut Schmidt. Hohe, höchste Erwartung. Ungewöhnlich, wenn derart hochgespannte Erwartungen auch noch erfüllt werden, wenn eigenwillige Gedanken in einer Rede auch weitergehende Gedanken in den Zuhörenden zu erzeugen vermögen. Ich war sehr zufrieden mit meinem alten Kontrahenten, ich war stolz auf ihn.

Einen Fotografen hatte ich kurz vor Beginn der Veranstaltung gebeten, von der erhofften Begegnung mit Helmut Schmidt doch bitte unbedingt eine Aufnahme zu schießen.

Der erste, der den Künstlern von Herzen gratulierte, war der respektvoll so titulierte »Ruhr-Bischof« Hengsbach. »Ich weiß, woher Sie kommen, aber es ist Ihnen gelungen, mich angenehm zu überraschen.«

Nach der Freundlichkeit von Eminenz Hengsbach beglückwünschte mich nun »mein« Helmut Schmidt. Er begründete mir den Eindruck, den er von unserem Programm gewonnen hatte, mit wenigen, aber geradezu unheimlich gescheiten Worten. Dann hielt ich es nicht mehr aus und fragte: »Erinnern Sie sich eigentlich noch? Hamburg 1948?«

Es folgte eine gekonnt gesetzte Pause. Meine Spannung stieg. Er holte tief Atem, ließ ihn wieder heraus und sagte dann mit sonorer Stimme und einem dazugehörenden tiefgründigen Blick in meine Augen ... sehr bedächtig diese zwei Worte: »Ganz genau.«

Irgendwie kam es zu einer halben Umarmung und dem Nachsatz: »Aber Sie sind doch inzwischen bestimmt vernünftiger geworden?«

Ich war kurz baff. Meine überlegte Antwort dauerte deshalb eine Zehntelsekunde länger als sonst bei mir üblich: »Ich hab' mir doch schon immer ein Beispiel an Ihnen nehmen wollen.«

Er lächelte milde.

Die Umstehenden kamen wohl auf ihre Kosten. Zwei ältere Herren erinnern sich ihrer Jugend – das hat wohl immer seinen Reiz.

Der Fotograf machte, wie versprochen, seine Bilder und schickte sie mir sogar auch, wie versprochen, nach.

Von Dortmund und dem Frühjahr '89: Rückblende wieder nach Hamburg im Herbst '47.

Daß ich dort studierte, hatte allerdings nichts damit zu tun, daß mein Vater nun ein Engagement am Deutschen Schauspielhaus antrat.

Meine Eltern zogen mit meiner Schwester von Kiel nach Hamburg in die Kellinghusenstraße, und in der Wohnung war auch für mich noch ein Zimmer übrig. Das genoß ich sehr. Vor allem tat mir auch die erneute Nähe zu meiner Mutter gut.

Es konnte nicht ausbleiben, daß ich nun wieder ein etwas fleißigerer Theaterbesucher zu sein hatte.

An der Jungen Bühne gefiel mir besonders das direkte, ganz und gar ungekünstelte und eigenwillige Spiel eines jungen Schauspielers mit Namen Hardy Krüger.

Von meinem Vater ist mir die Rolle des Chefingenieurs Oderbruch, eines idealistischen Widerstandskämpfers, in »Des Teufels General« heute noch gegenwärtig. Die Inszenierung ebenso wie Zuckmayers Stück sorgten damals wenigstens annähernd einmal für so viel Aufsehen am Theater,

u. 2 Die frühen Jahre
ı Berlin

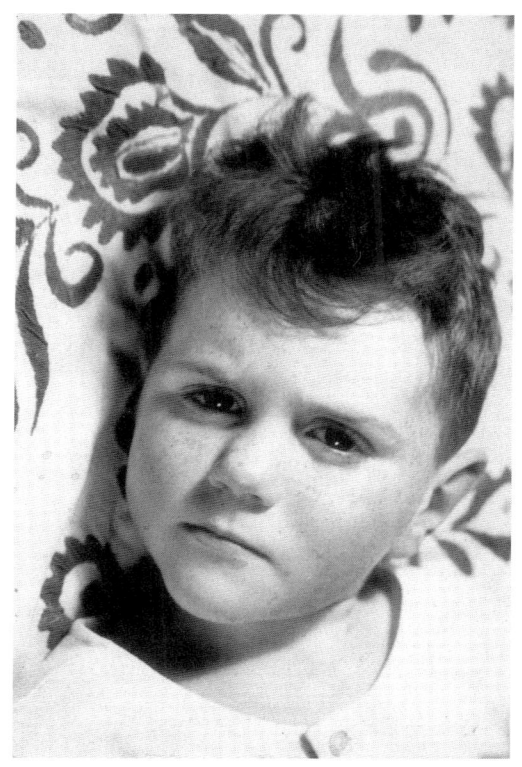

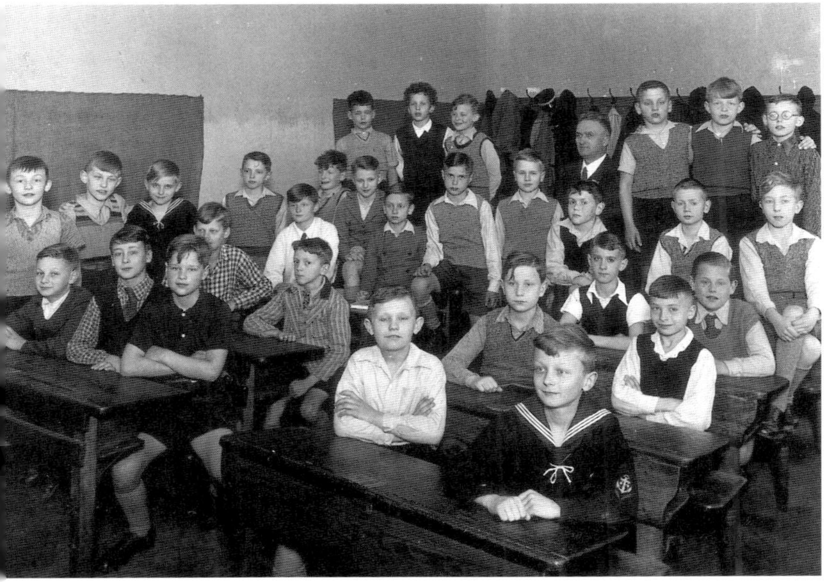

3 u. 4 Studentenzeit in Berlin, 1947

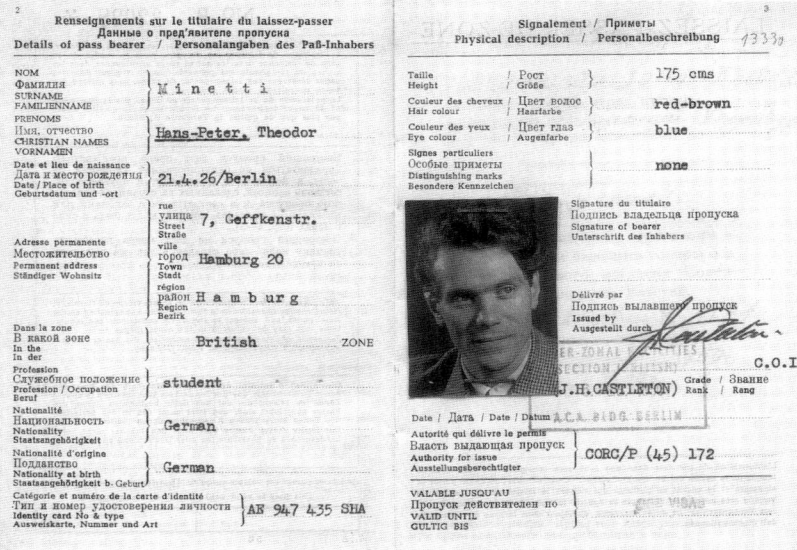

| Renseignements sur le titulaire du laisser-passer |
|---|
| Данные о предъявителе пропуска |
| Details of pass bearer / Personalangaben des Paß-Inhabers |

| | |
|---|---|
| NOM<br>ФАМИЛИЯ<br>SURNAME<br>FAMILIENNAME | M i n e t t i |
| PRENOMS<br>Имя, отчество<br>CHRISTIAN NAMES<br>VORNAMEN | Hans-Peter, Theodor |
| Date et lieu de naissance<br>Дата и место рождения<br>Date / Place of birth<br>Geburtsdatum und -ort | 21.4.26/Berlin |
| Adresse permanente<br>Местожительство<br>Permanent address<br>Ständiger Wohnsitz | rue<br>улица 7, Geffkenstr.<br>Straße<br>ville<br>город Hamburg 20<br>Town<br>Stadt<br>région<br>район H a m b u r g<br>Region<br>Bezirk |
| Dans la zone<br>В какой зоне<br>In the<br>In der | British ZONE |
| Profession<br>Служебное положение<br>Profession / Occupation<br>Beruf | student |
| Nationalité<br>Национальность<br>Nationality<br>Staatsangehörigkeit | German |
| Nationalité d'origine<br>Подданство<br>Nationality at birth<br>Staatsangehörigkeit b. Geburt | German |
| Catégorie et numéro de la carte d'identité<br>Тип и номер удостоверения личности<br>Identity card No & type<br>Ausweiskarte, Nummer und Art | AE 947 435 SHA |

| Signalement / Приметы |
|---|
| Physical description / Personalbeschreibung 1333₂ |

| | |
|---|---|
| Taille / Рост<br>Height / Größe | 175 cms |
| Couleur des cheveux / Цвет волос<br>Hair colour / Haarfarbe | red-brown |
| Couleur des yeux / Цвет глаз<br>Eye colour / Augenfarbe | blue |
| Signes particuliers<br>Особые приметы<br>Distinguishing marks<br>Besondere Kennzeichen | none |

Signature du titulaire
Подпись владельца пропуска
Signature of bearer
Unterschrift des Inhabers

Délivré par
Подпись выдавшему пропуск
Issued by
Ausgestellt durch

C.O.I
J.H.CASTLETON Grade / Звание
Rank / Rang

Date / Дата / Date / Datum

Autorité qui délivre le permis
Власть выдающая пропуск
Authority for issue
Ausstellungsberechtigter

CORC/P (45) 172

VALABLE JUSQU'AU
Пропуск действителен по
VALID UNTIL
GÜLTIG BIS

Interzonenpaß, ausgestellt am 6. Februar 1950

Hans-Peter Minetti (rechts außen) mit Hans Modrow (zweiter von links) während einer FDJ-Demonstration in Berlin, 1956

7  Als Fiete Jansen in dem DEFA-Film »Ernst Thälmann – Sohn seiner Klasse«, 1954

8  Mit Eva Kotthaus in dem DEFA-Märchenfilm »Der Teufel vom Mühlenberg«, 1955

9  In »König Lear« als Edgar unter der Regie von Wolfgang Langhoff, Deutsches Theater, 1955

10  Mit Christa Gottschalk in »Am Ende der Nacht« von Harald Hauser, Deutsches Theater, 1956

11 Hans-Peter Minettis zweite Frau, Irma Münch, zusammen mit Fritz Decho, Ekkehard Schall und Edwin Maria (v.l.n.r.) in der Fernsehinszenierung »Der Schatten« von Jewgenij Schwarz

12 In dem DDR-Fernsehfilm »Lofter − oder das verlorene Gesicht« mit Inge Keller, 1958

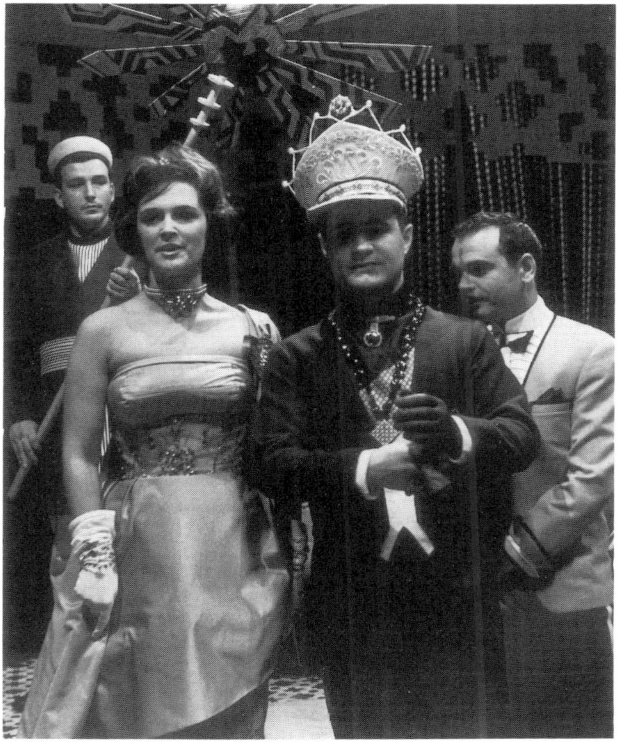

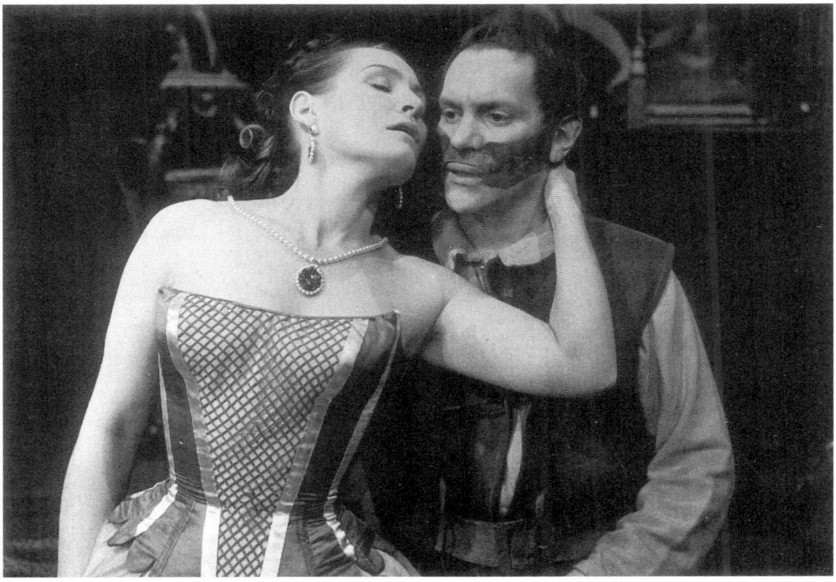

13 u. 14  Mit Rolf Ludwig und Sonja Sutter in dem DEFA-Spielfilm
»Lissy«, 1957, Regie: Konrad Wolf

5 Der Soldat in »Die Geschichte om Soldaten« von Igor Strawinki, Deutsche Staatsoper, 1965

6 Als Carl von Ossietzky in em gleichnamigen DEFA-ernsehfilm mit Christine aszar, 1964

17  1956 während einer Pressekonferenz in London

18 u. 19  Knecht in Brechts »Herr Puntila und sein Knecht Matti«, zusammen mit Regine Lutz und Erwin Geschonnek, Deutscher Fernsehfunk, 1956

20 u. 21  1966 in dem polnischen Spielfilm »Der Abstieg zur Hölle«
und in dem DEFA-Film »Alaskafüchse« als amerikanischer Soldat Har-
ris, 1964

22  In »Sommergäste« von Maxim Gorki, Deutsches Theater, 1962, Regie: Wolfgang Heinz

23  In dem Fernsehfilm »Der ideale Gatte« von Oscar Wilde, 1970, Regie: Kurt Jung-Alsen

24 In dem Fernsehfilm »Kalkutta, 4. Mai« von Lion Feuchtwanger und
Bertolt Brecht als Sir Warren Hastings, 1973, Regie: Kurt Veth

25 Schulmeister in »Der Hofmeister« am Berliner Ensemble, 1975

26  1973 in dem Einpersonenstück von Helmut Baierl »Stolz auf achtzehn Stunden« am Berliner Ensemble

27  Kaiser von China in »Turandot oder der Kongreß der Weißwäscher« von Bertolt Brecht, unter der Regie von Manfred Wekwerth,
Berliner Ensemble, 1976

wie das in Berlin Normalität war. Großen Gefallen fand ich an Chefs Benedikt in Shakespeares »Viel Lärm um nichts« sowie vor allem an seinem Faust.

Zu meiner Lieblingsbühne avancierten jedoch die Hamburger Kammerspiele, deren Prinzipalin Ida Ehre war. Sie war zudem eine herausragende Schauspielerin: die Jüdische Frau in Brechts »Furcht und Elend des Dritten Reiches«. Ich erlebte sogar im November '47 die Uraufführung von Wolfgang Borcherts »Draußen vor der Tür« in der Regie von Wolfgang Liebeneiner mit Hans Quest. Das war sicher eine Sternstunde in der deutschen Theatergeschichte: höchste künstlerische Stilisierung gepaart mit politischer Demaskierung: »Wer will heute etwas von der Wahrheit wissen?« Hans Quest war in der Rolle des lebensmüden Kriegsheimkehrers mit der grotesken Gasmaskenbrille so beeindruckend, daß ich ihn um ein Interview für ADN bat, bei dem ich mir nach wie vor ein kleines Zubrot verdiente.

Quest gefiel mir durch seine bisher bei großen Schauspielern ungewohnte Uneitelkeit.

So gar nicht sagte mir hingegen die Inszenierung von Sternheims »Bürger Schippel« an »meinen« Kammerspielen zu. Einzig und allein der Schauspieler, der die Titelrolle gab, imponierte mir. Er hieß Erwin Geschonneck. Kein Jahrzehnt später sollte ich mit ihm zusammen spielen – im Deutschen Fernsehfunk. Er als Puntila, ich als sein Knecht Matti.

Mit solchen Theatereindrücken geriet ich erneut in den für mich gefährlichen Magnetismus der Bühne: Anziehung – Abstoßung.

Just in diesen Frühlingswochen des Jahres '48 bildete sich nun auch in Hamburg eine Studentenbühne, die eine Inszenierung von Georg Kaisers »Floß der Medusa« vorbereitete. Ich besorgte mir das Stück. Das Sujet war bestechend: Eine Gruppe Schiffbrüchiger, fast noch Kinder, treibt nach einem

Torpedo-Angriff auf ihr Schiff nun auf einem Floß im Wasser dahin. Eine anfängliche Solidarität und Mitmenschlichkeit verliert sich schnell. Die dem Untergang Geweihten fallen wie Tiere übereinander her, zerfleischen sich, um dann schmerzhaft einzusehen, daß sie nur im Miteinander überleben können. Das Stück schien gut gebaut (Kunststück: Georg Kaiser), und es paßte in die Zeit. Und trotzdem packte es mich nicht, wie ich erleichtert feststellte. Ich atmete auf. Wieder einmal dem Theater erfolgreich entronnen. Denkste.

Der Regisseur bot mir nun die exponierte Rolle des sich selbst aufopfernden Allan an, und – ich bewunderte insgeheim meine Konsequenz – ich opferte mich nicht. Man trennte sich verständnisvoll.

Ich erfuhr dann eher beiläufig von einer Studentin, auf die ich ein Auge geworfen hatte, wie sehr sie sich auf ihre Rolle an der Studentenbühne freuen würde. Ich ärgerte mich mächtig, daß ich eine so günstige Gelegenheit, ihr näherzukommen, höchst leichtfertig und mit sehr oberflächlichen Argumenten ausgeschlagen hatte. Der Ärger brauchte seine Zeit, bis er sich zu legen schien. Und da, wie es im Leben leider nur viel zu selten geschieht, versuchte der Regisseur mich ein zweites Mal anzuwerben, weil er immer noch nicht fündig geworden sei. Er war baß erstaunt, als ich postwendend und begeistert zusagte. Erst im Verlauf der Proben wird ihm wohl ein Licht aufgegangen sein.

Die Proben waren intensiv, der Regisseur sehr einfallsreich, animierend, und das Resultat konnte sich offenkundig sehen lassen.

Das Publikum reagierte lebhaft, professionelle Theaterleute waren mit uns zufrieden, auch die Kritiken waren zustimmend, der NWDR übertrug per Radio Passagen aus der Aufführung ... Als nach der letzten Vorstellung der letzte Vorhang gefallen war, teilte mir meine Lady fristgemäß

126

mit, daß sie tags zuvor eine Liaison mit einem Amerikaner eingegangen sei, den sie nun leider notgedrungen nach Amerika zu begleiten gedenke. *Farewell, my dear.*

Trotzdem bereute ich nichts. Erst recht nicht das erneute Ausprobieren offensichtlicher schauspielerischer Trotz-Ambitionen.

Eines Tages hatte mein Vater unverhofft die Vorstellung besucht. Das Gespräch, das wir zwei hinterher miteinander führten, ist mir insofern haftengeblieben, als es ein sehr intensiver und extensiver Meinungsaustausch wurde. Chef war durchaus angetan von meinem Spiel und stellte darum ernsthaft die Frage, ob ich mich nicht doch noch einmal selber prüfen wolle. Er ahnte bestimmt, daß ich mich seinetwegen innerlich sträubte, zur Bühne zu gehen, obwohl wir das unter uns noch nie angesprochen hatten.

»Junge, sei ehrlich, die Schauspielerei macht dir Spaß. Zier dich nicht! Du kannst etwas ganz Eigenes werden. Du brauchst keine Angst zu haben, eine Kopie von Bernhard Minetti abzugeben.«

»Das will ich dir sogar glauben, Chef.« Ich bekannte aufrichtig, daß seit den Proben zu dem »Floß der Medusa« neben der Leidenschaft für Politik eine weitere Flamme an mir zehre. Und die Politik begänne allmählich, mir meine Leidenschaft für sie zu verleiden. Damit nicht genug. Die so verflucht-geliebte dritte Leidenschaft wirbelt mich auch noch gehörig herum. Und die, fürchte ich, ist bei uns Minettis die allererste. In dieser Extensität habe ich sie bestimmt von dir geerbt ... und von meiner Mutter? Darin jedenfalls bin ich wohl ganz und gar euer Produkt, und zwar liebend gerne. In dem Fall gefalle ich mir als Kopie.

An der Umkehrung der Rangfolge von Politik und Theater hindere mich aber nach wie vor jenes Treiben hinter den Kulissen ... mit all seinen Erbärmlichkeiten, Eifersüchteleien und Feigheiten.

»Aber Junge«, unterbrach er mich, »mit den Erbärmlichkeiten und dem Intrigantentum der Politiker können Komödianten es doch wohl nie und nimmer aufnehmen. Wenn du das alles so sehen könntest, und wenn du dann dies Gottesgeschenk, dies einmalige Leben vor den Kulissen voll auskosten kannst, ... dann wird dir dieser Kampf hinter den Kulissen so klein und kleinlich erscheinen, wie er's auch verdient.«

Die Innigkeit dieses Vater-Sohn-Gesprächs über die drei Leidenschaften hat mich durchs Leben verfolgt.

Nicht mit Bestimmtheit vermag ich heute zu sagen, ob es mein Vater war, der mich auf ein Buch von Ottofritz Gaillard aufmerksam machte. Gaillard hatte 1941 eine Arbeit über Hans Rehberg, den »Dichter der Preußendramen«, veröffentlicht, in der er auch mehrfach auf Rollen meines Vaters eingegangen war. Gaillards »Das deutsche Stanislawski-Buch« war in dieser Zeit in Fachkreisen in aller Munde, und so kaprizierte auch ich mich auf dieses Lehrbuch der Schauspielkunst.

Der Schauspieler Konstantin Stanislawski, 1863 in Moskau zur Welt gekommen, brach um die Jahrhundertwende mit den tradierten Formen des Theaterspiels. Er zog zu Felde gegen schauspielerische Routine, gegen den Schlendrian von Theateraufführungen und Dekorationen, gegen den Starkult, welcher jedes Ensemble verdirbt. Diese Verneinung aller Konventionen führten 1898 zur Geburtsstunde des »Moskauer Künstler-Theaters«.

1906 gastierte dessen Truppe erstmals in Berlin und sorgte für Aufsehen. Psychologische Genauigkeit, absolute Natürlichkeit und Detailverliebtheit waren auf der Bühne zu einer neuen Qualität von Theater verschmolzen.

Obwohl Stanislawski 1938 starb, lebte die Methode der Schauspielkunst und Schauspielerausbildung, die seinen Namen trägt, weiter: In Gaillards Buch ebenso wie im praktischen Unterricht in Weimar, wo sie durch Maxim Vallentin, Ottofritz Gaillard und Otto Lang gelehrt wurde. Das Buch war überhaupt nicht didaktisch. Die Sinnlichkeit, mit der Theaterarbeit beschrieben wurde, wirkte sehr anziehend auf mich. Von daher erschien mir der Gedanke, nach Weimar zu gehen, gar nicht so abwegig.

Ich erzählte überall davon, erzählte das auch den Genossen in meiner Partei.

Otto Fink belehrte mich, es gäbe inzwischen einen Beschluß, daß Kommunisten, die im Westen ihre Aufgaben zu erfüllen haben, dort bitteschön auch zu bleiben und zu wirken hätten. Es seien schon zu viele hinübergegangen und nicht zurückgekommen. Ich würde hier in Hamburg gebraucht.

So wenig mir das zusagte, schmeichelte mir diese Mitteilung. Andererseits forcierte ein solches Quasi-Reiseverbot meinen Wunsch, es nun gerade in Weimar zu versuchen.

In Gustav Gundelach, dem Chef des KPD-Bezirks Wasserkante, fand ich den entscheidenden Fürsprecher: »Du warst hier ein brauchbarer Agitator – warum sollst du drüben nicht ein guter Schauspieler werden?«

Bevor die definitive Entscheidung fiel, sorgte eine Einladung der Universität Jena für Aufschub. Im thüringischen Georgenthal sollte eine Art Sommeruniversität abgehalten werden. Da vom Hamburger AStA niemand sonderliche Lust bekundete, an dieser Veranstaltung teilzunehmen, wurde ich gefragt, ob ich denn Interesse hätte. Da ich Georgenthal als Einfallstor für Weimar wähnte, sagte ich zu.

Die Vorlesungen der täglich wechselnden Professoren und Dozenten aller möglichen Fakultäten waren hochkarätig.

Als erster von den Theaterleuten, die nach Georgenthal kamen, machte uns Wolfgang Langhoff seine Aufwartung.

Langhoff ging auf die Fünfzig zu. Er hatte seine Schauspielerlaufbahn in Königsberg und am Thalia-Theater in Hamburg begonnen. 1928 trat er der KPD bei und wirkte in einer Agitprop-Gruppe mit. 1933 steckten die Nazis ihn deswegen ins KZ Börgermoor, von wo aus ihm 1934 die Flucht in die Schweiz gelang. Er war wohl einer der ersten, der einer Weltöffentlichkeit berichten konnte, was sich in den Lagern Hitlerdeutschlands wirklich abspielte. Am Schauspielhaus in Zürich war er bis Kriegsende als Schauspieler und Regisseur tätig. »Die Moorsoldaten« aus dem Jahr 1946 reflektieren seine Erfahrung in der KZ-Hölle.

Langhoff hatte, als er uns in Georgenthal besuchte, soeben mit der ersten deutschen Kulturdelegation die Sowjetunion bereist und berichtete uns sehr sinnlich und sinnfällig von seinen Eindrücken. Wir genossen den Reichtum seiner Ausdrucksfähigkeit. Und dazu dieses Gesicht! Hatte fast etwas Aristokratisches – sehr markant, auch sehr sensibel. Wolfgang Langhoff leitete seit 1946 das Deutsche Theater in Berlin als Intendant und war natürlich Mitglied der SED. 1950 sollte er vorübergehend auf Grund denunziatorischer Vorwürfe seiner Parteifunktion verlustig gehen. Er war mit dem Amerikaner Noel H. Field bekannt gewesen, der im westlichen Exil viele Antifaschisten tatkräftig unterstützt hatte. Von den Berija-Leuten wurde Field dann aber als »imperialistischer Spion« gebrandmarkt, was dazu führte, daß eine Reihe kommunistischer Funktionäre aus Ost- und Mitteleuropa nunmehr selbst als Agenten des Imperialismus galten.

Langhoff wurde zwar bald wieder in seine Funktionen eingesetzt, doch die Wunden, die ihm 1950 von seinen Genossen zugefügt wurden, ließen bei ihm schmerzende Narben zurück, wenn er auch gleich mehrfach eine ihm auferlegte »Selbstkritik« geübt hatte. Er leitete das Deutsche Theater bis 1963, war von '62 bis zu seinem Tode '66 Vizepräsident der von ihm 1950 mitbegründeten Akademie der Künste.

Auf Langhoff folgte in Georgenthal zwei Tage später Professor Maxim Vallentin aus Weimar, der Chef der von mir ins Visier genommenen Schauspielschule. Damit war ich auch einer Exkursion nach Weimar enthoben.

Von ihm war bekannt, daß er als Emigrant in der Sowjetunion gewesen war und vor allem im Wolgagebiet für ein deutsch sprechendes Publikum Theateraufführungen inszeniert hatte. Viel mehr wußte niemand von ihm.

Er stellte sich uns gut gelaunt vor. Vallentin bestach uns nicht auf Anhieb derart, wie das bei Langhoff der Fall gewesen war. Vallentin sprach vielmehr in einem gedämpften Timbre mit leicht verhauchter Stimme, aber auch er war originell in Wortlaut und Diktion, und er war schwärmerisch verliebt in die Stanislawski-Methode. Auffallend an ihm war eine gepflegte Verlegenheit, von der man nicht wissen konnte, ob sie Veranlagung oder Koketterie oder beides war.

Ich hatte ihm schon vor seinem Referat zu verstehen gegeben, daß ich Interesse an einer Hospitanz oder gar einem Weiterstudium an seiner Hochschule hätte. Wir verabredeten uns zu einem Gespräch nach seinem Vortrag.

Dieses Gespräch führten wir dann während eines abendlichen Spaziergangs im Thüringer Wald. Wir schienen uns gut zu verstehen. Im Gegensatz zu der Delegation, an der Langhoff teilgenommen hatte, und der – wie überall üblich – die Schattenseiten nicht gezeigt worden waren, hatte Vallentin mehr als zehn Jahre in der Sowjetunion verbringen müssen. Deshalb klang er auch weniger enthusiastisch als Langhoff, sehr affirmativ zwar, doch auch introvertierter und vorsichtiger, was ich erst verstehen sollte, nachdem er mir später von seinen Erfahrungen in diesem Exil sehr viel preisgegeben hatte.

Während unseres Spaziergangs sprach er schnell, mitunter

auch sprudelnd. Etwas Linkisches in seinem Wesen blieb. Ich erfuhr einiges von ihm, von seiner Spieltruppe »Das rote Sprachrohr« in der Weimarer Zeit. Ich erfuhr von einer kürzeren Phase der Illegalität und seiner Emigration. Er war sehr aufgeschlossen, gewann wohl auch Vertrauen zu mir, so daß wir übereinkamen, ich solle noch im Herbst an seinem Institut in Weimar vorsprechen.

Zurück in Hamburg, begann ich die formalen Möglichkeiten meines Wechsels nach Weimar zu sondieren. Mir war lediglich an einer Beurlaubung von der Uni gelegen. Ich hatte inzwischen fünf Semester hinter und maximal noch drei vor mir. Auf Grund meiner Berlin-Erfahrung wollte ich mich nicht mit Haut und Haaren Weimar verschreiben. Ich wollte nicht alle Brücken nach Hamburg abbrechen, ich wollte mir Rückzugsmöglichkeiten lassen. Das Leben in der sowjetischen Zone war, wie ich mitbekommen hatte, weder mit dem Leben in Berlin noch dem in Hamburg zu vergleichen. Und wenn es zu heikel werden sollte, wollte ich mir die Chance zur Fortsetzung des Studiums in Hamburg bewahren.

Auch der Rektor der Universität gab mir seinen Segen und beurlaubte mich einstweilen großzügig. Hanseatisch.


*Weimar*

In Weimar waren die Schauspiel-Studenten im Schloß Belvedere untergebracht. Die inzwischen zum »Deutschen Theaterinstitut Weimar« beförderte Bildungsanstalt besuchten zirka 25 Mädchen und Jungen. Wir bewohnten einzeln oder zu zweit die Schloßgemächer, die wir natürlich selbst beheizen mußten, die Verpflegung war hinreichend. Alles in allem ließen sich die äußeren Bedingungen als befriedigend bezeichnen.

132

Zu meinem Studienjahrgang gehörte auch Ruth-Maria Kubitschek, die uns aber bald wieder verließ. Sie war mit einem Studenten namens Götz Friedrich befreundet. Wir beneideten ihn alle um diese inoffizielle Miß Belvedere 1948. Hatte ich in Weimar zu jener Zeit noch ein Bein im Westen, so hatte sie eines ihrer wohlgeformten schon dort.

Ruth-Maria und ich sahen uns erst Anfang der neunziger Jahre wieder, als ich in der Schweiz, in St. Gallen, gastierte und sie auf meine Einladung hin zur Premiere erschien. Ich revanchierte mich mit einem Gegenbesuch bei ihr. Wir hatten sehr vergnügliche Gespräche, in deren Verlauf wir auch in Weimarer Erinnerungen schwelgten. Ich bewunderte sie und beneidete sie um ihre *dritte* Leidenschaft: nämlich, im besten Sinne, so ergreifend schreiben zu können. Da bleibt mir nur die Beteuerung: damit kann und will ich gar nicht erst konkurrieren.

Zu den Kuriosa, die ich in meinen Unterlagen fand, gehört ein auf den 1. Januar 1949 datierter »Ausbildungsvertrag« zwischen dem Deutschen Theaterinstitut Weimar, »vertreten durch den Intendanten Professor Maxim Vallentin, und Hans-Peter Minetti«. Das Haus verpflichtet sich, die »Ausbildung des Studenten bis zur Bühnenreife als Ensembleschauspieler, Spielleiter oder Dramaturg zu übernehmen...« Die Unterrichtsgebühr pro Semester sollte sich auf 250 Reichsmark belaufen, die mir aber erlassen wurden. In den beiden ersten Semestern sollte ich ein monatliches Stipendium von 100 RM erhalten, dann 120 und schließlich sogar 150 RM, allerdings wurden im Gegenzug für Miete, Heizung und Verpflegung wieder 75 RM abgezogen. Paragraph 11 dieses (erstaunlicherweise) weder von mir noch von Vallentin unterzeichneten Vertrages lautete: »Der Student verpflichtet sich, nach Ablauf der Ausbildungszeit ... mit einem aus dem Institut hervorgehenden Ensemble einen neuen Vertrag von 4 Jahren zu normaltariflichen Bedingungen abzuschließen.«

Vornehmlich diese Passage sollte uns noch Streit bescheren.

Das Deutsche Theaterinstitut trug noch einen merkwürdigen Untertitel, der mir zunächst passend erschien, den ich später jedoch – wie viele andere vor mir schon früher – als peinlich erkannte: »Institut zur methodischen Erneuerung des deutschen Theaters« – das klang wie eine Kampfansage an den Rest der Schauspielwelt.

Bertolt Brecht, der sich im Herbst 1948 für Ost-Berlin entschied und später das Theater am Schiffbauerdamm übernahm, polemisierte wiederholt und scharf gegen Weimar. »Sektiererei, Monopolanspruch, administrative Erledigung von Problemen« seien für die Künste nur schädlich und hemmend. »Um mit der unfruchtbaren Gralshüterei und dem Rechthabertum in der Interpretation der Stanislawskischen Arbeitsweise in unseren Theaterschulen aufzuräumen und Platz zu machen für echtes Suchen, Wettbewerb der Ideen, Diskussion und Anleitung der jungen Künstler zu selbständigem Schaffen, müßten wir folgendes tun.« Dann notiert B. B. entsprechende Vorschläge, die uns Studenten aber in Weimar überhaupt nicht erreichten. Hier duldete man nur den einen Säulenheiligen: Stanislawski.

Diese Auseinandersetzung um die tauglichste Methode zur Schauspielerausbildung wurde auf höherer Ebene ausgetragen und war ausgesprochen heftig. Dadurch, daß Belvedere infolge der massiven Kritik Brechts gezwungen war, Stanislawski vehement zu verteidigen, wurde dessen Gedankengut leider verabsolutiert, wurde zu einer fundamentalistischen Lehrmeinung.

Dennoch ist dem DDR-Theater dieser Streit außerordentlich gut bekommen, selbst wenn da und dort auf beiden Seiten Porzellan zerschlagen wurde. Denn in ihrem

Kern führte die passionierte Polemik zu einer extensiven und intensiven Standortbestimmung, zu einem unverwechselbaren Profil des späteren DDR-Theaters.

Diese Konfrontation – klares, intellektuell abgewogenes und spielfreudiges Brecht-Kalkül versus natürliche, wenn nicht naturalistische Innigkeit und Leidenschaftlichkeit – erwies sich als produktiv. Denn dieses Spannungsfeld hatte konstitutive und kreative Konsequenzen für die Bühnen in der DDR. Die beiden Lager wollten sich jeweils mit ihren Inszenierungen übertreffen und unter Beweis stellen, daß die eigene Methode die künstlerisch wie politisch überzeugendere sei: Dieser Wettstreit, die dazu gehörenden Disputationen und deren Resultate trugen zu dem erstaunlichen, auch internationalen Ruf des Theaters bei.

Eine derart grundsätzliche Konzentration auf ein geistiges Fundament des Theaters hat meiner Meinung nach in Westdeutschland analog erst mit dem Jahre 1968 eingesetzt und zu einer anstiftenden Konturierung und Profilierung der Theater geführt. Der bis dahin meist erfolgreich gemiedene Streit führte zu erneuerter Produktivität.

Wenn ich jedoch Anfang 1949 geahnt hätte, daß ich, ein ausgesprochener Anhänger Brechts dank dem Bücherschrank meines Vaters, ausgerechnet an einer Anti-Brecht-Schule gelandet war, hätte ich vermutlich umgehend meine Koffer gepackt und wäre zurück nach Hamburg gereist. Oder nach Berlin!

Aber diesen künstlerischen Prinzipienstreit nahm ich zunächst nur peripher wahr ...

Die tiefe Aversion Vallentins gegenüber Brecht hatte auch triviale Ursachen, wie ich später feststellen konnte, denn Vallentin führte wiederholt bohrende Gespräche mit mir, weil ihm meine Sympathie für Brecht nicht verborgen bleiben konnte.

Die von Brecht vorgeschlagene Distanz zur Rolle führe zu einer Entfremdung gegenüber der Figur und dem Schauspieler, der die Figur zu spielen habe, suchte Vallentin mir zu erklären. Die Widersprüche würden dadurch nicht aufgeklärt, sondern verwischt. Der Brechtsche Begriff von einer Verfremdung des Spiels, der Figuren, führe in Wahrheit zur Entfremdung des Schauspielers von sich selbst. Das war reichlich konfus. Eher beiläufig erfuhr ich auch andere Gründe für Vallentins Animosität gegenüber Brecht: Vallentin, Jahrgang 1904, Sohn eines Regisseurs, der mit Max Reinhardt gespielt hatte, war 1927 Mitglied der KPD geworden und schließlich Leiter der wohl bekanntesten Agitpropgruppe »Das rote Sprachrohr«. Der Kommunist Vallentin war seinerzeit in Berlin den gleichfalls jungen, aber schon recht erfolgreichen Dramatiker Brecht um eine Spende für seine Truppe angegangen, doch Brecht mochte nicht den Mäzen spielen. Nicht aus Geiz, wie er erklärte, sondern aus Prinzip. Vallentins Schilderung klang jedoch so, als habe Brecht nichts für die KPD geben wollen. Die Art und Weise, wie Vallentin diese Anekdote erzählte, offenbarte mir, wie tief seine persönliche Kränkung gewesen sein mußte.

An dieser Stelle kann ich der Versuchung nicht widerstehen, Brecht zu zitieren. Er stellt dem dramatischen Theater, worunter er das traditionelle und das Stanislawskis subsumiert, sein episches Theater gegenüber.

| *Dramatische Form des Theaters* | *Epische Form des Theaters* |
| --- | --- |
| handelnd | erzählend |
| verwickelt den Zuschauer in eine Bühnenaktion | macht den Zuschauer zum Betrachter, aber |

| | |
|---|---|
| verbraucht seine Aktivität | weckt seine Aktivität |
| ermöglicht ihm Gefühle | erzwingt von ihm Entscheidungen |
| Erlebnis | Weltbild |
| Der Zuschauer wird in etwas hineinversetzt | er wird gegenübergestellt |
| Suggestion | Argument |
| Die Empfindungen werden konserviert | werden bis zu Erkenntnissen getrieben |
| Der Zuschauer steht mittendrin, miterlebt | Der Zuschauer steht gegenüber, studiert |
| Der Mensch als bekannt vorausgesetzt | Der Mensch ist Gegenstand der Untersuchung |
| Der unveränderliche Mensch | Der veränderliche und verändernde Mensch |
| Spannung auf den Ausgang | Spannung auf den Gang |
| Eine Szene für die andere | Jede Szene für sich |
| Wachstum | Montage |
| Geschehen linear | in Kurven |
| evolutionäre Zwangsläufigkeit | Sprünge |
| Der Mensch als Fixum | Der Mensch als Prozeß |
| Das Denken bestimmt das Sein | Das gesellschaftliche Sein bestimmt das Denken |
| Gefühl | Ratio |

Kurios kam mir allerdings schon damals vor, daß Brecht in diesem Schema seine Auffassung förmlich kanonisiert hat. Stanislawski hingegen hat seine Lehre, seine Methode überhaupt nicht als Regelwerk angelegt – im Gegenteil: er wählt die deskriptive, fast feuilletonistische Erzählweise. Er plaudert aus der Schule – im wortwörtlichen Sinne. Er schildert alltägliche Szenen, Verzweiflungen und Nöte, Glück und Übermut, wie sie seit eh und je zum Leben von Studenten und Dozenten an einer Schauspielschule gehören. Und um das alles noch glaubwürdiger, authentischer zu machen, als es ohnehin schon ist, gibt er im Untertitel seines Buches augenzwinkernd vor, ausgewählte Notizen aus dem Tagebuch eines Schülers namens Naswanow zu veröffentlichen.

Eine Kostprobe aus der Ansprache, mit der der Lehrer Arkadi Nikolajewitsch, sprich Stanislawski, seine Schüler einführend auf den Beruf vorzubereiten oder, um es gleich entsprechend zu charakterisieren, einzustimmen sucht: »Was wissen Sie, an welchen Theatern unter welchen Regisseuren Sie spielen müssen? Die Gegebenheiten der Natur werden bei weitem nicht überall und durchaus nicht von allen als Richtschnur des Bühnenschaffens akzeptiert. Meistens werden sie roh vergewaltigt, und der Schauspieler gleitet in Manieriertheit ab.«

Die zwei Bände Stanislawskis sind nicht nur für Schauspieler ausgesprochen kurzweilig zu lesen. Interessant: nirgendwo wird Stanislawski / Arkadi Nikolajewitsch apodiktisch, geschweige denn systematisch.

Und trotzdem ist der halsbrecherische Drahtseilakt gelungen, aus väterlichen Ratschlägen ein »System«, das Stanislawski-System, herzuleiten, das – zumindest an der Weimarer Schule – dann doch zu einer conditio sine qua non hochstilisiert wurde. Sie hatte ja auch ihre verführerische Kraft, diese Methode. Für mich lag sie vor allem in der Psychologie, besonders in der Psychotechnik.

Diese Kunst des Erlebens versöhnte mich immer wieder mit dem mir scheinbar verlorengegangenen Brecht, dem nachzutrauern ich allerdings nie ganz aufhörte!

Die praktische Erfahrung aber, daß auch die Psychologie ihre Fährnisse hat, mußten wir in Weimar alle durchmachen. Wir suchten uns derart in eine Wahrhaftigkeit des Erlebens und Erfühlens hineinzusteigern, daß wir uns allzu leicht blockieren konnten und das Spielen abbrachen – mit der Erklärung: Es tut mir leid, aber jetzt eben habe ich nicht mehr echt oder tief genug erfühlt, was ich gespielt habe…

Für solchen Abbruch wurden wir dann in aller Regel sogar hoch gelobt. »Seht ihr: Wenn ihr nicht mehr richtiggehend erlebt, was ihr spielt, und äußerlich werdet, ist es viel besser, ihr unterbrecht euch, als daß ihr uns was Unwahrhaftiges vortäuscht.«

Solches Lob verführte uns allerdings dazu, uns öfter mal selber zu unterbrechen. Besonders bei jenen grauenhaften Etüden, die uns Studenten zum Halse heraushingen.

Eine der beliebtesten Improvisationen war das Heizen eines Ofens, obwohl wir das in unseren Zimmern täglich praktizieren mußten. Wir zündeten imaginäre Öfen mit Streichhölzern und Papier an, legten Holz und Kohlen nach, die auch nur in unserer Vorstellung existierten. Außerhalb des Unterrichtes bekämpften wir unseren Hunger mit Galgenhumor, indem wir großartige Menüs verspeisten, ohne etwas zum Kauen zu haben. Beliebt bei den Dozenten war auch die Trinkszene in der Wüste, bei der wir als Verdurstende auf ein Wasserloch stießen, gierig tranken und plötzlich den Zuruf vernahmen: »Vorsicht! Das Wasser ist vergiftet!« Dann mußten wir mit der »Wahrheit der Empfindung« reagieren. Doch die ewige Wiederholung der stets gleichen Spielchen empfand ich als pedantisch und kaum kreativ.

Noch lächerlicher war der enge hölzerne Kasten an der Bühnenrückwand, in den man vor seinem Auftritt hinein mußte, um sich zu konzentrieren. Bei mir löste der Aufenthalt in diesem Gehäuse nur Beklemmung aus. Daher mied ich ihn. Wurde es bemerkt, hieß es sofort: »Heute warst du nicht gut drauf, weil du nicht in der Kammer warst.«

Die Argumentation für das Gehäuse lieferte natürlich auch Stanislawski. Was mit ihm begründet wurde, mußte zwangsläufig gut sein. Der Protest eines Kommilitonen: »Seit drei Wochen heizen wir jetzt schon Öfen …«, wurde folglich als prinzipieller Angriff auf Stanislawski gewertet und fand entsprechende Reaktionen in der Leitung des Theaterinstituts.

Dieser Teil der Ausbildung in Weimar war alles andere als geeignet, unser Selbstbewußtsein zu stärken und die Selbstzweifel zu vertreiben. Ständig wurden wir durch Nachfragen und Erklärungen unterbrochen und gestört. Wenn dann die geübte Selbstkritik zu schwach ausfiel – und das war meist der Fall –, wurde massiv nachgewaschen. Ein Korsett mußte angesichts dieser Zwänge fast schon wie ein leichtes Sommerkleid anmuten.

Als einen Vorzug des Unterrichts empfand ich jedoch die geforderte Arbeit mit Untertexten – mit jenen unzähligen Gedanken, die während des Sprechens entstehen, die das Aussprechen begründen und begleiten, selber aber unausgesprochen bleiben. Die Lebendigkeit eines Textes, seine Widersprüchlichkeiten können durch Untertexte maßgeblich bereichert werden. Untertexte standen mir en masse zur Verfügung. Da halfen mir die interessant dramatisch verlaufenen Jahre meiner Jugendzeit. Bewußt das Unterbewußte ins Spiel bringen, es durch alle Klippen hindurch navigieren – das ist ein Element von Psychotechnik, die meine Lust am Spielen motiviert hat.

Beim Probieren finde ich es noch heute nützlich, den

Untertext mitzusprechen. Manchmal halte ich diesen Text für origineller als das Original – bis ich schnell wieder einsehe, daß Shakespeare doch um Lichtjahre besser ist. Dann kehre ich reumütig zur Vorlage zurück. Derartige Rückkehr ist um so produktiver, je gewagter die Abweichungen waren. Natürlich bleibt ein solches Verfahren anmaßend, wie ja alle Schauspielerei auch eine Art sublimierter Hochstapelei ist. Man stellt sich auf die Bühne und gibt vor, Julius Caesar, Wallenstein, Robespierre oder Thälmann zu sein. Ohne ein forciertes Maß an Selbstbewußtsein gelingt das kaum. Die Natur rächt sich natürlich für solch nötigen Hochmut mit Selbstzweifeln und Minderwertigkeitsgefühlen gegenüber dem Format der Rolle. Sie sind wohl in jedem Schauspieler latent. Um sinngemäß mit Stanislawski zu sprechen: »Es gilt, das Talent in sich zu lieben und nicht sich selbst im Talent.«

In Weimar gastierte das Berliner Ensemble mit Brechts »Mutter Courage« am Deutschen Nationaltheater. Kaum einer von uns Studenten blieb unberührt von der so aufklärerischen wie komödiantischen Wirkung der Brechtschen Spielweise.

Die Nachbereitung der Aufführung an unserer Schule verlief etwa folgendermaßen: Wir wissen alle, daß es gerechte und ungerechte Kriege gibt! Aber Brecht hält sich da fein heraus und bezieht keine eindeutige Position, ob im Dreißigjährigen Krieg denn nun die protestantische oder die katholische Seite recht gehabt hat. Die Aussage, daß nur der kleine Mann keinen Gewinn am Kriege habe, ist für ein so groß angelegtes Drama doch wohl zu dürftig. Bei Brecht ist eben der Krieg schlechthin schuldig. Eine solche Betrachtung ist jedoch ahistorisch und damit unmarxistisch.

Da war sie wieder, die Politkeule! Und ich mit meiner heimlichen Brecht-Liebe mittendrin. Zwischen den Fronten.

Aber es kam noch schlimmer. Nach dem Gastspiel des Berliner Ensembles mußten Studenten, die aus familiären oder anderen Gründen nach Berlin fuhren, die Versicherung abgeben, daß sie keinesfalls West-Berlin, geschweige denn eine Vorstellung des Berliner Ensembles besuchen würden.

Zu unserem studentischen Pflichtprogramm gehörte auch ein Besuch im Goethe-Haus, der im Studienbuch testiert werden mußte. Mit so einem bloßen Vermerk wollte sich eine anfangs sehr verschlossene und vornehme Frau, die mich dort empfing, nicht begnügen. Sie führte mich mit Bedacht im Hause herum. Ich wiederum fühlte mich mehr und mehr »mächtig angezogen«, wie der Erdgeist es Fausten vorhält – und nun gar aus vielfältigen Gründen. Ich wurde regelmäßiger Gast, durfte sogar in sonst nicht zugänglichen Büchern blättern und lesen, lesen. Sie weckte jedenfalls Liebe, auch zu Goethe. Im Haus war es stets angenehm warm, was auch im Winter 1948/49 viel bedeutete.

Von der Studienordnung nicht vorgesehen war ein Besuch des Ettersberges, auf dem sich bis 1945 das Konzentrationslager Buchenwald befunden hatte. Allgemein hieß es, daraus sollte eine würdige Gedenkstätte werden. Daß das Lager jedoch noch immer in Betrieb war, gehörte zu einer Unvorstellbarkeit. Und doch wurde dort Menschenwürde weiterhin mit Füßen getreten. Nicht weit vom Goethe-Haus stand ein Eckhaus, das provisorisch den Kulturbund und die »Gesellschaft zum Studium der Kultur der Sowjetunion« beherbergte. In der Gesellschaft mit dem umständlichen Namen (später hieß sie etwas schlichter Gesellschaft für Deutsch-Sowjetische Freundschaft) hatte sich ein sehr freimütiges Vertrauensverhältnis zwischen einem der sowjetischen Kulturoffiziere und mir angebahnt.

Kulturoffiziere gab es in ziemlich jeder Stadt. Die meisten sprachen ein nahezu akzentfreies Deutsch, waren vielseitig gebildet und sehr kultiviert. Sie waren inoffizielle

Chefs in den Institutionen, in denen sie »beratend« tätig waren.

Einem von ihnen konnte ich allerdings einen Satz nie vergessen, der Anflüge von Zynismus offenbarte. Auf irgendeine Nachfrage von mir hatte er geantwortet: »Vielleicht gutt, vielleicht nicht gutt. Wenn gutt, dann gutt. Wenn aber nicht gutt …, dann auch gutt.«

Den Offizier meines Vertrauens umgehend aufzusuchen, entschloß ich mich auf Grund eines beunruhigenden Vorfalls. Die Freundin meiner Freundin Jutta war über Nacht verschwunden und nicht wieder aufgetaucht.

»Aber Genosse Minetti, was kann ich da tun? Ich glaube, Sie überschätzen mich.«

Ich blieb hartnäckig.

Nachdem einige Tage vergangen waren, erklärte er Jutta und mir, er habe lediglich in Erfahrung bringen können, daß die vermißte Person die Absicht hatte, in der Sowjetunion zu studieren.

Aus Jutta, die in der sowjetischen Nachrichtenagentur SNB arbeitete, brach es heraus: »Warum hat sie dann ihren Koffer und all ihre Bücher hier gelassen?«

Der Offizier schwieg. Er hätte uns leid tun können, wenn da nicht ganz anderes Leid im Raum gestanden hätte.

Ich habe oftmals, wenn ich an dem Exempel Sowjetunion zu zweifeln oder gar zu verzweifeln begann, innerlich den Hemingway-Satz beschworen, der schon in meiner düsteren Studentenbude im Prenzlauer Berg aufgepinnt war: »Jeder Mensch, der die Freiheit liebt, schuldet der Roten Armee mehr, als er je bezahlen kann.« Nun beschlichen mich doch herbe Zweifel nicht nur an der Sowjet-Macht, sondern auch an dem vom mir so hochgehaltenen Hemingway-Zitat. Sollten wir unsere Schuld gar doch zurückzahlen können? Oder müssen?

Jutta konnte nichts mehr in Weimar halten. Sie setzte

sich ab, wie man das seinerzeit nannte. Sie schrieb ein paar Abschiedszeilen: »Ich halte das nicht mehr aus – hältst du es noch aus?« Als nächstes folgte eine Adresse in Düsseldorf. Diesen Zettel als einen letzten Gruß zu behalten schien mir zu gefährlich. Aber die Frage stellte ich mir schon: Hielt ich es noch länger aus? Ich wollte es. Unbedingt. Ich kam ja aus dem Westen. Und jetzt sollte ich in Hamburg aufkreuzen und sagen: Hier habt ihr mich wieder!? Um ein paar Erfahrungen reicher.

Die Sache hatte natürlich ein Nachspiel. Der Offizier ließ mich zu sich kommen: »Ihre Freundin hat Verrat begangen! Was meinen Sie dazu, Genosse Minetti?«

Ich hatte keine Scheu, mit einer Gegenfrage zu antworten: »Und wo ist deren Freundin?«

Wir schwiegen uns eine ganze Zeit lang an. Das war das bekannte hörbare Schweigen.

Dann sagte er einen merkwürdigen Satz: »Vergessen Sie sie nicht!« Den rätselhaften Satz habe ich mir aufgeschrieben, um ihn nicht zu vergessen.

Eines Tages sprachen mich überraschend zwei Russen in Zivil an. Sie wollten sich in keiner Weise zu erkennen geben, doch gerade dies ließ nur den einen klaren Schluß zu. Beispielsweise wußten sie, daß ich noch meinen Interzonenpaß hatte, aus der West-Zone kam. Das machte mich für sie offenbar interessant. Als sie mich mit der Frage konfrontierten, ob ich für sie in Darmstadt etwas erledigen und Kontakt zu jemandem aufnehmen könne, lehnte ich brüsk ab. Denn ich wollte jetzt Schauspieler werden und nicht Spion. Den beiden Männern erklärte ich, daß ich ganz selbstverständlich meine Partei, die KPD, der gegenüber ich immer rückhaltlos offen sei, über dieses Ansinnen informieren müsse. Die Antwort schien mir gut, und sie zeigte scheinbar auch Wirkung. Wir verabschiedeten uns höflich voneinander.

Kurz darauf erhielt ich eine Einladung der SED-Kreisleitung. Dort empfingen mich ein SED-Sekretär – und meine Russen: »Sie haben uns doch erklärt, daß Sie keine Geheimnisse vor Ihrer Partei haben wollten. Jetzt sehen Sie: dies findet alles mit Wissen und Zustimmung Ihrer Partei statt. Sie können sich also kooperativ verhalten.«

Ich riskierte wieder den Einwand, daß meine Partei, der gegenüber ich zur Offenheit verpflichtet wäre, die KPD sei.

»Genosse Minetti, das sind doch Ausflüchte«, rief mich der anwesende Sekretär zur Ordnung, und er hatte damit ja im Grunde auch recht. Trotzdem beharrte ich auf meinem Sonderstatus als KPD-Mitglied. Als ich dann entlassen wurde, war ich der Meinung, der Vorgang sei nun endgültig für mich erledigt.

Einige Tage später kreuzten die Russen, als ich vor dem Bühneneingang des Nationaltheaters auf eine Schauspielerin wartete, mit einem Auto auf und luden mich ein. Wir fuhren in Richtung Jena bis zu einem Waldstück. Das fand ich schon reichlich abenteuerlich. Ich wurde ziemlich barsch gefragt: »Ja oder Nein? Entscheiden Sie sich endlich«, forderten sie. »Sie haben gesehen, ihre Partei steht hinter uns. Also, was ist?«

»Nein«, sagte ich, »ich werde Schauspieler, anderes kommt für mich nicht in Frage.«

Die beiden schwiegen. Ich suchte die vertrackte Situation ein wenig zu entkrampfen, einen versöhnlichen Abschluß zu inszenieren. Ich flüchtete mich in ein Einerseits – Andererseits. Ich sprach über mein Studium. Doch sie reagierten hart. »Für psychologische Ergüsse haben wir keine Zeit. Wir haben Sie gefragt, Sie haben nein gesagt. Verlassen Sie das Auto und gehen Sie!«

Die schmissen mich tatsächlich mitten im Wald aus dem Auto. Auf meinem dreistündigen Rückmarsch giftete ich mich am meisten darüber, daß mein Rendezvous natürlich

geplatzt war. Aber auch für die beiden war ein Anwer-
bungsversuch gescheitert. Das war für sie vermutlich
schwerer zu verschmerzen als für mich das Stelldichein.

Trotz der Entfernung Weimar – Berlin und damals noch
umständlicher Eisenbahnfahrt machte ich mich von Zeit zu
Zeit auf den Weg, um Heidi Gropp wiederzutreffen, unsere
Kostümbildnerin von der Studentenbühne. Natürlich nutzten wir die Gelegenheit, uns auch Aufführungen des Berliner Ensembles anzusehen. Um das Verbot scherte ich mich
nicht.

Heidi revanchierte sich mit Gegenbesuchen in Belvedere. Dabei lernte sie Maxim Vallentin kennen, mit dem sie
sich gut verstand. Beide kamen überein, daß sie ihr Kostüm-
bildner-Studium auch in Belvedere abschließen könnte.
Nicht auszuschließen, daß Vallentin auch manche Eskapaden meinerseits damit zum Abschluß bringen wollte.

Am 1. April 1950 endete meine insgesamt achtsemestrige
Studienzeit. Nunmehr durften wir Absolventen uns Diplom-Schauspieler nennen. Das fanden wir alle ziemlich
lächerlich. Diplom-Ingenieur wäre noch angegangen, da
konnte man sich irgendwas darunter vorstellen. Außerdem
hatte der Generalissimus diese Bezeichnung durch einen
Vergleich geadelt. Schriftsteller und Künstler, so hatte Stalin
im fernen Moskau erklärt, seien Ingenieure der menschlichen Seele. Schon das war ein makabrer Vergleich. Aber
nun Diplom-Schauspieler? Wir waren schon froh, immerhin schwarz auf weiß verbrieft bekommen zu haben, daß
wir Schauspieler seien.

Im Frühjahr 1950 heirateten Heidi und ich. Wir freuten
uns sehr, daß meine Mutter extra aus Hamburg angereist
kam. Der Chef hatte Vorstellungen. Meine Schwiegereltern
im Harz hatte ich schon vorher kennen- und achtengelernt.
Sie hatten mich akzeptiert.

Heidi und ich waren jung und glaubten, das Wagnis eingehen zu können. Im Sommer 1951 wurde eine Tochter geboren. In Elbingerode, im Harz. Wir nannten sie unter Inanspruchnahme Shakespeares Portia und waren überglücklich.

# ERSTE ROLLEN
## *1950 – 1955*

Gemäß der Vereinbarung, die ich zu Beginn des Studiums unterzeichnet hatte, rutschte ich in das »Junge Ensemble«, ein Wandertheater, das per Bus durch die junge Republik tourte. Wir boten Klassisches, wie den »Eingebildeten Kranken« von Molière oder »Man spielt nicht mit der Liebe« von Alfred de Musset. Die Inszenierungen besorgten unsere Weimarer Professoren.

Vallentin, der ständig mit uns unterwegs war, lernte ich bei den Busfahrten über Land von einer ganz anderen Seite kennen. Wir nutzten des öfteren die Gelegenheit zu einem vertraulichen Dialog. Er spürte meine Neugier auf seine Erlebnisse im sowjetischen Exil, er befriedigte sie auch, soweit er es vermochte und dazu bereit war.

Von Vallentin wußte ich, daß er in den dreißiger Jahren in der Sowjetunion in das Räderwerk der GPU geraten war. Dieser Name des Geheimdienstes wurde meist diskret umschrieben, aber jeder wußte von seiner Existenz und seinem nicht kontrollierbaren Wirken.

Die zurückgekehrten Emigranten, die aus eigenem Erleben das exzessive Wüten der Geheimpolizei kannten, erwiesen sich darüber als sehr schweigsam, besonders uns Jüngeren gegenüber. Das kann ich selbst heute noch nachvollziehen, denn hätten sie uns die Wahrheit über die sowjetische Wirklichkeit offenbart, hätten sie uns als Jungkommunisten gleich abschreiben können. Oder hätten wir dies alles mit dem Liebknechtschen »Trotz alledem« verkraftet? Dieses »Trotz alledem« hatte sich ja vor allem gegen die Widersacher und die Widrigkeiten von außen gerichtet. Hatte es auch Gültigkeit für die Widerwärtigkeiten *innerhalb* der kommunistischen Bewegung? Das hohe Risiko, wie wir auf diese Fragestellung reagieren würden, haben die Emigranten wohl zu Recht gescheut.

Um so dankbarer mußte ich Vallentin sein, daß er sich mir gegenüber nicht verschloß.

Wie unzählige deutsche und andere Kommunisten, die in der Sowjetunion Schutz vor der Verfolgung durch die Nazis gesucht hatten, wurde auch er des Verrats und der Kooperation mit den Faschisten bezichtigt. Er wandte sich an die KPD, bat Pieck um Hilfe. Auf dessen Anraten stellte er sich der GPU mit dem Vorsatz, alles, was er wußte, schonungslos offenzulegen.

Dann schilderte Vallentin etwas, das mich ins Mark traf. Die konspirative Wohnung, in die er bestellt worden war, lag zu ebener Erde. Er sah durch das Fenster einen GPU-Offizier, der vor dem Spiegel posierte und sich offenkundig für das Verhör präparierte, denn er warf sich wieder und wieder den Uniformmantel über und ordnete ihn, richtete ein wenig den Kragen auf, probierte es so und so und war jedesmal dennoch nicht mit seinem Spiegelbild zufrieden. Vallentin beobachtete ihn geraume Zeit und entschied sich dann, kein Wort über seine Schwächen und erst recht nicht über die Schwächen seiner Genossen zu verlieren. Mehr als das Notdürftigste wollte er diesem Mann um keinen Preis mitteilen, denn wer derart eitel sei, dachte Vallentin, könne auch nicht gerecht sein.

Prophylaktisch wandte sich Vallentin sofort wieder an Wilhelm Pieck und berichtete ihm, er habe den Eindruck, die Beschuldigungen gegen ihn würden nach wie vor aufrechterhalten.

Danach wurde Vallentin vor die Kontrollkommission des Exekutivkomitees der Kommunistischen Internationale geladen. Die erste Garde, wie Togliatti oder Dimitroff, war bei der Verhandlung nicht zugegen, wohl aber viele Vertreter anderer kommunistischer Parteien. Vallentin habe über sein Versagen und seine Fehler gesprochen – welche, hätte ich ihn fragen sollen –, jedoch auch über seine Bereitschaft, für die Partei ins Feuer und in den Tod zu gehen, wenn die Partei es denn von ihm fordere. Vallentin wurde freigesprochen. Das führte bei ihm zu dem tragischen Umkehrschluß: Wer nicht freigesprochen wurde wie er, der mußte also etwas am Stecken haben. Er nannte die Verurteilten keineswegs Verräter, doch für ihn besaß sein Schicksal etwas Exemplarisches. Der Ausgang seines Verfahrens bestärkte ihn nur in der Auffassung, die Partei habe immer recht. Wer wirklich unschuldig war, sagte er mir, der hatte seine Chance. Seine daraus resultierende Anfälligkeit für den Stalinkult blieb mir allerdings höchst suspekt. Stalins übersteigerter Hang zu Orden, Pomp, Lametta und dem hochtrabenden Titel »Generalissimus« stellte ihn auf eine Stufe mit dem subalternen GPU-Offizier, dem vor lauter Selbstverliebtheit Gerechtigkeit versperrt war. Ein krasserer Gegensatz zu Lenin läßt sich nicht denken.

Meine aberwitzigste Begegnung mit dem Stalinkult fand in Weimar statt. Dort war es üblich – wie anderenorts auch –, bei jeder politischen Veranstaltung ein Präsidium zu wählen. Mit schöner Regelmäßigkeit wurde gleich von mehreren Seiten immer auch der Große Führer des Weltproletariats nominiert. Da der Genosse Stalin unmöglich bei den Tausenden von Veranstaltungen, die abgehalten wurden, leibhaftig anwesend sein konnte, war für ihn stets ein Stuhl im Präsidium reserviert, auch wenn er natürlich leer bleiben mußte. Doch diese Groteske erfuhr noch eine Steigerung dadurch, daß manche Redner, wenn sie ihn zitierten, Blickkontakt mit dem imaginären Stalin aufnahmen.

Bei den in der DDR mittlerweile einsetzenden Parteiüberprüfungen – die Vokabel Säuberung wurde geflissentlich vermieden – spielte natürlich Stalin eine zentrale Rolle. Aus für mich heute unerfindlichen Gründen wurde ich damals in Weimar in eine solche Prüfungskommission gewählt. Die etwa halbstündigen Anhörungen der SED-Mitglieder verliefen betont freundschaftlich und mündeten am Schluß in die Gretchenfrage nach dem persönlichen Vorbild. Die Regelantwort lautete: Mein Vorbild ist der Genosse Stalin. Die einzige Abweichung auf die Frage aller Fragen stammte von einem Schneidermeister, der unseren Kostümfundus verwaltete. Er war ein sehr stiller, unauffälliger Mitarbeiter, scheinbar unscheinbar und darum unersetzlich. So etwa hatte ich ihn den anderen Kommissionsmitgliedern angekündigt.

Die Aussprache mit ihm verlief zunächst in den üblichen Bahnen. Um so mehr fiel seine Reaktion auf die Frage nach seinem persönlichen Vorbild aus dem Rahmen. Er schwieg irritierend lange. Dann sagte er ganz leise: »Mein größtes Vorbild ...« Er zögerte fortzufahren, nahm dann einen entschlossenen zweiten Anlauf: »Mein größtes Vorbild ist der Genosse Molotow!«

Das schlug bei uns allen wie eine leise Bombe ein. »Wer, bitte?« hakte der Kommissionsvorsitzende ungläubig nach.

»Der Genosse Molotow«, lautete erneut die bescheidene Antwort.

Wieder kostbare Sekunden des Schweigens seitens aller Beteiligten.

Schließlich erlöste er uns alle, indem er hinzufügte: »Weil er, der Genosse Molotow, dem Genossen Stalin so treu dient.«

Die folgenden Sekunden waren noch kostbarer. Denn der Schneidermeister sah uns alle ruhig und ernst an. Er verzog keine Miene. So müßte man den Schweyk spielen können, dachte ich mir. Oder war er keiner? Oder doch? Ich mußte wieder mal an meinen den Hut ziehenden Molotow vom Anhalter Bahnhof denken.

Nach einer Weile nickte der Vorsitzende ihm mehrmals stumm zu. Nach einer weiteren Weile sagte er: »Wir danken dir, Genosse.«

»Ich danke euch auch, Genossen.«

Der Vorfall beschäftigte auch Vallentin über Gebühr. Auf einer unserer Busfahrten mit dem »Jungen Ensemble« von Vorstellung zu Vorstellung bat er mich, an seiner Seite Platz zunehmen.

»Ich fürchte«, sagte er, »die Geschichte mit Molotow kann euch eigentlich nur aus hintersinniger, wenn nicht gar hinterhältiger Absicht aufgetischt worden sein.«

Ich widersprach ihm. Das tat ich mit entsprechend schlechtem Gewissen, weil sich bei einem Schweyk gerade Naivität und Hintersinnigkeit glänzend miteinander vertragen können – müssen.

Den eigentlichen Gesprächsstoff lieferten jedoch nicht solche Polit-Episoden, sondern unsere Aufführungen und deren Resonanz beim Publikum. Diese wurde sehr gründlich anhand von Notizen analysiert, die Vallentin sich allabendlich machte. Wenn die Manöverkritik direkt im Anschluß an die Vorstellung vor versammelter Mannschaft erfolgte, konnte Vallentin in seiner Verärgerung über kleinste Abweichungen von seinen Regievorgaben regelrecht ausfallend werden.

Eine solche sofortige Auswertung durch den Regisseur/ Intendanten ist am Theater zum Glück unüblich, aber ich bekenne, daß wir Anfänger durchaus davon profitierten. Eine Einmaligkeit in der gesamten Theaterlandschaft dürfte allerdings gewesen sein, daß wir Diplom-Schauspieler prinzipiell keinerlei Kritiken zu Gesicht bekamen. Wenn die Rezensionen frühestens am übernächsten Tag erschienen, war unsere Truppe längst schon weitergezogen. Die Belege, die nach Belvedere gingen, kamen dort sofort unter Verschluß. Zählen für uns sollte einzig und allein das Urteil Vallentins.

Für den rührenden Ernst und die Gewissenhaftigkeit unseres strengsten und alleinigen Kritikers spricht hingegen folgende Begebenheit: Zu unserem Repertoire gehörte »Kamerad Mimi« von Julius Hay. In diesem Stück, das wir zwischen Stralsund und Zwickau darboten, gab es eine Szene, in der ich als ehrgeiziger, reaktionärer Polizeioffizier die junge Mimi, eine standhafte Kommunistin, zu verhören hatte. Auf ein Stichwort hin mußte unbedingt das Telefon klingeln, um die Wende in meiner Befragung einzuleiten. Die mir übermittelte Information, von mir danach laut wiederholt, beinhaltete Mimis Schuldbeweis. Doch in Zwickau blieb auf der Bühne die Telefonleitung tot. Meine Partnerin und ich versuchten eine Weile krampfhaft alle nur denkbaren Untertexte in den Rang von Bühnentexten zu erheben. Als unsere Improvisationskünste uns allmählich im Stich zu lassen drohten, erschien wie ein deus ex machina unser Inspizient. Er hatte sich geistesgegenwärtig eine Uniformjacke übergeworfen und erstattete mir die vorgesehene Meldung direkt und persönlich. Die Szene war gerettet! Und zudem endlich mal eine Abwechslung im Tournee-Einerlei.

Wir waren alle riesig gespannt, wie Vallentin bei seiner obligatorischen Auswertung darauf reagieren würde. Zu unserer größten Verwunderung ging er jedoch mit keiner Silbe auf den Zwischenfall ein.

Ich hielt die Spannung nicht aus und fragte ihn deshalb, wie er den unvorhergesehenen Auftritt des Inspizienten aufgenommen habe.

Vallentin blätterte in seinen Notizen. Was dann folgte, verblüffte uns alle. »Natürlich, ja«, rief er, »der Söllig mit seiner Meldung war diesmal viel zu leise! Die Sätze müssen deutlicher, knapper, auch militärischer kommen!«

Wir waren sprachlos, denn Vallentin hatte die Aufführung mindestens zwanzig Mal in der ursprünglichen Form gesehen. Das unmittelbare Erleben und emotionale Eingehen auf das Bühnengeschehen, wie es sonst nur ein naiv mitgehender Zuschauer vermag, hatte den Kritiker in ihm besiegt. Was allerdings selten vorkam.

Eine andere Rollenauswertung führte bei mir zu einer gelinden Krise. In dem bereits erwähnten Stück »Man spielt nicht mit der Liebe« hatte ich als Adliger ein Mädchen davon abzuhalten, Nonne zu werden. Das Publikum feierte mich förmlich. Meine Hochstimmung erhielt einen jähen Dämpfer, als ich hintenherum erfuhr, wie die Leitung des »Jungen Ensembles« mich beurteilte. Es hieß, ich hätte mich lediglich auf meine erotische Ausstrahlung verlassen und sie schamlos ausgenutzt. Da waren sie wieder, die gefürchteten Kabalen hinter den Kulissen, die schon in dem Hamburger Gespräch mit dem Chef über die drei Leidenschaften beschworen worden waren. Ich stellte Vallentin zur Rede. Er beruhigte mich psychologisch geschickt, indem er meinte, eine solche Ausstrahlung sei ja nun beileibe nicht verwerflich. Eine schauspielerische Schwäche von mir sei eher, daß ich mich auf eben diese Stärke womöglich unbewußt verließe, anstatt sie bewußt auszuspielen und sich zu ihr gefälligst auch zu bekennen. Damit hatte er das Kunststück vollbracht, die Kritik an mir zu bestätigen, aber gleichzeitig mein Selbstvertrauen zu befördern.

Inzwischen lebte ich mit Heidi in Weimar in einer kleineren Wohnung, da ich nach Abschluß meines Studiums die mehr oder weniger liebgewonnene Studentenbude auf Belvedere hatte räumen müssen. Meine junge Frau arbeitete derweil als Kostümbildnerin am Erfurter Theater. Das besserte mein bescheidenes Einkommen auf.

Eines Tages erhielten wir Besuch von Hannes Fischer, dem Oberspielleiter am Schweriner Staatstheater. Wir kannten uns aus gemeinsamen Tagen beim Mozartchor und der Zeit, als man in Bad Saarow aus uns Soldaten machen wollte.

Er überraschte mich mit dem Angebot, in der dankbaren Rolle des Vansen in dem Trauerspiel »Egmont« bei ihm zu gastieren, worüber ich keineswegs traurig war.

»Hans-Peter, das wär auch genau dein Fach.«

»Um Gottes Willen, welches soll das denn sein?«

Er stutzte kurz. »Ich würde sagen, jugendlicher Charakterschauspieler bis jugendlicher Liebhaber. Den Liebhaber, den Brackenburg, habe ich schon aus dem Ensemble besetzt. Der Vansen ist noch vakant.«

Da in Belvedere Menschendarsteller und keine Rollenfach-Schauspieler ausgebildet werden sollten, war es das erste Mal, daß überhaupt jemand mit mir über mein Rollenfach sprach. Hannes Fischer machte mir begreiflich, man müsse die Fächer erst einmal kennen, um sie negieren zu können. Dessenungeachtet wurde ich mit ihm einig.

Ein vertracktes Problem war damit noch nicht gelöst: Wie sag ich es meinem Übervater in Belvedere?

Vallentin pochte überhaupt nicht auf die Buchstaben meines Vertrages, vielmehr reagierte er vor allem enttäuscht ob meines Wunsches nach Veränderung. Auch du, mein Sohn, Brutus, schienen seine Augen zu sagen, denn vor kurzem erst hatte sich ein vielversprechender Germanist und Theaterwissenschaftler nach München abgesetzt.

»Aber ich will doch nach Schwerin, nicht in den Westen.«

Das schien plötzlich keinen Unterschied zu machen. Er war tief getroffen: »Ausgerechnet jetzt.«

Ich blickte ihn verständnislos an.

Unter dem Siegel der Verschwiegenheit weihte er mich

ein, daß das »Junge Ensemble« kurz davor stünde, nach Berlin gerufen zu werden. Er selbst solle an der Neuen Bühne hinter dem Kastanienwäldchen Robert Trösch ablösen und der Intendant eines nach Maxim Gorki zu benennenden Theaters werden. Uns alle wolle er als sein Ensemble geschlossen mitnehmen. Es sei ohnehin ein Fehler gewesen, 1945 nach Weimar gegangen zu sein, barmte er nicht zum ersten Male. Wäre er in Berlin geblieben, hätte er dem Brecht viel besser die Stirn bieten können. So habe der den Hauptstadtvorteil zu seinen Gunsten ungeniert ausgenutzt, während er hier in der tiefsten Provinz ... Schwerin? Schwerin, das ist doch auch finstere Provinz – womöglich schlimmer als Weimar?

»Ich möchte endlich mal an einem ganz stinknormalen Theater spielen«, bekannte ich ganz offen und ehrlich. »Ich will nicht länger mehr an einer Nabelschnur hängen, will mich als Schauspieler austoben können. Außerdem ist Hannes Fischer ein guter alter Freund von mir. Auf die Zusammenarbeit mit ihm freue ich mich. Bitte gib mich frei!«

Vallentin grummelte etwas, willigte schließlich ein. »Gut, aber nur eine Spielzeit, dann sehe ich dich gefälligst in Berlin. Falls du schon vorher von dem normalen stinkbürgerlichen Theaterbetrieb die Nase voll hast, bist du mir auch früher willkommen.«

Seine Großzügigkeit machte mir den Abschied, der zugleich auch die Trennung von meiner Frau bedeutete, um so schwerer. Auch der blaue Bus sollte für mich zur Vergangenheit gehören. Er war so etwas das Markenzeichen des »Jungen Ensembles«. Wir verfluchten ihn zwar alle, liebten ihn aber irgendwo dennoch, weil wir in ihm nicht nur reisten, sondern schliefen, aßen, sangen, flirteten, einige Male auch übernächtigten, wenn die Hotels die Grenze des Zumutbaren unterschritten.

Gestiftet hatte dieses Vehikel der Freie Deutsche Gewerkschaftsbund (FDGB), präziser, dessen Vorsitzender Hans Jendretzky, ein kleiner quicklebendiger Genosse, von Haus aus Metallarbeiter, Gründungsmitglied der USPD, KPD-Mitglied seit 1920, Abgeordneter im Preußischen Landtag. Von 1934 bis Kriegsende war er in mehreren Zuchthäusern und Konzentrationslagern inhaftiert. Seine weitere Parteilaufbahn war begleitet von einem ständigen Auf und Ab. Auf der Politbürositzung nach dem 17. Juni 1953 war Jendretzky sogar als Nachfolger Ulbrichts vorgeschlagen worden. Er bekam jedoch keine Mehrheit. Daß er diesen Vorschlag nicht empört zurückgewiesen hatte, verzieh ihm wohl auch Honecker nicht. Einmal Gegenkandidat – immer Gegenkandidat? Hans Jendretzky starb 1992 wenige Wochen vor seinem 95. Geburtstag, von der Öffentlichkeit fast vergessen.

Nicht vergessen habe ich eine mich tief beeindruckende Begegnung. Wir standen am 30. Januar 1983 als ZK-Mitglieder der SED nebeneinander am Zeughaus Unter den Linden. Fünfzig Jahre war es her, daß Hitler die Macht »ergriffen« hatte, und gedacht wurde nun der unzähligen Opfer durch eine Kranzniederlegung. Als nur die protokollarisch vorgesehenen Politbüromitglieder feierlich das Mahnmal betraten, merkte man Jendretzky die Enttäuschung an. »Einmal«, sagte er zu mir, »nur einmal hätten sie uns doch nach vorne rufen können in die erste Reihe, uns, die wir diesen verfluchten 30. Januar 1933 hier vor Ort miterleben mußten. So wie wir, Hans-Peter, habe ich damals mit Ottomar Geschke am Straßenrand gestanden. Er war Reichstagsabgeordneter der KPD und daher den Nazis bekannt. Sie haben ihn sich brutal geschnappt, auf einen LKW geworfen. Und ich stand daneben, völlig hilflos und bescheuert. Vom Lastwagen herunter hat er mich angesehen, mit einem Blick … So kann nur blicken, wer abgrundtief verzweifelt ist und dennoch ungebrochen bleiben will. Die Konzentrationslager hat er überlebt. 1953 löste Ulbricht die Vereinigung der Verfolgten des Naziregimes, deren Vorsitzender er war, auf. 1957 ist er gestorben, na ja, da ist ihm dann wohl vieles erspart geblieben.« Das saß, das traf mich tief. Das wollte er auch mir nicht ersparen.

Als wir uns verabschiedeten, sprudelte es aus ihm heraus: »Weißt du, das Protokoll ist etwas für Staatsempfänge, aber in unserer Partei hat es überhaupt nichts verloren. Weil, wir sind ein Kampfbund Gleichgesinnter, also Gleicher. Das Protokoll kann unsere Partei noch unter die Erde bringen.«

Keine sieben Jahre später wurde die Partei beerdigt, nicht protokollgemäß.

Frühjahr 1952, ich klopfte an die Tür des Staatstheaters Schwerin. Richard Weimar, der Regisseur des »Egmont«, nahm sich meiner an. Ohne Umschweife begann er sofort mit mir über meine Rolle zu reden. Den Vansen, gemeinhin als Aufwiegler dargestellt, der nur Unruhe stiften, sich aber rechtzeitig zurückziehen will, sähe er ganz anders. Für ihn sei er ein überzeugter Aufrührer, der auch zu seinen Worten stünde. So. Und dann gäbe es da auch den berühmten Satz, der schon seit Goethes Zeiten unbedingt in einem Atemzug gesprochen werden müsse: »Und ich versichre euch, mit mehr Sorgfalt suchen die Bettelweiber nicht die Lumpen aus dem Kehricht, als so ein Schelmenfabrikant aus kleinen, schiefen, verschobnen, verrückten, verdrückten, geschloßnen, bekannten, geleugneten Anzeichen und Umständen sich endlich einen strohlumpenen Vogelscheu zusammenkünstelt, um wenigstens seinen Inquisiten in effigie hängen zu können.«

Jedes Luftschnappen würde mich in den Augen und Ohren der Kenner disqualifizieren! »Und damit hättest du einen miserablen Start bei uns in Schwerin.«

Endlich begegnete mir das alte, schöne, stinknormale Theater, das ich wollte. Eine unverzeihliche Sünde gegenüber dem Geist von Stanislawski. Doch manchmal sündigt man als Schauspieler ganz gerne.

Ansonsten gefiel mir Schwerin auch als Stadt. Ich wohnte in einer Pension am Pfaffenteich und fühlte mich ausgesprochen wohl. Mein Wohlbefinden wurde durch das Angebot, eine zusätzliche Rolle in Nikolai Ostrowskis »Wölfe und Schafe« zu übernehmen, gesteigert. Der für mich vorgesehene weibliche Bühnenpart tat sein übriges dazu, eine schlank gewachsene, dunkelhaarige junge Frau von zweiundzwanzig Jahren, bildschön und temperamentvoll. Sie brachte es fertig, den Eindruck zu erwecken, als habe sie überhaupt keine Ahnung, was für eine herausfordernde und verführerische Wirkung von ihr ausginge. Irma Münch war von einer entwaffnenden Unbefangenheit, einer ansteckend guten Laune, gewitzt und geistreich. Sie stammte aus Südthüringen, wo es schon fast fränkisch zugeht. Aber richtig sprachlos und eingeschüchtert wurde man erst, als sich herausstellte, daß dieser Schwarm so vieler Schweriner zu allem Überfluß auch noch über hohes schauspielerisches Talent verfügte.

Zu Irms Freundeskreis gehörte auch der hochangesehene Domprediger Karl Kleinschmidt, der Conférencier des lieben Gottes, wie er genannt wurde. Sprach er nicht von der Kanzel herunter, waren seine Worte dennoch so etwas wie gut getarnte Predigten. Mit dem Vorwurf der Intellektuellen, er müsse Bigamist sein, mit Schleiermacher und Marx gleichermaßen verheiratet, konnte er durchaus wunderbar leben.

Ebenso führte Irm mich bei den Gröllmanns ein. Otto Gröllmann, von allen nur Otsch genannt, war der Ausstattungschef des Schweriner Theaters, war Teilnehmer am Hamburger Aufstand gewesen, nahm nie ein Blatt vor den

Mund, konnte die Politik der Partei mit einem solchen Freimut kritisieren, daß ich mir vornahm: *so* müßtest du das auch können. *So* konnte ich das nur zu selten und war dabei meist viel zu behutsam. Die so verdammte, so vertraute Parteidisziplin.

Der Intendant des Schweriner Hauses war Edgar Bennert, ein stiller, leiser Mensch. Er hatte das Konzentrationslager überlebt, doch darüber sprach er nie. Er wirkte nicht so, als trüge er diesen heiligen Zorn in sich, den ich bei vielen Kommunisten verspürte. Ich hielt es für denkbar, daß er in den Folterhöllen der Nazis eher erstaunt denn empört war: So grausam können Menschen sein, sieh dir das an, und sieh, wie brutal sie mit ihresgleichen umgehen können. »Väterchen« Bennert war ein grundanständiger, ehrlicher Mensch, der von jedem Ensemblemitglied geliebt wurde. Unvorstellbar, daß er sich an irgendeiner Intrige, ohne die ja kein Theater auskommt, jemals beteiligt hätte!

Auch die politische Szene unter Regie des SED-Landeschefs Karl Mewis entwickelte sich wohl bedächtiger als anderswo. Bismarcks Parole, er wolle nach Mecklenburg gehen, falls die Revolution käme, denn dort erreiche sie ihn gewiß erst fünfzig Jahre später, war nicht aus der Luft gegriffen.

Am 17. Juni 1953, als ich schon in Berlin am Gorki Theater engagiert war und den Vansen nur noch gastweise in Schwerin spielte, sickerte dort das Gerücht ein, in Berlin tue sich irgend etwas. Arbeiter würden gegen die Erhöhung der Normen auf den Straßen protestieren, es wäre zu Ausschreitungen und Schlimmerem gekommen. Schwerin schien die Bismarck-Parole *nicht* widerlegen zu wollen. Sah man davon ab, daß mehr LKW der Sowjetarmee unterwegs waren als sonst üblich, war äußerlich alles ruhig.

Bennert entschied dennoch: Der »Egmont« entfällt heute abend. Seine Begründung: dies sei ein Stück des Aufruhrs und der Auflehnung, und das hieße jetzt Öl ins Feuer gießen.

In welches Feuer, fragte ich mich, denn in Schwerin loderte nichts.

Der Regisseur Richard Weimar und ich, der eigens aus Berlin angereist war, suchten ihn umzustimmen. Bennert blieb bei seiner Entscheidung.

Dem 17. Juni war allerdings der 9. Juni 1953 vorausgegangen. An diesem Tag verkündete die SED-Führung per »Neues Deutschland« den »Neuen Kurs« der Partei. Man habe grobe Fehler begangen, die jetzt gemeinsam mit den Werktätigen korrigiert werden sollten. Die Korrekturen wurden aber weder konkret benannt, geschweige denn praktisch in Angriff genommen. Im Gegenteil! Am 16. Juni erfuhren die Bauarbeiter in der Stalinallee unter der Hand, daß, um den »Neuen Kurs« zu sichern, die Normen wieder erhöht werden müßten. Darüber stand allerdings kein Wort im »ND«.

Die Arbeiter wollten sich wehren, friedfertige Massendemonstrationen zunächst; einzelne Kräfte aus dem Westen, so sehe ich das, nutzten die Chance, mischten mit; das war ihr gutes Recht im politischen Kampf. Moskau und Semjonow kannten keine andere Antwort als den Einsatz von Panzern. Viele, viele tragische Opfer, nachhaltige Erschütterung auf beiden Seiten.

In der Folgezeit schien mir allerdings der 9. Juni bis in die achtziger Jahre hinein die SED-Führung beinahe noch mehr zu belasten als der 17. Juni. Das offene Eingeständnis vom 9. Juni, man habe grobe Fehler begangen, war postwendend quittiert worden – mit inneren Unruhen. Diese Kausalität blieb in den Köpfen stecken: Wer von eigenen Fehlern redet, begünstigt damit konterrevolutionäre Tendenzen. Fortan durften Fehler nicht mehr Fehler sein. Damit verurteilte sich die Partei dazu, immer Recht haben zu müssen. Eine Partei aber, die Fehler nicht mehr erkennen darf, verliert die Kraft zur Regeneration.

Die Beschlüsse des Politbüros der SED vom 9. Juni zum »Neuen Kurs« hatten auch Bertolt Brecht auf den Plan gerufen. Er griff zur Feder und schrieb einen Brief: »Werter Genosse Ulbricht, die Geschichte wird der revolutionären Ungeduld der Sozialistischen Einheitspartei Deutschlands ihren Respekt zollen. Die große Aussprache mit den Massen über das Tempo des sozialistischen Aufbaus wird zu einer Sichtung und zu einer Sicherung der sozialistischen Errungenschaften führen. Es ist mir ein Bedürfnis, Ihnen in diesem Augenblick meine Verbundenheit mit der Sozialistischen Einheitspartei Deutschlands auszudrücken. Ihr Bertolt Brecht.«

Die »große Aussprache mit den Massen« aber fand nicht statt, von Brechts Brief druckte das »ND« nur den letzten Satz. Wohl nicht ohne Grund, denn Brecht hatte kein Futurum im Sinn, sondern ein klares politisches Postulat.

Haften blieb im Westen Brechts Verbundenheitsadresse an Ulbricht, und nur noch wenige beherzte Theaterleute wie Harry Buckwitz trauten sich, den stillschweigenden Brecht-Boykott zu durchbrechen. Brecht hielt eine eigene Lösung parat: das Gedicht »Die Lösung«.

> »Nach dem Aufstand des 17. Juni
> Ließ der Sekretär des Schriftstellerverbands
> In der Stalinallee Flugblätter verteilen,
> Auf denen zu lesen war, daß das Volk
> Das Vertrauen der Regierung verscherzt habe
> Und es nur durch verdoppelte Arbeit
> Zurückerobern könne. Wäre es da
> Nicht doch einfacher: die Regierung
> Löste das Volk auf und
> Wählte ein anderes?«

Ob es so etwas wie einen »Bahnhof des Lebens« gibt, möchte ich bezweifeln, nicht leugnen kann ich aber, daß entscheidende »Weichenstellungen« für mich in Schwerin erfolgten.

Eine davon war der Thälmann-Film, in den ich mehr oder weniger durch Zufall hineingeriet. Ich gastierte wieder einmal im »Egmont«, und die Kollegen erzählten mir, daß sie in einem historischen Streifen kleine Aufgaben übernommen hätten. Wenn ich schon nicht vor der Kamera stehen konnte, wollte ich wenigstens das Drumherum von hinten beobachten können.

Am Originalschauplatz Hamburg zu drehen, war politisch nicht opportun und finanziell nicht möglich. Die Produktionsleitung hatte deshalb die Hansestadt nach Schwerin versetzt. Vor meinen Augen spielte sich eine Szene des Hamburger Aufstandes ab. Da fühlte ich mich in jeder Hinsicht kompetent und beobachtete deshalb das Treiben mit kritischer Aufmerksamkeit. Dann sprach mich der erste Regieassistent, Günter Reisch, an. Er habe meinen Vansen gesehen; das hätte ihm gefallen; ob ich nicht Lust verspüre, in einer Szene mitzumachen; nichts Großes: »ein Kleindarsteller mit Satz«. Ich sagte sofort zu, bemüht, einen inneren Jubel nicht spürbar werden zu lassen.

Der Auftritt vor der Kamera erwies sich in der Tat als sehr kurz. Ich hatte an der Spitze einer Gruppe von Arbeitern einen Lastwagen zu stürmen, mich auf die Pritsche zu schwingen und den Freikorps-Leuten mit einer altertümlichen Pistole diese drei Worte zuzurufen: »Runner vom Wagen!« Mein bißchen bewahrtes Hamburgisch kam dabei zu unverhofften Ehren. Das war's. Klappe, gestorben! Sechzig Mark auf die Hand.

Dem Regisseur Kurt Maetzig schien vor allem das von blitzenden Augen begleitete »Runner vom Wagen!« gefallen zu haben. Er hatte zu Reisch gesagt, den können wir uns bei passender Gelegenheit mal wieder holen. Ich wollte es gerne glauben, blieb aber skeptisch.

Schon sehr bald wurde ich eines Besseren belehrt. Die DEFA forderte mich ganz offiziell über das Maxim Gorki Theater an. Vallentin warnte mich: »Mach dich da nicht zu klein als Kleindarsteller. Bei mir in Berlin spielst du schon stücktragende Rollen, und dort verkaufst du dich als Statist.«

Zur Abwechslung stürmte ich diesmal mit ein paar mutigen Genossen ein Hamburger Polizeirevier, um die dort lagernden Waffen für den Arbeiteraufstand zu besorgen. Fast nebenbei erfuhr ich, daß ich eine Rolle spielte, die sogar einen Namen trug: Kuddel Riemöller. Plötzlich war ich mehr als ein Kleindarsteller, da das Drehbuch sogar meinen späteren Tod auf der Barrikade vorsah. Das entsprach meiner Vorstellung von Revolution.

Der Regisseur hatte allerdings eine etwas andere Vorstellung von mir. Den Riemöller könne auch ein anderer spielen; mich brauche er für den Fiete Jansen.

Im Gegensatz zu Ernst Thälmann, den Günther Simon spielte, war dieser Fiete keine historisch belegte Figur, wohl aber film-dramaturgisch insofern wichtig, als sich in ihm verschiedene revolutionäre Charaktere vereinten. Er war ungestüm und unbändig – im Sinne von schwer zu bändigen, zugleich von erfrischender Naivität und Gewitztheit. Dieser jugendlich proletarische Protagonist stand auf der Besetzungsliste gleich hinter Thälmann. Erste Wahl für diese Rolle war ursprünglich ein Westberliner Schauspieler mit DEFA-Erfahrung gewesen, der aber – eingedenk seiner weiteren Westkarriere – die Rolle nach wenigen Drehtagen niederlegte. Der für ihn fieberhaft gesuchte Ersatz erwies sich nach wenigen Wochen als ungeeignet. Ich war schließlich bloß dritte Wahl in meiner dritten Rolle bei diesem Filmprojekt.

Der Spielfilm, an dessen Entstehung Willi Bredel und Michael Tschesno-Hell als Autoren entscheidenden Anteil hatten, diente ganz klar auch politischen Zwecken. Jenseits der Propaganda war ihm aber ein aufklärerischer Charakter durchaus anzumerken, und er war vor allem glänzend gemacht, was seinen einmaligen Erfolg beim Publikum rechtfertigte.

Simons Thälmann war eine angenehme Mischung aus Pathos, das er jedoch sehr unpathetisch vermittelte, Nachdenklichkeit und spannender Aktion. Die Figur war von ihm und den Filmmachern psychologisch subtil herausgearbeitet – wie auch die Psyche der meisten tragenden Rollen klar erkennbar war. Die Personen stellten keine Abziehbilder dar, sie bedienten nicht vordergründige Klischees und Stereotype.

An einer Szene war uns allen ganz besonders gelegen. Thälmann und Fiete allein am Hafen, am Morgen des Aufstandes. Thälmann nicht verzweifelt, aber zweifelnd, besorgt. Fiete versucht zu trösten, der Versuch mißglückt. Fiete zitiert: »Revolutionäre sind Tote auf Urlaub, Teddy. So ist das. Strenggenommen sind wir schon tot. Aber Tote sind gute Kämpfer. Sie brauchen keine Rücksicht mehr auf sich zu nehmen.«

Thälmann, ihn verstehend, verneint entschieden: »Wir haben kein Recht, Leben aufs Spiel zu setzen – nicht mal unser eigenes.«

Soweit dieser Dialog aus der Erinnerung heraus.

Günther war ein erstklassiger Filmschauspieler, dem man aber abnahm, daß er nicht um jeden Preis einer sein wollte. Schillernde Verwandlung – das paßte nicht zu ihm. Er war sehr direkt, offen und darum auch leicht verletzbar.

Ich war viel spontaner, unruhiger, quirliger, verspielter als er. Trotzdem oder deswegen verstanden wir uns sehr gut. Oft schüttete er mir auch sein Herz aus. Maetzig hielt ihm immer wieder vor: »Du mußt härter sein, Günther, von dir muß viel mehr Kraft ausgehen!«

Vor allem wenn Günther Simon als Thälmann Reden zu halten hatte, und davon gab es ja nicht wenige, baute sich der schmächtige Maetzig, von den Beleuchtern und Bühnenarbeitern insgeheim »Hänfling« genannt, vor Simon auf, suchte seine zarten Fäuste imponierend zu ballen, hielt sie Simon vors Gesicht und forderte mit zarter Stimme: »Du mußt mehr Kraft hineinlegen, Günther, mehr Kraft in deine Worte, in deinen ganzen Ausdruck!«

Dies meinte Günther, wenn er aufstöhnte: »Der geht mir auf den Geist mit dieser dauernden Kraftmeierei! Da könnt ich glatt mal die Beherrschung verlieren!«

Meine Filmliebe, das Mädchen Änne Harms, lernte ich in der Atelierküche Rosa Thälmanns kennen. In meiner Rolle hatte ich um meine Partnerin Karla Runkehl ungelenk und unerfahren zu werben. Das paßte insofern, als sie mir an Filmerfahrung ein ganzes Stück voraus war. Darum probierten wir unsere Liebesszene unter ihrer Regie heimlich in der Garderobe. Mehr passierte nicht. Wir waren beide in festen Händen, ich zu dieser Zeit in mehreren.

Abgucken konnte ich mir auch vieles von Raimund Schelcher, einem alten Hasen im Filmgeschäft. Wie er es anstellte, ständig präsent zu sein, hatte Format; wie er als Matrose Daik den Keller betrat, sich die vor Kälte starren Hände rieb, sie anhauchte, dann von einem zum anderen blickte, in unseren Gesichtern lesen wollte, selbst verunsichert war, sich abdrehte, sich wieder herumriß und es aus ihm herausbrach: »Kein Rückzug, Teddy!« Ich begriff durch ihn, daß man als Filmschauspieler zu jeder Einstellung etwas Eigenes hinzuerfinden mußte.

So großartig er als Schauspieler war, so grausam sprang das Leben mit ihm um. Anfang der vierziger Jahre hatte er, ein Bild von einem jungen Mann, am Schiller-Theater in

Berlin als Ferdinand in »Kabale und Liebe« den berühmten Satz »Ich verachte dich, ein deutscher Jüngling« nicht an seinen Vater, den Präsidenten, sondern an die Loge gerichtet, in der Goebbels und sein Gefolge saßen.

Wenig später fand er sich im Strafbataillon 999 wieder. Bei einem Einsatz schwer verwundet, kehrte er mit einem entstellten Gesicht aus dem Krieg heim. Dieses für einen Schauspieler fast tödliche Gebrechen machte er durch die ihm eigene Ausstrahlung nicht nur wett, sondern machte es vergessen. Nur er konnte nicht vergessen. Die Nazis konnten ihn nicht zerbrechen, das schaffte später erst der Alkohol.

Neben unserem offiziellen Regisseur gab es noch einen zweiten, der allerdings konspirativ vorgehen mußte, denn er war eigentlich unser Kameramann. Karl Plintzner war ein Unikat. Er konnte beispielsweise an mir vorbeigehen und in seiner Berliner Mundart nuscheln, den Kopf demonstrativ abgewendet, damit Maetzig nichts mitbekam: »Siehste da oben links den kleinen Scheinwerfer? Dahin mußte langsam den Kopf drehen, mußt scharf kieken, als ob da was wäre – is aber nix! Dann senkste de Birne, aber nich zu tief, hörste, und denkst dir irgendwas, was, is völlig schnuppe, nur unheimlich nachdenklich muß es aussehen! Dann drehste den Kopp ratzbatz wieder zurück, blickst haarscharf links an der Kamera vorbei, und denn kannste ooch deinen Text losschnattern.«

Stanislawski, adieu!

Die offizielle Premiere des ersten Teils des Thälmann-Films am 9. März 1954 in Berlin war rauschend, der Beifall wollte kein Ende nehmen. Mitten in die Verbeugungen der Schauspieler vor dem Vorhang tönte eine bekannte tiefe Stimme aus der Politbüro-Loge: »Ihr wart ja alle großartig, meine Lieben, doch wo bleibt eigentlich Günther Simon?«

Unser Hauptdarsteller war fassungslos und hätte wohl am liebsten »Hier!« gerufen.

Des Rätsels Lösung: Günther Simons Thälmann-Glatze war wieder seinem natürlichen prächtigen Haarschopf gewichen.

Mich wiederzuerkennen war wesentlich einfacher, nicht nur für das Premierenpublikum. Über mich brach eine Popularität herein, mit der ich nie und nimmer gerechnet hatte. Ich wurde auf der Straße, in der S-Bahn, überall von wildfremden Menschen angesprochen, was mir peinlich war; ich wehrte ab, meist sogar gereizt – leider. Die Post brachte Briefe im buchstäblichen Sinne säckeweise. Ich ließ sie unbeantwortet liegen. Das alles war mir unheimlich. Mir war nur zu bewußt, daß ich nicht zum Objekt eines Starkultes taugte. Natürlich hatte ich schauspielerischen Ehrgeiz, großen sogar. Von Ehrgeiz frei sind nicht nur Schauspieler nicht! Aber ich fürchtete um meine schauspielerische Zukunft, hatte Angst, künstlerisch festgelegt zu werden: Einmal Fiete Jansen, immer Fiete Jansen?

In welchem Maß ich als Schauspieler mit meiner Rolle gleichgesetzt wurde, ging aus der Anfrage eines Kinderferienlagers auf Rügen hervor. An mich wurde die nachdrückliche Bitte gerichtet, ich möge zustimmen, daß das Lager den Namen Fiete Jansen tragen dürfe.

Die Entscheidung hierüber delegierte ich an Anton Ackermann. Er war Politbüro-Mitglied gewesen. Nach dem 17. Juni war er wie viele Hunderte Parteifunktionäre abgehalftert worden. In seinem Fall war das noch glimpflich abgelaufen, er wurde zum Chef der Hauptverwaltung Film bestellt. Ihn nahm ich gerne in Anspruch, denn wir achteten uns gegenseitig. Er befand, dieser Namensgebung könne beim besten Willen nicht zugestimmt werden. Um meinen entsprechenden Bescheid scherte man sich auf Rügen keinen Deut, und so kam es, daß dieses Ferienlager bis weit in die achtziger Jahre hinein den Namen Fiete Jansen trug.

Eine andere Reaktion auf den Film machte mir weit mehr zu schaffen. Sie stammte aus Westberlin und kam von dem Regisseur Alfred Weidenmann, der den Erfolgsfilm »Canaris« gedreht hatte und jetzt unter dem Titel »Stern von Afrika« einen Film über einen deutschen Jagdflieger aus dem Zweiten Weltkrieg vorbereitete. Er ließ anfragen, ob ich willens wäre, die Rolle zu übernehmen. Mir war eine Telefonnummer genannt worden, unter der er zu erreichen war.

Mit meiner Frau Heidi erörterte ich das Für und Wider dieser Offerte ausführlich. Dagegen sprach meine Abneigung gegenüber Kriegshelden, und dagegen sprach auch, daß ich keinen Verrat an Fiete, an der Sache und meinem Publikum begehen wollte. Borniert wäre es allerdings gewesen, sich taub zu stellen und nicht zu reagieren.

Zu meiner Erleichterung stellte sich dann bei einem Telefongespräch heraus, daß sich die Drehtermine von Alfred Weidenmanns Projekt mit denen von Teil II des Thälmann-Films überschnitten. Damit war die Sache klar. Und das war gut so.

Ich kann mir heute nicht vorstellen, daß mein Leben eine andere Biographie vertragen hätte.

Immer wenn die Zeitläufte den Lebenslauf tangierten, suchte und brauchte ich Heidis Rat und Nähe, ungeachtet dessen, daß unsere Ehe schon seit längerer Zeit an einer Zerreißprobe litt, die für beide Seiten nicht mehr zumutbar war. Wir kamen überein, uns scheiden zu lassen.

Für die Gerichtsverhandlung hatten wir uns vorgenommen, auf gegenseitige Schuldzuweisung zu verzichten. Dafür liebten wir uns immer noch zu sehr. Dieser evidente Widerspruch überforderte die Richterin verständlicherweise. Mehrmals stellte sie die Frage, warum wir uns denn eigentlich partout scheiden lassen wollten? Wegen der vereinbarten Rücksichtnahme aufeinander konnten wir nicht mit Antworten aufwarten, die sie überzeugten. Besonders ich machte keine gute Figur. Ich fing entsetzlich an zu heulen, da ich ohnehin dicht am Wasser gebaut bin. Die Richterin kapitulierte nolens volens vor so viel heulendem Elend... und so viel Liebe. Sie überreichte mir den Scheidungsbeschluß mit den Worten: »Nehmen Sie das hier, damit Sie wenigstens nachlesen können, was heute passiert ist.« Zu Heidi, die beherrschter war als ich, war sie naturgemäß weitaus freundlicher.

Die relativ bald erfolgten neuen Heiraten linderten den beiderseitigen Schmerz über das Ende unserer Ehe. Mit Heidi und unserer Tochter konnte ich dauernde Verbindung halten; auch für Irm war die Zerreißprobe beendet; zwei Jahre später wurde Daniel geboren.

Die sogenannten Premierenfahrten quer durch die DDR dauerten noch eine Weile an. An einer nahm meine Mutter teil. Sie wurde mit mir vorgestellt als eine beispielhafte »deutsche Mutter« eines großen jungen Künstlers. Darüber amüsierten wir uns sehr; sie schien aber auch ein bißchen stolz. Zu der Zeit lief in der DDR eine Propagandakampagne, die das Nationale betonte: »Deutsche an einen Tisch«.

Der Sohn einer deutschen Mutter und eines großen bürgerlichen Schauspielers aus dem Westen war nun in diesem anderen deutschen Staat ein sehr populärer politischer Schauspieler geworden. Diese Adjektivpaarung wurde immer wieder beschworen ... Politisch, weil populär, oder andersherum? Jedenfalls mußte ich mit diesem Etikett leben, wollte ich auch. Die politische Entwicklung hatte schließlich früher begonnen als die schauspielerische – und daß sich beide Entwicklungen nun kreuzten, konnte mir nur recht sein, obwohl ich ahnte, daß sich mir nun viele Hürden in den Weg stellen würden. Die schwierigste: Die Festlegung auf Arbeiterfiguren, auf jung-jugendliche Heldenrollen. Eine andere Hürde: Neid. Weniger bei meinen Kollegen am Gorki Theater, im Gegenteil, sie wollten sich mit mir freuen.

Aber schon in der DEFA hatte sich – gerade wegen des überwältigenden Erfolgs dieses Films – ein sogar verständlicher Groll verbreitet, der sich aus den unbestreitbar auch vorhandenen Schwächen des Films nährte. Auch in der Presse waren solche Schwächen diskret benannt worden, was aber – wie meistens – die Anerkennung dann nur um so wertvoller machte. Von allen Rezensionen galt mir die Kritik des sowjetischen Filmregisseurs Michail Romm als die wertvollste.

Romm hatte die berühmten Filme »Lenin im Oktober« und »Lenin im Jahr 1918« gedreht, die zusammen mit Eisensteins »Panzerkreuzer Potemkin« Höhepunkte wahrhaft revolutionärer Filmgeschichte geworden sind.

Ursprünglich hatte auch Stalin ihm sein Wohlwollen bezeugt. Aber je mehr Stalin seinen eigenen Kult betrieb, desto suspekter mußten ihm diese Lenin-Filme erscheinen, denen gegenüber seine eigene Rolle während der Revolution verblassen mußte. Romm verschwand in der Versenkung. Erst später, lange nach Stalins Tod, produzierte er »Neun Tage eines Jahres« und »Der gewöhnliche Faschismus«.

## Moskau

Als wir mit dem Thälmann-Film Anfang 1955 Moskau zur sowjetischen Uraufführung mit einer Delegation einen Besuch abstatteten, galt es als eine Sensation, daß in der »Prawda« eine Kritik zum Film von Michail Romm erschien. Die Delegationsdolmetscherin übersetzte sie mir, und da wurde mir wirklich leicht schwindelig – ich wollte nicht glauben, daß die Darstellung des Fiete durch eine derartige Film-autorität, wie Romm es nicht nur für mich war, höher be-wertet wurde als die Leistungen sehr viel erfahrener Kolle-gen.

Wir waren mit einer sehr repräsentativ besetzten Dele-gation nach Moskau gekommen. Ihr gehörten auch Regis-seure, Kameraleute an, die am Thälmann-Film unbeteiligt waren. Wolfgang Staudte mit seiner Frau zum Beispiel und andere. Ich war bis zum Äußersten gespannt auf Moskau.

Daß die offiziellen Begrüßungen mit viel Wodka verbun-den sein würden, war mir schon von vielen, auch von Günther Simon, angekündigt und angedroht worden. Während der Drehtage zum Thälmann-Film, vor allem während langwieriger Außenaufnahmen, hatten die Film-leute sich von den tatsächlich aufreibenden Anstrengungen dieser Tage an lang andauernden Abenden jeweils mit ei-nem mehr oder weniger großen Quantum an Alkohol er-holt. Da war ich jedesmal ausgeschert, woran sich die Kolle-gen aber mittlerweile halbwegs gewöhnt hatten.

Ein solches »Desertieren« wäre aber in Moskau ein glat-ter Affront, suchte man mir klarzumachen. Kein Russe würde es dulden, daß ich mich irgendwann unauffällig da-vonstehle. Denn da würde schließlich immer wieder auf die »ewige« deutsch-sowjetische Freundschaft angestoßen und das Glas bis zur Neige geleert werden müssen. Die Verwei-gerung eines solchen Toastes käme einer politischen Brüs-kierung gleich!

Man freute sich, welchen Bewährungsproben ich da mit meiner Aversion gegen allen Alkohol zu trotzen hätte, und man appellierte vorbeugend ernsthaft an meine Delega-tions-Disziplin.

Da mußte ich mir schon was einfallen lassen – denn das Beispiel eines volltrunkenen Anti-Alkoholikers wollte ich meinen Genossen ums Verrecken nicht bieten.

Ich erinnerte mich meines Kieler »Weißgardisten« und meiner, wenn auch spärlichen, weil ja abgebrochenen, aber brauchbaren Russischkenntnisse. Von einer Dolmetscherin ließ ich mir in Berlin den folgenden Satz ins Russische übersetzen: »Verehrte Genossen, die soeben hoch beschworene deutsch-sowjetische Freundschaft ist zu unser aller Glück so felsenfest und unverbrüchlich, daß sie nicht darauf angewiesen ist, ob ich dieses Glas bis zum letzten Tropfen leere oder nicht! Die Freundschaft unserer Völker ist auch mir Herzenssache, aber sie ist über ein paar Gramm Wodka turmhoch erhaben!«

So etwa der Text, den ich auswendig lernte. Um es vorwegzunehmen: Da ich ihn natürlich mit starkem deutschem Akzent vortrug, waren die Adressaten von einer derart eigenwilligen Bekundung der deutsch-sowjetischen Freundschaft so hellauf begeistert, daß sie mir sogar lachend auf die Schulter klopften und mich unbehelligt ließen. Einige Kollegen aber waren natürlich sehr enttäuscht, daß es mir mit diesem Dreh gelungen war, vom Wodka verschont zu bleiben.

Das sollte sich aber noch ändern! In Kiew. Dort nämlich, im Haus der Kulturschaffenden, hielt Alexander Korneitschuk einen längeren Toast. Er war Dramatiker. Seine Komödie »Holunderwäldchen« war eines der, wenn auch nicht stärksten, so doch meist gespielten sowjetischen Stücke in der DDR. Ein Jahr später spielte ich als eine meiner ersten Fernsehrollen die Titelrolle in seinem gelungenen Drama »Der Chirurg«.

Der Schlußsatz seines Trinkspruches in Kiew lautete: »Teure Genossen Künstler aus der DDR! Trinken wir jetzt darauf, daß zwischen unseren beiden Völkern, dem deutschen und dem sowjetischen Volk ... so viel Haß übrigbleibt und so viel Feindschaft ... wie Wodka in unseren Gläsern!«

Da war ich am Ende mit meinem Latein, mit meinem Russisch: Selbst in Deutsch hätte ich auf die Schnelle keine überzeugende Ausrede parat gehabt. Zu allem Überfluß wurde der Wodka auch noch in Zweihundert-Gramm-Gläsern kredenzt. Ich kippte den Wodka brav in einem Zug herunter. Denn das schien mir doch zu riskant, auch nur ein paar Tropfen »Feindschaft« im Glas zurückzulassen.

Dafür weiß ich auch nicht mehr, wie ich in das Bett kam, aus dem ich am nächsten Morgen durch einen schadenfrohen Kollegen aufgeschreckt wurde.

Meine Genossen waren in den nächsten Tagen betont rücksichtsvoll zu mir. Sie hatten ihre Genugtuung infolge des Zusammenbruchs meiner beinahe jahrelangen Standhaftigkeit gehabt und gaben sich nun zufrieden.

Ich kann nicht umhin, von dieser eher heiteren Episode nach Moskau und zu einer weit ernsteren Begebenheit zurückzublenden. Auf der Premierenfeier war es zu einer Auseinandersetzung zwischen dem Drehbuchautor Willi Bredel und dem DEFA-Chef Hans Rodenberg gekommen. Rodenberg schwärmte von der Begeisterung, mit der unser Film durch das Publikum aufgenommen worden war. Da platzte Bredel, der nie aus seinem Herzen eine Mördergrube machen konnte, der Kragen. »Habt ihr denn nicht gemerkt, daß das alles nicht echt war? Die haben Thälmann gegenüber alle ein verdammt schlechtes Gewissen. Und das müssen sie auch.«

Bredel witterte feinnervig eine Art Regie hinter diesem leidvollen Thema Thälmann. Schließlich schmerzte es ihn zu Recht immer noch, daß Stalin in den Moskauer Verhandlungen mit dem Außenminister der Hitlerregierung, Ribbentrop, nicht den geringsten Versuch unternommen hatte, Thälmann freizubekommen. Im Gegenteil, der Stalinsche Toast: »Ich weiß, wie sehr das deutsche Volk seinen Führer liebt« muß ihn wie wohl alle Emigranten schwer getroffen, tief verletzt haben. Denn dieser von Stalins Zynismus zeugende Satz war ja ohne Not und nicht aus einer gebotenen diplomatischen Höflichkeit ausgesprochen worden – und das zu einer Zeit, da unter dem Regime Hitlers Zehntausende, wenn nicht Hunderttausende wie Thälmann in Lagern und Zuchthäusern ihr bitteres Schicksal durchlitten.

Hans Rodenberg als Sprecher der Mehrheitsfraktion, welche den Beifall und die Hochrufe auf die Schöpfer des Films ernst nehmen wollte, empörte sich maßlos über Bredels Unterstellungen und dessen Mißtrauen gegenüber den sowjetischen Genossen.

Der Konflikt wurde in einen anderen Raum unter Ausschluß Außenstehender verlagert.

Die Kontroverse zwischen unseren beiden ZK-Mitgliedern, die beide auch im sowjetischen Exil gewesen waren, wurde immer schärfer, persönlicher.

Rodenberg, der mir später ein väterlicher Freund wurde, war ein phantasievoller Regisseur, begabter Rhetoriker und ein sentimental-lebensfroher Mensch ... mit all den Schwächen, die ein Moskauer Exil in schwächeren Charakteren, als Bredel es war, erwecken konnte.

Der Streit zwischen ihm und Bredel sollte in Berlin nach unserer Rückkehr ein Nachspiel haben.

Unser Thälmann, Günther Simon, war erst wenige Wochen nach der Berliner Premiere des Films Mitglied der SED geworden. Auf den schon beschriebenen Premierefahrten hatte es bei der Vorstellung der Mitwirkenden immer geheißen: Das ist unser Genosse Willi Bredel, das ist der Genosse Tschesno-Hell, das ist der Genosse Maetzig und – als

Höhepunkt – ... dies ist der Darsteller des Thälmann: *Herr* Günther Simon. Das hatte Günther ziemlich genervt.

Und auch der Krach, dessen Zeuge wir soeben geworden waren. Als wir gemeinsam durch die endlos langen Korridore des Moskauer Hotels zu unseren Zimmern gingen, fragte er mich: »Ist es dir eigentlich auch so ergangen? Seit ich in der Partei bin, erlebe ich ständig nur, daß Genossen über Genossen herfallen. Das geht mir an die Nieren. Ich finde das entsetzlich deprimierend.«

»So häufig ist mir das nicht passiert.«

»Da hast du aber Glück gehabt. Gute Nacht, Peter.«

»Gute Nacht, Günther.«

Zurück in Berlin, wurden alle Parteimitglieder aus unserer Delegation zu Johannes R. Becher, dem Minister für Kultur, zitiert. In dieser Situation gewann ich zum ersten Mal eine leibhaftige Vorstellung von Bechers politischen, will sagen menschlichen Qualitäten. Auf das Moskauer Vorkommnis ging er zu unser aller Überraschung nicht direkt ein. Statt dessen versetzte er sich und damit uns in die Lage sowjetischer Menschen, sowjetischer Kommunisten zur Zeit der enddreißiger Jahre. Am Schluß sprach er über Gedanken, die ihm durch den Kopf gegangen waren, wenn er während seines Moskauer Exils an den eingekerkerten Thälmann gedacht hatte.

Becher hatte, indem er zur Sache und nicht über die Sache sprach, bei uns allen Nachdenklichkeit freigesetzt. Eine salomonischere Schlichtung habe ich nie wieder erlebt. Wie Becher sich geäußert hatte, das entsprach genau dem Bild, das ich mir von ihm und seiner Moskauer Zeit auf Grund des Gedichtes »Wohl dem ...« gemacht hatte.

Dieses Gedicht hatte ich sofort parat, als mich im Dezember 1965 Erich Honecker anrief. Der Kandidat des Politbüros,

Erich Apel, der sich dem langfristigen Handelsabkommen zwischen Moskau und Ostberlin erfolglos zu widersetzen suchte, hatte sich mit seiner Dienstpistole erschossen. Für die ganze Partei und ihre Führung ein furchtbarer Schock. Honecker rief mich an, bat mich, auf dem Staatsbegräbnis zu rezitieren: »Die Auswahl überlassen wir dir.«

Ich schlug ein Becher-Gedicht als besonders geeignet vor. »Schick es uns her.«


WOHL DEM ...

Wohl dem, der sich sein Ende selbst bestimmt
Statt unbestimmt und elend zu verenden.
Er neigt, sich ganz dem Leben zuzuwenden,
Wenn er von seinem Leben Abschied nimmt.
Wenn sich der Finger an dem Abzug krümmt,
Um in das Herz den Todesschuß zu senden,
Scheint in dem Mündungsfeuer aufzublenden
Der Stern des Lebens, ehe er verglimmt.

Wohl dem, der selber sich sein Ende setzt,
Und nicht dahinsiecht und vom Tod gehetzt
Verdirbt – ein altersschwächliches Verderben.

Wohl dem, der hat die Stunde nicht verfehlt
Und hat den Tod aus eigener Hand gewählt:
Ein hohes, freies – feierliches Sterben.


Tags darauf erreichte mich ein erneuter Anruf: »Hans-Peter, du hättest eigentlich selbst wissen müssen, daß diese Verse völlig ungeeignet sind. Wir erwarten von dir einen neuen Vorschlag.«

Am Grab von Apel sprach ich dann Bechers »Herz der Welt«.

Von Willy Brandt sind die Worte verbürgt: »Apel ist nicht schweigend ins Grab gegangen. Wir werden alle noch hören, was ihn bewegt und besorgt hat.«

Das leider wissen wir bis heute noch nicht.

Die Fortsetzung von »Ernst Thälmann – Sohn seiner Klasse« trug den Titel »Ernst Thälmann – Führer seiner Klasse« und hatte meiner Meinung nach weit weniger künstlerisches Format.

Das lag wohl daran, daß das Thema Thälmann viel von seiner Ursprünglichkeit verloren hatte, daß Teil II nun auch aus Rücksichtnahme auf die kriegsentscheidende Rolle der Sowjetunion mehr und mehr zu einer Haupt- und Staatsaktion gerierte. Der Gang der Handlung hatte Schwerfälligkeiten. Äußerlichkeiten verdeckten innere Entwicklungen. Das Statuarische überwog. Vielleicht war uns allen auch der Atem ausgegangen. Das Schicksal des Sozialdemokraten, den Paul R. Henker darstellte, ging den Zuschauern zwar nahe – ebenso die Passage über die fehlgeschlagene Aktion zur Befreiung Thälmanns. Aber insgesamt war der zweite Teil nur ein schwacher Abglanz des ersten.

Den erneuten Dreharbeiten verdankte ich die Bekanntschaft mit einem damals jungen französischen Kollegen. Er spielte einen Kurier der französischen Bruderpartei, der den Auftrag hatte, Thälmann während und nach dessen historischem Auftreten in Paris im Jahr 1932 zu begleiten.

Wenn die Szenen anprobiert waren und der jeweilige Drehort dem Licht, der Technik überlassen wurde, gehörte es zur Gewohnheit, daß die Schauspieler sich derweil in ihre Garderobe, in die Kantine oder sonstwohin begaben. Nicht so dieser Franzose. Er kniete wie in einer Art Meditationshaltung dicht neben der Kamera, beobachtete das Treiben um ihn herum: Gleichzeitig interessiert und entrückt.

178

Bei Außenaufnahmen zu Szenen aus dem spanischen Freiheitskampf – zwischen Magdeburg und Halle – kamen wir beide in ein Gespräch miteinander, ein tolles Kunterbunt aus Englisch, Deutsch und Französisch. Die Figur des Kuriers war, glaube ich, namenlos – der Schauspieler war es nicht. Er hieß Michel Piccoli.

Eines ist uns allen, die wir uns auf Grund der beiden Filme intensiv mit der Person und dem Schicksal Ernst Thälmanns befaßt hatten, unbegreiflich geblieben: warum die Verantwortlichen für seine Ermordung nie zur Rechenschaft gezogen wurden.

# ENGAGEMENTS

## *1955 – 1975*

Nach dem »Thälmann« wirkte ich noch in einigen weiteren DEFA-Produktionen wie »Der Teufel vom Mühlenberg« und der Verfilmung von Strittmatters »Tinko« mit, trachtete ich, dem Image des Fiete und des reinen Filmschauspielers zu entfliehen, suchte Bewährungen und Bestätigungen auf der Bühne.

Gemeinsam mit dem Ensemble des Maxim Gorki Theaters feierte ich einen nachhaltigen Erfolg mit Schillers »Die Räuber«. Mein Franz Moor fand hohe Anerkennung vor allem durch Herbert Jhering, der ebenso wie Alfred Kerr in den zwanziger Jahren mit Kritiken ein Stück Theatergeschichte geschrieben hat.

Doch das Urteil des Publikums bleibt vorrangig, weil es ja der Mitproduzent jeder abendlichen Vorstellung ist.

Draußen vor dem Theater warteten nun viele junge und ältere Leute auf mich, wollten ein Autogramm, manche auch zwei, eins von Fiete Jansen, eines von Minetti. Einige fragten auch enervierend: »Genosses Minetti, wieso spielen Sie so eine Räuberpistole, haben Sie das nötig?«

Bertolt Brecht, der eine unserer Vorstellungen besucht hatte, ließ mir durch einen seiner zahlreichen Adepten zukommen, daß mein »Franz« Gnade vor seinen Augen gefunden habe. Das war nicht nur dahingesagt, denn Manfred Wekwerth übermittelte mir wenig später das Angebot Brechts, in seiner beabsichtigten Verfilmung der »Mutter Courage«, zu der er zusammen mit Wolfgang Staudte das Drehbuch schrieb, die neue Rolle des Müllerburschen zu übernehmen. Im Bühnenstück erzählt die Courage, daß die stumme Kattrin eine Nacht irgendwo abgeblieben sei; sie hätte nie herausbekommen, wo. Diese Nacht sollte im Spielfilm ihre Aufklärung finden; Brecht wollte der Kattrin eine Liebesszene mit besagtem Müllerburschen gönnen. Ich war glücklich und gespannt. Dieses Projekt zerschlug sich aber leider.

Auch Wolfgang Langhoff war vom »Mooren« Minetti angetan und signalisierte mir über seinen Dramaturgen, er würde mich gerne am Deutschen Theater sehen. Daraufhin war Vallentin wieder sehr gekränkt, er spürte meine Bereitschaft zum Wechsel. Mich lockten nicht nur neue Rollen, sondern auch der Ruf und vor allem das Klima des Hauses in der Schumannstraße. Also sagte ich zu.

Der Abschied von Vallentin fiel mir so schwer wie ihm. Aber er respektierte ihn. Das Deutsche Theater war eine erste Adresse in Berlin. Meine erste Bewährungsprobe am neuen Haus war »Am Ende der Nacht« – ein sogenanntes Gegenwartsstück mit drei Personen von Harald Hauser, den ich sowohl als Schriftsteller wie aber vor allem auch als einstiges Mitglied der Résistance achtete.

Die Fabel: Ein begabter Wissenschaftler, der Wert darauf legt, politisch neutral zu bleiben, soll vom Westen abgeworben werden. Seine Freundin und ein sowjetischer Offizier kämpfen um ihn, damit er im Osten bleibt. So primitiv, wie ich es jetzt skizziert habe, war das Stück keineswegs. Die Dialoge waren gekonnt geschrieben, die Figuren allerdings hatten ihre Blässen. Das war auch der Grund gewesen, warum Ernst Busch und Willy A. Kleinau abgewunken hatten. Busch hatte die Rolle des Offiziers, Kleinau den Wissenschaftler spielen sollen, der nun mir zufiel. Das Stück wurde, meiner Meinung nach zu Unrecht, von der Öffentlichkeit eher abfällig bewertet. Wir, die Schauspieler Christa Gottschalk, Kurt Conradi und ich, kamen ganz gut davon.

In einer Kritik hatte Langhoff der Satz mißfallen, er möge auf mein vielversprechendes Talent ein Auge haben. Solche Ratschläge habe er nicht nötig, erklärte er mir, er wisse auch so, was er mit mir noch vorhabe. Und das sollte eine ganze Menge sein.

Meine erste Rolle in einer Langhoff-Inszenierung wurde der Edgar in »König Lear«. Ich geriet in Versuchung, alles zu vergessen, was ich bis dahin an Regie erlebt hatte. Wolfgang Langhoff hatte eine Engelsgeduld mit mir, entfachte meinen Mut zu Extravaganzen – besonders in der Verwandlung des Edgar zum tollen Tom –, arbeitete tagelang nur an der Begegnung Edgars mit Gloster, vermittelte mir gerade auch durch seine Kritik mehr und mehr Vertrauen zu mir selbst. »All deine Vorschläge, Einfälle, deine Diktion und Gestik, der Gestus des Edgar gründen sich auf den Text. Aus ihm mußt du dir alles heraussaugen, was du verwerten kannst.«

Trotzdem bin ich mir sicher, daß ich dieser Rolle des Edgar noch vieles schuldig blieb. Ich war mit meiner Leistung sehr unzufrieden. Aber diese erste Arbeit mit Langhoff sollte sich in jedem Fall gelohnt haben.

Nach nur wenigen Vorstellungen mußte der »Lear« abgesetzt werden, da der Hauptdarsteller Willy A. Kleinau bei einem Autounfall ums Leben kam. Nach einer Unterbrechung von mehreren Monaten konnte, mit Wolfgang Heinz in der Titelrolle, das Stück wieder aufgenommen werden.

In seinem Gefolge kamen nach und nach eine Reihe Kollegen von der Wiener Scala. Dort am Neuen Theater hatten sich Schauspieler zusammengefunden, die mit einem ideellen Kommunismus sympathisierten. Das war der Grund für die Obrigkeit, das Haus 1956 dicht zu machen. Was einen schweren Verlust für das Wiener Theaterleben bedeutete, sollte sich als ein hoher Gewinn für Berlin und für das DT im besonderen erweisen. Wolfgang Heinz hatte schon zuvor als Gastregisseur bei uns Gorki und Klassiker inszeniert.

Nun aber fand eine Blut- und Geist-Transfusion statt, die alle gegenseitig bereicherte. Ich glaube, eine solche Zusammenführung von Schauspielern verschiedener nationaler Mentalität war ziemlich einmalig in der deutschen und österreichischen Theatergeschichte. Es waren veritable Komödianten, die zu uns kamen und ein Feuerwerk zündeten: Karl Paryla, Hortense Raky, Erika Pelikowsky, Peter Sturm, Otto Tausig, Emil Stöhr. Sie verstanden es, der deutschen Sprache sowohl märchenhafte Leichtigkeit als auch bittere Schärfe abzugewinnen; sie konnten Vokale hemmungslos auskosten, ohne sie zu überdehnen; ihre Gestik war wild, scheinbar zügellos, aber immer beherrscht. Da sprühten Funken hin und her.

Anfangs hatte manch einer im DT die Konkurrenz gefürchtet. Aber aus der Verschmelzung der Berliner und Wiener Spielweisen lernte wohl jeder profitieren.

Durch die Partnerschaft mit Wolfgang Heinz als Lear veränderte sich auch mein Edgar. Ich registrierte nun an mir, wie sich Überreste von Hemmungen, von Scheu, Verlegenheit, womöglich auch von Verkrampfung zu verflüchtigen begannen. Die Wiener infizierten uns alle mit ihrer Freude an ausschweifender Phantasie und geradezu besessener Präzision, mit ihrer G'scheitheit. In puncto Disziplin übertrafen sie sogar uns »Deutsche« – und in Parteilichkeit! Viele der Wiener nahmen als Gast an unseren Parteiversammlungen teil, und speziell Wolfgang Heinz konnte sich oftmals über mangelndes politisches Engagement unsererseits erregen.

Von dem Vorwurf fühlte ich mich allerdings nicht betroffen. Anfang Mai 1955 war ich in Weimar von der Delegiertenkonferenz der Gewerkschaft Kunst zum Mitglied des Sekretariats des Zentralvorstands gewählt worden.

Ende Mai tagte in Erfurt das V. Parlament der Freien Deutschen Jugend, wobei Erich Honecker als Vorsitzender demissionierte und dann ins Politbüro des ZK der SED wechselte.

Mich erreichte in Berlin der Anruf eines Journalisten, der mich zu meiner Wahl in den Zentralrat der FDJ beglückwünschte und sich erkundigte, was ich denn in dieser Funktion zu tun gedenke.

Ich war erst einmal sprachlos, denn ich war niemals Mitglied der FDJ. Ich war auch weder Teilnehmer noch Gast des Parlaments in Thüringen gewesen; ob ich bereit sei, mich wählen zu lassen, hatte mich ebenfalls niemand gefragt.

Ich – genauer gesagt: Fiete Jansen, der dynamische Jungkommunist aus dem populären Thälmann-Film – war also ahnungslos und in Abwesenheit ins höchste Gremium der FDJ »gewählt« worden. Inzwischen war ich jedoch mit gewissen Methoden in der DDR vertraut oder von der Politik bereits dergestalt infiziert, daß ich einem langgedehnten »Ach so …«, mit dem ich mein Überraschtsein kaschierte, eine weitschweifige Absichtserklärung folgen ließ.

Von meiner Zentralratstätigkeit sind mir mehrheitlich langweilige Sitzungen und wenige lebendige Auftritte von Konrad Naumann, Konrad Wolf und Joachim Hermann in der Erinnerung haften geblieben. Konny Naumann war nach seinem Studium an der Moskauer Komsomolhochschule zu Beginn der fünfziger Jahre FDJ-Chef im Bezirk Frankfurt/Oder geworden; er stieg 1957 zum Sekretär im FDJ-Zentralrat auf und gehörte bis zu seinem Rauswurf aus dem Politbüro 1986 dem innersten Machtzirkel der SED an. In seiner Eigenschaft als 1. Sekretär der SED-Bezirksleitung Berlin von 1971 bis 1985 sollte ich später auf höchst unangenehme Weise mit ihm wieder zu tun bekommen.

184

Doch in den fünfziger Jahren begeisterte der gebürtige Leipziger jedes Auditorium mit flammenden Reden. Später, als Parteifunktionär, kopierte er sich selbst. Die frühere Volkstümlichkeit war zu demonstrativer, peinlicher Pose verkommen, die Natürlichkeit war ein Opfer von Karrieredenken und Alkohol geworden. Beschämend die Auftritte vor Arbeitern, denen er mit dem Satz nahekommen wollte, auch er hätte an manchen Abenden die Schnauze voll und hole sich dann eine Büchse Bier aus dem Kühlschrank – peinlich nur: in der DDR gab es für den Normalbürger kein Dosenbier.

Sein jäher, aber keineswegs zufälliger Sturz aus der Höhe von Arroganz und vermeintlicher Unberührbarkeit erfolgte an der Akademie für Gesellschaftswissenschaften, wo der Mitschnitt eines Vortrages, bei dem sowohl Stimme als auch Verstand nicht ganz klar waren, angefertigt und dem Generalsekretär zugestellt wurde. Naumann wurde als Mitarbeiter ans Zentrale Staatsarchiv nach Potsdam verbannt, 1990 als 62jähriger in den Vorruhestand abgeschoben. Im Sommer 1992 ist er gestorben.

Ähnliches ist von Achim Hermann zu berichten, einem blitzgescheiten Kopf, der in jener Zeit als Chefredakteur die »Junge Welt« leitete, das Organ des Zentralrats der Freien Deutschen Jugend. Hermann legte, wenn er laut nachdachte, seinen Finger an die Nase und sog förmlich die Gedanken aus der Stirn. Das sah nicht nur gut aus. Es waren meist auch kluge Dinge, die er sagte. Erschreckend aber, wie er sich dann im Laufe der Jahrzehnte, als er zum Medienzar und Oberzensor der DDR aufstieg, zu seinem Nachteil veränderte.

Und dann Konny Wolf, der von 1956 bis 1960 dem Zentralrat angehörte. Er war der Sohn des bekannten, 1953 verstorbenen Schriftstellers Friedrich Wolf aus Neuwied und Bruder des nachmaligen Chefs der DDR-Aufklärung Markus Wolf. Er war seit 1936 Staatsbürger der UdSSR, hatte in den dreißiger Jahren in Moskau die deutsche Karl-Liebknecht-Schule besucht und in der Roten Armee gekämpft. Nach verschiedenen Aufgaben in der sowjetischen Besatzungszone studierte Konny von 1949 bis 1955 am Staatlichen Allunionsinstitut für Kinematographie in Moskau Regie; Michail Romm und Sergej Gerassimow waren seine Lehrmeister.

Nun saß er mit mir im Zentralrat und arbeitete hauptberuflich als Regisseur bei der DEFA bis zu seinem Ableben im Jahr 1982. Ich selbst sollte 1957 mit ihm »Lissy« nach einer Vorlage von F. C. Weiskopf drehen. Meine Rolle als Lissys Bruder Paul unterschied sich von allen meinen bisherigen Filmrollen, und dafür war ich Konny ausgesprochen dankbar. Der Paul war ein verkommener Junge, der sich der SA an den Hals warf, begeistert mitmachte, bis ihm die Augen aufgingen. In einem SA-Lokal bricht es aus ihm heraus: »Ihr seid alle nur Knechte des Kapitals!« Damit hatte er sich um Kopf und Kragen geredet.

Ich selbst, so entsinne ich mich, hatte nur einen großen Auftritt in der FDJ, und das war im Mai 1959 auf dem VI. Parlament in Rostock, auf dem Horst Schumann die Nachfolge von Karl Namokel antrat. Ich hielt eine flammende Rede darüber, wie ich mir einen Jugendverband vorstellte: lebhaft, undogmatisch, kulturell aufgeschlossen, als Hefe in der Gesellschaft und Stein produktiven Anstoßes. Es gab viel Applaus, doch so richtig ernst genommen hat man mich im Präsidium wohl nicht. Schließlich war ich nur Schauspieler, war Fiete Jansen, mit dem man sich schmückte. Fiete Jansen war zu meinem Schicksal geworden.

Der Schwerpunkt meines politischen Engagements lag jedoch in der Gewerkschaftsarbeit. Ich lernte viel von Dr. Allmeroth, der damals noch Chef der Berliner Staatsoper und ehrenamtlicher Vorsitzender der Gewerkschaft Kunst war. Sein Stellvertreter Walter Maschke war Sozialdemokrat gewesen und verfügte über reiche gewerkschaftliche Erfahrung. Vor allem aber lernte ich viel von Hans Grunow, der die schwierige Materie des Arbeitsrechtes perfekt beherrschte und mir Einblicke verschaffte, die ich bitter nötig hatte.

Wer Gewerkschaftsarbeit kennt, weiß, was das für Knochenarbeit bedeutet. In der DDR erschienen die Gewerkschaftsleitungen vielen Werktätigen als Instanzen, von denen man erwarten konnte, sie würden für alle sozialen Fragen zuständig sein, von Arbeitsbedingungen, Arbeitskonflikten bis hin zum Einkommen und der Qualifizierung. Was künstlerische Berufe anlangte, wollte ich dazu meinen Beitrag leisten. Dazu gehörte leider auch, sich in Betriebsvereinbarungen, Verordnungen hinein- und hindurchzuwühlen; dies wollte ich mir gerade darum auferlegen, weil es meinem Naturell überhaupt nicht entsprach. Nicht ausbleiben konnte es, daß ich mich immer wieder verzettelte. Dennoch: wenn es mir im Rahmen des mir Möglichen gelang, einen ernsten Fall aus der Welt zu schaffen, war das vergleichbar mit der Genugtuung, die dem Schauspieler eine gelungene Vorstellung bereiten kann. Auch die politische Dominante in der Gewerkschaftsarbeit kam mir entgegen, weil sie weniger agitatorisch, sondern sachbezogen, konkret sein mußte.

Meinem politischen Engagement sollte flankierend zugute kommen, daß ein säkularer Einschnitt in der Entwicklung des Kommunismus mit einem Male für Durchblutung sorgte: Der XX. Parteitag der KPdSU 1956. Er erschien mir wie ein erster – war er doch der erste nach Stalin. Dessen Tod hatte ich, im Gegensatz zu den meisten meiner Genossen und Kollegen, als befreiend empfunden. Trotzdem hielten sich meine Erwartungen in Grenzen ... bis ich nach all den obligatorischen Referaten und Berichten, welche unsere Presse abdruckte, auf einen Diskussionsbeitrag stieß, der mich derart elektrisierte, daß ich, wie Irm anmerkte, einen Ur-Schrei ausstieß.

»Hier lies, damit ich's glauben kann«, sagte ich und reichte ihr das »Neue Deutschland«.

Anastas Mikojan, ein sowjetisches Politbüro-Mitglied, hatte Farbe bekannt. Er hatte den Stalin-Kult als das gekennzeichnet, was er war – eine Entstellung der Oktoberrevolution, eine Degeneration des eigentlichen, des Leninschen Kommunismus.

Wenn auch nicht mehr mit so uriger Spontaneität, aber immerhin noch mit großer Verve erschien ich zwei, drei Tage später in den Räumen der Gewerkschaft Kunst in der Berliner Friedrichstraße und überreichte jedem, an dem mir lag, einen Zeitungsausschnitt mit der Rede Mikojans. Das sollte eine symbolische Geste sein, keine Provokation. Die hauptamtlichen Genossen, die den Artikel natürlich ohnehin gelesen hatten, nahmen meinen Botengang noch einigermaßen friedlich hin. Nur eine Schauspielerin, die gleich mir ehrenamtliches Sekretariatsmitglied war, suchte zu kontern, indem sie mir bei unserer nächsten Sitzung triumphierend das Exemplar jener Rede Mikojans unter die Nase hielt, die er auf dem vorangegangenen IXX. Parteitag gehalten hatte.

Tatsächlich war da eine reichlich schwülstige Hymne Mikojans auf Stalin nachzulesen. Aber das verunsicherte mich nicht im geringsten. Das war Vergangenheit. Eben dies war ja die Infamie Stalins gewesen: Wenn man ihm huldigte, hatte man vielleicht eine schwache Chance, ihn zu überleben.

Daß Chruschtschow eine Geheimrede gehalten haben sollte, die über Mikojans Abrechnung mit Stalin hinausgegangen war, sprach sich nur langsam herum, und die Quellen, die dies verlautbarten, stammten noch dazu aus dem

Westen, was zu dieser Zeit die Glaubwürdigkeit für uns nicht leichter machte.

Erst Wochen, Monate später konnten die Parteisekretäre aller Grundorganisationen offiziell ihren Mitgliedern eine referierende Zusammenfassung dieser Schlußrede Chruschtschows vorlegen, die dann alles bestätigte, was man bis dahin schon selber in Erfahrung gebracht hatte.

Weil ich aus meiner Meinung über Stalin oft genug kein Hehl gemacht hatte und nun nicht rechthaberisch erscheinen wollte, hielt ich mich mit weiteren Kommentaren zurück. Nicht so Willi Bredel, der sich mit dem Politbüromitglied Hermann Matern anlegte, nachdem dieser erklärt hatte, das Politbüro und er selbst seien keineswegs so betroffen gewesen wegen der einen oder anderen Enthüllung über Stalin. Allerdings wären sie auch nicht derart gläubig gewesen wie viele FDJler und junge Genossen, die jeden Satz, der von Stalin stammte, für eine Offenbarung hielten. Das war zynisch und tat weh. Willi Bredel antwortete dem ganzen Politbüro mit heiligem Zorn: »Ihr seid es doch gewesen, die unsere Jugend zum gründlichen Studium der Schriften Stalins vergattert habt!«

Was ich damals nicht ahnen konnte oder wollte, war der Umstand, daß meine Verachtung Stalins kein probates Antitoxin war gegenüber den Anfechtungen des Stalinismus. Aber lange Zeit habe ich der Wirkung des Gegengiftes vertraut.

Im Herbst dieses ereignisreichen Jahres 1956 braute sich in Ungarn etwas zusammen, das sich im Oktober Bahn brach. Die Bilder des Aufstandes, die ich im Fernsehen sah, hatten für mich eine wahrhaft revolutionäre Aura, die auch dort das Ende der stalinistischen Ära einläutete. Um so aggressiver reagierte ich auf die Aggression, die eben dies alles abwürgen sollte: obwohl sie wenige Tage zuvor noch beteuerte, sie werde sich jeder Einmischung enthalten, intervenierte die Sowjetunion am 4. November mit Waffengewalt. Dieser Wortbruch, dieses gewaltsame militärische Eingreifen ließ mich einen schlimmen Rückfall hinter die Fortschritte des XX. Parteitages der KPdSU und ein Wiedererstarken der längst überwunden geglaubten stalinistischen Praktiken befürchten.

Nach offizieller Lesart – auch in der DDR – war allerdings lediglich eine bewaffnete Konterrevolution, welche die volksdemokratische Ordnung stürzen wollte, erfolgreich niedergeschlagen worden.

Diese Auffassung konnte und wollte ich mir nicht zu eigen machen. Und ich hatte damals das Gefühl gehabt, ersticken zu müssen, wenn ich meine Meinung nicht entsprechend kundgetan hätte.

Wir drehten in jenen Tagen einen Fernsehfilm nach dem sowjetischen Theaterstück »Der Chirurg«. Und ganz natürlich waren die Ereignisse in Ungarn das beherrschende Pausengespräch. Besagte ältere Kollegin, die mir schon den Mikojan hatte madig machen wollen, verstieg sich zu dem entsetzlichen Kommentar: »Endlich wird dieses Schlangennest in Ungarn ausgebrannt!«

»Charlotte, ich bitte dich! Einer wahrhaftigen Revolution wird der Garaus gemacht, indem sie erbarmungslos niedergewalzt wird.«

Sie würdigte mich keines Wortes mehr.

Doch damit war das Thema noch lange nicht erledigt, und ich bekam prompt die Quittung.

Das Gewerkschaftssekretariat, dem wir beide angehörten, bestellte mich ein. Ich möchte in diesem Fall den Bericht, der darüber angefertigt wurde, für sich sprechen lassen. Das Dokument verdanke ich dem letzten Vorsitzenden der Gewerkschaft Kunst, Horst Singer, der 1991 mit der Abwicklung dieser Organisation befaßt war.

In der Information, die von besagter Genossin stammte, heißt es: »Er (H.-P. Minetti) bezeichnete das Eingreifen der sowjetischen Streitkräfte als Einmischung in die inneren Angelegenheiten der Volksrepublik Ungarn und meinte, daß dies eine Weiterführung der Gewaltpolitik Stalins sei.« So jedenfalls steht es in diesem »Bericht über die Auseinandersetzung des Sekretariats der Gewerkschaft Kunst mit dem ehrenamtlichen Sekretariatsmitglied, dem Schauspieler Hans-Peter Minetti, vom 16. November 1956« mit all seinen grammatikalischen und stilistischen Fehlern.

Die Information ging sofort an das Zentralkomitee der SED, Abteilung Schöne Literatur und Kunst. Von dort wurde das Sekretariat angemahnt, mit mir eine gründliche Aussprache zu führen. »Die Aussprache fand am Donnerstag statt, und ihr Ergebnis war negativ. Genosse Minetti blieb bei seiner ... Meinung und behauptete, daß auch die hauptamtlichen Mitarbeiter des Sekretariats die sogenannte ›Stalinlinie‹ weiterführen ... Am Freitag, dem 9.11., fand im Deutschen Theater in seiner zuständigen Parteiorganisation eine Versammlung mit dem Thema ›Die allgemeine politische Lage‹ statt. Auch hier vertrat Genosse Minetti seine unmöglichen politischen Ansichten. Alle Genossen Künstler des Deutschen Theaters zeigten in ihren Diskussionen die unrichtige und falsche politische Einstellung des Genossen Minetti auf. Aber leider ohne jeden Erfolg bei ihm. Er ging hier soweit und behauptete, im Gegensatz zu seinen bisherigen Ausführungen, daß er nun auch aus dem Sekretariat ... ausscheiden würde, sein Ausscheiden aber um jeden Preis vor dem versammelten Zentralvorstand begründen wolle, um so das Verständnis der Künstler für sein Handeln zu gewinnen. Er sucht also in der Gewerkschaft als einer Massenorganisation eine Tribüne zur Verbreitung seiner falschen Anschauungen.

Auf einer Aussprache mit unserem Genossen Maschke

am Dienstag, dem 13.11., wurde dem Genossen Minetti klargemacht, daß wir ihm diese Plattform nicht geben werden. ... Das Sekretariat ist der Ansicht, daß der umrissene Fragenkomplex noch nicht abgeschlossen ist, und es gibt nach wie vor Bemühungen, durch Überzeugung und Diskussionen dem Genossen Minetti zu helfen. So wird zum Beispiel am Dienstag, dem 20.11., mit allen Sekretariatsmitgliedern erneut der ›Fall Minetti‹ besprochen werden. Die zur Zeit an den Tag gelegte Verbissenheit und Unvernünftigkeit des Genossen Minetti lassen die Befürchtung zu, daß er seine Ansicht in den prinzipiellen Punkten nicht ändern wird.

Unser Fehler liegt wahrscheinlich darin, daß wir den Genossen Minetti in der Frage des Klassenzugehörigkeitsgefühls und der ideologisch-politischen Arbeit überschätzt haben. Wir glaubten, ihn so behandeln zu können, wie man bewußte Genossen behandelt, aber seine soziale Herkunft ist ja ausgesprochen bürgerlich, und auch heute noch bestehen feste Familienverbindungen zu seinen Eltern und zu seiner Schwester in Westdeutschland!

Die Schwankungen, die wir ihm nicht zugetraut haben, entsprechen den Schwankungen, die die Intelligenz in der Übergangsperiode vom Kapitalismus zum Sozialismus durchmacht und in der einige Intelligenzler die Erkenntnis der führenden Rolle der Arbeiterklasse verlieren, resp. zeitweilig verlieren.«

Dieses Zeugnis offenbart eine geistige Grundhaltung nicht nur jener Zeit, sondern auch der Partei: Prinzipiell konnte nur der einzelne irren. Die Parteiversammlung am Deutschen Theater verlief hingegen keineswegs so eindeutig, wie der Bericht suggeriert. Es gab Genossen, die mir zur Seite standen, vor allem der Intendant Wolfgang Langhoff, obwohl er sich selbst in Bedrängnis befand. Völlig unerwartet schlug sich Heinar Kipphardt für mich in die

Schanze. Er tat dies mit einer Schärfe, die mir wohltat. Wir standen uns bis dahin nicht sonderlich nahe. Sein Stück »Shakespeare dringend gesucht« hatte mir nur bedingt gefallen, und das hatte ich Kipphardt auch gesagt. Er nahm sichtbar übel, war aber, wie die Versammlung zeigte, keineswegs nachtragend. »Wer hier erklärt, daß er dem Genossen Minetti nicht mehr vertraue«, rief Kipphardt in die Runde, »der versteht nichts von Menschen, nichts von Politik und nichts von der Partei.«

Es war ein herber Verlust für die DDR, als unser Chefdramaturg am Deutschen Theater sie verließ. Sein »In der Sache J. Robert Oppenheimer« und »Bruder Eichmann« gehören mit zu den politisch und künstlerisch aufrüttelnden Stücken nach dem Zweiten Weltkrieg.

Der Fall Minetti machte, wie konnte es anders sein, überall die Runde. Viele Genossen sprachen mich daraufhin an, die meisten aufgebracht, zornig auch, aber nie direkt persönlich verletzend – andere sehr ruhig, sehr behutsam, wenn auch enttäuscht, weil ich schon bei ersten Stürmen so wenig Standhaftigkeit bewiesen hätte. Ein Satz wiederholte sich dabei in diversen Varianten: »Dem richtigen Fiete wäre das nie passiert!« Das, ich gebe es zu, irritierte mich denn doch. War ich etwa, ohne es zu wollen, dem Fiete-Image doch entronnen? Dagegen hätte ich nichts gehabt, denn das hatte ich mir ja insgeheim gewünscht. Aber, fragte ich mich dann sogleich, ob ich nicht womöglich jetzt erst bei meinem Fiete angelangt sei – jedenfalls in dem Sinne, wie ich selbst ihn eigentlich interpretiert und verstanden wissen wollte: rigoros, begeisterungsfähig, zugleich aber auch kritisch und angriffsfreudig. Welches war nun der richtige Fiete? Wer ist überhaupt schon ein richtiger Kommunist? Die Frage ist sicherlich ebenso schwer zu beantworten wie die Frage nach einem richtigen Menschen.

Aber durch all die offiziellen Aussprachen, die einhergingen mit Vier-Augen-Gesprächen, kamen wir uns auch wieder näher, ich, der ich mir schon wie ein Verstoßener, wie ein Halbgewalkter vorgekommen war, und die Partei. Das war die Trotz-alledem-Reaktion.

Langhoff kümmerte sich um mich, lud mich ins Büro. »So viele Schauspieler kommen zu mir, voller Sorge um ihr Künstlertum. Wir beide bereden, schlage ich vor, die anderen, die politischen Sorgen.« Er sprach sehr selektiv, aber intensiv über seine schmerzlichen Erfahrungen in der Partei.

Ich sprach meine politischen Sorgen an; sie dünkten mich auf einmal sehr viel geringer als die seinen.

Mit den Worten: »Aber beide dürfen wir nicht davon lassen, sonst verlieren wir einen Teil von uns selbst«, beschloß Langhoff unsere Zwiesprache und fügte nach einer Pause hinzu: »Das ist wie die Geschichte mit Hiob.«

Die las ich dann noch einmal in der Bibel meiner Mutter nach.

»Komm doch mal vorbei, ich habe gehört, es gibt Ärger mit dir.« Derjenige, der mir das am Telefon sagte, war Willi Lewin von der Kulturabteilung im Zentralkomitee. Wir waren alte Bekannte aus den Tagen unserer Parteigruppe an der Berliner Universität und hatten zudem gemeinsam an der Studentenbühne mitgemacht. Lewin war ein feiner, lieber Kerl, für die Politik vielleicht zu lieb.

Wir redeten sehr lange und sehr ruhig miteinander, die Atmosphäre war erheblich sachlicher und angenehmer als im Deutschen Theater oder gar im Zentralvorstand. Willi Lewin wollte meine Argumente genau hören, sich ein Bild formen. Ich machte wieder meinem Unmut über die öffentliche Äußerung Hermann Materns Luft, der nach dem XX. Parteitag lässig erklärt hatte, er verstünde die Enttäuschung sehr vieler Genossen, denn die hätten ja jedes Wort von Stalin gelesen und auswendig gelernt. Das klang so wie: Selber schuld, wenn sie das getan haben.

Ich sprach über grauenhafte Artikel im »Neuen Deutschland«, über die ich mich fürchterlich erregt hatte.

Am Ende unseres Gesprächs fragte mich Willi Lewin, ob ich auch anderen Genossen gegenüber meine Meinung so offen vertreten würde. Das wäre, glaube er, ziemlich wichtig für mich.

»Selbstverständlich«, antwortete ich, »zu meiner Überzeugung stehe ich!«

Wenig später erhielt ich eine Einladung von der Kaderkommission, wo mir deren Leiter, Genosse Wieland – Ehemann der späteren ADN-Chefin Deba Wieland – mehrere Stunden behutsam auf den Zahn fühlte. Auch in diesem Gespräch wurde nichts ausgeklammert. Natürlich lag der Schwerpunkt auf den Ereignissen in Ungarn und deren Bewertung. Revolution oder Konterrevolution? Und dann kam Tito an die Reihe und wie ich's mit ihm denn hielte.

Von der Langzeitwirkung, die diese vielen langen Gespräche haben sollten, konnte ich damals absolut nichts ahnen. Heilfroh war ich, daß ich in dieser Zeit nicht nur als Gesprächspartner ständig gefragt war, sondern auch als Schauspieler.

Von Manfred Wekwerth und Peter Palitzsch erhielt ich das Angebot, in deren Fernsehinszenierung von Brechts »Herr Puntila und sein Knecht Matti« den Matti zu spielen. Ich glaube, ich habe selten bei einer Offerte innerlich so gejubelt wie bei dieser. Endlich einmal einen Brecht spielen zu können, war ja schon immer meine heimliche und unheimliche Sehnsucht gewesen. Und nun ergab sich die Chance, mit Brechts engsten Mitarbeitern diesen Traum zu realisieren. Ein Jahr zuvor war Brecht gestorben, und das

Ausmaß des Verlustes auf das Theaterleben war noch nicht recht faßbar.

Als Puntila war Erwin Geschonneck, den ich seit seinem Hamburger »Bürger Schippel« verehrte, vorgesehen. Im Gegensatz zu früheren Belvedere-Usancen gab es keinerlei langatmige, ausufernde Konzeptionsbesprechungen. Wir begannen ganz einfach draufloszuprobieren. Wekwerth/Palitzsch ließen gerade mir freien Lauf und amüsierten sich vermutlich insgeheim köstlich über meine brav verschleierten Stanislawski-Übungen.

Sehr behutsam, sehr vorsichtig brachten sie mich vom rechten Weg ab – auf den linken!

Ich bekam das kaum mit, denn sie machten nicht nur sehr brauchbare Vorschläge, sie machten mir gleichzeitig Appetit, diese Vorschläge sowohl anzunehmen, auszuprobieren, als auch meinerseits verrückte, jedenfalls ausgefallene anzubieten.

Ich hatte während meines Studiums und danach so viel über episches Theater, Verfremdung und/oder inneres Erleben, über Wahrheit der Empfindung gelesen, war dabei »so klug als wie zuvor« geblieben. Nun schafften es diese beiden Regisseure spielend, daß ich das alles vergaß, vergessen mußte und wollte, einen übermütigen Spaß fand an der »Geister-Erzählung« oder der »Ansprache an den Hering« und an allem, was wir sonst noch anstellten. Das hatte ausgesprochenen Werkstattcharakter.

Ich erhielt meine zweite, dritte Taufe für meine Profession. Meine Vorliebe für Psychologie wurde mir fast ausgetrieben, doch dieser Exorzismus wurde ausgeglichen durch die Art, wie mir die beiden Regisseure Sachlichkeit, Trockenheit und Lakonismus beibrachten.

Eine weitere Station auf meinem langen Weg zu Brecht bildeten dann in den späten sechziger Jahren zwei extensive

Gespräche mit Brechts Witwe, der legendären Helene Weigel.

Manfred Wekwerth war aus dem Berliner Ensemble weggegrault worden. Der Stachel saß tief. Er bat mich als Vorsitzenden der Gewerkschaft Kunst, zu dem ich inzwischen avanciert war, um Vermittlung. Das wollte ich mir zutrauen. In dieser Funktion, die ich seit 1966 wahrnahm, hatte ich schon einige Erfahrung in der Kunst des Schlichtens von Theaterkonflikten und hatte mir auch einige, wie ich meinte, akzeptable Kompromiß-Varianten ausgedacht. Doch noch ehe wir richtig ins Gespräch kamen, erklärte mir die Weigel mit ihrem bayerischen Charme beinhart: »Darüber können wir von mir aus zwei, drei Sätze reden, aber dann, bitteschön, ist die Sache gegessen.«

Damit war meine Mission eigentlich erledigt. Aber trotzdem schien sie einer Unterhaltung mit mir nicht abgeneigt. Sie wußte ziemlich gut Bescheid über die Schauspielerausbildung in Weimar am Anti-Brecht-Institut Belvedere. Darüber wollte sie gern mehr hören, wobei sie besonders interessierte, ob und wie ich mich denn aus der Stanislawski-Umklammerung habe lösen können. Ihre Fragen waren präzise und gezielt. Das hatte etwas von der besorgten Art, mit der Mütter ihre Söhne von Fall zu Fall ausfragen. Es war kein Verhör, aber auch nicht sehr weit entfernt davon. Ich plauderte, wenn auch nicht unbedacht, aus der Schule. Damals befand ich mich bereits in einer Phase, in der die zeitliche Distanz zu Weimar viele Unerfreulichkeiten schon verklärt hatte. Beinahe stahl sich schon ein bißchen Wehmut in die Rückerinnerung an diese spannenden, angespannten Jahre. Von Stanislawski hatte ich mich mit gebührendem Respekt meilenweit entfernt.

Die Weigel bestätigte mich in meinem milden Urteil. Sie erklärte mir überzeugend, wie logisch sie meine Entwicklung im Grunde fände – mit dem Effekt, daß sie auch mir einigermaßen logisch erschien. Verfremden könne man eigentlich erst, wenn man sich bewußt geworden sei, *was* man denn verfremden und womöglich auch verneinen wolle. »Du bist über die Psychotechnik zum Theater gekommen und hast an der Kunst des Erlebens deinen Gefallen gefunden. Du wirst nicht mehr ableugnen, daß eine simple Identifikation mit der Bühnenfigur ihre Tücken hat, daß der Schauspieler sich völlig an seine Figur verlieren kann, wird dir doch schon aufgegangen sein. Ja? Dann rück mal raus damit.«

Die Weigel genoß es, als ich lohnende Anekdoten preisgab. Ich merkte es an ihren Kommentaren: »Du, das war nicht schlecht«, »Das will ich meinen«.

Unser anregender Gedankenaustausch währte an die fünf Stunden. Zum Schluß allerdings schwatzten wir noch,wie das Schauspieler untereinander zu tun pflegen, über Regisseure im besonderen und Regie im allgemeinen. Ich beteuerte, keinerlei Ambitionen zu haben, die Bühne mit dem Regiepult zu vertauschen. Einfach nicht vorstellen könne ich mir, unten im Zuschauerraum zu sitzen, weil es mich ununterbrochen zur Bühne hinaufziehen würde. Eifersucht, Neid auf die Schauspieler, die da oben agieren dürfen, würde mich überkommen, wenn ich da unten schauspielerische Enthaltsamkeit zu üben hätte.

Die Weigel quittierte meine Abstinenz mit einem Lächeln und der Frage: »Erzähl mal, wie ergeht's dir bei dem Wolfgang Heinz?«

Ob sie denn den Unterschied zwischen Wolfgang Heinz und dem lieben Gott kenne, erkundigte ich mich.

Nein, den kenne sie noch nicht.

»Der liebe Gott weiß alles, Wolfgang Heinz weiß alles besser!« Diese Nettigkeit stammte von Herwart Grosse, der am Deutschen Theater so seine lieben Erfahrungen mit dem Österreicher gesammelt hatte.

Daran anknüpfend berichtete ich ihr von meiner ersten Erfahrung mit Wolfgang Heinz. Zehn Jahre läge das mittlerweile zurück. 1959 hatten wir unter ihm Gorkis »Sommergäste« probiert. Als Regisseur habe er leidenschaftlich gerne vorgespielt. Das Schlimme daran sei nur gewesen, daß er dies so meisterlich beherrsche. Dadurch werde man vollkommen entmutigt, was schließlich dazu führe, ihm entnervt und ernsthaft vorzuschlagen, er möge doch lieber die Rolle gleich selber übernehmen. Dann bräuchte er sich nicht dauernd mit uns abzuquälen. Seine Retourkutsche: dann müsse er ja alle Rollen selber spielen. Und das, tönte er, könne er leider nicht.

Mir persönlich seien allerdings die Intellektuellen unter den Regisseuren am liebsten. Die regeln alles über den Kopf, inspirieren mich mit bestechenden Argumenten und Assoziationen.

Die Weigel ahnte sofort, daß ich damit indirekt, ohne Namensnennung, das Thema Wekwerth noch einmal anschnitt.

Sie blockte sofort ab. Ganz direkt: »Er ist ein sehr guter Regisseur. Und das verdankt er dem Brecht. Punktum!«

Ein paar Tage später beglückte mich ein Bote mit der zwanzigbändigen Ausgabe der Gesammelten Werke Bertolt Brechts, die inzwischen zünftig zerfleddert ist. Mindestens so sehr freute mich die erneute Einladung zu einem zweiten Treffen, das sich diesmal aber »nur« über drei Stunden erstrecken sollte.

Die Weigel eröffnete mir ohne große Umschweife, es sei an der Zeit, daß ich mich mit dem epischen Theater anfreunden lerne. Am Beginn einer schauspielerischen Laufbahn könne dies ins Auge gehen, doch zu lange abwarten dürfe man auch nicht. Sie bemühte das bekannte Picasso-Beispiel und seinen berühmten Stier. Er sei das Resultat unzähliger Vorstufen. Begonnen habe Picasso mit einer Version, bei der jede Borste, jedes Härchen, jeder Fleck detailgetreu ausgearbeitet war. Von Skizze zu Skizze habe er dann abstrahiert, mehr und immer mehr, bis am Ende der scheinbar hingeworfene Wurf stand.

Und dann kam ein lockeres Angebot: »Magst du's ausprobieren, diesen Weg, bei uns am Berliner Ensemble?«

Mit allem hatte ich gerechnet, nur damit nicht: Ich kam ins Stottern, bat, darauf später noch einmal zurückkommen zu dürfen. Mich lockten weiterhin reizvolle Aufgaben bei Film und Fernsehen, auf die ich durch eine Bindung an das Haus am Schiffbauerdamm nicht verzichten wollte. Auf zwei Hochzeiten zu tanzen, wie mir es die Großzügigkeit des Intendanten des Deutschen Theaters gestattete, wäre dort nicht auf Anhieb möglich gewesen.

Jahre später führte mich mein Weg dann doch noch zum Berliner Ensemble; aber inzwischen war die Grande Dame des deutschen Theaters zu unser aller Leidwesen verstorben.

Doch ich befürchte, ein »richtiger« Brecht-Darsteller bin ich trotz BE und Weigel und Wekwerth/Palitzsch sowie Ruth Berghaus nie geworden. Das mag damit zusammenhängen, daß wohl immer noch Stanislawskische Moleküle in meiner Physis und Psyche virulent waren – vor allem aber wohl auch auf Grund der vererbten und verbrieften Unmusikalität der Minettis.

Mein persönliches Pech sollte sein, daß nicht nur Brecht mit Songs arbeitete. 1958 wurde ich mit der Titelrolle der Fernsehverfilmung von Günther Weisenborns »Lofter – oder das verlorene Gesicht« betraut. Von ihm stammten auch »Die Illegalen«, die gleich nach 1946 von 350 deutschen Bühnen aufgeführt worden waren. Er war selbst ein Illegaler in der Widerstandsgruppe Schulze-Boysen gewesen.

1942 wurde er »ausgehoben« und ins Zuchthaus Luckau eingeliefert, wo ihn 1945 sowjetische Truppen befreiten.

Vor dem Beginn der Proben trafen wir uns in einem Berliner Hotel. Er hatte verständlicherweise keine große Lust, sein Stück zu kommentieren. Dafür war er aber durchaus bereit, über seine Zeit in der Illegalität zu sprechen. Dabei kristallisierte sich zwischen uns eine gemeinsame Vorliebe für Ernst Busch heraus. In diesem Zusammenhang erwähnte er, daß nur durch Gründgens' Intervention das Leben Ernst Buschs gerettet worden war, dem die Vollstreckung eines gegen ihn ergangenen Todesurteils drohte.

»Wenn Sie ein derartiges Faible für Ernst Busch haben«, meinte er, »dann werden Sie ja auch das Komödiantenlied am Schluß meines ›Lofter‹ richtig zünftig daherschmettern können. Dies Finale muß dem Zuschauer durch und durch gehen!«

Der Schock, den er mir damit bereitete, ging tief. Fast wie ein K.o. Ich hatte mich auf die Rolle Lofter unbändig gefreut, weil sie alles hergab, worauf ein Schauspieler versessen ist. Die Fabel basierte, so mich nicht alles täuscht, auf einer Erzählung von Victor Hugo. Die Adaption eines düsteren Stoffes aus dem 19. Jahrhundert, dem Weisenborn eine eigenwillige Ausdeutung gab.

Aber daß ich da – gemeinsam mit der Theatertruppe, die den Lofter durch das Stück begleitet – ein Lied zu singen oder auch nur mitzusingen hätte, ging aus der ersten Fassung des Textes gar nicht hervor. Ich versuchte Weisenborn mein Erschrecken nicht anmerken zu lassen. Wir verabschiedeten uns.

Die Proben zum »Lofter« ließen sich gut an. Die Besetzung mit Inge Keller, Peter Sturm, Otto Mellies und anderen konnte sich sehen lassen.

Je näher der Sendetermin rückte, desto größer wurden die üblichen kleinen Probleme, denn der »Lofter« war, fernsehtechnisch bedingt, als Live-Ausstrahlung vorgesehen. Wir mußten – wegen der verschiedenen Schauplätze, die alle nicht in einem einzigen Studio unterzubringen waren, von einem Atelier ins andere hetzen, um dort nicht den nächsten Auftritt zu verpassen. Mitunter waren dabei sogar halsbrecherische Treppen im Sturm zu bewältigen. Das Drum und Dran während der Endproben war schön abenteuerlich.

Erst in der Endphase tauchte Hanns Eisler auf, der den großen Schlußsong vertont hatte, von dem schon die Rede war. Dieser große Tonsetzer war in natura ein kleiner untersetzter Mann, dessen Aura der seiner Kompositionen in nichts nachstand. Womöglich war er, auch wenn man dies nie so genau weiß, das einzige Genie, das ich je kennengelernt habe. Das Komponieren hatte er bei Arnold Schönberg und Anton von Webern gelernt. Und viele der zartesten wie der reißerischsten Brecht-Songs stammen von ihm.

Er war in der US-Emigration mit den Spitzen deutscher Geistigkeit in Kontakt oder gar befreundet, kannte Thomas und Heinrich Mann, kannte Ernst Bloch, Lion Feuchtwanger, von Brecht nicht zu reden; hatte nach dem Krieg mit Ernst Busch zusammengearbeitet, später mit Gisela May. Er kannte und liebte Gott und die Welt.

Nun stand er mitten unter uns im Atelier, sah den Proben zu. Aber lange hielt er das nicht aus, dann unterbrach er uns: »Ihr Lieben alle – ich bitte euch heute nacht um ein Uhr in den Berliner Rundfunk, dann studieren wir kurz mein Liedchen ein, nehmen es auf, und gegen drei Uhr könnt ihr alle wieder in euren Betten sein.«

Eisler verehrten wir zwar alle, aber ein glückliches Gesicht machten wir alle nicht. Vor allem ich nicht. Mir schwante, wie das in meinem Falle ausgehen würde. Deshalb paßte ich einen günstigen Augenblick ab, nahm Eisler beiseite und eröffnete ihm, daß ich hoffnungslos unmusikalisch sei und also heute nacht gar nicht zu erscheinen bräuchte. Diesem Bekenntnis folgte eine maßlose Enttäuschung: denn Eisler antwortete mit einem kurzen Satz, den ich aber schon sehr, sehr oft zu hören bekommen hatte: »Mein lieber Hans-Peter, merke dir das, es gibt keine unmusikalischen Menschen!« Und dann rief er so laut, daß alle es hören könnten: »Bitte sei auch du pünktlich um ein Uhr im Berliner Rundfunk!«

Meine grenzenlose Enttäuschung rührte daher, daß Eisler dieselbe Floskel verwendet hatte wie schon unzählige vor ihm ... Aber Eisler war doch schließlich ein Genie! Und hätte sich etwas anderes als eine solche Platitüde einfallen lassen müssen.

Schnitt. Ein Uhr nachts in einem Atelier des Berliner Rundfunks. Eisler hatte uns schon erwartet, hatte mit einer kleinen Band schon vorprobiert, begrüßte uns betont gut gelaunt und schritt zur Tat. Er dirigierte seine Musiker mit angetippten, scheinbar fahrigen Fingerzeichen, manchmal trampelte er auch auf den Boden, um der Sache mehr Schwung zu verleihen, brach ab, fuchtelte in seinem unnachahmlichen Stil weiter und gab uns mit gelungener Plötzlichkeit ein Einsatzzeichen. Meine Kollegen sangen, ihre Texte in der Hand, mit. Ich auch, tapfer. Wie zufällig ging Eisler von Sänger zu Sänger, und noch zufälliger landete er schließlich bei mir, legte seine Hand ans Ohr, unterbrach mich und bat: »Sing mir diesen Ton bitte noch mal!« ... Laaa ...! – »Nein! Diesen Ton! Diesen!« Er sang ihn mir vor. Ich sang ihm den Ton nach, aber ich schien ihn nicht getroffen zu haben, denn Eisler bat mich erneut, nun einen ganz anderen Ton, den er mir vorgab, nachzusingen: »Liii...!« Ich tat auch das mit Todesverachtung. Er korrigierte. Ich versuchte es nochmals. »Weißt du, was du da eben gesungen hast? Genau den Ton, den ich zuallererst von dir hören wollte!«

»Na, dann ist es doch gut!«

»Neeein«, sagte er gedehnt, »das ist nicht gut.« Er sagte es beherrscht, leise und traurig. Er ging zum Pult, klopfte ab, obwohl nach meiner Erinnerung gar nicht mehr gesungen wurde, denn dazu waren alle viel zu gebannt, was sich zwischen uns abspielte.

Eisler sagte jedenfalls trocken: »Hans-Peter, es ist gut, du kannst dich schlafen legen. Du bist wirklich unmusikalisch!«

Meine Ehre, mein Minetti-Stolz auf unsere Unmusikalität waren gerettet.

Daß mein Sohn Daniel aus dieser Tradition ausgebrochen ist, kann er nur Irm, meiner Frau, zu verdanken haben. Alle Minettis haben ihr viel zu verdanken.

In diesen Jahren favorisierte ich die Film- und Fernseharbeit. Ich genoß es, die Disziplin ebenso wie die vielfältigen Provokationen, welche die Technik mit Kamera, Licht, Mikrophon auslöste, für die Abwandlungen und Nuancen im schauspielerischen Ausdruck zu nutzen. Film und Fernsehen drohten, das Theater in die zweite Reihe zu verweisen.

Wolfgang Langhoff hatte diese Entwicklung mit Sorge verfolgt, hatte mich zwar großzügig immer wieder freigestellt, verlangte aber nun um so energischer, daß ich dem Deutschen Theater für die Aufführung der »Drei Schwestern« als Baron Tusenbach zur Verfügung stünde.

Den Sinn für Traditionen in der Geschichte des Hauses hatte Langhoff derart kultiviert, daß jedes Mitglied des Ensembles sich ihrer bewußt werden konnte. Vorsätzlich hatte er dabei nie die Zeit des Dritten Reiches ausgespart und dabei mehrere Male bekundet, wie hoch er das Verdienst Heinz Hilperts schätzte, der von 1934–1944 Direktor des Deutschen Theaters war. Mit einem Höchstmaß an menschlichem und politischem Anstand habe er dessen Geschicke durch alle Widrigkeiten hindurch geleitet.

Kurt Seibt, ein Bühnenarbeiter, dem Erwin Strittmatter in seinem Roman »Ole Bienkopp« ein literarisches Denkmal gesetzt hat, leitete zu Hilperts Zeit und bis zu seiner Verhaftung eine siebenköpfige Widerstandsgruppe der KPD am Theater. Mir hat Seibt versichert, er könne sich nicht vorstellen, daß Hilpert von deren Existenz nichts gewußt oder geahnt habe.

Als ein deutliches Zeichen der Hochachtung hatte Langhoff nun Hilpert eingeladen, an seiner alten Wirkungsstätte in Berlin Tschechow zu inszenieren.

Im März '58, wenige Wochen vor Probenbeginn, hatte Hilpert uns alle, die er für seine Inszenierung der »Drei Schwestern« vorgesehen hatte, zusammengerufen. »Herrschaften, meine Proben werden täglich um Punkt 10 Uhr beginnen und um 12.30 Uhr beendet sein. Pausen gibt es nicht. Ich erwarte intensive und konzentrierte Arbeit. Falls ich feststellen sollte, daß jemand von Ihnen nicht gründlich vorbereitet ist und seinen Text noch nicht perfekt beherrscht, werde ich die Probe unverzüglich abbrechen. Wir probieren drei Wochen, dann ist Premiere.« Hilpert drehte sich um und ließ uns mit den Worten »Schönen guten Tag noch, meine Damen und Herren« allein.

Wir schauten uns verdutzt an. Es gab keine Konzeption, keine Erklärung, nichts. Dafür um so mehr Deutlichkeit. Selbst unser Intendant Wolfgang Langhoff, für die Rolle des Werschinin vorgesehen, zuckte ratlos die Schultern.

In der Probenzeit gab es noch weitere Auffälligkeiten. Spätestens zwanzig Minuten vor Beginn waren wir alle versammelt. Nachfragen eines Schauspielers auf den Proben hatte Hilpert nicht gern. Im besten Fall gab er schnodderige Antworten; aber sogar mit denen ließ sich noch etwas anfangen. Jegliche Form von Widerspruch jedoch war absolut inopportun.

Als Gewinn erschien uns die perfekte Textbeherrschung

schon zur ersten Probe. Seitdem habe ich mich von daher ins Textlernen förmlich verliebt, ins Drumherum-Denken, in Assoziationen, Alliterationen, Eselsbrücken: je ausgefallener meine Abschweifungen sind, desto besser fürs Haftenbleiben im Gedächtnis. Und erst wenn der Text einigermaßen sitzt, habe ich den Kopf frei für Phantasie und Spielwitz.

Die Aufführung der »Drei Schwestern« kam sehr gut an und wurde auch im Fernsehen gesendet. Wir freuten uns auf jede Vorstellung. Das einzig Traurige für mich ist, daß der Tusenbach die letzte Rolle sein sollte, in der mich meine Mutter auf der Bühne sehen konnte. Sie hat in ihrem Leben unglaublich viel Theater gesehen – war meinem Vater ein unentbehrlicher Kritiker. Der Regisseur Jürgen Fehling konspirierte oftmals mit ihr, wenn er es mit dem Schauspieler Bernhard Minetti zu tun hatte. Man könnte das als eine Art indirekte Regieführung bezeichnen.

Bedingt durch meine Schauspielerei, war meine politische Arbeit sehr in den Hintergrund geraten. Ohnehin hatte meine dritte Leidenschaft durch die »Ungarn-Affäre« eine merkliche Abkühlung erfahren. Etwas unerwartet erreichte mich eine Einladung in die Kulturabteilung des ZK. Dort händigte mir eine Genossin zu meiner Überraschung eine Gastdelegiertenkarte für den einige Wochen später, im Juli 1958, anberaumten V. Parteitag der SED aus. Ich freute mich darüber, denn ich wollte so einen Parteitag schon immer einmal gerne aus der Nähe verfolgen und brachte das auch zum Ausdruck. Sibyllinisch meinte die Genossin: »Vielleicht ist die Nähe noch steigerungsfähig.«

Am ersten Tag der Großveranstaltung wurde mir ein Zettel überreicht, auf dem zu lesen stand, wann ich mich wo in welchem Raum der Werner-Seelenbinder-Halle in Berlin-Friedrichshain einzufinden hatte. Ein Schild »Kaderkommission des V. Parteitags« hing an der Tür. Ich trat ein. Die Runde am Tisch bestand aus eine Reihe im Kampf erprobter und ergrauter Funktionäre. Der Wortführer war der Genosse Wieland, der mich seinerzeit ausgiebig ins politische Gebet genommen hatte. Er eröffnete mir: »Genosse Minetti, mehrere Bezirksdelegationen haben dich zur Wahl ins ZK vorgeschlagen. Bist du damit einverstanden?«

Ein Polit-Himmel tat sich vor mir auf. Ich holte tief Luft, um zu einer offenherzigen Erklärung anzusetzen, dahingehend, daß ich mich freue und mich des Vertrauens würdig erweisen wolle und dergleichen mehr.

Doch Wieland winkte ab, das sei nicht nötig, ich sei bereit, das genüge. Ich solle mich zur Wahl in der Halle einfinden.

Der Parteitag wählte am Ende 110 Mitglieder und 44 Kandidaten des Zentralkomitees der SED. Einer dieser Kandidaten hieß Hans-Peter Minetti. Ich sollte es 28 Jahre bleiben, bis mich der letzte reguläre Parteitag, der XI. im Jahr 1986, zum Vollmitglied machte. Bezüglich meiner Kandidatenzeit war ich vermutlich einsame Spitze in der SED, und ich sagte mir guten Mutes, solange du Kandidat bist, kannst du dich jung fühlen.

Für mich war diese unverhoffte Wahl weit mehr als nur eine große Ehre. In meiner Biographie bedeutet sie einen Wendepunkt. Ich wollte mir von Stund an alle politischen Eskapaden und Unbotmäßigkeiten strikt untersagen! Damit begann der Prozeß einer parteilichen Selbstdisziplinierung, die mir, wie leider auch anderen, nicht immer gut bekommen sollte. Da konnte es passieren, daß Disziplin und Gewissen verschiedene Wege gehen wollten. Am Ende siegte meist die Parteidisziplin. Bei anderen Parteien spricht man in diesem Zusammenhang von Fraktionszwang.

Der Dramatiker Helmut Baierl hat in dem Ein-Personenstück »...stolz auf achtzehn Stunden« zum fünfzigsten Jahrestag des Hamburger Aufstandes dieses Dilemma zum Ausdruck gebracht, und ich sprach im Berliner Ensemble seine Worte:

»Genossen, wie es auch sei!
Ein Ja aus Weichheit, Bequemlichkeit, Anbiederei
Ist schlechter
Als ein Nein aus innerster Disziplin
Das ist echter!«

So vorbehaltlos nein sagen konnte ich allerdings nur im Rampenlicht der Bühne. In meinem politischen Leben hatte ich zur Partei ja gesagt und damit auch zur Parteidisziplin. Die Partei der Arbeiter hatte mich nach all den Querelen, die sie mit mir gehabt hatte, in ihre Führung aufgenommen. Ein Zeichen, daß sie mir voll und ganz vertraute. Und dieses Vertrauen wollte ich nie und nimmer enttäuschen. Gerade weil ich Schauspieler war. Uns wird oftmals das Vortäuschen als zweite Natur angelastet, während es doch zur eigentlichen, zur ersten Natur des Schauspielers gehört, seine inneren Vorgänge auch nach außen kehren zu können. Stanislawski läßt mal wieder grüßen.

Meine Wahl ins ZK birgt für mich selbst heute noch Rätsel, und ich grüble gelegentlich darüber nach, wie es 1958 dazu kommen konnte und gekommen ist. Ein gutes Jahr zuvor war ich als Bürgersöhnchen gescholten worden, das noch dazu Westkontakte unterhielt. War meine Fiete-Popularität der Grund? Da hätte man eher dem Thälmann-Darsteller den Vorrang geben müssen. Lag es an meiner Parteibiographie mit den Stationen Kiel, Hamburg, Weimar, Berlin? Einerseits waren zwölf Jahre wenig im Vergleich zu den älteren Genossen auf dieser Führungsebene, andererseits zählte ich erst 32 Lenze. Oder verdankte ich diese Ehre der Leidenschaftlichkeit meiner Begeisterung für alles Revolutionäre? Fragen, auf die ich keine schlüssigen Antworten bekommen und selbst auch nicht gefunden habe.

Vor meiner erstmaligen Teilnahme an einer ZK-Sitzung im Schloß Niederschönhausen in Pankow war ich mächtig aufgeregt. »Das ZK hat getagt, das ZK hat entschieden, dies ist ein Beschluß des ZK…« Formulierungen, die meist mit Ehrfurcht gesagt oder entgegengenommen wurden. Und immer schwang etwas Geheimnisvolles, Höchst-Instanzliches mit.

Aber schon vor Beginn meiner ersten ZK-Sitzung wurde ich drastisch desillusioniert. Von Willi Bredel. Ihm hatte ich von meiner Hochspannung erzählt.

»Das brauchst du mir nicht zu versichern, das seh ich dir an, mein Lieber«, gab er gelassen zurück. Und noch gelassener fügte er hinzu: »Heute abend darfst du mir berichten, ob du schon einmal in deinem Leben eine so konzentrierte Langeweile hinter dich gebracht hast.«

»Aber das 35. Plenum?«

»Das war die Ausnahme, wenn auch keine rühmliche.«

Zu später Stunde reichte Willi Bredel ein Kopfnicken meinerseits als Kurzkommentar zum Verlauf der Sitzung aus.

Dabei hatte es für mich noch ganz interessant begonnen. Bei der ersten ZK-Tagung nach einem Parteitag gab es noch keine festgelegte Sitzordnung. So konnte ich mich ziemlich weit vorn plazieren, ich wollte wieder gern Gesichter aus nächster Nähe studieren können.

Erster Punkt der Tagesordnung war die Wahl eines Ersten Sekretärs. Otto Grotewohl, der diese Tagung leitete, schlug beinahe unzeremoniell Walter Ulbricht vor. »Gibt es weitere Vorschläge? Wenn nicht, dann schreiten wir zur Wahl. Wer dafür ist, den bitte ich um das Handzeichen.«

Alle Hände hoben sich zur Einstimmigkeit, nur ich rührte mich nicht.

Grotewohl musterte die Runde, um sich der Vollzähligkeit zu vergewissern. Unvermeidbar mußte sein Blick an mir haftenbleiben. »Ja, bitte, Genosse Minetti, ist das eine Gegenstimme?« fragte er mich betont friedlich und ruhig.

Mir stieg das Blut zu Kopf, aber ich trachtete ebenso ruhig zu antworten: »Nach dem Statut dürfen doch Kandidaten des ZK nicht abstimmen.«

»Nicht beschließen«, korrigierte mich Grotewohl noch eine Spur freundlicher. »Aber bei der Wahl des Ersten Sekretärs kannst du unbeschwert deinen Arm heben ... falls du dafür bist.«

Mein Arm war dann ziemlich schnell oben.

Willi Bredel meinte in der ersten Pause: »Du wolltest mich wohl widerlegen und hast darum mal für Abwechslung gesorgt. Mit dem Statut scheinst du dich ja auszukennen, dann versuch doch mal, das Politbüro zu kontrollieren. Das steht schließlich auch im Statut.« Willi Bredel grinste. »Da dürftest du es schwerer haben.« Und dann hatte er noch den jüngsten Kalauer parat: »Was ist Kritik von oben nach unten? Antwort: Wenn man einen Eimer Wasser aus dem vierten Stock eines Hauses auf den Kopf eines Straßenpassanten schüttet. Was ist Kritik von unten nach oben? Wenn jemand einen Eimer Wasser von der Straße in den vierten Stock schüttet.«

Deprimiert über den Ausgang des Parteitages war Wolfgang Langhoff, dem die Wahl zum ZK-Mitglied fest in Aussicht gestellt worden war. Im letzten Moment muß es allerdings zu massivem Einspruch, von wem auch immer, gekommen sein. Unabhängig davon nahm er mich beiseite, nachdem er mir offiziell und echt von Herzen gratuliert hatte. »Ich hätte mich gefreut«, bekannte er, »wenn wir zwei auch im ZK zusammengefunden hätten. Wir halten uns schadlos und stellen dafür was anderes Großes auf die Beine.«

Diese verklausulierte Vorankündigung galt Lessings

»Minna von Barnhelm«, die er Anfang 1960 mit mir in der Rolle des Tellheim und Käthe Reichel als Minna als Regisseur in Angriff nahm. Als die Besetzung bekannt wurde, witzelte man »Minna von Sezuan oder der gute Mensch von Barnhelm«.

Ich las das Stück immer wieder und fand, völlig blockiert durch konventionelle Interpretationen, die ich gesehen hatte, keinen Zugang zur Rolle. Langhoff erklärte, wie er das Stück und speziell meine Rolle anlegen wollte. Es ging ihm von Anfang an darum, Tellheim als einen Menschen zu zeigen, der sich in die Ehrbegriffe des Preußentums verrannt und verstrickt hatte. Tellheim kostet diesen lebensfeindlichen Moralkodex sozusagen voll aus – und zwar auf Kosten seiner Mitmenschen, aber auch auf seine eigenen Kosten. Weil er versucht, sich hundertprozentig nach dem preußischen Ehrbegriff zu richten, ist er im Begriff, sein Leben und das Leben anderer zu zerstören. Wenn es sein müßte, würde er auch über Leichen (vor allem über seine eigene) gehen, denn es geschieht ja für »die Ehre«, seine eigene Ehre, für die Ehre Preußens und seines Königs.

Langhoff arbeitete konzentriert mit mir daran, daß die künstlerische Kraft der Ironie auch Objektivität gewann, daß sie Resultat wurde und nicht Mittel: »Du darfst als Tellheim nichts von Ironie oder gar Liebenswürdigkeit wissen wollen.«

Durch eine gezielt hergestellte Verklemmung sollten die Verbohrtheit und Verbissenheit des Tellheim deutlich gemacht werden. Ein Zustand, der normalerweise durch Unvermögen eines Schauspielers entsteht, wurde bei uns als Kunstgriff eingesetzt. Der Zuschauer sollte den Eindruck gewinnen: Mensch! Wirf doch ab, was dich hemmt und verklemmt; schmeiß doch deine Hülle beiseite und zeig mir den Menschen, der daruntersteckt.

Während einer Probe behauptete Langhoff einmal steif

und fest: »Du hast da eben so ein merkwürdiges Halsdrehen gehabt. Das sah aus, als ob du dich aus der Uniform befreien wolltest, und gleichzeitig wirkte es als Bestätigung, als Unentbehrlichkeit der Uniform …«

Jedenfalls weiß ich heute nicht mehr: Sollte ich das Detail tatsächlich selber gefunden haben, oder spielte er es mir nur zu? Hatte er sich die Geschichte ausgedacht, um mich in dem Glauben zu wiegen, ich hätte das charakteristische Detail selber gefunden?

Das Neue an Käthe Reichels Minna-Darstellung war, daß sie eben keine gepuderte Rokoko-Dame spielte, sondern ein handfestes sächsisches Edelfräulein, das ganz ohne Frage vom Land kam. Sie hatte etwas Naiv-Spitzbübisches.

Charakteristisch für Langhoffs Probenarbeit war, daß er den Text auf seinen Sinn abklopfte. Wenn man das so hinsagt, klingt das trivial. Aber damit ist natürlich nicht der vordergründige Sinn, sondern der zweite, dritte, vierte Hintersinn gemeint. Und aus dem aufgeschlossenen Sinn ergab sich dann ganz logisch die Version, die Diktion. So entstand aus Sinnfälligkeit … Versinnlichung, Sinnlichkeit. Wichtig war, daß Langhoff bei der Anlage der Figuren mit sehr langem Atem arbeitete. Er überfiel uns nicht mit vielen Forderungen auf einmal, die uns sowieso nur verunsichert hätten. Er verstand es, den Schauspieler Stufe für Stufe die Treppe hochzuführen (und zwischendurch auch mal wieder abwärts); er hütete sich, ihn merken zu lassen, daß hinter der erreichten Stufe noch eine höhere (oder gleich eine ganze Treppe) folgen würde. Wenn er im Probenprozeß Kritik am Schauspieler übte, ging er meist von der affirmativen Seite an das Problem heran. So hat er mir beispielsweise oft gesagt: »Das hat mir eben sehr gut gefallen, wie du diese oder jene Eigenschaft oder Eigenheit oder auch Fremdheit Tellheims hervorgehoben hast. Du mußt darauf achten, daß du das beibehältst!«

Manchmal hatte man die geforderten Züge nur andeutungsweise, nur zaghaft gespielt. Aber nun machte er einem zwingend bewußt, worauf es ihm ankam. Man konnte glauben, man hätte tatsächlich alles das gespielt, was er so überzeugend und anschaulich beschrieben hatte, und man bemühte sich nun kräftig, diese Qualität zu vitalisieren.

Krisen und Dissonanzen stellten sich natürlich auch ein, aber wir verehrten und liebten Langhoff ja alle – wegen seiner einmaligen künstlerischen Potenz, wegen seiner politischen Biographie, seiner Lauterkeit.

Am 30. März 1960 fand die Premiere statt. Zunächst fielen nicht alle Kritiken berauschend aus. Herbert Jherings Rezension war schneidend: »Man kann die Figuren nicht dadurch der Gegenwart nahebringen, daß man ihnen den Tonfall und die Gebärdensprache unserer Jahre unterschiebt. ›Minna‹ ist ein Irrtum, der scharf und eindeutig abgelehnt werden muß, damit er keine Nachkommen findet.«

Erst nach und nach brach sich die Meinung Bahn, daß Langhoff mit dieser Inszenierung Theatergeschichte geschrieben habe. Heutzutage setzen zu viele Regisseure ihren ganzen Ehrgeiz darin, Klassiker komplett anders und partout neu zu interpretieren. Weil Langhoff nicht darauf fixiert war, um jeden Preis eine neue »Minna« auf die Bühne zu zwingen, konnte es eine neue werden, die erst allmählich als Sternstunde des Theaters verstanden wurde. Internationale Gastspiele blieben nicht aus. Höhepunkt war die Einladung Giorgio Strehlers an sein Piccolo Teatro della Città di Milano.

Das Fatale an diesem Höhepunkt allerdings war, daß er uns zu sehr in den Kopf stieg. Das hatte Qualitätsverlust zur Folge. Mir wurde vorgeworfen, mein Tellheim geriete zusehends zu einem tragischen Helden, wo er doch ein ganz und gar lächerlicher sein müßte. Käthe Reichel wurde vorgehalten, sie sei zu drastisch, zu schrill.

Jahrzehnte später kam es zu einem Zerwürfnis mit meiner einstigen Partnerin.

In dieser Zeit gab ich viele Interviews – darunter auch eines dem »Neuen Deutschland«. Wegen dieses Interviews wurde ich von Käthe Reichel heftig attackiert. Ich setzte mich dagegen zur Wehr und reichte eine Klage ein. Sie wurde vom Gericht abgewiesen. Das konnte ich nicht verstehen und wollte es nicht hinnehmen. Als mir dann aber in der Urteilsbegründung vorgehalten wurde, ich hätte es unterlassen, einen sehr wichtigen Zeugen zu benennen, konnte ich den Spruch überhaupt nicht mehr ernst nehmen. Denn dieser Zeuge war schon vor langer Zeit verstorben. In meinen Augen hatten sich die Richter damit gehörig blamiert. Wohingegen Käthe Reichel vor Gericht erklärte, sie wolle den Satz, der mich am tiefsten verletzt hatte, nicht mehr wiederholen. *A la bonheur.*

Die Monate und Wochen, die dem 13. August 1961 vorangingen, gingen im wörtlichen Sinne an die Substanz. Tag für Tag erlebte die DDR einen Exodus, einen Aderlaß an Kapazität, Erfahrung, Talent und Wissen. Das tatsächliche und verklärte Wirtschaftswunder stellte seine magnetische Anziehungskraft unter Beweis.

»Was kann man tun, um all diese Menschen zu halten?« fragte ich Horst Sindermann, den seinerzeitigen Leiter der Abteilung Agitation im ZK. Sein Chef war Albert Norden. Mein Glaube an die Kraft der Rhetorik war grenzenlos. Ich bedrängte ihn, wir müßten mit überzeugenden Argumenten aufwarten.

»Egal, wie überzeugend wir sind, die packen ihre Koffer weiter.« Sindermann war erkenntlich deprimiert. Er fürchtete die Scharfmacher auf beiden Seiten des Kalten Krieges.

Die »roll back«-Strategie des 1959 verstorbenen amerikanischen Außenministers John Foster Dulles war noch lange nicht tot. Die Angst vor einem neuerlichen Krieg steckte den Menschen überall tief in den Knochen. Unsere eigene Friedenspropaganda wirkte mitunter, ohne es zu wollen, mehr ängsteschürend denn beschwichtigend.

Der Flüchtlingsstrom von Ost nach West schwoll weiter an. »Niemand hat die Absicht, eine Mauer zu errichten.« Sindermann wiederholte die Worte Walter Ulbrichts vom 15. Juni 1961. Er tat es in einer Weise, daß ich mir vorstellen konnte, er hätte ihm diesen Satz souffliert. Das war durchaus im Bereich des Möglichen. Für mich war diese Beteuerung Ulbrichts geradezu ein klassisches Indiz, daß die DDR in der Mauer keine Lösung des Problems sah. Denn so töricht war Ulbricht eben keineswegs, daß er den Mauerbau öffentlich geleugnet hätte, wenn er dazu fest entschlossen gewesen wäre. Seine Glaubwürdigkeit in Ost und West hätte er nicht freiwillig zur Disposition gestellt. Meiner Meinung nach war Walter Ulbricht viel zu gewitzt, zu klug, um sich selbst eine derartige Falle zu stellen. Er wird zu jenem Zeitpunkt noch nicht gewußt haben, welche innerdeutsche Lösung Moskau ihm verordnen würde.

Kennedy hatte sich ein halbes Jahr nach seinem Amtsantritt hinter verschlossenen Türen mit Nikita Chruschtschow in Wien getroffen. »Wenn nicht bereits in Wien«, so Heinrich Jaenicke in seinem Buch »30 Jahre und ein Tag« (Düsseldorf 1974), »dann gewann der Kremlchef in den nächsten Wochen die Gewißheit, daß sich die Amerikaner zwar nicht aus West-Berlin vertreiben ließen, daß sie aber keinen Finger rühren würden, wenn er den Ostdeutschen den Fluchtweg verlegte.«

Der Kommentar John F. Kennedys zu Chruschtschow und dem Mauerbau: »Das ist sein Ausweg aus der Klemme. Es ist keine sehr schöne Lösung, aber eine Mauer ist verdammt noch mal besser als ein Krieg.«

Seine Einschätzung spiegelt ziemlich treffend auch die

Mentalität der verbliebenen Bevölkerung der DDR wider – dieses »verdammt noch mal« inbegriffen.

Nach dem Mauerbau traf ich erneut mit Sindermann zusammen. Die Bilder von der Bernauer Straße waren um die ganze Erde gegangen. Da war alle Agitationskunst am Ende, da war nur noch Bestürzung. Andere sahen das anders, sprachen von drei imperialistischen Armeen, die nun in Westberlin eingemauert seien. Ein Triumph? Kein Triumph.

Einen Trost schien es zu geben: kaum einer konnte oder wollte sich vorstellen, daß dieser Mauer eine längere Dauer beschieden sein würde. Wie denn sollte, schon rein technisch, eine vollständige Abschottung gegenüber dem Berliner Westen möglich sein? Von dem dafür nötigen personellen und materiellen Aufwand für ununterbrochene Beobachtung und Bewachung gar nicht zu reden. Das konnte also nur ein Provisorium sein.

Schlagartig erhellte dann aber ein Aufmarsch amerikanischer Panzer – in unmittelbarer Nähe der Mauer – mit der postwendenden Antwort durch ein Aufgebot sowjetischer Panzer, wer die eigentlichen Regisseure im Hintergrund waren. Dramatische Momente, die aber einer sich wieder einstellenden Normalität des Alltagslebens wichen.

Die DEFA drehte beflissen mehrere kurze Episodenfilme über den 13. August mit prominenter Besetzung. Stärkeren Widerhall beim Publikum fand allerdings nur der Streifen, in dem Erwin Geschonneck einem unbedarften Fragesteller die Auskunft gab: »Ein Gespenst geht rum in Europa, und det sind im Augenblick jetzt wir!«

Mit demselben Erwin Geschonneck in der Hauptrolle wurde der Fernsehfilm »Gewissen in Aufruhr« beschleunigt fertiggestellt. Er fand begeisterte Aufnahme als eine künstlerische Antwort auf jüngste Entwicklungen und Verstrickungen.

Unsere Vorstellungen in den Theatern waren gut besucht, besser sogar als vorher.

Den veränderten Realitäten mußte auch die Politik Rechnung tragen. Das führte allerdings nicht zu einer Art Anerkennung der DDR, denn das sollte sich noch zwölf Jahre bis zum Inkrafttreten des Vertrages über die Grundlagen der Beziehungen zwischen der Bundesrepublik Deutschland und der DDR im Juni 1973 hinziehen. Aber viele kleine Schritte waren erforderlich, bis es dazu kam. Einen großen Schritt bedeutete für mich die Proklamierung einer Politik »Wandel durch Annäherung«, wie sie Egon Bahr im Juli 1963 akzentuierte. Das Konzept, man kann es nicht leugnen, war höchst erfolgreich, mit Fernwirkung bis in den November 1989 hinein.

Zu den aussichtsreichen Ansätzen gehörte auch die Absicht, einen Redneraustausch zwischen SED und SPD zu installieren. Ulbricht, ein zeitweiliger Verfechter des deutsch-deutschen Dialogs, hatte im Februar 1966 einen »Offenen Brief an die Delegierten des Dortmunder SPD-Parteitages« gerichtet und einen entsprechenden Vorschlag unterbreitet. Dieser wurde zu unserem Erstaunen von der SPD aufgegriffen. Doch bis es dann schließlich dazu kam, daß zwei gemeinsame Veranstaltungen in Hannover und Karl-Marx-Stadt, dem alten und neuen Chemnitz, verabredet werden konnten, waren zahllose Hürden zu überspringen, die beide Seiten sich abwechselnd aufbauten.

Als das Ende des Hürdenlaufes in Sicht war, bat mich eines Tages Werner Lamberz zu sich, der bereits mit 34 Jahren zum Leiter der Abteilung Agitation beim ZK der SED avanciert war: schlank, groß gewachsen, gut aussehend, sehr gründlich, hochgebildet, scharfsinnig, sprach vier Fremdsprachen fließend. Das einzige, was ich an ihm vermißte, war der Sinn für Humor. Ich habe ihm das einmal vorgehalten, da hat er so herzhaft gelacht, daß ich mich wieder einmal von einem Vorurteil verabschieden konnte. Im »Weltbund der Demokratischen Jugend« hatte er viel politische Erfahrung gesammelt, hatte mit Enrico Berlinguer, dem geistigen Vater des »Historischen Kompromisses« in Italien, zusammengearbeitet.

Kein Wunder, daß viele Genossen und vor allem auch Genossinnen große Erwartungen in ihn setzten. Aber gerade weil er wußte, daß er als ein derartiger Hoffnungsträger galt, war er um so vorsichtiger und umsichtiger. Seine Laufbahn war schon steil angestiegen, und auf Grund seines sicheren politischen Instinktes mühte er sich stets um Zurückhaltung. Sogar seine Eitelkeit hielt er leidlich im Zaum.

Sein tragisches Ende ist bekannt. 1978 war er als Mitglied des Politbüros zu einem Blitzbesuch nach Libyen delegiert worden. Dort hatte Gaddhaffi ihm ein Privatflugzeug zur Verfügung gestellt. Die Maschine explodierte während des Fluges. Die tiefe Trauer in der DDR, nicht nur in der Partei, hatte etwas Lähmendes. Mit ihm war auch eine Option auf die Zukunft abgestürzt. Es kursierten verschiedene Versionen über die Unglücksursache. Die Geheimnistuerei war derart auf die Spitze getrieben, daß eigentlich nur die eine Version übrigblieb. Der Anschlag mußte einem anderen gegolten haben, und der hat schon viele überlebt.

Was das Schicksal mit uns vorhaben sollte, wußten wir 1966 beide nicht, als wir darüber beratschlagten, wie eine »künstlerische Umrahmung« für die Veranstaltung in Karl-Marx-Stadt ausfallen könnte. Lamberz plädierte für Gedichte aus der Tradition beider Arbeiterparteien. Mein geliebter Majakowski schied damit aus. Eine Kostprobe blieb ihm trotzdem nicht erspart.

»Brecht?«

»Unbedingt«, sagte er. »Aber auch was Historisches für die SPD.«

Noch in meiner Kieler Zeit hatte ich für die KPD oftmals »Die Revolution« von Ferdinand Freiligrath rezitiert. Bei diesem Vorschlag war die fehlende Begeisterung Lamberz' für mich ein Grund, ihn dezent darauf hinzuweisen, daß Freiligrath für Heinrich Heine »zu den bedeutendsten Dichtern seit der Julirevolution in Deutschland« zählte.

»Trotzdem«, meinte er, »schon der Titel des Gedichtes könnte die Sozialdemokraten verschrecken, denn mit der Revolution tun sie sich ja immer schwer.«

Unsere Vorauswahl fiel schließlich zugunsten von Arno Holz aus. Die auf Kapital, Thron und Altar gemünzten Verse fand Werner nicht unpassend:

>»Ihr faselt im Wachen, ihr faselt im Traum,
>und im Frühling geniert euch der Wind,
>und keiner merkt, wie im Freiheitsbaum
>schon die Knospen gesprungen sind!«

»Klingt ein bißchen schwülstig, aber trifft hoffentlich den Nerv beider Parteien«, meinte er.

Nach wenigen Tagen bat er mich noch einmal zu sich: »Wir haben uns beide vergeblich den Kopf zerbrochen, denn mit dem Redneraustausch wird es wohl doch nichts werden.«

Natürlich bohrte ich nach, natürlich verriet Werner nicht viel. Es sei mancherlei zusammengekommen, das Gesetz über »freies Geleit« für unsere Genossen sei für Walter Ulbricht so nicht akzeptabel, unterstelle es doch vorausgegangene schuldhafte Handlungen.

Luther hätte aber auch freies Geleit in Anspruch genommen, meinte ich.

»Im Fall Jan Hus ist die Geschichte allerdings schiefgegangen.« Darüber hinaus gäbe es ungelöste Probleme hinsichtlich der Auswahl der Redner auf unserer Seite.

Dazu schwiegen wir dann beide. Ich dachte an Albert Norden, der natürlich optimal gewesen wäre. An wen Lamberz dachte, konnte ich ihm nicht ansehen.

Mit dem Nicht-Zustandekommen des Redneraustauschs zwischen der SPD und SED war eine gute Chance zur Verständigung vertan.

Eine innere Parallelentwicklung, die Hoffnung auf politische Veränderungen, bewirkt durch Kunst, hatte zuvor schon die 11. Plenartagung des ZK Ende 1965 abgeblockt.

Inzwischen sind schon so viel bittere Wahrheiten darüber geschrieben worden, daß ich mich auf das beschränken kann, was mich persönlich betraf. Ursprünglich sollte die Ökonomie thematisiert werden. Geteilte Meinungen wurden für möglich gehalten, weshalb offenbar vorsichtshalber auf das »harmlosere« Feld der Kultur ausgewichen wurde. Aber der Glaube, dadurch Streit vermeiden zu können, war ein fataler Irrtum.

Ich konnte nur am ersten Tag teilnehmen, aber das reichte aus, um einen Vorgeschmack auf künftige Entwicklungen zu bekommen. Die Direktorin der Parteihochschule, Hanna Wolf, attackierte mich, weil ich mich dazu hergegeben hätte, in dem DEFA-Film »Spur der Steine« einen miesen Parteisekretär zu spielen. Ich wollte ihr gern erwidern, wollte ihr nichts schuldig bleiben. Aber in der nächsten Pause sprach Hermann Matern mit mir: »Wir raten dir, übergeh das Ganze mit Schweigen. Denn wenn du deine Rolle, den Parteisekretär, verteidigen willst, verteidigst du auch den ganzen Film – und wenn du das tust, trägst du Schaden davon und womöglich auch die ganze Partei.«

»Aber ich bekenne mich doch zu dem Film.«

»Eben darum.«

Meine Wortmeldung gab ich trotzdem ab, aber zu Wort kam ich nicht mehr.

220

Als ich seinerzeit das Drehbuch zu »Spur der Steine« gelesen hatte, empfand ich den Parteisekretär, den ich verkörpern sollte, als einen ziemlich mickerigen Charakter. Zuerst wollte ich daher die Rolle zurückgeben. Mir ging es gegen den Strich, generell die Funktion von Parteisekretären herabzusetzen. Aber dann reizte es mich, ihn doppelt zu spielen, einmal so, wie er im Buche stand, gleichzeitig aber deutlich zu machen, daß er mehr war als die unsympathische Schutz-Fassade.

Der Regisseur Frank Beyer, dem ich meine Skrupel nicht vorenthielt, formulierte seine Erwartungen an mich: »Ich hab' dich besetzt, weil ich von dir erwarte, daß du mir kein Klischee ablieferst, sondern die Figur individualisierst. Die will ich ebenso wenig denunzieren wie du.« Zu dieser Rollenauffassung hat Beyer auch gestanden. Ich fand ihn angesichts meiner Zweifel vorbildlich fair.

Mir wurde auch im nachhinein nicht das Resultat meiner schauspielerischen Arbeit vorgeworfen, sondern allein die schlichte Mitwirkung an dieser Produktion.

Günter Witt, unser Freund, kam nach seiner Absetzung als Film-Minister zu uns in die Wohnung. Wir saßen beisammen, ratlos, hilflos im Unverständnis des Geschehenen. Wieviel besser hätten wir uns fühlen können, wären wir in der Lage gewesen, auf die »Kulturbanausen« schimpfen zu können. Aber was geschehen war, kam von Genossen, den führenden. Was hatten sie besser begriffen, entdeckt, entschlüsselt, was wir übersehen haben sollten? Wo lag die Ursache unseres Unverständnisses? Wir mußten und wollten doch eine gemeinsame Basis der Erkenntnis finden. Konnte unsere Arbeit wirklich einen Schaden angerichtet haben?

Nur über diese Fragestellungen kann ich bis heute Kurt Maetzigs devote Selbstkritik verstehen, die er in einem später auszugsweise veröffentlichten Brief vom 5. Februar

1966 an den hochverehrten Genossen Ulbricht äußerte. Seine Stellungnahme tat und tut bis heute noch so weh, daß ich aus diesen fünfeinhalb Seiten nicht zitieren möchte.

Beinahe beneideten wir die Kollegen, die von Herzen auf die »Idioten da oben« schimpfen konnten. Mit echtem Schmerz, mit Tränen in den Augen Abschied nehmen können – viele, zu viele vermochten es. Damals und später. Und wir, die wir blieben, wollten es mit Brecht halten:

>»Und weil wir dies Land verbessern
>Lieben und beschirmen wir's
>Und das liebste mag's uns scheinen
>So wie andern Völkern ihrs.«

Wie also ein solches Plenum verarbeiten können? Wie anders als mit Arbeit.

Noch in der Nacht des ersten Tages war ich vom DDR-Fernsehen zu Außenaufnahmen abgeholt worden. Meine Freistellung von der weiteren Teilnahme war ungewöhnlich und nur den hohen Erwartungen geschuldet, die mit der fünfteiligen Serie »Doktor Schlüter« einhergingen. Die Parteiführung war sich klar, daß man die Künste nicht in Bausch und Bogen aburteilen dürfe; mehr denn je sei nötig, Zeichen zu setzen, wie eine sozialistische Kunst größte Breitenwirkung erreichen und zugleich ästhetischen Ansprüchen voll Genüge leisten könne. Dieses Exempel sollte »Doktor Schlüter« statuieren.

Das Drehbuch stammte von Karl Georg Egel, die Hauptrolle spielte Otto Mellies. Die Geschichte kreiste um einen hoch talentierten Wissenschaftler, der jenseits aller Theorie und Forschung in seinem Fach immer auch auf der Suche nach der eigenen Standortbestimmung als Deutscher ist – von der Weimarer Republik bis zur Zweistaatlichkeit. Doktor Schlüter sollte eine Variation deutscher Faustgestalten werden, die natürlich auch einen Mephisto als Freund brauchte und einen Anti-Mephisto als Pendant. Diesen Ernst Demmin spielte ich als eine Art guten Geist, der es sich aber schwer macht, gut zu sein. Egel hatte alle Figuren schön borstig und widersprüchlich angelegt.

Im Ostseebad Ahrenshoop sollten nun Szenen für den fünften und letzten Teil aufgenommen werden, in denen Ernst Demmin einen verzweifelten Schlüter vor dem Freitod bewahrt.

Als die Schnittmuster wenig später der Leitung des Fernsehens vorgeführt wurden, war man entsetzt – unmöglich konnte das Fernsehen nach dem 11. Plenum seinem Publikum auch nur einen Selbstmordversuch des Titelhelden zumuten!

Fatalerweise hatte die Königsebene des Fernsehens unmittelbar nach besagtem Plenum, um sich einigermaßen zu rehabilitieren, verfügt, daß die ersten vier fertigen Folgen von »Doktor Schlüter« so schnell wie möglich ausgestrahlt werden mußten. Diese Rechnung ging auf, zumal die vier Teile regelrechte Straßenfeger wurden. Nur fehlte leider der krönende Abschluß. Doch der ließ auf sich warten; Egel mußte eine Fassung ohne den versuchten Selbstmord schreiben, und die mußte dann ebenfalls neu gedreht werden. Das hingehaltene Publikum konnte einem leid tun. Es wurde so lange in Spannung gehalten, bis von ihr nicht mehr viel übrig war. Und durch die »Verbesserungen« des Schlusses wurde der auch nicht gerade besser. Als er genehmigt und sendefähig war, schien es angebracht, seine vier Vorgänger erneut auszustrahlen, damit daraus hervorging, woran er eigentlich anschloß.

Trotz dieser Einschränkung gehörte »Doktor Schlüter« alles in allem mit zu den vielen Höhepunkten, die das Fernsehen zu bieten hatte.

Im Oktober 1966 wurde ich zum Vorsitzenden der Gewerkschaft Kunst gewählt, ein Ehrenamt. Mein Vorgänger, der Filmregisseur Konrad Wolf, wurde nicht gerade freundschaftlich verabschiedet, weil er zwischenzeitlich Präsident der Akademie der Künste geworden war, wodurch er seine Gewerkschaftsverpflichtungen hatte vernachlässigen müssen. Bei der Amtsübergabe fanden wir natürlich freundliche Worte füreinander.

Nun kamen mir meine vor Jahren gesammelten gewerkschaftlichen Erfahrungen zugute. Trotzdem war meine Situation ein bißchen heikel. Diejenigen hauptamtlichen Mitarbeiter, die mir seinerzeit wegen Ungarn schwer zu schaffen gemacht hatten, waren nach wie vor da, doch ich bemühte mich redlich, damit sie sicher sein konnten, ich trüge ihnen nichts nach. So gaben wir dennoch eine agile Mannschaft ab, wie eine Gewerkschaftsführung sie in jedem Fall braucht.

Schon in den ersten Wochen meiner Amtszeit kam eine diffizile Bewährungsprobe auf uns zu. Seit dem sogenannten Künstler-Normalvertrag von 1919 waren Schauspieler, Sänger, Tänzer einem sehr labilen Vertragsverhältnis unterworfen. Per 31. Oktober eines jeden Jahres standen ihre jeweiligen Verträge zur Disposition. Die Intendanten vertraten die Meinung, dies sei weiter nicht tragisch, denn die Darsteller hätten immer noch genügend Zeit, sich anderweitig nach neuen Engagements umzuschauen und nötigenfalls mit Sack und Pack nebst Familie umzusiedeln.

»Man schmücke den Schauspieler mit Lorbeeren und verjage ihn dann so schnell als möglich aus den Mauern der Stadt.« Das uralte Zittern der Schauspieler vor dem Datum des Verjagtwerdens seit Platon empfand ich immer als Entwürdigung par excellence.

In einem Bühnenalmanach der Kaiserzeit stieß ich einmal auf die Annonce eines ostpreußischen Theaters, ich glaube, es war Allenstein. Deren Text lautete sinngemäß: Für das Fach der Salondame wird eine gut aussehende Schauspielerin mit hinreichend eleganter Garderobe gesucht. Mindestens zwei Abendkleider. Hausgage. Aber Alleinstein ist Garnisonsstandort mit hochmögenden Offizieren.

Selbstherrliche Intendanten gehörten allerdings auch in der DDR leider nicht der Vergangenheit an. Im Norden und Süden unserer Theaterrepublik gab es zwei veritable Päpste. In Rostock schwang seit 1958 Hanns Anselm Perten als Generalintendant das Zepter. In Leipzig stand Karl Kayser ihm in dieser Hinsicht nicht nach. Hausintern regierten beide ziemlich despotisch, doch ihre Spielplangestaltung war ausgesprochen couragiert. Perten scherte sich beispielsweise keinen Deut darum, daß es unausgesprochen inopportun war, die Ausgeburt bourgeoiser Dekadenz »Wer hat Angst vor Virginia Woolfe«, aufzuführen. Er tat es einfach und mit Bravour. Peter Weiss und Rolf Hochhuth gewann er als Partner.

Karl Kayser wiederum brachte als erster Schatrows »Diktatur des Gewissens« auf die Bühne, ein Stück, das die in der DDR latent suspekte Perestroika thematisierte.

Dieser Spielplanvisionär war dessen ungeachtet im Umgang mit Schauspielern nicht gerade zimperlich. Er hatte sich etwa nicht gescheut, einer schwangeren Operettensängerin zum 31. Oktober 1966 mitzuteilen, daß eine Verlängerung ihres Vertrages nicht in Frage käme.

Damit war ich als Vorsitzender der Gewerkschaft Kunst gefordert, denn die Konfliktkommission der Gewerkschaftsleitung an seinem Haus hatte sich diesem Akt widersetzt. Daraufhin machte Kayser die Sache beim Bezirksgericht Leipzig anhängig. Die Richter, wie konnte es anders sein, entschieden zu seinen Gunsten. Das wiederum brachte mich auf die Palme. Im Namen des Zentralvorstandes unserer Gewerkschaft intervenierten wir beim Obersten Gericht der DDR, um eine Kassation des Leipziger Urteils zu bewirken. Damit verbunden waren viel Ärger, viele labyrinthische Verwicklungen. Denn Karl Kayser berannte deswegen Klaus Sorgenicht, der im Zentralkomitee die Abteilung Staats- und Rechtsfragen leitete. Eine Funktion übrigens, die er bemerkenswerterweise von 1954–1989 ununterbrochen ausübte.

Davon Wind zu bekommen war nicht sonderlich schwer, denn Kayser hatte es sich in Leipzig nicht verkneifen können, sich damit zu berühmen: »Das ZK ist auf meiner Seite.«

Mit Sorgenicht deswegen einen Termin zu vereinbaren war für mich nicht schwer. Er war ein besonnener, zurückhaltender Mann und hörte sich deshalb meine leidenschaftlichen Argumente zugunsten der schwangeren Kollegin aufmerksam an. »Ich kann dir so wenig helfen wie dem Genossen Kayser«, bekannte er, »denn wozu haben wir Gerichte?«

»Kann es sein, daß du dem Genossen Kayser dies etwas anders dargestellt hast?«

»Keine Spur. Dem habe ich dasselbe gesagt wie dir.«

Das hatte ich mir anders ausgemalt. Vom Herzen her hätte ich mir gewünscht, er wäre auf meiner und der Seite der werdenden Mutter gewesen, vom Kopf her mußte ich ihm allerdings recht geben.

Der Tag der Urteilsverkündung durch das Oberste Gericht rückte näher. In unserem Zentralvorstand machte sich Nervosität breit, denn von dem Richterspruch hing viel ab.

Was die Juristen in ihren Roben dann verkündeten, ging weit über den konkreten Fall hinaus. Die ganze Art der Vertragsgestaltung für Darsteller sei unzulässig. Wenn nämlich keine »Nicht-Verlängerung« ausgesprochen würde, liefe der Vertrag automatisch weiter. Damit sei er seiner Natur nach unbefristet. Unbefristete Verträge dürften aber nach DDR-Recht nicht aufgekündigt werden – es sei denn, mit Zustimmung der Gewerkschaft. Eine Nicht-Verlängerung liefe also de facto auf eine Kündigung hinaus.

Wir waren glücklich und stolz über diesen Sieg. Um so mehr mußte uns befremden, daß in der Urteilsbegründung dem Zentralvorstand vorgeworfen wurde, daß sich die Gewerkschaft Kunst nicht schon längst für unbefristete Verträge ihrer Mitglieder stark gemacht hätte.

Das Urteil, als es bekannt wurde, war eine Sensation – zumindest für all jene, die davon betroffen waren. Die Reaktion der Schauspieler war zunächst einhellige Zustimmung, die der Intendanten weniger. Sie beschwerten sich, daß sie nun auch ungeeignete Schauspieler auf Lebenszeit beschäftigen müßten. Die Ensembles würden »zementiert«. Was nicht zutraf; denn der Grad der Fluktuation verminderte sich nur unwesentlich. Und daß die Gewerkschaft jeder Kündigung zustimmen mußte, erhöhte ihren Einfluß und ihre Verantwortung. Schauspieler der ersten Garnitur waren auf einmal auch bereit, in der Gewerkschaft mitzuwirken.

Bedingt durch besagtes Urteil, waren wir als Gewerkschaft gezwungen, einen neuen Rahmen-Kollektiv-Vertrag auszuarbeiten. Er verhalf dem seit Jahrhunderten unterprivilegierten Schauspielerstand durch neue Rechte auch zu einem größeren Selbstbewußtsein. Liebedienerei und Duckmäusertum vor Intendanten waren entbehrlich geworden.

Für diese Regelung interessierten sich auch westdeutsche Kollegen. Das Jahr 1968 hatte gerade auch an deren Theatern eine Menge in Bewegung gebracht. »Mitbestimmung« stand auf der Tagesordnung. Man war neugierig auf unsere partielle Demokratisierung am Theater, die wir in Angriff genommen hatten.

Von der in München konstituierten »Bundesfachgruppe Bühne, Film und Fernsehen« (BFF) in der DAG erhielten wir einen Solidaritätsappell. Die Kollegen hatten einen Streik für höhere Synchrongagen begonnen. Die Arbeitgeberseite drohte damit, die Aufträge an die »DEFA-Synchron« in Ost-Berlin zu vergeben. Dort würde man selig sein, dafür harte D-Mark kassieren zu können; und daß die Synchronsprecher in der DDR nicht streiken dürften, sei ja wohl bekannt. Die BFF solle sich von daher überlegen, ob sie ihre Kampfmaßnahmen wirklich fortsetzen wolle.

Holger Hagen, ein profilierter Schauspieler, verheiratet mit Bruni Löbel, war mein Gesprächspartner bei einem Treffen in Berlin. Ich konnte ihm lediglich zusagen, mich für die Belange einzusetzen. Wir verabredeten, ständig in Kontakt zu bleiben.

Ich überlegte, wo ich einen verantwortlichen Genossen finden würde, dem gewerkschaftliche Solidarität über Valuta-Einnahmen ginge. Von der richtigen Wahl eines verbündeten Befürworters hing alles ab. Viele warnten mich, und ich bekam zu hören: »Wie kannst du bloß mit westdeutschen Künstlern Solidarität spielen wollen, noch dazu auf unsere Kosten?«

Einzig und allein Ernst Hoffmann, Leiter der Hauptabteilung Film im Ministerium für Kultur, erklärte sich bereit. Er war kein Apparatschik, sondern ein Genosse von altem Schrot und Korn. Ihm ging Solidarität noch über alles. Wir formulierten gemeinsam einen Brief an die BFF, in dem wir die westdeutschen Kollegen darüber informierten, daß das DEFA-Studio für Synchronisation angewiesen worden sei, Fremdaufträge von Firmen aus der BRD zurückzuweisen.

Das Schreiben zeitigte offenbar die gewünschte Wirkung. Wir hörten, daß die Synchronfirmen den Forderungen der BFF nachkamen.

Herbert Warnke, als Vorsitzender des FDGB der ranghöchste Gewerkschafter der DDR, verfolgte diese Aktion mit Mißbehagen. Er selbst war durchaus für Kontakte mit dem DGB, dem er zubilligte, eine Klassenorganisation zu sein, wohingegen die DAG diesen Status für ihn nicht hatte.

Er murrte über mein Vorpreschen, doch das tat unserer Freundschaft noch keinen Abbruch. Entstanden war sie durch Begegnungen unserer Frauen und Kinder.

Geboren 1902 in Hamburg als Sohn eines Arbeiters, konnte Herbert Warnke auf einen bewegten Lebenslauf zurückblicken: vom Nieter bei Blohm & Voß zum Betriebsratsvorsitzenden der Werft, vom jüngsten Reichstagsabgeordneten zum Mitglied des Politbüros der SED.

Wenn man ihn Shakespeare zitieren hörte oder über die Literatur der DDR sprechen, wäre man nie auf die Idee verfallen, daß er sich seine hohe Allgemeinbildung autodidaktisch angeeignet hatte. Über »Faust I und II« hätte er ohne weiteres Vorlesungen halten können. Weil er gute Bücher nicht nur für seine eigenen Kinder wichtig fand, griff er zur Feder und schrieb – natürlich unter Pseudonym – gleich deren mehrere. Er liebte das Theater und ganz besonders das Berliner Ensemble. Seine politische Ausdrucksweise war prägnant, bildhaft und originell. Im Gegensatz zu anderen hochrangigen Genossen wußte er immer sehr gut Bescheid, wieviel die Arbeiter in der DDR von ihren Rechten wirklich hatten und wie gut oder schlecht sie von ihrer jeweiligen Gewerkschaft vertreten wurden. Weil er selber Gewerkschafter mit Leib und Seele war, litt er unter der Politik Walter Ulbrichts, die seiner Meinung nach berechtigte Forderungen der Arbeiter hintansetzte.

Wenn wir im Familienkreise zusammensaßen, sparte er deshalb auch nie mit Kritik an Ulbricht, den ich mitunter verteidigte, falls ich Herberts Äußerungen für überzogen hielt. Das bot ihm Anlaß, seine Kritik nur noch zu verschärfen. »Du hast gut reden. Um euch Künstler und Intellektuelle kümmert er sich. Für euch hat er ein offenes Ohr. Ich wünschte mir, er entdeckte auch mal wieder sein Herz für uns Arbeiter.«

Nach der Absetzung Ulbrichts 1971 hatte Herbert seine Genugtuung. Endlich steht der Arbeiter, wie es ihm zukommt, obenan! ... Wie lange?

Natürlich reizte mich auch die internationale Arbeit der Gewerkschaft. FIA war die Abkürzung für die internationale Schauspielerorganisation FEDERATION INTERNATIONALE DES ACTEURS. Als Gast nahm ich an deren VIII. Kongreß 1970 in Amsterdam teil, engagierte mich in den Diskussionen mehrere Male, machte sogar Vorschläge zu Statutenfragen, auf die ich mich eigens präpariert hatte. Ich lernte viele Kollegen aus aller Welt kennen, Charlton Heston gehörte dazu wie auch später Peter Ustinov, Melina Mercouri, Liv Ullmann und Harry Belafonte.

Dank Albert Norden, der mich auch weiterhin regelmäßig zu Tagungen des Weltfriedensrates, dessen Mitglied ich geworden war, mitgenommen hatte, kannte ich mich auch in den Facetten der angelsächsischen Demokratie auf dem Kongreß und hinter den Kulissen aus.

Aber ein ernstes Problem überschattete die Debatten in Amsterdam. Anderthalb Jahre zuvor hatte die sowjetische Armee mit verbündeten Truppenteilen, auch aus der DDR, in der ČSSR interveniert und dem Prager Frühling ein Ende gesetzt. Es war klar, daß diese Militäraktion den Vertretern der sozialistischen Länder in Amsterdam immer wieder vorgehalten wurde. Der sowjetische Delegierte berief sich zu seiner Verteidigung auf die höchst dubiosen »Hilferufe« aus Prag.

Ich selbst hatte mich oft gefragt, warum ich im Frühjahr 1968 eigentlich nicht ebenso spontan und scharf reagiert habe wie im Herbst 1956 auf die Ereignisse in Ungarn. Der vorrangige Grund war mein mir selbst auferlegter Vorsatz, mich einer erhöhten Disziplinierung zu befleißigen und meiner Partei in prekären Situationen nicht mehr in den Rücken zu fallen. Von Trotzkis einmal proklamiertem Grundsatz, »Die Partei hat immer recht«, hielt ich allerdings nach wie vor nicht viel. Wahrscheinlich wären zahlreiche meiner Genossen dieser Parole gegenüber ähnlich mißtrauisch gewesen, hätten sie gewußt, daß diese borniert Sentenz von eben diesem ja gar nicht bornierten Trotzki stammte. Immer wenn ich das Lied »Die Partei hat immer recht« hörte, mußte ich an Leo Dawidowitsch denken, mit dessen IV. Internationale ich als Student flüchtig kokettiert und Post auf den Weg gebracht hatte.

Neben der Selbstdisziplinierung gab es noch ein zweites Kalkül, das eine Rolle in Hinblick auf das Drama in der Tschechoslowakei spielte. Ich glaubte nicht nur damals, sondern glaube es heute noch, daß der erreichte Status quo – einschließlich der deutschen Zweistaatlichkeit – auf Mitteleuropa friedensstabilisierend gewirkt hat, ungeachtet noch so schwerer innerer und äußerer Krisen. Diesen Status quo, dieses letztlich ausgewogene Kräfteverhältnis, auch nur in minimaler Dosierung zu verändern, schien mir ein Vabanquespiel mit ungewissem Ausgang. Vor allem mit dieser Begründung warb ich in Amsterdam um Verständnis für ein friedensstiftendes Klima.

Dabei hätte ich mir in der DDR einen Sozialismus mit wirklich menschlichem Gesicht gerne gewünscht. Aber die Zeit schien noch nicht gekommen. Heute scheint der Sozialismus mit menschlichem Antlitz um Jahrzehnte in die Zukunft verschoben. Da muß man sich einstweilen mit der Hoffnung begnügen, daß sich uns vorher vielleicht noch ein Kapitalismus mit menschlichem Antlitz präsentiert. Das könnte doch eine makellose Übergangsperiode zu einem freundlichen Sozialismus werden, der dann vielleicht gar auch noch Verständnis aufbringt für uns, die wir Brechts traurige Verse allzu wörtlich genommen, allzu wahr gemacht haben: »… Ach, wir / Die wir den Boden bereiten wollten für Freundlichkeit / Konnten selber nicht freundlich sein.«

Ich hatte nicht damit gerechnet, daß ich zum Abschluß des Kongresses stellvertretend für die DDR-Schauspielerschaft ins Exekutiv-Komitee gewählt würde, obwohl wir überhaupt erst in Amsterdam offiziell in die FIA aufgenommen worden waren.

Meine Mitwirkung im Exekutiv-Komitee unter der jeweiligen Präsidentschaft international renommierter Schauspieler und des liebenswerten schwedischen Generalsekretärs Rolf Rembe hat mir enorm viel Erfahrung in solidarischer Zusammenarbeit gebracht. Sogar bei der Organisation eines internationalen Streiks der Schauspieler gegen die European Broadcasting Union nahm ich in der Streikführung teil. Das berührte mich schon sehr eigenartig, als ein Gewerkschafter der DDR, die kein Streikrecht kannte, einen Arbeitskampf organisieren zu helfen. Noch dazu hatte ich bis dato nichts von der Existenz einer EBU gewußt.

Aber das alles wurde nun Herbert Warke langsam doch zu bunt. Für ihn war mein Engagement in der FIA schon deshalb anrüchig, wenn nicht gar suspekt, weil die überwiegende Mehrheit der dort vertretenen Gewerkschaften dem Internationalen Bund Freier Gewerkschaften (IBFG) angehörten und folglich von den sozialistischen Ländern als »gelbe« Gewerkschaften diskriminiert wurden. Die echten, sozialistischen Gewerkschaften hatten sich im Weltgewerkschaftsbund (WGB) zusammengeschlossen. Wir, die sozialistischen Gewerkschaften, nannten uns zwar nicht rot, aber wir fühlten uns rot und hefteten den wie auch immer sozialdemokratisch bürgerlich dominierten Gewerkschaften das Etikett gelb an.

Mit gelben Gewerkschaften aber einträchtig zusammenzuarbeiten, war ein unstatthafter Seitensprung, wenn nicht gar ein Treuebruch gegenüber der Linie der Partei. Und so war das Grollen des FDGB-Vorsitzenden Herbert Warnke naheliegend. Aus dem Grollen wurde aber ein heiliger Zorn, nachdem ich mit dem Präsidenten der bulgarischen Künstlergewerkschaft, dem exzellenten Schauspieler Lubomir Kabaktschiew, Verhandlungen über ein subtiles Projekt geführt hatte. Lubomir hatte mir vorgeschlagen, unsere beiden Gewerkschaften sollten mit Unterstützung unserer Zentralen ein ordentliches Urlaubsdomizil in Varna, direkt am Strand des Schwarzen Meeres, errichten. Bulgarien würde Grundstück und Baumaterial zur Verfügung stellen, und die DDR sollte sich anteilmäßig an den restlichen Kosten beteiligen. Die Nutzung des Ferienobjektes sollte paritätisch erfolgen. Das Angebot war in jeder Hinsicht verlockend, und ich beauftragte einen Genossen aus unserm Zentralvorstand, dem FDGB-Bundesvorstand ein entsprechendes Papier vorzulegen. Meine Initiative kam Warnke zu Ohren, woraufhin er von mir verlangte, mich von dem Genossen, der diese »dreiste« Vorlage in meinem Auftrag ausgearbeitet hatte, sofort zu trennen. Das wollte ich nicht. Daraufhin wurde dieser Genosse umgehend an die Peripherie versetzt. Damit zeichnete sich ein ernsthafter Konflikt ab. Ich meldete mich bei Warnke an, aber ich war für ihn nicht mehr zu sprechen.

Ich glaube genau zu wissen, welche Philippika er mir gehalten hätte. Weißt du eigentlich nicht, Hans-Peter, wie vielen Arbeitern wir bestenfalls einmal in zwei Jahren einen Urlaub in Thüringen oder an der Ostsee ermöglichen können? Und du, Genosse Minetti, willst deinen Künstlern, die es zehnmal leichter haben, sich da oder dort einen herrlichen Urlaub zu verschaffen, nun auch noch ein Luxusobjekt am Goldenen Strand von Varna erschließen? Und das alles auf Kosten unserer Arbeiter! Du giltst nicht umsonst als ein Neckermann der DDR, weil du dich mehr um Auslandsreisen und Autos und Wohnungen für deine Kollegen kümmerst, als anständige Gewerkschaftsarbeit zu leisten. Ein Ferienquartiermeister, der zu allem Überfluß auch noch mit gelben Gewerkschaften paktiert ... das ist zuviel. Ich kündige dir unsere Freundschaft auf. Wann, bitteschön, willst du dich als Vorsitzender verabschieden?

So in etwa wäre seine Gardinenpredigt wohl ausgefallen. Da ich Herberts Positionen aus der Zeit einer innigen Freundschaft haargenau kannte, konnte ich ihn voll verstehen und fand ihn so konsequent, wie ich ihn auch achten gelernt hatte.

Seine Schlußfrage nach meinen persönlichen Konsequenzen stand ohnehin schon länger im Raum. Ich war seit Ende 1972 der letzte ehrenamtliche Vorsitzende einer Einzelgewerkschaft; die anderen waren inzwischen von hauptamtlichen Vorsitzenden abgelöst worden, die auch auf Grund finanzieller Abhängigkeit von der Zentrale des FDGB wohl leichter zu dirigieren waren.

Ende 1974 kam der Zeitpunkt heran, an dem ich meine Minetti-Mütze nahm. Der Abschied fiel mehr als nur korrekt aus. Herbert Warnke spendete mir schriftlich hohes Lob für acht Jahre Verantwortung an der Spitze der Gewerkschaft Kunst. Die offizielle Rede hielt Warnkes Stellvertreter, doch weit mehr berührten mich menschlich die nicht vorgesehenen spontanen Dankesworte etlicher Weggefährten. Das hatte wohl mit mehr zu tun als mit den Verdiensten um mehr Rechte für die Darsteller und einer erkämpften Gagenerhöhung zu Beginn der siebziger Jahre.

Diese beträchtliche Gagenerhöhung hatte sich nur im Verein mit Klaus Gysi durchsetzen lassen. Er war seit Anfang 1966 Minister für Kultur und mit Sicherheit derjenige von allen in diesem Amte, welcher sich am nachdrücklichsten und konsequentesten für die Belange der Künstler einsetzte. Wir haben uns oft gegenseitig Beistand geleistet, wenn einer von uns in Fährnisse geriet. Geschenkt haben wir uns allerdings gegenseitig auch nichts.

Die brüske Art, wie er Anfang Februar 1973 von dem Honecker-Getreuen Hans-Joachim Hoffmann abgelöst wurde, hat ihn tief verletzt. Es war für ihn zunächst nur ein halbherziger Trost, daß er ab März bereits der erste DDR-Botschafter in Rom wurde. Denn die jahrzehntelange diplomatische Blockade gegenüber der DDR war zusammengebrochen!

Der Wechsel von Ulbricht zu Honecker hatte sich 1971 vollzogen – dezent angekündigt mit dem 14. Plenum im Dezember 1969. Weniger dezent waren die Informationen des Regierungskrankenhauses, die – dreimal darf man raten, durch wen wohl – gezielt an uns ZK-Mitglieder per Kurier weitergereicht wurden. Für alle Nichtmediziner waren die Details der regierungsärztlichen Bulletins ausgesprochen unappetitlich. Aber dem Absender war wohl einzig und allein daran gelegen, daß wir präpariert wurden auf die Losung: Weg mit dem Mann!

Die Tatsache, daß Walter Ulbricht auf umsichtige Distanz zu Moskau gegangen war und wieder einmal Sondierungen in Richtung Bonn gestartet hatte, schien Grund genug, zu vermuten, daß der Wechsel auf dem VIII. Parteitag einigermaßen glatt über die Bühne gehen würde.

Wir, die Delegierten, sangen »Dem Karl Liebknecht haben wir's geschworen ...«. Als die Zeilen dran waren: »Es steht ein Mann, ein Mann so fest wie eine Eiche .../ vielleicht bist du schon morgen eine Leiche,/ wie es so manchem Freiheitskämpfer geht« – wurde durch die Reihen von Genosse zu Genosse mündlich durchgegeben: »Weitersagen! Genosse Ulbricht wird an dem Parteitag nicht teilnehmen!« Das war ziemlich makaber und wurde zum Thema Nummer eins in den Pausen und Wandelgängen.

Immerhin schien jede Form des Personenkults ein für allemal auf dem Rückzug. Die Arbeiterklasse sollte wieder den ihr gebührenden Rang einnehmen, die Brüderlichkeit zur Sowjetunion wiederhergestellt werden. Der Schub an freigesetzter Kreativität, an Phantasie nach dem VIII. Parteitag berechtigte zu den schönsten Hoffnungen. Die Entwicklung der Künste sollte sich durch mannigfaltige Handschriften und durch die Abwesenheit von Tabus wieder entfalten können. Das »West-Fernseh-Sehen« sollte nicht mehr diskriminiert werden! Ein Wohnungsbauprogramm sollte vorbereitet werden. Die Formel von »Einheit der Wirtschafts- und Sozialpolitik« wurde geboren. Diese Einheit sollte eine Art Gleichheitszeichen setzen, eine Ab-Art von ökonomischer und sozialer Identität behaupten, die zumindest in diesem beschworenen Einklang gar nicht existenzfähig sein konnte. Von Günter Mittag wurde besagte Formel auch prompt als Totschläger für jeden selbständig denkenden Wirtschaftsfunktionär mißbraucht. Doch unser aller Hoffnung auf Erneuerung war einstweilen noch ungetrübt.

Durch meinen Rücktritt von der Gewerkschaftsfunktion glaubte ich, mich noch intensiver eigenen künstlerischen Aufgaben widmen zu können. Ich hatte seit »Doktor Schlüter« vor allem viel in fernseheigenen Theaterproduktionen mitgewirkt; in Lessings »Emilia Galotti« unter der Regie von Kurt Jung-Alsen spielte ich neben Angelika Domröse in der Titelrolle und Armin Mueller-Stahl als dem Prinzen den Marinelli; in Schillers dreiteiligem »Wallenstein« spielte ich den Octavio Piccolomini; den Warren Hastings in Feuchtwanger/Brechts »Kalkutta, 4. Mai«.

Am Theater holte mich wieder der Thälmann ein. Im Zusammenhang mit dem fünfzigsten Jahrestag des Hamburger Aufstandes fragte ich Ruth Berghaus, die damalige Chefin des Berliner Ensembles, ob sie sich vorstellen könne, ein eigens dafür geschriebenes Stück von Helmut Baierl zur Uraufführung zu bringen. Sie stimmte sofort zu, dieses szenische Poem für einen Schauspieler, ein Grammophon und eine Barrikade mit dem Titel »...stolz auf 18 Stunden« an ihrem Theater zu realisieren. Als Schauspieler war ich in der *Rolle* des Schauspielers voll gefordert, denn es galt zwölf verschiedene Rollen zu spielen. Nach der Premiere ließ es sich der von mir so verehrte Ernst Busch nicht nehmen, mir in der Garderobe persönlich und von Herzen zu gratulieren. Das bedeutete mir fast noch mehr als der Preis der »Berliner Zeitung« für die beste schauspielerische Leistung der Spielzeit 1973/74.

Aber ein Schauspieler kann ja kaum genug kriegen, und so gierte ich nach weiteren Traumrollen. Ich wollte mich richtig austoben. Ein verführerisches Angebot kam aus Rostock von Hanns Anselm Perten. Wieder eine Uraufführung. Ein Stück über Albert Einstein von Ernst Schumacher, einem schön bayrisch dickköpfigen, bohrend insistierenden Theaterkritiker, der im Theaterverband oft mutige Attacken ritt, der allerdings in seinen Rezensionen auch schon mal die Schauspieler heillos miteinander verwechseln konnte.

Die Proben sollten Anfang 1975 beginnen.

Bis es soweit war, wurde wieder einmal an meine dritte Leidenschaft appelliert. Die Parteiführung, welche die Entzweiung zwischen Warnke und mir besorgt registriert hatte, wollte sich mein politisches Temperament weiter zunutze machen, was ich nicht ungern sah. Es gab kuriose Vorschläge, die bis zur Leitung des DEFA-Dokumentarfilmstudios reichten. Das war so ziemlich das letzte, was wir beide, dieses Studio sowohl als auch ich, uns gegenseitig hätten wünschen können. Ein anderer Vorschlag interessierte mich schon sehr viel mehr. Rudolf Penka, der Leiter der Staatlichen Schauspielschule Berlin, hatte signalisiert, daß er nach dreizehn erfolgreichen Jahren im Amt sich nunmehr verstärkt wieder auf seine ebenso erfolgreiche Arbeit als Regisseur im Ausland, vor allem in Stockholm, konzentrieren wolle. Rudi und ich kannten uns gut, unsere Freundschaft resultierte schon aus Belvedere-Zeiten. Mehrere Male hatte Penka mich in meiner verflossenen Eigenschaft als Gewerkschaftsvorsitzender gebeten, beim Minister für Kultur zu intervenieren, weil ihm mehrmals »Steine auf seinen Seeweg« nach Schweden geworfen worden waren.

Ich hatte ein privates Zusammentreffen mit Penka. Mir war bekannt, daß er zuvor einen offiziellen Personalvorschlag für seine Nachfolge so vehement abgelehnt hatte, daß dieser schleunigst wieder zurückgezogen wurde. Der Betreffende übernahm statt dessen dann die Leitung des DEFA-Spielfilms. Was mich anbelangte, gab Penka sein Einverständnis sogar schriftlich zu Protokoll. Wir freuten uns beide auf die Zusammenarbeit, denn selbstverständlich wollte er – so nicht durch Regiearbeiten verhindert – seiner alten Wirkungsstätte auch weiterhin als Professor für Schauspielkunst die Treue halten.

Bis zum Amtsantritt hatte ich noch ein knappes halbes Jahr zur freien Verfügung. Die Zeit wollte ich nutzen, denn dann würde es schwierig werden – mit der Freiheit. Der Leiter der Staatlichen Schauspielschule war ein regulärer Chef, nach DDR-Normen ein Einzel-Leiter, der Entscheidungen nicht nur zu treffen, sondern auch persönlich zu verantworten hatte. Es gab keine gemeinsamen Beschlüsse, hinter denen man sich verschanzen konnte. Festgeschriebene Präsenzpflicht im Rahmen geregelter Büroarbeitszeiten waren mir absolut nicht geheuer. Das hatte ich schon einige Male umschifft.

Benno Besson beispielsweise hatte mich als Intendant an die Berliner Volksbühne holen wollen. Ende der sechziger Jahre hatte ich ihn auf ein Arbeitertheater in Schwedt an der Oder aufmerksam gemacht. Diese Truppe ragte aus dem Niveau der sonstigen Laienbühnen durch ihre Eigenwilligkeit und Originalität beträchtlich heraus. Der Leiter, Gerhard Winterlich, hatte ein aus dem Rahmen fallendes Stück, »Horizonte«, verfaßt, in dem sich ungeschönte DDR-Realität mit märchenhaften Elementen vermischte.

Mit Besson zusammen fuhr ich ins Oderland, und, was ich kaum zu hoffen gewagt hatte – er war beeindruckt und erklärte sich bereit, die Regie zu übernehmen. Das Resultat, das diese ungewöhnliche Kooperation zwischen einem international renommierten Starregisseur und schauspielernden Kombinatsarbeitern zeitigte, war bestechend. Die Aufführung wurde ein überregionaler und viel herumgereichter Erfolg. Heiner Müller adaptierte das Stück sogar für die Volksbühne, und wer es wiederum bravourös inszenierte, läßt sich denken.

Benno Besson hatte mich in diesem Zusammenhang als einen Drahtzieher genau beobachtet, und er überraschte mich mit der Frage, ob wir an der Volksbühne ein Gespann bilden wollten – mit ihm als künstlerischem Leiter und mir als Intendanten. Er hätte beobachtet, wie gut ich mit Obrigkeiten und Funktionären umgehen könne, und von daher war er der Meinung, wir würden uns gut ergänzen. Daß ich mich geschmeichelt fühlte, dauerte nur kurze Zeit. Denn je mehr ich seinen Vorschlag in meiner Phantasie durchzuspielen begann, um so klarer wurde mir, daß die mir zugedachte Aufgabe darin bestehen würde, ihn abzuschirmen, ihm den Rücken freizuhalten. Dazu mochte ich mich nicht hergeben. Besson sah das schließlich ein und übernahm später selber die Intendanz – mit all den Konsequenzen und Vertracktheiten, denen ein Chef ausgesetzt ist und denen ich immer aus dem Weg gehen wollte. Jetzt war ich auf dem Weg dahin.

Nicht unwillkommen war mir daher zuvor noch die Entsendung im Auftrag des Weltfriedensrates zu einer Konferenz in Brüssel. Solche Auslandsaufenthalte waren ein ausgesprochenes Privileg. Doch die Reisen bedeuteten mir nicht so viel wie die jeweiligen Möglichkeiten zu Begegnungen mit fremden Menschen, Gesichtern und Gewohnheiten. Das war Anschauungsmaterial, Stoff für den Schauspieler, für den politisch Engagierten das gegenseitige Erproben von Überzeugungskraft.

Die Beratungen in Brüssel unter der Leitung eines etwas klein geratenen, rundlichen Kanonikus waren sicher »bedeutsam«, wie Beratungen zu sein pflegen. Doch in Erinnerung geblieben ist mir etwas anderes, die Einladung des sowjetischen Botschafters für die Delegierten der sozialistischen Länder in seine Residenz. Der Leiter der Internationalen Abteilung des ZK der KPdSU und Mitglied des Politbüros, Boris Nikolajewitsch Ponomarjow, würde als unser Gesprächspartner zugegen sein.

Spannend fand ich es, als Ponomarjow nach den einführenden unvermeidbaren Unverbindlichkeiten auf das Freund-Feind-Verhältnis im Friedenskampf einging. Ohne Umschweife kam er auf Henry A. Kissinger zu sprechen, mit dem er wohl schon öfter zusammengetroffen war. Der sei eigentlich ein klassischer Feind, klassisch, weil optimal. Sein Höchstmaß an Intelligenz mache ihn zwangsläufig auch zu einem Partner im politischen Streit. Ein intelligenter Feind sei meist auch mit Hilfe eigener Intelligenz berechenbar, mitunter auch durchschaubar, aber geradezu unverhältnismäßig verläßlicher als ein durch Fanatismus zum Krüppel gewordener Widersacher. Intelligente Politiker seien in der Regel zu klug, um emotional oder gar irrational zu reagieren. Die Intelligenz eines Gegners sei von daher nicht feindlich, sondern nötig!

Heureka! Das ist es, schoß mir durch den Kopf. Darauf hatte ich gewartet, ohne es gewußt zu haben. Nur zu gern wäre ich in einen persönlichen Dialog mit Ponomarjow eingetreten. Doch daran war nicht zu denken, denn er war von vielen umlagert, die ihm aber wohl eher Freundlichkeiten sagen oder entlocken wollten.

Eingedenk meiner guten Erfahrungen in der DDR mit Persönlichen Referenten von Politgrößen, suchte ich in der Menge Ponomarjows engsten Mitarbeiter auszumachen. Als Schauspieler fiel es mir nicht sonderlich schwer, ihn auf Grund seiner abwartenden Körperhaltung und des steten Blickes auf jede Regung seines Chefs zu identifizieren. Ich ging auf ihn zu, und es gelang mir, ihn zu stellen; ich versuchte mich in meinem meist hinreichenden Englisch, er aber antwortete mir in fließendem Deutsch. Das war nun die erste Überraschung. Dann fragte ich ihn, ob Ponomarjow sich bewußt sei, daß es sich bei Kissinger auch um eine für mich sehr spezifische, nämlich jüdische Form der Intelligenz handele.

»Das ist meinem Chef ebenso vertraut wie die Tatsache, daß auch ich jüdischer Herkunft bin.«

Diese zweite Überraschung war schon beinahe keine mehr, denn ich hätte eigentlich von selbst darauf kommen müssen. Bilder von Begegnungen mit jüdischer Intelligenz waren in meinem Gedächtnis, wurden hochgespült. Im Elternhaus in Berlin, Kiel, Hamburg; Trotzki fiel mir ein, Klaus Gysi, Albert Norden, ein leider zu kurzes Zusammentreffen mit Ernst Bloch, glücklicherweise längere Gespräche mit Hans Mayer – und innerlich war ich schon auf meine Rolle als Albert Einstein programmiert. Ihn wollte ich so spielen, daß die Lust am denkenden Sprechen deutlich wurde, dieses ständige Auch-sich-selbst-befragen, der jähe Wechsel von Euphorie zu Melancholie, konzentrierter Einsatz von Gestik, weil sie erst dann auffällig wird, ein Thema einkreisen können, bis der Kreis nur noch ein Punkt ist, auf den er gebracht wird.

Mein höchst bewußtes Sich-auseinandersetzen-wollen mit Gegnern, vermeintlichen Feinden, entsprang nicht nur meinem politischen Selbstverständnis, sondern lag auch essentiell in meiner Profession als Schaupieler begründet. Qua Empathie sich sogar in die Gehirne von Menschen hineinzuversetzen, denen Menschen nichts oder wenig bedeuten, die Menschenleben aufs Spiel setzen oder auslöschen, heißt, sich in deren Gedanken hineinzuversetzen, um sie bloßzustellen.

In diesen Zusammenhang paßt ein Satz von Menander, den ich mir seit meiner Schulzeit gemerkt habe: »Halte dir einen Feind immer vom Leibe, damit er dir keinen Schaden zufügen kann. Willst aber du ihm Schaden zufügen, so suche seine Nähe und werde sein Freund.«

Womöglich haben die erfolgsverwöhnten Politiker der Bundesrepublik ihren Menander besser gekannt als wir in der DDR.

# REKTOR DER SCHAUSPIELSCHULE
## *1975 – 1987*

Meine Hauptsorge war, daß in der Sorge um andere und anderes, um Ausbildung, Studenten und Dozenten mein eigentlicher Beruf, die Schauspielerei, untergehen könnte. Erstmalig bat ich Erich Honecker um einen persönlichen Termin. Andere rühmten sich, schon des öfteren von ihm empfangen worden zu sein. Ihre jeweilige Wunschliste war sicher nicht klein, und einige Wünsche waren immer erfüllt worden. Das hatte sich herumgesprochen. Ich hatte nur das eine Anliegen, aber das war für mich beinahe existentiell.

Honecker hörte mich an und sagte dann den für mich erlösenden Satz: »Du darfst nicht nur weiter auf der Bühne und im Film agieren, *du mußt es*!«

Mir hätte gereicht: Du darfst. Honeckers Diktum befreite mich von aller Sorge. Eigentlich hatte ich durch so viel Entgegenkommen alles erreicht, was zu erreichen war. Aber Honecker hatte für unser Gespräch anscheinend mehr Zeit eingeplant und wollte mehr von mir hören. Da Brüssel noch frisch war, erzählte ich von Ponomarjow. Die Sache mit dem intelligenten Gegner schien Honecker außerordentlich zu beschäftigen, und ich hatte den Eindruck, der Gedanke brachte ihn auf andere Gedanken. Unser Gespräch wurde lebhaft. Ponomarjows These von der Notwendigkeit des Eingehens auf Abrüstungsvorschläge der Gegenseite befremdete Honecker allerdings. Er hob abwehrend die Hände. Das stünde einstweilen und wohl auch noch lange nicht auf der Tagesordnung.

Ich war erstaunt, daß in so einer entscheidenden Frage offenkundig die Koordinierung zwischen Moskau und Ber-

lin nicht optimal funktionierte. In späteren Jahren entpuppte Honecker sich dann jedoch als das Gegenteil eines Brem-
sers, wenn es um Abrüstung ging.

Natürlich habe ich Honeckers »du mußt« fleißig kolpor-
tiert, vor allem in dem mir als Rektor dienstlich vorgesetzten Ministerium für Kultur. Ich merkte auch bald, daß es für
die Studenten von Wert war, ihren Chef auf der Bühne so
beurteilen zu können, wie er sich das ihnen gegenüber regelmäßig herausnehmen mußte. Wenn sich Studenten anerkennend über eine meiner Rollen äußerten, war das für
mich mehr wert als gedrucktes Zeitungslob.

In jener Zeit spielte ich am Berliner Ensemble den Anton
in Gorki/Brechts »Die Mutter«; den Schulmeister in
Brechts Bearbeitung der Tragikomödie »Der Hofmeister«
von J. M. R. Lenz; den Kaiser von China in Brechts
»Turandot oder der Kongreß der Weißwäscher«; den Feldprediger in »Mutter Courage und ihre Kinder«; an der Berliner Volksbühne den König in Shakespeares »Ende gut, alles gut«.

Am 9. April 1975 fand meine offizielle Amtseinführung
statt, und wie sich dies bei derartigen Anlässen geziemt, um-
riß ich in meiner Antrittsrede meine künftigen Intentionen,
sprach vom Bewahren der Tradition und der von Rudolf
Penka erarbeiteten Kombination von Stanislawski und
Brecht und sagte unter anderem auch: »Es wäre schrecklich,
Schauspielstudenten zu haben, die der Meinung wären: das
Theater, das Fernsehen oder die Filme, die wir gegenwärtig
machen, sind gut und Punkt. Was könnten sie dann außer
bloßer Fortsetzung noch leisten? Nein, sie müssen unzufrieden sein mit uns, andere Auffassungen haben und vieles
anders machen wollen. Und dafür ist Raum da. Aber wir
müssen auch begreiflich machen, daß man etwas nur anders

machen kann, wenn man sich zuvor den gegenwärtigen Standard angeeignet hat. Ich kann nicht negieren ohne Wissen. Wenn negieren schöpferisch bleiben soll, muß ich das zu Negierende beherrschen ... Wir dürfen nicht so tun, als sei etwas der Weisheit letzter Schluß; aber sagen müssen wir: das ist das künstlerische Niveau, das wir zu bieten haben – wir müsssen darauf bestehen, daß ihr es euch zu eigen macht. Was ihr hingegen später damit anfangt, ob ihr es bestätigt, erweitert oder gar verwerft – das ist eure Sache.«

Für mich nicht wegzudenken war das Wechselverhältnis von Theater und Politik. Von daher zitierte ich in diesem Zusammenhang auch Brecht aus dem »Kleinen Organon«: »Ohne Wissen kann man nichts zeigen; wie soll man da wissen, was wissenswert ist? Will der Schauspieler nicht Papagei oder Affe sein, muß er sich das Wissen der Zeit über das menschliche Zusammenleben aneignen, indem er die Kämpfe der Klassen mitkämpft.«

Daran schloß sich mein persönliches Credo an: Der Schauspieler soll die Gefahr vermeiden, sich zum Objekt der Politik machen zu lassen, und lieber die Fährnisse eines Subjekts in der Politik auf sich nehmen.

Auch wenn ich in meiner Antrittsrede mich zu konstruktiven Traditionen bewußt bekannt hatte, wollte ich die Samariter-Tradition an der Schule eingrenzen. Sie bestand darin, daß die Studenten behütet und beschützt in Watte gepackt wurden, damit ihre Sensibilität nur ja keinen Schaden nahm. Die Kehrseite dieser Medaille war der fast unausbleibliche Praxisschock, der über die jungen Schauspieler hereinbrach, wenn sie das gepolsterte Nest verließen und in der rauhen Theaterwelt flügge werden sollten. Das hatte dazu geführt, daß viele Absolventen sich nur schwer zurechtfanden und manche den Beruf enttäuscht wieder aufgaben.

Ich wollte mehr Praxis, mehr Praktiken in die Schule

hereinholen. Mein Ziel war, Studenten konsequenter an eine nötige professionelle Disziplin sowie auch an die unnötigen Unsitten eines normalen Theaterbetriebes zu gewöhnen. Besonders bemühte ich mich gemeinsam mit dem Lehrkörper, unsere Studenten gegen allzu heftige Seelenschwankungen zu immunisieren. Selbst gestandene Schauspieler unterliegen immer wieder einem fürchterlichen Verschleiß an Selbstbewußtsein. Die bange Frage nach dem eigenen und tatsächlichen Wert stellt das Zutrauen ins eigene Talent immer wieder zur Disposition – gerade nach kleinen und erst recht nach großen Erfolgen.

Den Umgang mit Hochs und Tiefs habe ich selbst in reichem Maße erst erlernen müssen. Ein Glück nur, daß es zum Metier gehört, mangelndes Selbstvertrauen auch mal blendend kaschieren zu können. Dazu gehört auch das Überstehen, Überspielen von Krisen aller Art.

Gesteigerten Wert legte ich darauf, zu vermitteln, daß ungeachtet der Beurteilungen durch Dozenten, Kommilitonen – und später auch der bestallten Kritiker – der erste, wenn nicht der einzige Maßstab für einen Schauspieler nur die eigene gewissenhafte Selbstbeurteilung sein kann. Knapper und präziser, als dies Shakespeare seinen Hamlet in der Rede an die Schauspieler sagen läßt, geht es wohl kaum: »...laßt Euer eigenes Urteil Euren Meister sein.«

Konflikte gehörten zum Schulalltag, mehr oder weniger geglückte Konfliktlösungen auch. Als frischgebackener Lehrer lernte ich viel zu meinem Beruf dazu. Ich profitierte allerhand vom Erfahrungsreichtum unserer Dozenten, konnte in deren »Laboratorien« Laborant sein, wenn es dort brodelte und zischte oder auch mal implodierte. Ratschläge von den Kollegen erhielt ich vielleicht etwas zuviel – und von jedem andere. Aber ich konnte sie trotzdem dringend gebrauchen, zumal ich ja eigentlich bisher ohne gediegene pädagogische Erfahrung war.

Für meinen Unterricht hatte ich mir das Fach Diktion vorbehalten, weil es da nicht nur um Verslehre, Versbeherrschung ging, sondern um Ausdrucksfinessen des Denk-Sprech-Vorgangs; auch die Wahlverwandtschaft zu Rhetorik lockte. Daß ich mein erstes Seminar, das ich abhielt, Majakowski widmete, war für mich das naheliegendste. Aber dennoch blieb mindestens ein Jahr lang die Unsicherheit mein ständiger Begleiter.

Auf einem anderen Feld fühlte ich mich firm und kompetent: dem der Aufnahmeprüfung, dem springenden Punkt an jeder Schauspielschule. Von dem Ja-Sagen- und dem Nein-Sagen-Können, wenn nicht -Müssen, hängt so viel Schicksal ab, für den einzelnen wie auch für das Institut. Ich behielt mir das entscheidende letzte Wort vor, weil ich meinte, einen Sinn, aber besser: einen Instinkt für Begabungen, große oder ungewöhnliche, zu haben, und wenigstens dabei habe ich mich nur selten getäuscht. Mir war es im Zweifelsfall lieber, auf ein nur bedingt erkennbares Talent zu setzen, als Gefahr zu laufen, uns eine Marlene Dietrich, eine Grete Mosheim, eine Berta Drews entgehen zu lassen oder einen Paul Dahlke, O. E. Hasse, Werner Hinz, die allesamt einmal in grauen Vorzeiten unserer Schule entstammten. An und mit introvertierten Bewerbern, die ein inneres Feuer noch nicht hinreichend nach außen bringen konnten, deren Ausdrucksfreude noch gehemmt war, trotzdem zu arbeiten, ihnen zu schauspielerischer Expressivität zu verhelfen, erschien mir als lohnende Investition. Heute noch bin ich auf jeden stolz, dem ich die Tür geöffnet habe.

Allerdings hatten wir eine Sicherung gegen meine Subjektivität eingebaut, dahingehend, daß jede Dozentin und ein jeder Dozent sehr ausgiebig die Gründe für ihr eigenes Nein oder Ja zu benennen hatten. Ihr Für und Wider gewissenhaft anzuhören war für mich unentbehrlich, um diese letzte Entscheidung zu fällen. Ausschlaggebend war für mich dabei oft die Vorstellung oder der Wunsch: Die oder den hätte ich gern mal auf der Bühne als Partner ... In mehreren Fällen hat sich dies dann auch realisiert.

Nicht verhehlen will ich, daß sich, wenn es um auffallend hübsche Bewerberinnen ging, die Blicke meiner Dozentinnen unverhohlen kritisch auf mich richteten in der unausgesprochenen Annahme: da wird unser Chef sicher wieder nachgiebig werden. Nicht ganz zu Unrecht. Allerdings finde ich, daß »Anschauen-Mögen« mit zum Schau-Spielen gehört.

Freimütig gebe ich zu, daß ich trotz allen Bemühens um Objektivität als Chef bestimmt einen Hang zu Subjektivität nicht ganz unterdrücken konnte. Ich hatte meine »Lieblinge« unter den Studenten.

Jahre später bekam ich Quittungen dafür, positive wie negative, wobei letztere sich in engen Grenzen hielten. Charakteristisch war nur, daß sich ausgerechnet jene Studenten über mich beklagten, denen ich über das eigentlich normale Maß hinaus Hilfe und Förderung hatte angedeihen lassen.

Bei einer Studentin, für die ich mich bei der Aufnahmeprüfung gegen den Widerstand einiger Kollegen stark gemacht hatte, ergab sich in dem nachfolgenden Aufnahmegespräch, daß sie in Berlin über kein Quartier verfügte und sie vorläufig nächtens im Ostbahnhof Zuflucht suchen müsse. Das schien zu stimmen. Ich fand das unerträglich. Meine Frau schlug vor, das Mädchen bei uns daheim vorübergehend zu beherbergen. Daraus wurden mehrere Monate. Auf Grund eines anderweitig nicht erklärbaren Schwundes von so mancherlei in unserem Haushalt mußten wir uns trennen. Die Folge waren wütende Attacken, die sich über Jahre hinzogen.

Einer anderen Studentin stattete ich als Rektor einen Besuch im Krankenhaus Friedrichshain ab. Ich litt darunter, daß es ihr schlecht ging, und wir versuchten uns gegenseitig zu trösten. Bei der Gelegenheit erfuhr ich, daß sie mit ihrem geringen Stipendium zwei Kinder versorgen mußte. Als ich mich verabschiedete, sagte sie: »Das werde ich Ihnen nie vergessen.«

An der Schule hatte ich einen eigenen Fonds angelegt, der aus Honoraren für Rezitationen gespeist wurde, die ich eigentlich nicht persönlich honoriert haben wollte. Diese Kasse wurde von unserer Direktorin für Ökonomie und Planung verwaltet und war zeitweise durchaus schon mal mit achttausend Mark gefüllt. Das Geld war gedacht für Studenten, die eines Zuschusses bedurften – von der Finanzierung einer Kochanlage im Studentenheim bis zur Hochzeit. Und bis zur Scheidung.

Der Stipendiatin, die ich im Krankenhaus besucht hatte, griff ich mit einem Umschlag unter die Arme, dessen Inhalt aus besagter Quelle stammte. Damit ihr die Annahme leichter fiel, fügte ich hinzu, mit ihrem ersten Nationalpreis könne sie mir den Betrag ja zurückerstatten. Zum Nationalpreis konnte sie es allerdings nicht mehr bringen, auch wenn sie als Schauspielerin überragende Leistungen bot. Der Untergang der DDR war schneller.

Vergessen hat sie das alles wohl kaum, aber sie hat auch die Regel bestätigt, gegen die ich verstieß. Man soll seinen Mitmenschen Situationen ersparen, die sie auch nur in die Nähe einer Verpflichtung zur Dankbarkeit bringen könnten. Denn Dankesschuld wird allzu leicht mit Aggressivität kompensiert.

Bei einem Garderobengespräch in der Berliner Volksbühne hatte mich ein Kollege lange und mit großer Ausdauer bekniet, ich möge seinem Sohn zu einem Studienplatz an »meiner« Schule verhelfen. Dafür hatte ich immer ein offenes Ohr, denn ich war selbst Sohn eines Schauspielers, und Daniel würde es wohl auch werden wollen. Das zeichnete sich ab. Darüber hinaus glaube ich – mutatis mutandis – an Vererbung, auch im Falle künstlerischer Begabung. So gesehen, existierte für mich zunächst kein Hinderungsgrund, die Sache zu befürworten. Das eigentliche Problem sollte ganz woanders liegen. Wenn ein Bewerber in einem Arbeitsverhältnis stand, war es üblich, eine Beurteilung des Betriebes anzufordern. Die Auskunft der Druckerei des »Neuen Deutschland« klang verheerend; die Rede war von Unpünktlichkeit, Unzuverlässigkeit, Disziplinlosigkeit, Grobheiten gegenüber Frauen und und und.

Keine günstige Ausgangslage. Das gab es nicht zum ersten Mal. Um so wichtiger würde das Ergebnis des Eignungstests sein, welcher der eigentlichen Aufnahmeprüfung vorgeschaltet war. Den aber bestand der Sohn meines beflissenen Kollegen nicht im ersten Anlauf. Für die Wiederholung präparierte ihn Irm bei uns zu Hause, wie sie das auch sonst schon des öfteren, wohlgemerkt mit Billigung unserer Dozenten, und vor allem meist erfolgreich bewerkstelligt hatte.

Der Junge schaffte irgendwie die Aufnahmeprüfung. In seiner weiteren schauspielerischen Entwicklung kam er nach meinem Dafürhalten über ein Mittelmaß nicht hinaus, blieb in seinen Szenenstudien zu privat, zu gehemmt und zu verspielt. Heute ärgere ich mich, daß vor allem ich zu wenig erkannte, was wirklich in ihm steckte.

Mir dämmerte dies erst, als er mich mit dem Ansinnen löcherte, Straßentheater machen zu wollen. Ich reagierte zunächst abwehrend, vielleicht weil ich ahnte, was da alles auf mich zukäme. Er ließ nicht locker und bekam mich schließlich auch herum. Das imponierte mir. Worauf ich mich damit allerdings einließ, hatte ich in dem Ausmaß denn doch nicht geahnt. Straßentheater hatte es in der DDR bis dato so gut wie nicht gegeben. Eine solche Veranstaltung, unter freiem Himmel, auf einem öffentlichen Platz – was konnte daraus alles werden? So lautete auch der Fragenkatalog, mit dem mich die Abteilung für Inneres, die Organe der Staatssicherheit und sogar die Feuerwehr konfrontierten. Abgesehen von einigen Auflagen wurde das Projekt, o Wunder, schließlich genehmigt. Das Spektakel ging über die Bühne, ohne die befürchteten spektakulären Begleiterscheinungen. Die Zuschauer waren allerdings sehr gemischt. Ob zufällige Passanten, die stehenblieben, oder berufsmäßige Beobachter in der Mehrzahl waren, mag dahingestellt bleiben.

Der betreffende junge Mann sollte sich dann im Lauf der Jahre zu einem Regisseur der Extraklasse mausern. Ich habe einige seiner Inszenierungen gesehen, die hinreißend waren, solange er nicht auf die Idee verfiel, selber darin schauspielerisch mitzuwirken.

In seiner Anfangsphase hat es an Förderung seiner Ambitionen nicht gemangelt. Rein theoretisch wäre auch hier Dankbarkeit an Stelle von Aggressivität denkbar gewesen. Aber »je flehentlicher die Bitten – desto fauler der Dank«. Schließlich wäre diese Volksweisheit nicht so alt geworden, wenn sie nicht immer wieder zuträfe.

Aber derart vereinzelte Allüren ließen wenigstens mein Faible für psychologische Studien voll auf seine Kosten kommen.

Ansonsten aber fand ich seitens der meisten Studenten und vor allem des Lehrkörpers mehr und mehr Anerkennung und Ermutigung.

Zu den gemeinsamen, gleichermaßen aufregenden wie beglückenden Höhepunkten gehörte es, wenn wir erleben konnten, wie sich ein bis dahin nur erahntes, erhofftes Talent nach quälenden Prozessen radikal und scheinbar unvermittelt Bahn bricht, plötzlich die eigene Begabung entdeckt und erkennt, sie ausspielt und auskostet, alle Hemmungen und Rücksichten von sich wirft und nun endlich beginnt, Freude und Genuß am Spielen zu entfalten. Das waren die Geburtsstunden schauspielerischer Persönlichkeiten.

Wir begannen systematisch sogar Szenenstudien und erst recht Studioinszenierungen an allen Berliner Bühnen und im Fernsehen vorzustellen.

In den ersten Jahren allerdings machte uns ein schwerwiegendes Handicap zu schaffen.

Untergebracht war unsere Schauspielschule, als ich dort anfing, in einem ehemaligen Bootshaus in Niederschöneweide, direkt am Ufer der Spree. Diesen Standort hatte sich einer meiner vielen Amtsvorgänger ausgespäht, weil er der Auffassung huldigte, es sei für die Studenten bekömmlicher, möglichst weit weg von dem Zentrum des geballten Theaterlebens zu studieren, um nicht in den Schauspieler-Kantinen herumlungern zu können.

Weil mein primäres Augenmerk den künstlerischen, politischen, auch organisatorischen Abläufen galt, habe ich mich von einer gewissen Blindheit für die materiell-ökonomische Basis nicht frei machen können. Unser Bootshaus war eben so, wie es war, und das hatte ich hinzunehmen.

An einem strahlend schönen Wintertag nahm mich unsere zu jedermann freundliche Parteisekretärin, die Genossin Sonja, beiseite.

»Sag mal, kriegst du eigentlich überhaupt mit, was Sache ist?«

Ich schaute sie etwas ratlos an.

»Gestern mußten drei Szenenstudien abgebrochen werden, weil es in den Räumen vor Eiseskälte nicht mehr zum Aushalten war.«

»Ist denn unser Heizer krank?« fragte ich.

»Von wegen. Das mit den Kohlen klappt nicht.«

»Wieso? Ich denke, die Studenten des ersten Studienjahrs

28  Als Einstein in »Versuchung des Forschers« von Ernst Schumacher,
Rostocker Volkstheater, 1975

29  Der böse Zwerg aus »Schneeweißchen und Rosenrot« in der
DEFA-Verfilmung, 1980

30 Rezitation aus den »Römischen Elegien« Johann Wolfgang von Goethes, Fernsehen der DDR, 1982

31 Museumswärter in »Schauspielereien«, Fernsehen der DDR, 1986

32 Als Bloch in »Onassis und Bloch« von Robert Quitta, Wiener Künstlertheater, 1991

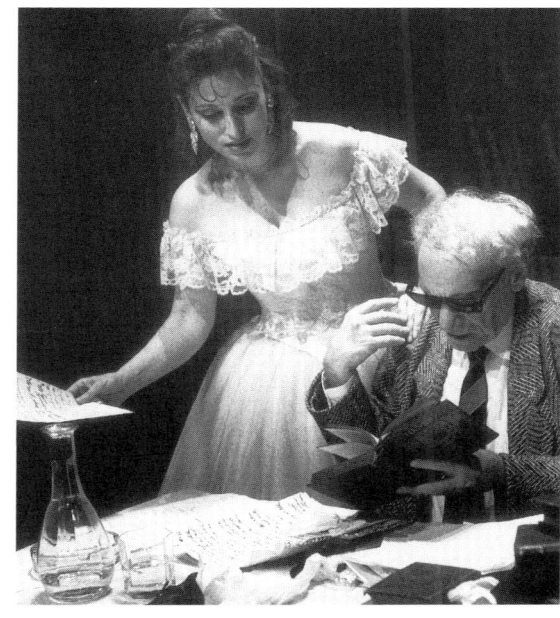

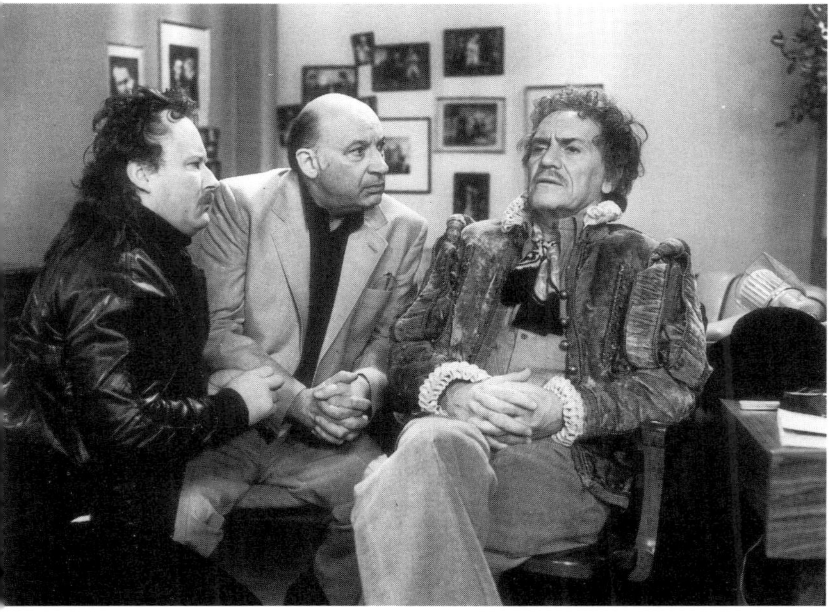

3 Als Provinzschauspieler in »Schauspielereien«, Fernsehen der DDR, 1986

34  Bassa Selim in »Die Entführung aus dem Serail« von Wolfgang
Amadeus Mozart, Salzburger Festspiele, 1987

35 – 37  Bassa Selim an der Komischen Oper Berlin unter der Regie
von Harry Kupfer, 1982, im Teatro Colón, Buenos Aires, 1987, und im
Pariser Châtelet, 1991

38 In der Titelrolle von Thomas Bernhards »Der Theatermacher«, St. Gallen, 1992

39 In dem Einpersonenstück »Probe aufs Exempel« von Rudi Strahl am Maxim Gorki Theater, 1987

-0 Probenphoto zu »Die Entführung aus dem Serail« an der
Komischen Oper, 1982

1 V. Kongreß des Theaterverbandes der DDR, 1985, Blick auf das
Präsidium; von links: Ursula Rackwitz, Klaus Pfützner, Kurt Hager,
Hans-Peter Minetti, Kulturminister Joachim Hoffmann

42  Rilkeprogramm im Theater im Palast, 1982

43  Begegnung mit Helmut Schmidt während des Festaktes zum
100jährigen Bestehen der Bergarbeitergewerkschaft, Dortmund, 1989

44  Mit Heiner Müller während der »Werkstatt der DDR-Dramatik« in
Leipzig, 1986

45  In »Salut an alle«, Palast der Republik, Berlin

46 Argan in dem Molière-Stück »Der eingebildete Kranke« an der
Berliner Volksbühne, 1988

47 Tetzel in dem fünfteiligen Fernsehfilm »Martin Luther«, 1983

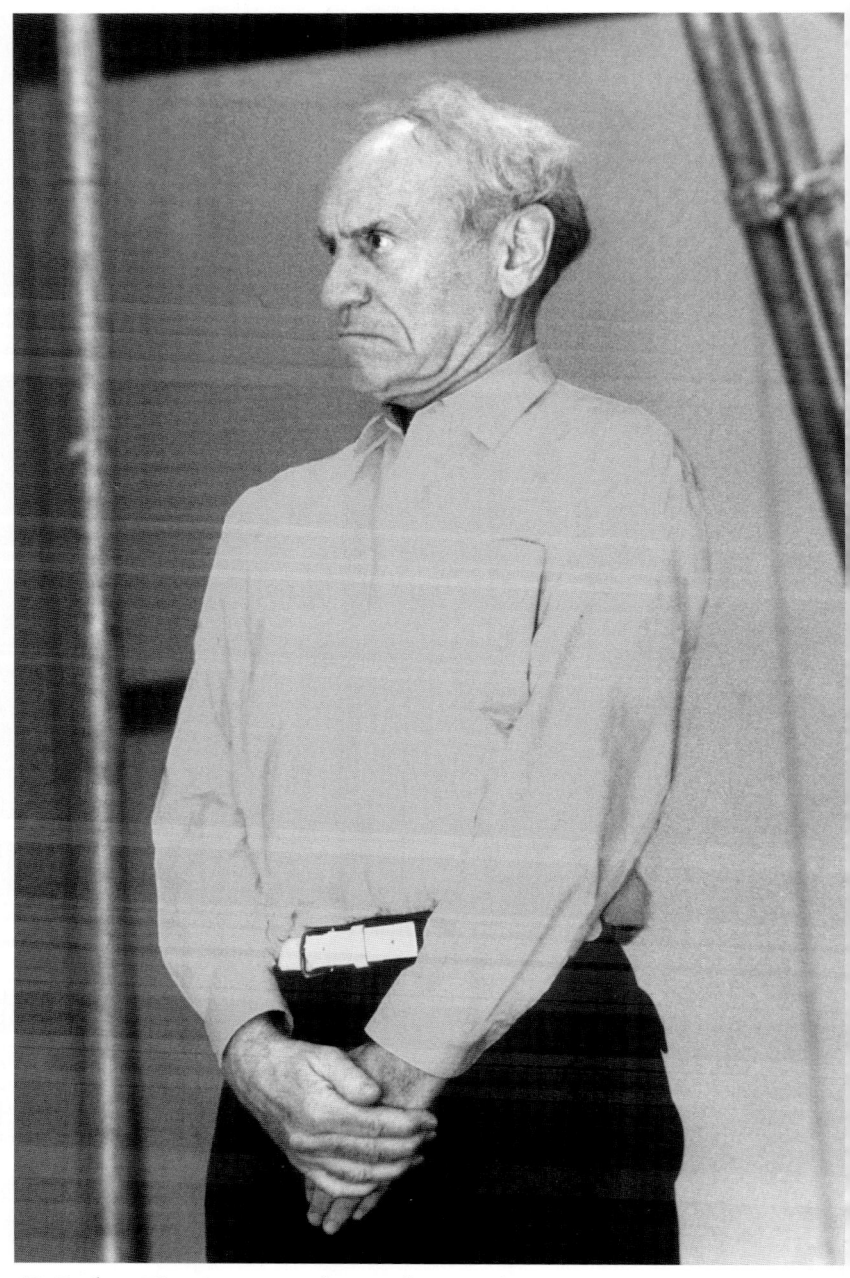

48  In dem Einpersonenstück »Der letzte Diktator« von Felix Kauf,
St. Gallen, 1993

49  Mit Irma Münch auf dem Balkon seiner Berliner Wohnung, 1995

50  Mit Vater Bernhard, Schwester Jennifer und Sohn Daniel, 1995

51 Sohn Daniel und Vater Bernhard

52 Enkeltochter Anne-Elise

53 Vater und Sohn

stellen doch allabendlich die gefüllten Kohleeimer vor jede Zimmertür.«

»Das tun sie eben nicht! Und deshalb hat unser Heizer die Nase gestrichen voll. Erst die Kohlen hochschleppen und dann jeden Morgen um sechs Uhr vierunddreißig Öfen anheizen ist ihm zuviel.«

Sonja war richtig in Fahrt geraten und listete bei dieser Gelegenheit gleich auch noch alle anderen Mängel auf, von den unhygienischen Toilettenverhältnissen bis zum Schimmel an den Wänden. Sie gab mir nicht durch die Blume zu verstehen, daß man von mir da sehr viel mehr Initiativgeist erwartet hätte.

In mir keimte der Verdacht, mein Empfang mit offenen Armen an der Schule hinge womöglich auch damit zusammen, daß man sich von mir versprach, ich würde die Misere dieser materiell-ökonomischen Basis beheben helfen. Die Erwartungen waren offenbar entsprechend hoch gewesen, und jetzt meldete sich die Ungeduld um so deutlicher zu Wort.

Mir drängte sich die Frage auf: »Habt ihr mich etwa nur deswegen geholt?«

»Um Gottes willen, nein!« beteuerte die Parteisekretärin. Sie holte tief Luft. »Aber wir dachten halt, daß du darüber hinaus auch der Richtige bist, um anstelle dieses heruntergekommenen Schuppens endlich für eine anständige Bleibe zu sorgen.«

Ich begriff, ich hatte nun auch die undankbare Rolle eines Bauherrn zu spielen. Eine kleine Retourkutsche konnte ich mir nicht verkneifen. Per Chefanweisung waren alle Bereichsleiter – vom Fechtmeister bis zur Bibliothekarin – gehalten, Schulaufgaben zu machen und sämtliche Sanierungsnotwendigkeiten und bauliche Verbesserungsvorschläge möglichst detailliert auszuarbeiten.

Mein Glück war, daß zu dieser Zeit Horst Sindermann

sein Gastspiel als Ministerpräsident der DDR noch nicht beendet hatte. Er war vielleicht menschlich die beste aller Möglichkeiten für dieses Amt, aber von Ökonomie hatte er herzlich wenig Ahnung. Wir zwei achteten uns gegenseitig sehr, mehr noch, wir konnten uns vertrauen und uns auch gemeinsam etwas zutrauen.

Ausgerüstet mit einem Mängelprotokoll fast in Telefonbuchstärke, meldete ich mich bei Horst Sindermann an. Dem ungeduldigen Minetti hörte der geduldige Sindermann aufmerksam zu, ließ Experten herbeizitieren, instruierte sie, ordnete die Bildung einer Kommission an, die eine Ortsbesichtigung mit exakter Bestandsaufnahme des Ist-Zustandes vorzunehmen habe. Der Termin für die Vorlage des entsprechenden Abschlußberichtes war höllisch knapp gesetzt.

Als ich den substantiellen Bericht über die Bausubstanz in der Hand hatte, der von Fachausdrücken wimmelte, interessierte mich nur das Fazit: »Der Bauzustand der Staatlichen Schauspielschule ist desolat.« Diese Aussage war für mich der Schlüssel, um Türen und Tore für eine umfassende Rekonstruktion zu öffnen.

Das war das Vorspiel zu einem Drama, das sich über Jahre hinzog und schließlich alle Genres vereinigte: die Komödie, die Burleske, das Schmierentheater, die Barockoper, das Kabarett und leider auch Tragödien – die Übergänge waren nahtlos. Als Bau-Akteur spielte ich Rollen, die ich mir nie und nimmer hätte träumen lassen.

Von den Freuden des Bauens kann wohl jeder, der damit schon mal zu tun hatte, ein Liedchen singen. In der Mangelwirtschaft der DDR glich ein solches Vorhaben einem Drahtseilakt ohne Netz.

Als unserem Bootshaus zu Leibe gerückt wurde, verschwand eine sehr alte, wunderschön geschwungene Treppe, die vom Eingang zum ersten Obergeschoß führte. Eines Tages war sie weg, einfach weg.

Die Kripo erschien, forschte überall nach ihrem Verbleib, selbst dort, wo sie unter Garantie nicht sein konnte. Das gute Stück blieb unauffindbar. Auch das war typisch DDR. Mangelwirtschaft. Aber wenigstens kein Mangel an Arbeit.

Ich betätigte mich auch als Fahnder. Der Bauleiter benötigte einen Platz für die Baustelleneinrichtung, wo er sein gesamtes Material lagern konnte. Fehlanzeige. In Niederschöneweide ließ sich keine dafür geeignete freie Fläche auftreiben. Außer einem kleinen Grundstück, das nur den »Nachteil« hatte, für die Errichtung einer Kindertagesstätte vorgesehen zu sein.

Abendelang haben wir mit den betroffenen Eltern wegen eines provisorischen Äquivalents diskutiert. Ich redete dabei wie ein Buch, doch all meine Überzeugungskünste versagten. Bis ich auf die Königsidee mit unserem Bereich Puppenspiel kam. Ich bot einen von den Kindern selbst zu bestimmenden Spielplan mit Märchen und zwei Extra-Aufführungen pro Woche an. Auf diese Offerte ließen sich die Eltern nicht ungern ein, und unsere Puppenspieler, die sonst leider immer ein bißchen zu kurz kamen, waren begeistert. Nur am Rande sei noch erwähnt, daß es später gelang, ein alternatives Objekt für die Kita zu finden.

Das Ganze verlief sehr viel umständlicher, aufreibender, als ich es hier erzählen kann, und ich tue es auch nur, um mir und anderen ins Bewußtsein zu rufen, wie hervorragend Demokratie in der DDR funktionieren konnte, wenn es um Kleinigkeiten ging, die keine Kleinigkeiten waren.

Während diese »Strecke« noch zwischenmenschlich bewältigt werden konnte, war das, was folgte, für mich ein Alptraum: mehrfach verplante Zementsäcke nach Niederschöneweide umzuleiten, die Jagd per Polski Fiat quer durch ganz Ostberlin nach tageweise auszuleihenden Kränen, das Auftreiben einer Baracke für die Bauleitung; ein nicht enden wollender Ärger mit unerfindlichen Änderungen in der

Projektierung, Sparmaßnahmen, Finanzrevisionen. Demarchen meinerseits bei lokalen und zentralen Behörden. Ich drehte meine Runden und sprach in schöner Regelmäßigkeit im Bauministerium, in der Staatlichen Plankommission, im Finanzministerium und sonstwo vor. Diese Touren ließen sich zu meinem Leidwesen nicht delegieren; die Bittgänge mit Erfolgsaussichten wären halt mit meiner Person verbunden, hieß es.

Was in der Schauspielerei mit dem Fach *»grande utilité«* vornehm charakterisiert wird, war ich unfreiwillig auf dem Bausektor geworden: die allseits einsetzbare Allzweckwaffe. Da klar war, daß Schulbetrieb und Baubetrieb *à la longue* sich nicht vertrugen, mußte ein Ausweichquartier her... und ich deswegen zu Margot Honecker, der dafür zuständigen Ministerin für Volksbildung. Sie hatte ein offenes Ohr für mich, und ich hatte Glück. In Marzahn stand eine ehemalige Lehrerfortbildungsstätte zur Verfügung. Ich war selig, die Studenten und Dozenten weniger, denn unser neues Domizil hatte kein Flair, war zwar gut beheizbar, aber dennoch kalt und etwas steril.

Um den Umzugsgroll der Verwaltungsmitarbeiter zu dämpfen und um zu verhindern, daß sie der Schule untreu wurden, durfte ich mich um eine eigene Busverbindung Niederschöneweide – Marzahn hin und zurück bemühen.

All das zehrte an meinem Nervenkostüm. In dieser Zeit war ich überreizt, noch ungeduldiger als sonst und unbeherrscht. Es kam öfter zu Differenzen. Doch meiner ursprünglichen Angst vor einer geregelten Arbeitszeit war jedweder Nährboden entzogen, da ich zudem unter der Woche mehrmals abends auf der Bühne zu stehen hatte.

Aber so niedergedrückt und zerschlagen ich auch sein mochte – sobald ich im Theater ankam, blühte ich wieder auf, wenn ich vor meinem Garderobenspiegel saß. Der bewährte Zauber des Theaters schüttelte allen nagenden

Ärger einfach ab; gute Laune, Phantasie stellten sich ein, Vorfreude auf das Spiel brach sich Bahn, eine Stimmung, ohne die keine Rolle auf der Bühne stimmt. Selten habe ich meinen Beruf so genossen wie in dieser Zeit der Alltagsplage.

Ich mußte in solchen Momenten gelegentlich voll solidarischen Mitgefühls an all jene hochrangigen Funktionäre denken, die ich und tausend andere mit Problemen genervt hatten und denen es nicht vergönnt war, den Frust abschütteln zu können, wie ich es durfte und mußte.

So schön die Abende waren, so ernüchternd jeder neue Bautag. Obwohl ich glaubte, nichts könne mich mehr sonderlich erschüttern, wurde ich eines Schlechteren belehrt. Die Wortbombe, die detonierte, hieß: Schwarzbau! Der sofortige Stopp aller Baumaßnahmen drohte als Schreckgespenst.

»Wieso Schwarzbau?«

»Nicht bilanziert.«

»Warum nicht bilanziert?«

»Weil Schwarzbau; steht nicht im Plan. Wir haben eine Planwirtschaft, Genosse Minetti.« Der Ton wurde von Gespräch zu Gespräch schärfer.

Der Bauleiter, ein hervorragender Fachmann, beliebt bei seinen Arbeitern und auch bei unseren Studenten, weil er fast jedes Szenenvorspiel voller Interesse besuchte, verschwand auf einmal. Wie sich herausstellte, war er in Haft genommen worden. Meine hartnäckigen Nachfragen, um Gottes willen, wieso, wurden mit dem Stereotyp beantwortet: Schwarzbau!

»Aber kann der Bauleiter was dafür? Wer ist denn für den Schwarzbau verantwortlich? Das kann doch wohl nur ich sein, der ich das alles erst angeschoben habe.«

»Nein, du nicht, Genosse Minetti. Du verstehst ja nichts davon.«

»Na, wer hat dann schuld? Es haben doch alle ja gesagt.«

»Wenn alle ja sagen, ergibt dies noch längst keine Plankennziffer. Ein Bau ohne Plankennziffer ist kein Bau, und wenn er keine Plankennziffer hat, ist er folglich ein Schwarzbau.«

Kafka habe ich leider nie zu spielen bekommen, aber jetzt hatte ich ihn wenigstens im Leben. Meine Rolle als Bauherr war mit Sicherheit meine schlechteste, nötig war sie sicher, aber lebensverkürzend bestimmt auch.

Die feierliche Einweihung der beinahe vollständig rekonstruierten Schule – der dritte Bauabschnitt mit der Studentenbühne war noch nicht ganz fertiggestellt – fand am 21. September 1981 statt. Das Aufgebot an Prominenz war illuster. Der Minister für Hoch- und Fachschulwesen, Professor Hans-Joachim Böhme, verkündete die Anerkennung der bisherigen Fachschule als nunmehrige Hochschule für Schauspielkunst »Ernst Busch«. Von ihrer nationalen und internationalen Reputation her hätte sie das nicht einmal nötig gehabt. Aber der neue Status bot eine Menge Vorteile. Die daraus resultierende Verlängerung der Studienzeit von drei auf vier Jahre war im Lehrkörper umstritten, auch ich hatte da meine Vorbehalte, aber es gelang uns, dieses zusätzliche Studienjahr mit Hilfe von Inszenierungen als ein Praktikum zu organisieren. Das Regie-Institut war uns zusätzlich zugeschlagen worden, angehende Regisseure und Schauspieler konnten sich dort miteinander ausprobieren.

1981 hatten wir allerdings nicht den Hauch einer Ahnung von dem allergrößten Vorteil, der sich mit unserer Hochschulwerdung verband. Zehn Jahre später, 1991, hatte »Ernst Busch« wohl nur deshalb die Chance, einer Abwicklung, welch ein Unwort, zu entgehen, weil seinen Namen eine veritable Hochschule trug. Dieser Sachverhalt ist mir gleich von mehreren Seiten glaubhaft versichert worden.

Ungeachtet des neuen Ranges blieben dem »Schulschiff«

stürmische Gewässer, wie seit eh und je, nicht erspart. Nur ein halbes Jahr nach dem Festakt feuerte das Sekretariat der SED-Bezirksleitung Berlin eine volle Breitseite ab. Im Visier die Hochschule, präziser: deren Rektor!

Seit Anfang 1982 tummelte sich insgeheim eine von der Bezirksleitung berufene Inspektion an unserem Institut und stellte allerlei Fragen, wovon ich als Chef allerdings keinen Schimmer hatte. Der ahnungslose Engel spricht gegen mich. Aber die Geschichte war gekonnt konspirativ eingefädelt, widersprach allerdings jedweder Parteinorm. Die Inspektoren nahmen ausgewählte Studenten, Dozenten und Verwaltungsangestellte ins heimliche Gebet. Freundliche Erkundigungen nach der persönlichen Befindlichkeit und Betreuung wurden durch insistierende Fragen nach der politischen und künstlerischen Qualität des Unterrichts ergänzt.

Wenige Tage vor der eigens anberaumten Sekretariatssitzung der Bezirksleitung flatterte das umfängliche Ergebnisprotokoll auf meinen Schreibtisch, den meines Stellvertreters sowie des Parteisekretärs. Beigefügt eine Vorladung zum 22. März 1982.

Die Lektüre dieses Pamphlets fiel für mich nicht nur deshalb unerfreulich aus, weil der Text unaussprechlich hölzern und primitiv gedrechselt war. Ich witterte den Braten, und eingedenk Albert Nordens wußte ich, eine Wegstrecke liegt vor mir, auf der ich meine Nase würde fest zuhalten müssen.

Mein Protokoll-Verhängnis war, daß die überwiegende Mehrheit der Befragten den »Fehler« begangen hatte, ein Loblied auf das gute Klima an der Hochschule anzustimmen. Sachlich sicher zutreffend, von den Begründungen her aber auf brisante Weise fatal. Im Vergleich mit anderen DDR-Institutionen – vor allem auf dem Sektor Volksbildung – war davon die Rede, daß sich die Hochschule abhebe wie eine »Insel«, eine »Oase«. Es gäbe für DDR-Verhältnisse erstaunlich viel freien Raum für eigene Kreativität; der Schauspielunterricht und die Dozenten seien Spitze.

Mit Akribie war vermerkt, welche Texte für Szenenstudien »herangezogen« worden waren. »Ché«, ein Stück von Volker Braun über den kubanischen Revolutionär Ernesto Guevara, »Die wahre Geschichte des AhQ« von Christoph Hein nach einer Novelle Lu Xuns gehörten ebenso dazu wie Szenen aus noch nicht in der DDR gespielten und damit noch nicht freigegebenen dramatischen Arbeiten von Heiner Müller. Sorgfältig erwähnt auch Peter Hacks', »Die Sorgen und die Macht«, dessen beide Fassungen einem Aufführungsverbot unterlagen.

Lob hatten die Studenten dem politischen Unterricht in Marxismus gezollt; er sei sehr viel lebendiger als das, was sonst einschließlich der Presse darüber geboten würde, von der Armee gar nicht zu reden. Für mich beim Lesen ein Lichtblick, auch wenn der Bumerangeffekt als Schlagschatten vorauszusehen war. Denn ein für mich geflügelt gewordenes Ceterum censeo lautete: die marxistische Dialektik, die Lehre vom Widerspruch, ist für den Schauspieler beinahe wie geschaffen – denn wie anders sollte er Menschen überzeugend darstellen können.

Leichtere und schwerere Mängel der Schulleitung waren natürlich auch benannt worden, aber die vermochten den miserablen Gesamteindruck, den die Inspektionsgruppe vermitteln wollte, nicht wettzumachen.

Auf Grund des Berichtes hätte ich würfeln können, ob die Hochschule nun ein Hort »erstaunlicher« Freiheit oder ein stinkender Sumpf von Opportunismus war, von Liberalität – ein schlimmer Vorwurf!

Alles lief auf eine in dem Papier des öfteren gegeißelte »politische Führungsschwäche« hinaus. Sie mußte mir zu Recht angekreidet werden, denn ich war der Chef. Dazu stand ich. Ich wollte nicht lamentieren, geschweige denn jammern.

Aber was steckte eigentlich dahinter?

So weit waren wir damals schon, daß man sich eine derartige Frage immer wieder stellen mußte. Bei meiner Grübelei kam ich andauernd zu demselben Resultat, das nicht wahr sein konnte, weil es nicht wahr sein durfte. Der Name, der sich dabei nicht verdrängen ließ, war der des 1. Sekretärs der SED-Bezirksleitung Berlin und Mitglied, des Politbüros Konrad Naumann. Er war maßlos, launisch, unberechenbar – war er am Ende auch eifersüchtig?

Er war der dritte Ehemann von Vera Oelschlegel, die eine sehr erfolgreiche und auch couragierte Intendantin des Theaters im neugegründeten Palast der Republik (TiP) wurde.

Mit Vera verstand ich mich trotz einiger Differenzen, wie es sie unter Schauspielern immer geben kann, sehr gut – und mehr als das, seit wir uns zu dritt in »Salut an Alle« zusammengefunden hatten: Ekkehard Schall als Karl Marx, Vera als Jenny Marx und ich als Friedrich Engels.

Der eine der beiden Autoren, Günter Kaltofen, war als Dramaturg für mich immer ein anregender Partner, mit dem ich in mehreren Fernsehproduktionen zusammengearbeitet hatte. Zum ersten Mal hatte er mir ein gezielt fürs Theater bestimmtes Stück zukommen lassen, das er gemeinsam mit dem Leipziger Autor Hans Pfeiffer geschrieben hatte. Es gründete sich auf den Briefwechsel der Marx-Familie mit Friedrich Engels. So gut wie jedes Wort war authentisch. So etwas ist für Schauspieler immer eine zweischneidige Angelegenheit; die Schriftlichkeit des gesprochenen Wortes erschwert die Spontaneität des Spielens, was zugleich aber immer auch einen zusätzlichen Anreiz für Versinnlichung wie Vergeistigung bedeuten kann.

Kaltofen fragte an, ob ich Interesse an dem Projekt hätte und ein exponiertes Theater, vor allem aber einen geeigneten Regisseur für die Uraufführung wisse. Letzterer fiel einem schnell ein: Wolfgang Heinz; als Bühne: das damit zu eröffnende TiP.

Bei der Probenarbeit erwies sich, daß »Salut an Alle. Marx« klug und geschickt montiert war. Für DDR-Verhältnisse geradezu spektakulär mußte die im Stück eskalierende Polemik zwischen Marx und Engels wirken – eine Auseinandersetzung, die bisher von der offiziellen Marx-Forschung geflissentlich verschwiegen wurde, wie erst recht von seiten aller Medien. Sehr viele, gerade auch junge Zuschauer erfuhren zum ersten Male, daß Marx und Engels sich nicht nur mit Gott und der Welt, wie sie war und wie sie verändert werden sollte, herumstritten, sondern auch untereinander sogar gegeneinander. Auf den Proben vermochte Wolfgang Heinz die Texte an Streitlust noch trefflich zu überbieten.

Die Chance, neben Vertrautem und Verfremdetem ein noch nicht abgenutztes Bild der Klassiker des Marxismus kennenzulernen, wurde vom Publikum weidlich ausgenutzt und überreichlich honoriert. Wir gastierten mit der »Salut«-Aufführung in der gesamten DDR von Putbus auf Rügen bis hinunter nach Suhl in Thüringen, in der Bundesrepublik von Hamburg bis München; die Einladungen ins Ausland stammten nicht nur aus Moskau und Budapest, sondern auch aus Wien, Paris und anderen Metropolen.

Über die Jahre hinweg waren wir viel und natürlich gemeinsam unterwegs. Ich wollte es aber einfach nicht glauben, daß unsere ausgedehnten Tourneen dem Ehemann Naumann Grund zu absurden Befürchtungen liefern konnten. Doch immerhin war mir gleich von etlichen Seiten gesteckt worden, Naumann sei zugetragen worden, zwischen Vera und mir könnte sich Abenteuerliches abspielen. Nun haben womöglich sowohl Vera als sicherlich auch ich das eine oder andere Abenteuer bestanden – dieses eine aber war für uns beide nicht einmal vorstellbar. Wenn jedoch Naumann der einzige auf weiter Flur war, der sich dergleichen vorstellen wollte, hätte seine Kabale gegen mich wenigstens ein rational-irrationales Motiv gehabt. Das Motiv für die Mitglieder seines Sekretariats war jedenfalls offenkundiger: die Liebedienerei gegenüber ihrem Chef.

Am 22. März 1982 eröffnete Naumann die Diskussion zur Lage an der Hochschule für Schauspielkunst mit ein paar belanglosen Sätzen und forderte zu einer nichts beschönigenden Aussprache über den Bericht seiner Inspektionsgruppe auf. Nacheinander spulten die Sekretariatsmitglieder ihre helle Empörung über die heillosen Zustände bei »Ernst Busch« ab. Jeder fischte sich seine Details heraus und zog folgerichtige Schlüsse. Mysteriöserweise existierten offenbar zwei voneinander abweichende Fassungen der Vorlage. Das stellte sich heraus, wenn wir wechselseitig Passagen aus unseren jeweiligen Papieren zitierten.

Gerhard Ebert, ein ausgewiesener Theaterwissenschaftler, eigenwillig und eben darum auch hervorragender Stellvertreter seines Rektors, schlug sich in der Diskussion tapfer. Meine Gegenargumentation war, glaube ich, schwächlicher. Mich plagten wieder einmal Anflüge von Verzweiflung wegen der Lust an der Fallenstellerei innerhalb der Partei, wie sie unsere Gegenüber praktizierten. Von einem Bund Gleichgesinnter blieb da kaum noch eine Spur.

Nicht nur mich kostete es jedesmal ein Übermaß an Kraft, an Trotz, um mir die Unverträglichkeit zwischen dem idealen Anspruch und dessen realer Verleugnung wieder erträglich zu machen – noch dazu, wenn man Beweg- und Hintergründe zu kennen vermeinte. Waren die, welche uns gegenüber saßen, schon verkrüppelt? Hinwiederum: Wie weit half ein Sich-zur-Wehr-setzen, ein dagegen Anrennen vor der eigenen Verkrüppelung?

Dessenungeachtet endete das Scherbengericht, das mit

uns veranstaltet wurde, wie das Hornberger Schießen. In seinem bemerkenswerten Schlußwort verbreitete sich Naumann dahingehend: »Genossen, ihr seid ganz schön zur Brust genommen worden, doch das mußte sein. Wenn ihr euch das alles zu Herzen nehmt und wenn ihr uns in vier Jahren zu Thälmanns hundertstem Geburtstag eine saubere sozialistische Hochschule präsentiert, habt ihr euch bewährt und als zuverlässige Genossen erwiesen.«

Dem Zuspruch, der mir in den darauffolgenden Tagen so ziemlich überall zuteil wurde, konnte ich entnehmen, wie viele Feinde Naumann sich schon gemacht hatte.

Das änderte nichts daran, daß ich sein »Lieblingsfeind« blieb. Aufs Korn nahm er bei der nächsten sich bietenden Gelegenheit unseren Sohn Daniel.

Bei einer Schultheateraufführung fand Horst Schönemann, einer der führenden DDR-Regisseure, einen Jungen bemerkenswert talentiert. Den darob natürlich geschmeichelten Eltern, Irm und mir, gab er zu verstehen, daß die Minetti-Tradition vor Daniel keineswegs haltmachen werde.

Die Markierung des Weges über die Schauspielschule war damit eigentlich schon vorgezeichnet. Nur wollte ich aus naheliegenden Gründen nicht derjenige sein, der über die Aufnahmeprüfung entschied. Und so delegierte ich in diesem Fall das »letzte Wort« an Rudi Penka. Daniel nahm die Hürde.

Nachdem damit die perspektivische berufliche Weichenstellung gegeben war, berief gemäß DDR-Normen die Nationale Volksarmee Daniel ein. Kurz vor Ende seiner Dienstzeit erlitt er einen schweren Unfall. Zu Studienbeginn an der Hochschule für Schauspielkunst erschien er deshalb noch mit Krücken.

Was Daniel mir abnötigte, gefiel mir: »Zu Hause kein Wort über die Schule, in der Schule kein Wort über zu Hause.«

Sein erstes Engagement nach der Ausbildung bekam er am Staatsschauspiel Dresden, die nächste Station, die folgte, war die Berliner Volksbühne.

Bei einem der üblichen Theaterforen propagierte dort ein NVA-General die Notwendigkeit des Hasses auf den Klassenfeind, die auch für das Theater und dessen Künstler gelten müsse.

Da fühlte Daniel sich zu dem Einspruch aufgerufen: dafür sei er nicht Schauspieler geworden.

Bei seinen Kollegen fand er keinerlei Unterstützung.

Keine vierundzwanzig Stunden später erreichte mich per Kurier ein Brief von Konrad Naumann. Tenor des Schreibens: Du bist Deiner Verantwortung gegenüber Deinem Sohn nicht nachgekommen ... er ist auf eine schiefe Bahn geraten ... das wird nicht mehr lange gut gehen ... Du weißt, es gibt keine Sippenhaft, aber ich erwarte von Dir ...

Gerade die Beteuerung einer angeblich nicht vorhandenen Sippenhaft ließ mich aufhorchen.

Naumann war ohne Zweifel eine politische Begabung, beredsam, hatte Charme, Intelligenz sowieso, besaß die Fähigkeit, sehr direkt auf Menschen zugehen zu können. Aber all seine guten Eigenschaften wurden planmäßig vom Alkohol zerfressen.

Bei einer Rede, die er im Herbst 1985 an der Akademie für Gesellschaftswissenschaften beim ZK der SED hielt, hinderte ihn eine schwere Zunge nicht daran, vehemente Rundumschläge gegen die Privilegien aller Blockparteien, der wissenschaftlichen und künstlerischen Intelligenz und damit letztlich auch gegen die Autorität des Generalsekretärs auszuteilen. Diesen Auftritt überlebte er politisch nur um ein paar Tage. Er verlor seine Funktionen, seine Privilegien, die er anderen vorgehalten hatte, und wurde in die Provinz verbannt.

Ich vermochte nachzufühlen, wie ihm zumute gewesen sein mag. Etwa so wie mir, als er mich vor seinem Tribunal niederzumachen versuchte. Woher rührte dieser Hang, daß Kommunisten sich innerhalb ihrer Partei solche Wunden schlagen mußten?

Claus Hammel verdankte ich einen Text, der darauf Antworten gab: »Überlegungen zu Feliks D.« Claus war ein ruhiger, nachdenklicher, überlegender, darum auch immer überlegener Zeitgenosse. Er sprach meist nur leise und gedämpft, doch unüberhörbar war seine schier grenzenlose Sorge um unser Land. Ebenso besorgt war er um die Zukunft seiner/unserer Partei als einer Avantgarde, die noch verbal zu den Idealen stand, die jedoch in Routine, Kopfnicken, in Anpassung und Bequemlichkeit zu versinken drohte.

Öffentlich als Schriftsteller über eigenes Gewissen zu reden, über das Gewissen anderer, damit sie zu ihrem persönlichen Gewissen finden können, gehörte zu den kostbaren Seltenheiten in der DDR. Claus Hammel mischte sich mit der Kraft seiner Gedanken, eines scheinbar lapidaren Stils, der aber Sprengkraft enthielt, direkt und unverhohlener, als es gang und gäbe war, in die Politik ein.

»Geh vielleicht lieber nicht in die Partei«, rät er einem Jugendlichen in seinem »Feliks D.« und benennt die Gründe, die dagegen sprechen. Sie sei voller Risiko, die Partei, du würdest draufzahlen! Und in seiner von uns beiden so gekennzeichneten Liste der Untugenden heißt es: »Es wird / Auch bei uns noch ... / Gelogen ... / Betrogen ... / Intrigiert ... / Denunziert / Geheuchelt / auf den Strich gegangen / Gesoffen / Geprügelt / Und in stillen Winkeln blüht zart Korruption ...«

Jedesmal, wenn ich auf der Bühne diesen Katalog dem DDR-Publikum preisgab, verspürte ich das innere wie aber auch das hörbare Aufstöhnen.

Es hat bei uns herausragende Schriftsteller gegeben, die chiffriert in so kühnen wie dunklen Metaphern Unheilvolles ausgedeutet und lanciert haben. Claus war da anders, er hat immer nur mit offenem Visier gekämpft – für eine gut begründete Kritik von links. Er hätte am liebsten die Partei durch ein reinigendes Fegefeuer geschickt, damit ihre Zielsetzung wieder die Herzen und die Köpfe der Menschen gewann. Kein Zweifel, Claus Hammel hat diese DDR bitter geliebt. Ich wollte, will und kann ihm da nicht nachstehen.

»Feliks D.« kam meinem politischen und schauspielerischen Naturell sehr entgegen, denn ich hatte und habe es gern, in Einpersonenstücken eben nur das Publikum zum *Partner* zu haben, auf seine Reaktionen postwendend reagieren, antworten zu können. Trotzdem hatte ich den Wirkungsgrad dieser »Texte«, wie Claus sein Nicht-Stück untertitelte, bei weitem unterschätzt.

Das Kürzel »D.« galt F. E. Dzierżyński, dem Begründer der »Tscheka«, einer Organisation zur Bekämpfung der Konterrevolution, der Sabotage und der Folgen des Bürgerkriegs in Rußland. Maxim Gorki notierte über ihn: »Seiner Herzensgüte und seinem Gerechtigkeitssinn war es zu verdanken, daß so viel Gutes geleistet wurde. Er hat meine Liebe und Achtung gewonnen.«

Der bereits erwähnte Regisseur Michail Romm weihte mich anläßlich einer internationalen Filmkonferenz in Sofia in seine Pläne ein, über Feliks D. einen Film zu drehen.

Das Sujet und der Mensch faszinierten ihn: 1921, im März, Meuterei enttäuschter Matrosen in Kronstadt – Sowjets ja, Kommunisten nein, stand auf ihrem Panier. Der Aufstand war eine ernste Bedrohung der noch immer nicht gefestigten Sowjetmacht.

Unweit vom Schauplatz dieses historischen Ereignisses tagte der X. Parteitag der Kommunistischen Partei in Petrograd. Die Beratungen mußten unterbrochen werden, damit sich die Delegierten aktiv am Sturm auf die Festung Kronstadt beteiligen konnten – über das Eis des Ladogasees.

An einem solchen Parteitag hätte ich auch gern einmal teilgenommen!

Romm weiter: Kronstadt vorgelagert war ein Fort, ohne dessen Außergefechtsetzen der Sturm auf Kronstadt zum Scheitern verurteilt war.

Dzierżyński hatte die kühne Idee, unbewaffnet und mit nur zwei Begleitern sich in das waffenstarrende Fort zu begeben. »Entweder es gelingt mir, sie zu überzeugen, mit uns gemeinsame Sache zu machen, oder aber sie werden mich erschießen. Doch dann werden sie erleben, wie die Kampfverbände der Tscheka all das nachholen werden, was ich nicht vollbringen konnte.«

Die Kraft seiner Agitation reichte aus. Die Matrosen, die das Fort besetzt hielten, schlossen sich dem Sturm auf Kronstadt an. Kronstadt fiel. Die Revolution war noch einmal heil davongekommen.

»Leider«, fügte Romm hinzu, »hatte diese heroische Geschichte noch ein Nachspiel. Lenin erteilte Dzierżyński eine strenge Rüge wegen abenteuerlichen Verhaltens: Ein Revolutionär dürfe nicht mit seinem Leben spielen; die Revolution müsse überleben.«

Schade – aber Romm hat diesen Film meines Wissens doch nicht gedreht.

Seine Uraufführung erlebte »Feliks D.« 1978 in Rostock, wo Claus Hammel eine Art Chefdramaturg honoris causa war. Weitere Vorstellungen fanden auch in Berlin statt, am TiP. An einem nicht öffentlichen Abend bestand unser Publikum aus DDR-Tschekisten, Angehörigen der Staatssicherheit.

Natürlich war ich gespannt auf deren Reaktionen.

Während des Spielens und Sprechens spürte ich auch ihre Spannung.

Dzierżyńskis bekanntes Postulat von den heißen Herzen, kühlen Köpfen und sauberen Händen wurde in Hammels Dichtung nicht ein einziges Mal beschworen, sondern mit einer frappierenden Selbstverständlichkeit vorausgesetzt.

Ich habe heute noch den Eindruck, daß derart Ketzerisches, wie die Liste der Untugenden zu hören, für dieses Fachpublikum keine Häresie war, denn die Stasi kannte ihre DDR. Trotzdem spürte ich unverkennbar ihr befremdetes, aber erfreutes Staunen über nicht mehr Tabuisiertes. Sie benötigten die Kritik an der Sache, gerade auch die Kritik an sich selbst.

Es war in der DDR der Regelfall, daß Hochschulen und andere Institutionen, zu denen natürlich auch Theater zählten, ganz offen Besuch von Mitarbeitern der Staatssicherheit erhielten. Die Gespräche, die ich als Rektor zu führen hatte, galten vorwiegend Kaderfragen und Reisen ins KA, das kapitalistische Ausland. Aus unerfindlichen Gründen wechselten die jungen Männer relativ häufig, aber allen war eigen, daß sie gebildet und sehr helle waren. In einem Punkte glichen sie sich alle, der leitmotivischen Betonung: »Wir dürfen lediglich beraten, entscheiden müssen Sie als Rektor. Und bei Talentfragen haben wir uns herauszuhalten.« Das gefiel mir.

Durch »Feliks D.« sollte ich auch ranghöhere Offiziere der Staatssicherheit kennenlernen. Zu ihnen gehörte der Generalleutnant Wolfgang Schwanitz, der dann im November 1989 von der Regierung Modrow den Auftrag erhielt, Alternativen zur Gestaltung der inneren Sicherheit zu entwickeln, für die es sehr bald schon wieder zu spät war.

Zwischen Schwanitz und meinem jugendlichen Musterbeispiel Stahlmann bestanden partielle Kongruenzen. Nur die Zeiten, die beide prägten, waren andere.

Trotzdem zeigte die Art und Weise, mit der Schwanitz in zwei mir nahegehenden, menschlich-tragischen Notfällen allen denkbaren Beistand im Bereich des für DDR-Verhältnisse eigentlich Undenkbaren geleistet hat, persönlichen Mut und sachliche Kompetenz. Ich kann mir nicht vorstellen, daß er nicht auch anderen Menschen in existentiellen Nöten geholfen hat. Gleichzeitig will ich nicht glauben, daß er eine Ausnahme war.

Ihm zuliebe hätte ich sonstwas angestellt. Das habe ich ihm auch gesagt. Was ich daraufhin von ihm erfuhr, verblüffte mich: Mitglieder und Kandidaten des ZK waren für die Sicherheit sakrosankt – sowohl aktiv wie passiv. 1979, nach einundzwanzig Jahren ZK-Zugehörigkeit, hörte ich davon zum ersten Mal.

Damit könnte das Kapitel Dzierżyński so gut wie abgeschlossen sein, wäre da nicht im Februar 1979 jene Fernsehausstrahlung des Stückes gewesen. Die Reaktion aus dem Berliner Westen war nicht nur für mich unerwartet und sehr lehrreich. Im »Tagesspiegel« stand unter der Überschrift »Jakobinisch« zu lesen: »Es tut mir leid, daß ich zu spät auf den Gedanken kam, diese Sendung auf Band zu konservieren: sie wäre es, ästhetisch und politisch, wert gewesen, und ich hätte das vorher wissen müssen, weil ich aus Erfahrung weiß, daß es keinen Schauspieler gibt, der besser als Hans-Peter Minetti monologisch sprechen und spielen kann. Der Autor seines Textes war Claus Hammel, und was schon einige Male im Volkstheater Rostock gelaufen war (wieso nicht in Berlin?), war nun für das Fernsehen inszeniert worden: ›Überlegungen zu Feliks D.‹ ›D.‹ stand für Dzierżyński, das war Lenins Kampfgefährte (gestorben 1926) und der erste Chef der Tscheka. Der Text wendete sich im dramaturgischen Sinne an fiktive Parteianwärter und Parteigenossen, politisch an die zwei Millionen SED-

Mitglieder in der DDR und im weitesten Sinne ›an alle‹. Was da brillant in szenisches Sprechen übersetzt wurde (dank der dichterischen Sprache des Autors und der hohen Schauspielkunst Minettis), war einigermaßen atemberaubend; es gelang, die Probleme der jungen Revolution als die Probleme von heute erscheinen zu lassen: dringend die Mahnung, daß das ›letzte Gefecht‹ noch nicht stattgefunden habe. In der Quintessenz war es eine jakobinische Rede, und viele Sätze kamen vor, die nachdenklich machten, etwa solcherart: ›Auch das Richtige muß gerechtfertigt werden‹, oder ›Es gibt so viele Ursachen, das Menschliche für irgendwelche Schweinerei in Anspruch zu nehmen‹. Ich hoffe, diese außerordentliche Sendung ist von vielen gesehen worden, insbesondere von den Angehörigen der engeren Zielgruppe, den zwei Millionen Mitgliedern der SED. Oder haben wieder einmal nur ein paar interessierte West-Berliner zugeschaut?«

Dem einfühlsamen Rezensenten hätte ich gegönnt, daß es ihm vergönnt gewesen wäre, den »Feliks D.« in einer der vorangegangenen Aufführungen am TiP live zu erleben.

»Niemand kann den Sieg des Kommunismus verhindern – wenn nicht die Kommunisten selbst ihn verhindern!« Diese prophetische Kritik Lenins zierte ein riesiges Transparent, das meine Studenten in Michail Schatrows Stück »Blaue Pferde auf rotem Gras« auf der Bühne des Berliner Ensembles entrollten.

Der Gastregisseur war Christoph Schroth. Er hatte das Staatstheater Schwerin zu einem Geheimtip werden lassen. Der verwegene Spielplan, die mutigen Inszenierungen von Klassikern und zeitgenössischer Dramatik mehrten das Renommee über Jahre hinweg.

Als dieser leidenschaftliche Verfechter einer Politisierung des Theaters mich in der Hochschule aufsuchte, um möglichst sogleich die Studenten eines kompletten Jahrgangs für seine Inszenierung zu rekrutieren, rannte er damit bei mir offene Türen ein, zumal das auch meinen Vorstellungen von Bewährung in der Praxis entsprach.

Um so befremdeter war ich, daß die Studenten sich vehement gegen ihre Mitwirkung an dem Projekt wehrten, fürchteten, das Studium könne durch den unausbleiblichen Unterrichtsausfall Schaden leiden, während sie als Kleindarsteller verheizt würden.

Die FDJ-Leitung schickte mir einen bitterbösen Brandbrief.

Erst mit viel Überzeugungskraft, auch von seiten der Dozenten, ließen sie sich schließlich bewegen, in die Niederungen eines weltberühmten Theaters hinabzusteigen. Daß wir uns gegenseitig so schwer taten, hat sich dann gelohnt.

Wie der Titel des Autors »Blaue Pferde auf rotem Gras« war auch Christoph Schroths Inszenierung auf Theaterprovokation im reinsten Sinne angelegt. Das Stück kreist um den schon schwer erkrankten Lenin, der mit allen Mitteln zu verhindern sucht, daß sich die »Union der Sowjets« vor ihren eigenen Idealen durch Routine, Selbstherrlichkeit und Bürokratismus verbarrikadiert. Ein Haufen junger Komsomolzen versteht ihn mit Hilfe vieler Mißverständnisse gründlich.

Der Premiere im Oktober 1980 folgten bis zur Spielzeit 1986/87 mehr als zweihundert weitere Vorstellungen – mit wechselnden Studienjahrgängen.

Je mehr die Aufführung in die Jahre geriet, ohne an Frische zu verlieren, desto besorgter wurden die Blicke vieler Zuschauer auf das dominierende Transparent: »Niemand kann den Sieg des Kommunismus verhindern – wenn nicht die Kommunisten selbst ihn verhindern!« Ja – wie konnten wir ihn verhindern?

Mein erster Besuch in der Ständigen Vertretung der Bundesrepublik Deutschland in der DDR erfolgte 1981 auf Grund einer Einladung, die von Klaus Bölling stammte. Natürlich war ich überrascht, aber auch gerührt. Ich mußte an unsere gemeinsame wilde Zeit an der Berliner Uni denken.

Es gehörte zur Norm, daß die Teilnahme an so einem speziellen Empfang seitens des ZK genehmigt werden mußte. Aber diesmal wurde ich an das Außenministerium verwiesen. Dort erzählte ich, warum mir an einem Zusammentreffen mit Klaus Bölling nach so vielen langen Jahren so viel gelegen war. Man hörte mich an, stellte mir die Frage, ob diese Vorgeschichte dem ZK bekannt sei.

»Nein«, sagte ich, »dazu bin ich gar nicht gekommen, denn ihr wurdet mir als zuständig benannt.«

Also durfte ich noch einmal beim ZK vorsprechen. Erneut, nur ausführlicher, betete ich mein Sprüchlein von der gemeinsamen Minetti-Bölling-Parteivergangenheit runter.

Abschließend beschieden wurde ich mit den Worten: »Komm doch bitte morgen noch einmal vorbei.«

Mir war klar, der Genosse brauchte höchste Rückendeckung und Zeit, sie einzuholen.

Am nächsten Tag erhielt ich zwar das grundsätzliche Placet, doch nicht ohne die Auflage: »Du darfst unter keinen Umständen auch nur die leiseste Andeutung fallen lassen, daß ihr beide eine gemeinsame Wegstrecke hinter euch habt als Mitglieder ein und derselben Parteigruppe.«

Das fand ich zwar schade, doch ich akzeptierte natürlich.

»Wir dürfen Bölling nicht in irgendeine Kalamität bringen«, hatte mir der Genosse noch erklärt. »Unser Interesse ist es, mit dem neuen Mann ein ebenso gutes Verhältnis zu pflegen wie zu seinem Vorgänger Günter Gaus. Also bitte, keinerlei Anspielungen. Ja?«

Ich glaube mich zu erinnern, daß ich mit etwas Verspätung in der BRD-Residenz eintraf. In der Eingangshalle herrschte qualvolle Enge. Bölling war umlagert von Botschaftern anderer Länder und von hochkarätigen Vertretern der Medien. Erst im Verlauf des Abends wurde mir klar, daß ich höchstwahrscheinlich der einzige DDRler war.

Als ich Seine Exzellenz, wie ich mir pflichtschuldigst vorgenommen hatte, angemessen zurückhaltend begrüßte, rief er schön unbefangen in die Runde: »Mensch, Hans-Peter, daß wir uns hier nach über dreißig Jahren wiedersehen! Erinnerst du dich eigentlich noch, wie wir damals ...« Staunend hörten es die Umstehenden.

Meine ganze Diskretion war zum Deibel, die Instruktionen sowieso. Die Begrüßung konnte dadurch nur an Herzlichkeit gewinnen.

Böllings Tischrede fiel lang, aber höchst unterhaltsam aus. Mit launigen Worten und all seiner Eloquenz begründete er, warum ein jeder Gast ihm ganz persönlich willkommen sei. Er beginne mit dem, den er am längsten kenne. Der Hans-Peter Minetti wäre schon zu seiner Studentenzeit eine schauspielerische Option auf die Zukunft gewesen. Und er hat das mehr als eingelöst.

So wurde jeder Gast mit einem entsprechenden Kompliment bedacht, immer mit Bezug auf Klaus Böllings Lebensweg.

Seine Schlußsätze galten liebevoll seiner Frau, da wurde es fast schon intim.

Und dann folgte eine Nachbemerkung: »Zwei fehlen heute abend hier, leider! Den einen kenne ich sehr gut, ihm habe ich viel zu verdanken. Die Bekanntschaft mit dem anderen ist eher flüchtig. Trotzdem wünschte ich mir, diese beiden einmal zusammenführen zu können. Meine Damen und Herren, Sie ahnen es, es handelt sich um Helmut Schmidt und um Erich Honecker.«

Ich glaube nicht, daß der Blick, den er dabei, wie zufällig, auf mich richtete, völlig unbeabsichtigt war. Ich interpretierte ihn so: Hans-Peter, du wirst hoffentlich die Botschaft verstanden haben und sie auch weiterleiten.

Böllings Wunsch ging Ende desselben Jahren in Erfüllung. Menander könnte gelächelt haben.

Es bürgerte sich ein, daß ich die Vertretung mit einiger Regelmäßigkeit besuchte. Auf Bölling folgte 1982 Hans-Otto Bräutigam, mit dem ich mich menschlich beinahe besser verstand, obwohl er eher ein gemessen-zurückhaltender Mann von klassischer Noblesse war. Meist wurde Irm mit eingeladen, mitunter auch zu einem offiziellen Beisammensein. In kleinem Rahmen praktizierten wir das Verstehenlernen durch Kennenlernen. Differenzen, die sich bei Unterhaltungen ergeben konnten, wurden zu Nuancen. Uns haben die Gespräche natürlich nicht zu Konvertiten gemacht, aber sie haben uns womöglich gegenseitig bereichert.

Der letzte ständige Vertreter, Franz Bertele, machte mir 1989 eine Art Aufwartung in den Räumen des DDR-Theaterverbandes, dessen Präsident ich seit 1984 war. Ich ergriff die Gelegenheit beim Schopf und fragte ihn, ob er nicht eine Möglichkeit wisse, wie man westliche Medien überzeugen könne, sie möchten zwar bitte weiter so viel und so viel Anerkennendes über das DDR-Theater veröffentlichen, doch ohne die fast schon obligaten Schlußfragen: »Wieso merkt das Politbüro eigentlich gar nicht, was sich die DDR-Bühnen da alles herausnehmen? Gibt es da etwa stillschweigende Duldung oder nur schlichte Inkompetenz?«

Vom prompten Echo auf solche Überlegungen blieb zuallererst der Theaterverband nicht verschont. Aber auch die jeweils hochgerühmten Bühnen bekamen ihr Teil ab. Denn natürlich wurde die West-Presse von Politbüromitgliedern sehr viel früher und fleißiger gelesen als das »Neue

Deutschland«, das damals sogar noch hölzerner war als das heutige.

Auf der anderen Seite gab es im Politbüro tatsächlich auch Bestrebungen, die Theater zu ermutigen, ihre erstrittenen Freiräume so weit zu nutzen, als dies im öffentlichen Interesse läge. Kurt Hager gehörte zu denen, die uns immer wieder ermunterten. Er war halt nicht der Doktrinär, als der er verschrien war – besonders seit seinem Perestroika-Tapeten-Vergleich, der ihm aber bekanntlich souffliert worden ist.

Auch Horst Sindermann flankierte unsere Theaterpolitik behutsam. Joachim Herrmann hingegen hat immer wieder angemahnt, daß nicht zwei verschiedene oder gar entgegengesetzte Wege in der Kulturpolitik einerseits und der Medienpolitik andererseits eingeschlagen werden dürften. Die Gegensätze waren realiter vorhanden und wurden des öfteren von beiden Seiten kräftig ausgereizt.

Doch meine Eingangsfrage an Dr. Bertele hatte ich schon deshalb nur halbherzig gestellt, weil ich mir seine Antwort nur allzugut ausmalen konnte. Er mußte ja auf die Pressefreiheit verweisen. Was für ihn spricht, war der Vorschlag, wir möchten uns doch selber mit den Journalisten in der Bundesrepublik wegen unseres Anliegens ins Benehmen setzen. Ein schöner Gedanke, nur leider nicht praktikabel. Bertele war eben durch und durch Diplomat, noch dazu ein guter. Ich hatte schon immer den Verdacht, Bonn habe seine erstklassigen Vertreter für Ostberlin nur unter den Besten ausgewählt.

So sehr ich mich immer auch als einen politischen Schauspieler verstand, es gab eine Zeit, da ich einen Überdruß an den thematisch schwer beladenen Rollen verspürte. Um so willkommener war mir Harry Kupfer und sein völlig unerwartetes Angebot, das mich mit Mozart zusammenführte.

Kupfer hatte mich in einer Fernsehverfilmung von Gerhart Hauptmanns »Michael Cramer« gesehen. Das Stück beschäftigte mich, seit ich es mit Werner Krauss in der Titelrolle und meinem Vater als dessen Sohn Arnold gesehen habe: »Die Glocke ist mehr als die Kirche – der Ruf zu Tische mehr als das Brot.« Nun hatte ich das entsprechende Alter erreicht.

Das ist das Schöne am Schauspielerberuf: in jedem Alter warten andere begehrenswerte Rollen auf ihn. Er kann sein Altern ausbeuten. Indem sein Publikum mit ihm zusammen älter wird, ihn dabei von Station zu Station begleitet und mitbekommt, wie er professionell gezwungen wird, daraus jeweils etwas Neues zu machen, vermag sein Publikum, das eigene Älterwerden als eine Chance zu akzeptieren. Heinz Rühmann, Hilde Krahl, Inge Keller und auch mein Vater fallen mir dazu als Beispiele neben vielen anderen ein.

Harry Kupfer, Chefregisseur der Komischen Oper, suchte nach einem Bassa Selim für seine neue Inszenierung der »Entführung aus dem Serail« und glaubte ihn nun in mir gefunden zu haben. Er bot mir die Rolle an. Ich Trottel wollte nicht. Wieso? Diese Mozart-Oper hatte ich schon oftmals gesehen und jedes Mal unbeschreibliches Mitleid mit dem Bassa gehabt – nicht etwa, weil ihm die Konstanze einen Korb gibt und ihn verläßt, sondern weil alle anderen Partien die herrlichsten Arien und Duette singen dürfen, während der Bassa nicht über gestammelte Worte und spärliche Sätze hinauskommt. Einer Fama zufolge traute Mozart dem Sänger, der ursprünglich für diese Besetzung vorgesehen war, die musikalische Bewältigung nur bedingt zu und machte deshalb eine reine Sprechrolle daraus.

Zu meinem Glück ließ Kupfer aber nicht locker. Er kannte mich eigentlich nur flüchtig, fand aber dennoch den richtigen Dreh, um mich letztlich doch noch herumzubekommen: »Weißt du, Hans-Peter, ich will erreichen, daß am

Schluß der Oper das Publikum einzig denkt, warum nimmt die Konstanze diesen jungen Schnösel Belmonte und warum nicht diesen faszinierenden reifen Mann?«

Was blieb mir übrig, als schnellstens zu sagen: »Her mit der Rolle!«

Führt Kupfer Regie, *merkt* man kaum, daß er Regie führt. Er war ein Partner, und wenn er mir Vorschläge machte, hätte er ebensogut die Konstanze oder der Osmin sein können. Kupfer weckt Lust an originellen Einfällen, von denen man letztlich nicht mehr weiß, ob es eigene oder seine sind. Nicht nur der Ton, den er anschlägt, ist zart, ist zärtlich, kommt von innen, aus seinen verborgenen oder gar versteckten Tiefen heraus. Er vermag zuzuschauen wie ein Zuschauer. Er unterbricht eigentlich nicht, selbst wenn er sagt, was ihm als Beobachter auffällt. Für mich ist er das Wunder eines Regisseurs. Jeder Regisseur muß sein, wie er ist. Aber in ganz winzigen Dosierungen sollte jeder auch einmal ausprobieren, derart Nicht-Regie zu führen wie Harry Kupfer. En passant, er hat es auch geschafft, daß ich minutenlang glauben konnte, ich sei doch musikalisch.

Kupfer inszenierte mich als einen scheuen Asketen, schwarz gewandet, leicht verletzlich, niemanden je verletzen wollend. Darum des Paschas jähes Erschrecken über sich selbst, wenn er erkennt, welche Verwundungen er seiner geliebten Konstanze zugefügt hat. Als im Finale der Chor mächtig anstimmt »Bassa Selim lebe lange, lange ... Ehre sei sein Eigentum«, hält der Kupfersche Bassa sich die Ohren zu, ergreift in weitem Bogen die Flucht. Den letzten Jubel hört er schon nicht mehr. Dem Bassa Selim in dieser Inszenierung blieb ich zehn Jahre lang treu, von 1982 bis 1992.

Am Namenstag »Peter und Paul« des Jahres 1987 erreichte mich ein telefonischer Hilferuf des Regisseurs Johannes

Schaaf: »Wir brauchen Sie ganz dringend hier in Salzburg. Der Bassa Selim ist uns ausgefallen. Ich habe Sie an der Komischen Oper gesehen und will Sie haben. Können Sie übermorgen da sein?«

Kurzes Luftholen meinerseits, dann der unvermeidliche Hinweis auf DDR-Umständlichkeiten.

»Das werden Sie ja wohl hinkriegen.«

Da war ich mir nicht ganz sicher, vor allem nicht in dieser Schnelligkeit. Doch der Name »Salzburger Festspiele« entpuppte sich als ein Sesam, öffne dich! Ich bekam alle erforderlichen Freistellungen und Genehmigungen in Null Komma nichts.

Der Selim in Salzburg: nicht der von Lebensüberdruß gezeichnete Herrscher, sondern ein prächtiger in prunkvollen, kostbaren Seidengewändern, dem Leben zugewandt, die Macht nicht scheuend.

Für die dramatische Szene nach der Ankündigung des Bassa, er würde Konstanze Martern aller Arten unterziehen lassen, hatte Schaaf einen grandiosen Regieeinfall. Konstanze reißt Selims Dolch aus dessen Schärpe – doch es bleibt offen, ob sie ihn damit erstechen oder sich selbst richten will. Ein verbissenes Ringen um die tödliche Waffe beginnt. Klirrend fällt sie zu Boden, die beiden lassen voneinander ab. Rätselhaft blieb, wie meine Partnerin es trotz des Krafteinsatzes während unseres Kampfes noch fertigbrachte, ihre Arie mit Bravour zu vollenden.

Galt der Berliner Bassa als ein Bruder von Lessings Nathan und Goethes Thoas, so bemühte diesmal eine führende Opernzeitschrift einen paradoxen Vergleich: so wie Minetti den Selim gab, wünschte man sich den Ayatollah Khomeini.

Die Wellen, die diese Besprechung schlug, »spülten« einen argentinischen Agenten zu mir nach Berlin, der mir anbot, diese Rolle am Teatro Colón in Buenos Aires, dem »größten Opernhaus der Welt«, wie er stolz betonte, zu übernehmen.

Die Proben begannen im Oktober 1987, und endlich hatte ich das, was ich wollte oder nicht wollte: eine durch und durch konventionelle Aufführung. Überdurchschnittlich nur das Dirigat von Rolf Reuter.

Am Teatro Colón hielt man sich, wie international üblich, zugute, Opern grundsätzlich nur in der Originalsprache herauszubringen. Über die deutsche Unsitte, etwa bei Verdi oder Puccini das Libretto auch noch ins Deutsche zu übersetzen, rümpfte man die Nase. Die Deutschen sind eben Banausen.

Deshalb wurde mein Ansinnen, eine Schlüsselpassage des Selim-Textes in Spanisch sprechen zu wollen, prompt mit Empörung zurückgewiesen.

Doch so leicht gab ich mich nicht geschlagen. Señora Alicia, eine reizvolle Chorsängerin, der ich meine Enttäuschung nicht verheimlichte, reagierte wie erhofft. Zuerst polierte sie mein Spanisch gehörig auf. Irgendwann eröffnete sie mir: »Morgen auf der Probe ist es soweit, und du wirst sehen, es klappt.«

»Wieso denn das?«

Diese Frage blieb unbeantwortet.

Ich war gespannt, informierte kollegialerweise noch den Belmonte und die Konstanze, damit sie auf einen plötzlich spanisch sprechenden Bassa vorbereitet waren.

Der entscheidende Moment kam näher und näher. Die Worte »Nimm deine Freiheit, nimm Konstanzen, segle in dein Vaterland, sage deinem Vater, daß du in meiner Gewalt warst, daß ich dich freigelassen, um ihm sagen zu können, es wäre ein weit größeres Vergnügen ... Ungerechtigkeit durch Wohltaten zu vergelten, als Laster mit Laster zu tilgen« – diese Worte sprach ich äußerst schnell, wie es dem

Spanischen geziemt, vor allem aber auch, damit niemand mich unterbrechen konnte. Bei meinen letzten Silben setzte der donnernde Beifall des ganzen Chores ein. Der Regisseur gab sich bekehrt. Obwohl dieser Bassa an meine anderen Bassas künstlerisch nicht entfernt heranreichte, wurde ich von einem gerührten spanisch sprechenden Publikum beinahe enthusiastischer gefeiert als die Sänger.

Als Nachfolge-Produktion zur »Entführung« war Brecht/Weills »Mahagonny« geplant. Der argentische Regisseur Jaime Kogan erschien in meiner Garderobe, sprach mich auf Spanisch an, und als ich nicht recht erwidern konnte, wechselte er ins Englische. Begeistert teilte er mir mit, daß er nun endlich den Entertainer gefunden habe, den Brecht in einer seiner Fassungen des Stückes vorgesehen hatte, um Texte zu kommentieren, Übergänge herzustellen und letztlich in die Handlung einzugreifen. »In meiner Inszenierung soll das ein schmieriger Conférencier sein, der sich an sein Publikum heranschmeißt und, eitel, wie er ist, es immerzu in vier Sprachen rauf und runter bequatscht.«

»Und welches sind die vier, um Gottes willen?«

»Englisch können Sie, Spanisch sowieso …«

Daß ich mit beiden Händen abwehrte, unterbrach seinen Redefluß keineswegs.

»Wollen Sie etwa bestreiten, daß Sie auch Deutsch können?«

Ich schüttelte resigniert den Kopf und hob vier Finger hoch.

»Nummer vier ist Jiddisch.«

»Alles, was recht ist, das kann ich beim besten Willen nicht!«

»Macht nichts, bring ich Ihnen bei, ich bin selber Jude.«

Der Sprachschnellkurs verlief nur deshalb so zügig, weil ich Parallelen zum mir vertrauten Mittelhochdeutsch entdeckte.

Wenn »Mahagonny« den Erfolg der »Entführung« noch bei weitem übertraf, lag es an Brecht und dem aufrüttelnden Finale. Die Zeit der Generals-Diktaturen, die 1982 mit Galtieri endete, war noch frisch in aller Gedächtnis. Und ebenso all deren Opfer, die spurlos verschwanden und in die Zehntausende gingen.

Endgültig zum Weltreisenden in Sachen »Entführung« wurde ich, als sich 1991 Paris meldete. Von dieser Inszenierung am Théâtre du Châtelet ist zu berichten, daß der bekannte und brillante Dirigent John Eliot Gardiner schließlich auch noch die Regie übernahm, was aber den gewaltigen Erfolg nicht beeinträchtigte. Das französische Fernsehen übertrug live. Mit dieser Aufführung gastierten wir noch in London, wo eine CD produziert wurde, Amsterdam und Kopenhagen, ein Jahr später in Spanien.

Der Selim ist für mich zu einer Art Schicksalsrolle geworden. Sicher nicht nur, weil ich ihn insgesamt mehr als zweihundertmal in vier verschiedenen Inszenierungen mit wechselnden Partnern in neun Ländern gespielt habe, sondern vor allem deswegen, weil ich genötigt war, mich mit dieser Figur zu befreunden, die ich immer wieder neu zu verkörpern hatte. Ihr fundamentales Anliegen ist die Gerechtigkeit. Sie in Liebe und Haß und Rachsucht, in Verzweiflung und Versöhnung finden und bewahren zu wollen, kostet Selim, wie jeden, der darauf aus ist, übermenschliche Kraft. Ohnehin ist irdische Gerechtigkeit auch für ihn, den Moslem, unvollständig. Dem biblischen Gleichnis von den Arbeitern im Weinberg ist er damit nicht mehr fern.

Ungeachtet der Zeitläufte tun wir uns alle wohl mit der Gerechtigkeit schwer. Jedenfalls sind Leichtfertigkeit und Schnelligkeit mit Ungerechtigkeit verbündet. Das erfährt der Bassa schmerzhaft. Aber wie er mit der schweren Last einer ihm anhaftenden Gerechtigkeit weiterlebt ... das bleibt auch von Mozart zum Glück unbeantwortet.

Im Oktober 1982 fand eine Kulturkonferenz der Freien Deutschen Jugend in Leipzig statt. Der Sekretär des Zentralrates der FDJ, Hartmut König, fiel in seinem Referat über die »Macbeth«-Bearbeitung und -Inszenierung Heiner Müllers her, die dieser gemeinsam mit Ginka Tscholakowa vorgenommen hatte. Die Premiere hatte am 21. September 1982 an der Volksbühne stattgefunden. Die Attacken des Redners waren ätzend.

Wenige Tage später bat Kurt Hager mich in meiner Eigenschaft als 1. Vizepräsident des Theaterverbandes, der ich seit 1980 war, zu sich.

»Wie stehst du zu Heiner Müller?« lautete seine erste Frage.

»Gut, glaube ich, ausgesprochen gut.«

»Und was hältst du von den Leipziger Angriffen?«

»Das war unklug.«

Das ließ Hager so nicht im Raum stehen: »Das war mehr als unklug, das war töricht.«

»Hat euch der Redetext von König denn nicht vorgelegen?« fragte ich.

»Nein«, gab Hager zurück. »Die FDJ hat unter Krenz mehr Selbständigkeit, als sie jemals besaß.« Er zuckte mit den Schultern. »Worum ich dich bitten möchte, ist ganz einfach, aber etwas kompliziert: Suche Heiner Müller auf, rede mit ihm, aber so, daß er merkt, deine Meinung ist auch die Meinung der Partei.«

»Wie auch immer«, sagte ich, »Heiner Müller wird sowieso jeden Braten riechen.«

»Dann hättest du es genau richtig gemacht«, sagte Hager trocken. »Und wenn du es dann noch schaffst, daß er sich bei seinen Interviews mit den westlichen Medien ein bißchen mehr Zurückhaltung auferlegt, wäre dies der Stimmung im großen Haus und der Verleihung des Nationalpreises sicher förderlich.«

Im Januar 1983 besuchte ich Heiner Müller in seiner geräumigen Wohnung, von der aus man einen herrlichen Panoramablick auf den Tierpark Friedrichsfelde hatte. Heiner Müller zündete sich eine seiner geliebten Zigarren an und ging gleich in die Offensive. »Aus dem Schriftstellerverband bin ich zwar rausgeflogen, doch vom Theaterverband habe ich, wie du weißt, immer viel gehalten. Kannst du mir aber erklären, warum manche meiner Stücke nicht bei uns in der DDR gespielt werden? Ich bin ein Bürger dieses Landes, will es sein und bleiben, aber ich wünschte mir, daß dieses Land auch mich zur Kenntnis nimmt.« Er kam auf gelungene Beispiele von Inszenierungen in Karl-Marx-Stadt, in Anklam und anderenorts zu sprechen. Vorrangig ginge es ihm jedoch um »Germania Tod in Berlin«. Er wisse, daß Christoph Schroth bereit und willens sei, das Stück in Schwerin herauszubringen. Vom Theaterverband erwarte er, etwaige Hindernisse aus dem Weg geräumt zu bekommen.

Der Ideal-Taktiker appellierte an den Real-Praktiker, die sanften Überredungsmöglichkeiten des Theaterverbands gegenüber den verantwortlichen Intendanten zu seinen Gunsten zu nutzen.

Um die Rauchschwaden abziehen zu lassen, verlagerten wir unser Gespräch zeitweise auf den breiten Balkon. Zur Abwechslung tratschten wir in bester Manier der Theaterleute über liebe Kollegen und vor allem über andere. Nach solcher Erholung ging's weiter. Obwohl keiner von uns die FDJ-Kulturkonferenz erwähnte, schwebte sie nach wie vor immer im Raum.

Hager im Hinterkopf, setzte ich an, Heiner Müller verklausuliert zu verdeutlichen, daß die Position der FDJ nicht die offizielle der Parteispitze sei. Dann näherte ich mich dem Nervus rerum. »Heiner, ich weiß, du könntest nie ein Blatt vor den Mund nehmen. Aber wenn du immer so freundlich gestimmt über die DDR reden würdest, wie du es jetzt mit mir getan hast, dann fiele es allen deinen Bewunderern leichter, sich für dich einzusetzen.« Das war Taktik hin und zurück. Sein schmunzelnd überreichtes Abschiedsgeschenk an mich war eine litauische Ausgabe seiner Texte.

Meinen Bericht an Hager wollte und brauchte ich nicht schönzufärben, denn an Pro-Müller-Argumenten mangelte es wahrlich nicht.

Unser nächstes Treffen bei ihm im Juli 1983 begann damit, daß er mir Nietzsche vorlas, lange und gekonnt. Ich fragte ihn, ob er wisse, wie sarkastisch der Philosoph sich über die Schauspieler geäußert habe. Nein, das wisse er nicht. Ich verwies ihn auf »Die fröhliche Wissenschaft« und den dortigen Text »Vom Probleme des Schauspielers«.

Heiner Müller ging gelassen an eines seiner überladenen Bücherregale, griff zielsicher zu und reichte mir wortlos den entsprechenden Band. Und nun las ich ihm vor, was Schauspieler im Grunde für Menschen seien. Müller hatte seinen Spaß wie sein Entsetzen daran.

Nach diesem rund einstündigen Präludium stimmten wir uns auf das vertraute Thema Heiner Müller ein. Ihm sei nicht verborgen geblieben, daß seit unserem Januargespräch vieles in Bewegung geraten sei, einiges gar schon eingelöst; insgesamt spüre er Entgegenkommen, und dafür bedanke er sich.

Ich dankte ihm für unverkennbare Behutsamkeit in derweil publizierten Interviews.

Von den hohen Geistesflügen über die weniger hohen Dankesschuldbezeugungen ging es ziemlich abrupt hinunter in die Niederungen des Alltags.

»Die Geschichte mit dem Regisseurdiplom für Ginka hast du gut gedeichselt. Diesmal habe ich nur ein kleines Problem; sie hat ihren bulgarischen Führerschein verloren, und wir wollen im August mit dem Auto auf Reisen gehen. Fällt dir dazu was ein?«

Er war schön hemmungslos. Aber es ging noch weiter. Seiner Mutter Ella, im schwäbischen Reutlingen wohnhaft, sei viel daran gelegen, ihr Enkelkind, das Kind seines Bruders, öfter und länger in Weißensee besuchen zu können. Ob ich mich da nicht für eine Ausnahmeregelung verwenden könne?

Für Heiner Müllers Mutter meine Verbindungen spielen zu lassen, tat ich gern. Beim Beschaffen eines Führerscheins fühlte ich mich hingegen doch mal wieder als Neckermann-Ost mißbraucht. Aber was tut man nicht für einen Heiner Müller. Beides war mit einem enormen Aufwand an Zeit und Kraft verbunden, damit die DDR-Bürokratie ausnahmsweise keine war. Darauf bereitete ich ihn und mich vor.

»Unterschätze aber bitte auch die westdeutschen Bürokraten nicht.«

»Wir sind eben doch auf beiden Seiten unverkennbar deutsch.«

»Meine Stücke haben eigentlich alle etwas mit Deutschland zu tun«, erklärte Heiner Müller verschmitzt.

»Und mit Revolution?« lautete meine natürliche Gegenfrage.

»Das wußte ich, daß dies von dir kommen würde.«

Ich brachte sein Stück »Zement« ins Spiel. Für mich ein klassisches Beispiel rein revolutionärer und rein privater Intersubjektivität.

Heiner Müller fand den Vergleich nicht unpassend. »Ziemlich genau das ist doch die DDR.«

»Ja, wenn sie bloß ein bißchen revolutionärer wäre.«

Er schmunzelte und gab zurück: »Gorkis Wort von der revolutionären Romantik erscheint mir wie maßgeschneidert für dich.«

Ich konnte es mir daraufhin nicht verkneifen, aus dem Stegreif seine »Winterschlacht 1963« zu zitieren: »Nicht eh der Rhein in die Elbe fließt gehört er den seinen.« Von der dritten Strophe sprang ich zur sechsten:

>»In der nahen Hauptstadt die Delegierten
> Standen von ihren Plätzen auf …
> Sah'n im geretteten Licht einen Blick lang das
>     Endbild, gewaschen
> Wieder und wieder mit Schweiß, mit Blut auch,
>     immer gesehen im
> Rauch der Klassenschlachten …«

Den schön pathetischen Schluß zu sprechen, auf den ich mich so gefreut hatte, gönnte Heiner Müller mir nicht. Den Part übernahm er selber:

>»… Wenn die Menschheit erkennt,
>     die Partei ist die Menschheit,
> Die erkannte Natur der Parteidisziplin
>     unterwirft und
> Ihren Platz einnimmt am Steuer des Planeten.«

Das führte zum Disput über Deutsches und Deutschland, kreuz und quer durch die Geschichte von Barbarossa, Luther bis zu Bismarck und Lassalle; Richard Wagner und sein Traktat »Was ist deutsch?« durften natürlich nicht fehlen. Darüber ließ sich unter uns trefflich *nicht* streiten. Wir kamen überein, daß die unaufhörliche Suche nach nationaler »Identität« eine der sympathischsten Eigenschaften der Deutschen sei. Dieses immer irritierte und irritierende Grübeln darüber sei womöglich eines der wenigen, aber sehr zuverlässigen Kennzeichen von deutscher Identität und sei insofern doch wieder – wie glorreich – anderen nationalen Selbstgewißheiten letztlich überlegen, die sich allzu sicher auf ihrer scheinbar endgültig definierten Identität gemächlich ausruhen.

Unser beider Schlaf kam in dieser Deutschlandnacht sicher zu kurz; doch das Thema war es uns wert, auch viel und herzhaft zu lachen. Das will bei Heiner Müller, der ein Meister des leisen, feinen, des ironischen Lächelns war, viel heißen.

Bereits angesprochen habe ich, daß ich seit Sommer 1980 als erster Vizepräsident des Theaterverbandes und damit Stellvertreter von Wolfgang Heinz ehrenamtlich fungierte. Sein streitbares Temperament, das ich von etlichen Inszenierungen her nur zu gut kannte, genoß ich nun auch in gemeinsamen Sekretariatssitzungen. Wenn er laut wurde oder zu lange laut blieb und wir ihn darauf aufmerksam machten, tönte er: »Ich bin alles andere als laut, meine Lieben, ich bin immer nur deutlich!« Da hatte er recht. Das war er. Und liebenswert noch dazu.

Meine Verbandsarbeit litt darunter, daß die Hochschule nach wie vor ihren Tribut von mir einforderte. Der Verband seinerseits litt darunter, daß er immer lediglich eine beratende Funktion hatte. Das stand so in den Statuten. Dadurch hatte er nicht die Autorität, die sich seine Mitglieder und auch die nicht in ihm organisierten Theaterschaffenden von uns erhofften. Wir mußten mitunter mächtig lavieren, um das zu erreichen, was wir anstrebten. Unser erster Ansprechpartner war das Ministerium für Kultur, dem wir unsere theaterpolitischen Ratschläge unterbreiten konnten. Die Umsetzung wiederum hing von unserer Cleverneß ab.

Wolfgang Heinz versuchte es manchmal und nicht ohne Erfolg mit Brachialgewalt. »Du wirst es irgendwann anders machen als ich«, sagte er mir bisweilen, »nicht so grob. Du wirst dich mehr aufs Taktieren verlegen. Du wirst es mit dem Ministerium leichter haben. Und trotzdem dürftest du einen guten Präsidenten abgeben. Ich jedenfalls werde bald aufhören.«

Da widersprach ihm das ganze Sekretariat jedes Mal. Wir brauchten ihn und hingen an ihm. Er verstarb im Herbst 1984.

Der Verband wählte mich zu seinem Nachfolger, mit der Maßgabe, daß erst der 5. Kongreß endgültig den neuen Präsidenten küren solle.

So geschah es ein Jahr später. Die zwölf Gegenstimmen, die ich erhielt, durchbrachen das leidige Einstimmigkeitseinerlei und machten die fast dreihundertdreißig Jastimmen um so kostbarer. Verglichen mit den Wahlergebnissen in anderen Künstlerverbänden, hatte ich vortrefflich abgeschnitten. Dort waren mitunter bis zu hundert Nein-Stimmen üblich.

Im Politbüro interessierte man sich, wie mir ein Kenner dieser Szene verriet, bis ins Detail für die Wahlergebnisse – offenkundig, weil es sich um echte geheime Wahlen handelte. Das fand die oberste Parteispitze bei *anderen* attraktiv und nachlesenswert.

Aber mit den Wahlresultaten habe ich vorgegriffen. Ausschlaggebend für den Kongreß sollten seine Programmatik werden, das Referat, die Debatte und die Beschlüsse. Ein Gravitationszentrum des Theaters ist der Spielplan. Insofern sprach ich zuerst von zeitgenössischer Dramatik, deren Profil und deren Bühnenwirklichkeit.

*»More matter, less art.«* Auf dies Postulat aus der Hamlet-Rede an die Schauspieler wollte ich aus doppeltem Grund den Schwerpunkt legen. Einmal, weil wir in der DDR ein

stattliches Potential an hochbegabten Dramatikern hatten, denen unser Theater seine Souveränität und enorme Produktivität zu verdanken hatte: Heiner Müller, Volker Braun, Christoph Hein, Peter Hacks, Ulrich Plenzdorf, Jürgen Groß, Helmut Bez, Rudi Strahl, Armin Stolper, Helmut Baierl, Claus Hammel, Siegfried Matthus sowie Udo Zimmermann, Peter Ensikat und viele andere mehr.

Hürdenfrei gelangten deren neue Stücke allerdings nicht zur Uraufführung. Der bürokratische Genehmigungsprozeß hatte mehrere Nachteile: seine Dauer verschlang viele, viele Monate – der Ausgang war immer ungewiß. Die endliche Entscheidung in dem gar nicht so entscheidungsfreudigen Ministerium für Kultur war in der Regel mit allen möglichen denkbaren Auflagen und Einschränkungen gekoppelt. Die Gefahr, daß sich die Kräfte eines ganzen Theaters schon im Vorfeld einer Entscheidung zerschlissen, war groß. Gegen diese Praxis Sturm zu laufen, hatten wir uns im Sekretariat des Verbandes vorgenommen.

Dem hatte ich in meinem neunundneunzig Seiten zählenden Redemanuskript entsprechend Rechnung getragen und die Änderung der Genehmigungspflicht für neue Stücke gefordert. Das bot zugegebenermaßen Zündstoff, obwohl der Text vom Präsidium des Verbandes gutgeheißen worden war. Trotzdem blieb mir nicht erspart, wie es Norm war, mein Referat vorab der Abteilung Kultur im ZK vorzulegen. Deren stämmige Leiterin, Musikerziehern von Haus aus, warnte mich: »Diese und andere Forderungen wird sich der Jochen« – gemeint war Hans-Joachim Hoffmann, Minister für Kultur – »nie und nimmer bieten lassen. Außerdem erscheint bei dir nicht ein einziges Mal der Begriff des sozialistischen Realismus.«

Meinen Hinweis auf die verbandsdemokratische Legitimierung ignorierte sie und teilte mir kühl mit, daß kurzfristig ein Termin bei Kurt Hager angesetzt worden sei, bei

dem das ganze Papier noch einmal zur Disposition gestellt würde. Das war vier Tage vor Beginn des Kongresses.
Vierundzwanzig Stunden später fand die Runde bei Hager
statt.

Er habe mein Material mit Interesse gelesen, sagte er in
seiner ausgewogenen Tonart, und fände es bemerkenswert
– bis auf zwei, drei kleine Stellen, die zwar nicht erheblich
seien, dennoch aber einer Korrektur bedürften. Oder gibt es
von ministerieller Seite noch irgendwelche prinzipiellen
Einwände? Die Frage des Politbüromitglieds verneinten
Minister und Abteilungsleiter, die eigentlich etwas gänzlich
anderes erwartet hatten, brav.

Und so konnte ich mit höchster Billigung vortragen, was
dem Kulturminister nicht schmeckte: mehr Recht auf Expe-
rimentierfreudigkeit, mehr Freiraum für freie Gruppen,
Abschaffung der Kategorien A, B, C, in die alle Theater
hierarchisch unterteilt waren, mehr Aufgeschlossenheit und
Aufrichtigkeit in der Zusammenarbeit mit dem Theaterverband. »Was man nicht nutzt, ist eine schwere Last«, hatte ich
mir dazu als Zitat aus dem »Faust« einfallen lassen.

Hoffmann hatte an dieser Wunschliste schwer zu kauen,
aber für die Arbeitsbedingungen der Theaterschaffenden
war sie nötig wie Brot.

Und für die Lebensbedingungen war die Gagenerhöhung, die wir mit Hilfe des Kongresses auf den Weg
brachten, die Creme vom Ganzen.

Die letztendliche Entscheidung darüber war dem Politbüro vorbehalten. Zu dem entsprechenden Tagesordnungs-
punkt war ich hinzugeladen worden. Der Ministerpräsident, Willi Stoph, fragte mich als erstes, ob ich eigentlich
wüßte, was eine Krankenschwester verdienen würde. Da
mußte ich passen. Der Betrag, den er mir nannte, machte
mich betroffen. Spontan bekannte ich, sie müßten alle mehr
bekommen. »Aber darf ich die Frage stellen, ob euch be-

kannt ist, wieviel eine Tänzerin verdient, deren Berufsweg mit fünfunddreißig Jahren endet?« Dem Schweigen begegnete ich mit einer bezifferten Antwort.

Für die Darsteller gab es tatsächlich eine Gagenerhöhung, ich hoffe, für die Krankenschwestern auch. Eine Flutwelle von Dankesbriefen tat uns gut.

Auf die andere Seite von »*more matter*« muß ich noch eingehen. Natürlich wurden von uns in Vorbereitung des Kongresses viele, wenn auch immer noch zu wenig Theateraufführungen in der Republik besucht. Mein persönlicher Eindruck war, daß dieses Hamlet-Wort teils bewußt, teils unbewußt zunehmend mißachtet und mißhandelt wurde. Verspieltheit und Künstlichkeit kamen bei Inszenierungen in Mode, so daß ich dieses Postulat kritisch variierte: »*more art, more happening, less matter*«. Nun habe ich mich ja immer gern als altmodischer Schauspieler bekannt, und ich mißtraute von daher meiner Abneigung gegenüber einem sich um jeden Preis modern gebärdenden Theater. Es tat mir leid, daß solche Bekenntnisse keinen künstlerischen Streit entfachten. Immerhin aber gab es noch genügend Meinungsstreit über all die anderen Facetten der Theaterwelt, und daran beteiligte sich auch die ganze DDR-Prominenz, von Heiner Müller bis zu Alexander Lang, von Gisela May bis zu Christoph Schroth und vielen, vielen anderen mehr.

Minister Hoffmann allerdings, bedingt durch seine Verärgerung über unsere deutliche Kritik an ihm, blieb in seinem längeren Diskussionsbeitrag so unverbindlich, daß sich ein sogar im Protokoll festgehaltener vernehmbarer Unmut unter den Delegierten breitmachte. Nach diesem Auftritt ließ er sich auf dem Kongreß nicht mehr blicken. Wir entfremdeten uns auch persönlich mehr und mehr.

Die Autorität des Theaterverbandes aber war spürbar gewachsen. Als Quittung für diesen Erfolg brach nun erst recht eine Fülle immer noch ungelöster Aufgaben und Probleme über uns herein, derer wir kaum Herr wurden. Zwar hatte der Kulturminister uns zugestehen müssen, künftig binnen eines Vierteljahres über sein Ja oder Nein zu Uraufführungen zu entscheiden, aber man mußte weiterhin froh sein, wenn sich die Frist nicht unterderhand verdoppelte oder gar verdreifachte. In dieser Zeit wurde die Kulturbehörde von einem, der es wissen mußte, in »Ministerium für kulturelle Hektik« umgetauft.

Seit langem machte uns die Theaterstruktur, wie sie sich eher zufällig im Lande entwickelt hatte, ernsthaft zu schaffen. Darüber hinaus galt es, fehlende Probebühnen ebenso anzumahnen wie neue Bodenbeläge für Ballettsäle oder neue Bestuhlungen von Zuschauerräumen. All diesen unzähligen Wünschen nachzukommen überforderte den Theaterverband. Wir versuchten manches durch Kooperation mit örtlichen Behörden und Betrieben zu klären, mühten uns, Theaterrekonstruktionen in Gang zu bringen wie beispielsweise in Rudolstadt, Greifswald oder Cottbus. Aber mit der Semperoper in Dresden, dem Schauspielhaus am Gendarmenmarkt und dem Friedrichstadtpalast in Berlin entstanden zwar Prachtbauten, die heute als Mitgift der deutschen Vereinigung vielfach repräsentativ genutzt werden, wodurch aber damals in der zweiten Hälfte der achtziger Jahre die Mittel für anderweitig nötige Instandsetzungen vieler kleiner Theater fehlten.

Zunehmend ergaben sich auch kulturpolitische Schwierigkeiten, die damit zusammenhingen, daß durch die Führungsschwäche der Zentrale die örtlichen Organe sich verstärkt in Theaterangelegenheiten einschalteten. Der Verband mußte zusätzlich noch die Rolle einer Art Feuerwehr übernehmen.

Claus Hammels Erfolgsstück etwa, die satirische Komödie »Die Preußen kommen«, wurde auf Interventionen hin mancherorts vom Spielplan abgesetzt. Es könne nicht angehen, so die Rechtfertigung, daß die aufgehängten Porträts von Marx und Engels, wie vom Autor vorgesehen, von selber krachend zu Boden stürzten. Gedacht war diese Szene als ein himmlischer Protest der beiden gegen irdische politische Borniertheit. Wenn so etwas mit den Gründervätern passieren kann, dann ist die Konterrevolution nicht mehr fern, mag wohl mancher Funktionär befürchtet haben.

Zur letztmaligen Vorstellung des Stückes in Eisenach vor dem endgültigen Verbot erreichte mich ein Hilferuf der Intendanz, dem ich nachkam. Natürlich war das Theater an diesem Abend so brechend voll wie selten. Zahlreich auch die Teilnahme an der anschließenden Diskussion zwischen Vertretern aller Parteien, der FDJ, der Gewerkschaft und vor allem der Zuschauer. Das angekündigte Verbot ließ sich mit vereinten Kräften und mit Hilfe eines Regieeinfalls verhindern: Marx und Engels würden künftig per Aufzug nach oben in den Bühnenhimmel entschweben.

Doch es gab weit ernstere Fälle. Die politische Unruhe im Lande wuchs an. Das nahm ich zur Kenntnis, ohne Konsequenzen daraus ziehen zu wollen. Ich mochte es nicht wahrhaben, daß es mit der DDR zu Ende gehen könne. Meine Genossen in der Führung des Verbandes waren da weitsichtiger. Weder meine vorsichtige Haltung, kein Öl ins Feuer zu gießen, noch deren mutigere Kritik- und Protestfreudigkeit – beides nicht untypische und weit im Lande verbreitete Positionen – konnten aber verhindern, daß es mit dem Staat bergab ging.

Inmitten all dieser Turbulenzen mußte ich oft daran denken, daß es ein Glück war, die Leitung der Hochschule am 1. Oktober 1987 an meinen Wunschnachfolger, den Regisseur Kurt Veth, übergeben zu haben. Diesen Schritt hatte ich bereits 1985 auf dem Theaterkongreß nach meiner

Wahl zum Präsidenten angekündigt. Meinen Lehrstuhl für Diktion behielt ich inne.

»So leben wir und nehmen immer Abschied«, lautet die Schlußzeile der Rilkeschen achten »Duineser Elegie«. Dieses Motto, das ich meiner Abschiedsrede voranstellte, hat für mich nie einen melancholischen Anklang gehabt; vielmehr versinnlicht es den Zusammenhang von Leben und Abschied nehmen: Abschied geradezu als ein Kennzeichen von Leben. Wir nehmen fortwährend Abschied – von einem Gedanken, einer Theatervorstellung, einem Menschen, einer Liebe, einem Land. Und trotz solchen Räsonierens fiel mir der Abschied von zwölfeinhalb Jahren Dasein als Rektor unglaublich schwer. Generationen von Studenten hatte ich kennengelernt, betreut, vernachlässigt, geliebt. Hatte Liebe und Anhänglichkeit genossen, auch Haß ertragen. Selbstbewußtsein durch Selbsterkenntnis wollte ich vermitteln. Mein Vorsatz, an der Schule mit allen gemeinsam lernen zu wollen, hatte sich verwirklicht. Ich habe mich mitunter getäuscht, bin oft selber getäuscht worden, aber alles in allem war es ein derart komprimiertes Leben voller Höhen und Tiefen, meine Rolle als Bauherr eines Schwarzbaus eingeschlossen, daß ich voller Sehnsucht an diese Zeit zurückdenke. Von Studenten erhielt ich zur Erinnerung ein Bild von »Blauen Pferden auf rotem Gras«.

# DIE ZEIT DANACH

Das Vorrecht der Jugend, aufzubegehren, machte auch vor dem Theaterverband nicht halt. Das vorschnelle Versprechen des Kulturministers, der Jugendkommission unseres Verbandes ein eigenes Theater in Senftenberg zur Verfügung zu stellen, war von ihm nicht einzulösen. Dadurch gerieten auch wir mächtig unter Druck. Als gar die Forderung laut wurde, der Verband solle zu einer neuen, zweiten und vor allem schlagkräftigeren Gewerkschaft umfunktioniert werden, suchte ich mich mit allen Mitteln dagegenzustemmen. Ich bemühte zwar meine Reminiszenzen an meine Zeit als jugendlicher Heißsporn, aber in der unmittelbaren Konfrontation passierte es leider denn doch, daß ich mitunter wie ein rechthaberischer älterer Herr reagierte. Der Generationenkonflikt, so oft von mir abgestritten, hatte mich eingeholt.

Wäre ich noch abergläubischer oder noch konsequenter ein Pythagoreer gewesen, als ich es, Schauspielertraditionen folgend, ohnehin schon bin, hätte ich – eingedenk des bereits geschilderten Zusammenstoßes mit Konrad Naumann am 22. März 1982 – mißtrauisch reagieren müssen, als die Abteilungsleiterin Kultur im ZK den ersten Sekretär des Theaterverbandes, Klaus Pfützner, und mich an einem anderen 22. März, nur eben sechs Jahre später, freundlich-sachlich einlud, an einer Beratung in ihrem Büro teilzunehmen. Daran war nichts Ungewöhnliches. Ahnungslos bereiteten wir uns auf den Termin vor und stellten Themen zusammen, die uns auf der Seele brannten.

Doch es kam ganz anders als erwartet. Es sollte wieder mal ein Tribunal abgehalten werden, nur ein noch bösartigeres.

Die erste Überraschung bestand darin, daß sich ein größerer Kreis zusammengefunden hatte: neben dem Minister, der gerade von einer Kur zurückgekehrt war, noch einer seiner vielen Stellvertreter und mehrere Mitarbeiter der Abteilungsleiterin. Das war zunächst befremdlich. Erst im Verlauf des Gesprächs sollte sich erweisen, wie vorteilhaft für Klaus und mich die Anwesenheit mehrerer Zeugen wurde. Pfützner machte sich schon aus Gewohnheit Notizen. Es sollte nicht lange dauern, bis auch ich ausnahmsweise anfing, Gesagtes, Gebrülltes schriftlich festzuhalten.

Nach knapper Begrüßung mit aufgesetzt feierlicher Miene gab die Abteilungsleiterin umgehend dem Minister das Wort. Was dann aus dessen Munde kam, mit oft sich überschlagender Stimme, vor Erregung stotternd, mit oft rot anlaufendem Gesicht, ohne eine Spur minimaler Beherrschung ... das war derart gespenstisch, daß man an der Realität dieser Szene am liebsten gezweifelt hätte.

Die Theaterpolitik, wie sie der Verband unter Minetti/ Pfützner betreibe, habe nichts anderes zum Ziel als die Aufweichung des Sozialismus und damit der DDR! Diesem Zweck diene auch eine bodenlose Kampagne zur Herabsetzung des Ministers, die er nun nicht mehr hinnehmen werde. Vielmehr wolle er der zersetzenden Politik des Verbandes die konstruktive Politik der Partei entgegensetzen. Und falls wir nicht heute, noch im Verlaufe dieses 22. März 1988, unserer »parteifeindlichen Politik« abschwören würden, werde er sich persönlich, je nach Notwendigkeit, an die Zentrale Parteikontrollkommission oder an den Generalsekretär wenden, denn es bedeute eine schwere Verletzung der Partei- und Staatsdisziplin, wenn der Verband während der Prozedur des Genehmigungsverfahrens für

Uraufführungen die Intendanten heimtückisch zu Widersetzlichkeiten aufwiegele. Damit werde der »demokratische Zentralismus« außer Kraft gesetzt. Das käme der Anarchie gleich. Darum sei die Verbandspolitik auch eine »ungeheuerliche Zumutung« für die Genossen der Staatssicherheit, die ständig wieder auszubügeln hätten, was sich der Verband an Verstößen gegen die öffentliche Ordnung mit Hilfe künstlerischer Propagierung von feindseliger Kritik, dauerndem Zweifel und Mißgunst von den Bühnen der DDR herab leisten würde. Damit würde der Theaterverband »die Arbeit des Klassenfeindes besorgen«.

So schweres Geschütz hatte nicht einmal Konrad Naumann in seiner Abrechnung mit der Hochschule aufgefahren.

Mit bitter ernstem Gesicht, immer wieder mal demonstrativ mit dem Kopf nickend, saß an der Stirnseite die Chefin der Abteilung Kultur des ZK, die sich erst kurz zuvor in einem Gespräch mit mir noch den Stoßseufzer abgerungen hatte: »Der Jochen macht mir schwere Sorgen; falls er nicht gerade auf Reisen ist, liegt er krank darnieder; und wenn er einmal nicht krank ist, fabriziert er nur noch Leerlauf.«

Diesen »Dreisatz« noch im Ohr, war die Versuchung sehr naheliegend, die ostentativ zur Schau gestellte Einheitsfront der beiden zu sprengen. Aber ich war zum Glück viel zu traurig, um all diesen Hinterhältigkeiten noch eine neue hinzuzufügen. Die Traurigkeit verlieh mir überdies eine Ruhe, wie sie mir nur selten in hitzigen Auseinandersetzungen gegeben war. Die anwesenden Zeugen dieser Beschimpfung *coram publico* bewunderten nachträglich meine Beherrschung, und ich meinerseits bewunderte die Mäßigung Pfützners, denn er war noch maßloser von Hoffmann angegangen worden als ich.

In meiner Entgegnung brachte ich meine Verwunderung zum Ausdruck, daß der Minister unsere angeblichen Verstöße, die er uns nun schuldhaft ankreide, noch bis vor kurzem als sein eigenes Verdienst gerühmt hatte. Unseren Theatern bekäme es besser, wenn wir uns darum streiten würden, wer von uns mehr für sie leiste, als wenn der eine von uns den anderen jage und verleumde.

Durch unsere Ruhe wurde nun auch Hoffmann ruhiger, mit dem Resultat, daß wir ihn wohl alle zu guter Letzt bedauerten. Er war wirklich schon ziemlich krank. Trotzdem raffte er sich noch zu einer fast unhörbar gemurmelten Entschuldigung auf: »Auch mir darf wohl mal der Kragen platzen.«

Wir begnügten uns damit, nicht nur, weil sich das so gehörte, sondern auch, weil es unsere gemeinsame Sache gebot – die uns eigentlich immer einigende Sache, von der Kommunisten untereinander mal nur Millimeter, mal meilenweit entfernt waren.

Gleich drei Satyrspiele sollten diesem Prolog noch folgen.

Das erste: Wochen später gab der Minister Hoffmann der Zeitschrift »Theater heute« ein Interview, das Monate später in deren Jahresheft abgedruckt wurde. Darin rühmte er sich jener Neuerungen, derentwegen er Pfützner und mich abgekanzelt hatte. Das war auf Grund von Hoffmanns Zwiespältigkeit noch eher verständlich als die offenkundigen Unwahrheiten, mit denen er sein Image als freundlicher Theaterliebhaber hochstilisierte.

Einem der besten Theaterregisseure hatte Hoffmann selber die Tür gewiesen: Alexander Lang, dem das Arbeiten am Deutschen Theater zusehends schwerer gemacht worden war. Dafür löste seine Gastinszenierung von »Phädra« / »Penthesila« an den Münchner Kammerspielen 1987 wahre Begeisterungsstürme aus; im Februar 1988 packte er endgültig seine Koffer in der DDR und ging als Schauspieldirektor nach Hamburg.

Um so befremdeter las ich in dem Hoffmann-Interview die schamlose Aussage zum »Fall« Alexander Lang: »Ich habe ihm angeboten, das Berliner Arbeitertheater zu übernehmen, eine Experimentierbühne; die haben wir seinerzeit sehr komfortabel ausgestattet …«

Dieses BAT war Bestandteil der Hochschule »Ernst Busch« und mir von daher bestens vertraut. Es war damals eine mittlere Bruchbude. Im Protokoll einer technischen Überprüfung waren mir als dem Rektor und Hausherrn strengste Auflagen für die Sicherheit sowohl des Publikums als auch der Akteure gemacht worden. Statt »sehr komfortabel« wäre miserabel der einzig treffende Ausdruck gewesen, um den Zustand dieses Theaterchens zu kennzeichnen.

Aber es waren weniger solche, wenn auch signifikante Details, die viele empörte Parteifunktionäre auf den Plan riefen, sondern Hoffmanns penetrantes Bemühen, sich als ein Glasnost-Anhänger in der DDR hervorzutun. Massiv wurde Hoffmanns Ablösung als Minister gefordert.

Als ich mich für die 7. Plenartagung des ZK im Dezember 1988 zu Wort gemeldet hatte, wurde mir von höchst kompetenter Seite anempfohlen, als erster gegen Hoffmann und das Hin und Her seiner Kulturpolitik Stellung zu beziehen. Das habe ich allerdings abgelehnt, weil die Stimmung gegen den Kulturminister in eine Stimmung gegen das gesamte DDR-Theater umzuschlagen drohte. Außerdem hätte eine Art Anklageeröffnung durch mich wie eine billige Retourkutsche aussehen können.

So blieb es Eberhard Aurich, dem Nachfolger von Egon Krenz als 1. Sekretär des Zentralrates der FDJ, überlassen, die Kritik zu bündeln. Indem Aurich immer wieder Hoffmann im O-Ton aus »Theater heute« zu Wort kommen ließ, zitierte er ihn zunächst einmal um Kopf und Kragen.

Die Entrüstung im Saal war so gewaltig, daß Hoffmann den Versuch unternahm, mit einem gestammelten Widerruf das Auditorium zu besänftigen, was ihm gründlich mißlang. Das war für mich das zweite Satyrspiel.

In der anschließenden Pause beteuerte Hoffmann unermüdlich jedem, der es hören wollte – oder auch nicht –, wie raffiniert und infam diese Westjournalisten mit ihm und der Wahrheit umgesprungen seien. Immerhin konnte Hoffmann mit seiner Bußfertigkeit erreichen, daß er noch eine Weile im Amt blieb.

Das dritte Satyrspiel als Höhepunkt: der Widerruf des Widerrufs. Nach dem Ende der DDR hielt sich Hoffmann öffentlich wieder viel zugute auf seine frühzeitige Distanzierung zur offiziellen Kulturpolitik, für die hinwiederum kein anderer zuständig gewesen war als er selber.

Hoffmann, der zauberhaft charmant und kulant sein konnte, wenn er es für angebracht hielt, bin ich im Spätsommer 1990 in einem Krankenhaus das letzte Mal begegnet. Er schien Skrupel zu haben, denn er kam auf mich zu und sagte: »Ich weiß, was du von mir hältst, aber ich werde dir bei nächster Gelegenheit alles erklären.« Dazu sollte es nicht mehr kommen. Ich glaube, Hoffmann war nicht widersprüchlicher, als wir alle es sein können.

Daß die Stimmung im Lande immer gereizter wurde, war verständlich. Die Presse, die »Aktuelle Kamera« des DDR-Fernsehens zündeten Nebelbomben; kein Journalist, kein Funktionär getraute sich schlicht festzustellen: Unsere Wirtschaft, unsere Wissenschaft, unsere Schulen müssen bessere Ergebnisse bringen, denn daraus wäre abzuleiten gewesen, sie hätten bisher nur magere Ergebnisse abgeliefert. Darum lautete die Sprachregelung: Die Ergebnisse müssen noch besser werden. Da war er wieder einmal, der vermeintlich einzig legitime »Konflikt« im Sozialismus: die Diskrepanz zwischen gut und besser, zwischen besser und noch besser. Das habe ich immer gern als den kategorischen

Komparativ charakterisiert. Ebenso habe ich bis zum Überdruß das Honecker-Wort bemüht: »Das Erreichte ist nicht das Erreichbare.« Dies war ja gleichsam ein offizielles Alibi für die Unerläßlichkeit von Kritik, wie sie eigentlich schon längst verpönt war. Aber solche sprachlichen, von mir bevorzugten Kompensationen für Mißstände waren, ohne daß ich es wahrhaben wollte, Hilflosigkeiten.

Die DEFA wagte kryptische Anspielungen, drehte einige extravagante Filme, aber sie hatte nach dem nun schon längere Zeit zurückliegenden 11. Plenum zu lang ihre Wunden geleckt und mittlerweile ihr Publikum verloren – trotz eines überwältigenden Erfolgs von Plenzdorfs »Legende von Paul und Paula«. Daß solche Resonanz einmalig blieb, unterstrich ja nur den mangelnden Zuspruch bei einer Vielzahl anderer, noch so gutgemeinter Filme.

Ganz anders die Lage am Theater. Eben weil es dezentral, vor Ort stattfindet, konnte es so umstritten wie in Eisenach und so streitbar wie in Schwerin oder Dresden werden. An dieser Streitbarkeit wollte ich nicht nur als Auch-Funktionär, sondern vor allem als Schauspieler teilhaben.

Die regelmäßigen Werkstatt-Tage des DDR-Theaters in Leipzig, die unser Verband verantwortete, boten im Zwei-Jahres-Rhythmus jeweils ein ganzes Bündel an dramatischen Einmischungen in die Gegenwart. Auf der Werkstatt '86, bei der vor allem die aus Dresden eingeladene Inszenierung von Heiner Müllers »Die Umsiedlerin« unter der Regie von B. K. Tragelehn für Aufsehen sorgte, war ich gleichfalls von Rudi Strahls »Probe aufs Exempel« beeindruckt, der Geschichte eines Physikers, der sich selbst den Teilnehmern einer von ihm einberufenen imaginären Pressekonferenz als drittklassig vorstellt. Er spielte damit auf Edward Teller an, der einmal ausgeführt hatte, jeder drittklassige Physiker sei mittlerweile imstande, sich seine eigene Atombombe zu basteln: »Meine Damen und Herren von der Weltpresse, hier ist sie, in diesem kleinen schwarzen Koffer, meine kleine, aber feine, hocheffektive Atombombe. Erschrecken Sie bitte nicht, und bleiben Sie gefälligst sitzen. Die Türen sind von mir hermetisch verschlossen worden. Hören Sie mich also an ...« So etwa beginnt dieses Einpersonenstück. Strahl führt eine Unpersönlichkeit vor, deren Aggressivität, wie das ja die Regel ist, sich aus permanenten Minderwertigkeitskomplexen speist. Seine Neurosen wechseln ständig und dramatisch mit lichten Momenten ab. Ein glänzend geschriebenes Stück Theater.

Natürlich reizte mich diese Rolle, und mein Glück war, daß es den Autor reizte, sein Stück mit mir in Berlin zu inszenieren. Das Gorki Theater räumte uns eine Spielplanposition dafür ein.

Die Proben zur »Probe aufs Exempel« wurden zur Geduldsprobe für die Personalunion von Autor und Regisseur. Rudi Strahl bestand sie bravourös. Denn von meiner Unsitte, beim Probieren den jeweiligen Text mit Assoziationen, Abschweifungen und Kontrapunkten zu »bereichern«, um dann rechtzeitig zum Original zurückzufinden, habe ich schon gesprochen. Aber daß Autoren-Regisseure unmutig reagieren, wenn sie ein Übermaß an Fremdtext zu hören bekommen, läßt sich denken. Doch die daraus erwachsende »Verständigung« kann sich für beide Seiten als produktiv erweisen, wenn der Schauspieler verfolgen kann, wie der Autor als Regisseur sein Stück gleichsam zum zweiten Male schreibt.

Ministerielle Reaktionen auf die Premiere Anfang 1987 blieben nicht aus. Bemäkelt wurde, daß dies Stück, weil es die beiden großen Atommächte, Sowjetunion und USA, faktisch einander gleichstelle, auf puren Pazifismus hinauslaufe.

Für Rudi Strahl wie auch für mich war das die Bestätigung, daß wir mit Hilfe von Theater im buchstäblichen Sinne Anstoß sowohl geben als auch erregen konnten.

In der Folgezeit gastierten wir mit der »Probe aufs Exempel« auch in Hannover. Die dortige Presse staunte mal wieder, was im DDR-Theater alles »erlaubt« war.

Etwa ein halbes Jahr später erfolgte die Anfrage, ob wir bei den Ruhrfestspielen 1988 ebenfalls gastieren wollten. Natürlich wollten wir. Vor allem ich. Dort hatte ich zu Beginn der fünfziger Jahre mehrere Male meinen Vater in verschiedenen großen Rollen bewundert. An solche Minetti-Tradition voller Respekt anzuknüpften rührte mich.

Im Spätsommer dieses Jahres ging ich dann erneut das doppelte Abenteuer eines Monodrams unter der Regie des Autors ein. Der Unterschied war der, daß ich mir den Stoff zum Stück selber ausgespäht hatte. Eines Tages war ich auf Apuleius gestoßen, einen antiken Redner, wenn auch nicht so bekannt geworden wie Cicero. Als Berufsredner zog er durch das römische Imperium und verdiente damit eher schlecht als recht sein Brot. Trotzdem stand damals, wie von vielen Quellen versichert wird, die Redekunst in höchstem Ansehen. Apuleius sprach über Wechselfälle des Lebens, über Glück und Unglück, über Reichtum und Armut, über Weisheit und Torheit, über Logik und Astronomie, über Liebe, Trauer und Tod.

Dieser Rhetor hat mein Interesse geweckt, zumal Rhetorik in der DDR immer noch so gut wie indiziert war. An der Parteihochschule war ein entsprechender, zu Beginn der achtziger Jahre angesetzter Kurs nach nur wenigen Wochen wieder aus dem Lehrplan gestrichen worden, weil es niemals auf das »Wie« der Rede, sondern mehr auf das Wiederkäuen ankam.

Allein an der Universität Jena hielten sich rhetorische Übungen tapfer. Um der Angst vor Rhetorik zu begegnen, hatte ich mir für den Stoff und das zu schreibende Stück

Karl Mickel ausgewählt. Etliche Jahre zuvor hatte ich ihn als festen Dozenten für die Hochschule gewinnen können. Seine Kolloquien und seine Themen ließen sich schon deshalb nicht lehrplanmäßig eingrenzen, weil Mickels Bildung, Belesenheit und Kraft zur Inspiration nahezu unbegrenzt waren. Aber so anregend es wirken konnte, so wenig empfänglich war er für Anregungen. Daher war es riskant von mir, den Spieß einmal umzudrehen und ausgerechnet ihn auf eine ihm noch unbekannte Perle der Literatur ansetzen zu wollen. Mickel hat dann auch prompt schön störrisch reagiert.

Einige Sommer gingen ins Land, bis er mich eines Tages überraschte, indem er eher beiläufig anmerkte: »Du, ich habe mir den Apuleius kürzlich mal angeschaut, da ließe sich vielleicht was draus machen.«

Eben davon war ich überzeugt gewesen. Immerhin war Apuleius in Oea, dem späteren Tripolis, wegen Zauberei im Jahre 158 n. Chr. öffentlich angeklagt worden. Darauf stand die Todesstrafe. Zauberei mußte aber nach Meinung der Ankläger im Spiel gewesen sein, denn wie anders könnte man die reizvollste und reichste Frau von Oea verführen?

Die Apologie des Apuleius stellt seine einzige Rede dar, die schriftlich überliefert ist. Der Prozeß setzt ihn einer ganz neuartigen, völlig ungewohnten Bewährungsprobe aus. Mit einem Mal wird sein eigenes Leben, nein, sein eigenes Überleben zum Gegenstand seiner Kunst. Das geht ihm dann doch an den Nerv, an seine Substanz. Da können Verteidigung der Vernunft, an der ihm so viel liegt, und Verteidigung seines Lebens, an dem ihm noch mehr liegt, dermaßen in Konflikt, in argen Widerstreit miteinander geraten, daß Vernunft und Leben als Paradoxon erscheinen. Ein Wissender redet sich um sein Wissen. Aus Polemik wird Aggression.

Das fertige Stück, dem Mickel auf meinen Wunsch hin

den Titel »Halsgericht« gab, hatte am 19. Januar 1988 Uraufführung und erwies sich rasch als ein Zuschauermagnet am Berliner Arbeitertheater, wo mir einige beabsichtigte halsbrecherische Kunststücke vom Bühnenmeister unter Hinweis auf die Baufälligkeit des Hauses ausgeredet wurden. Ich hätte mich so gerne an dem schon geknüpften Seil weit in den Zuschauerraum hineingeschwungen, wenn …ja wenn nur dies Theater in dem heilen Zustand gewesen wäre, den eine ministerielle Verlautbarung lauthals als »sehr komfortabel« beglaubigt hatte.

Aber das rhetorische Feuerwerk des Gespanns Mickel/ Apuleius reichte auch so für spektakuläres Theater aus.

Mickel hatte zwar auf Invektiven bewußt verzichtet, gerade weil dunkle Anspielungen auf das Ehepaar Honecker und deren Gefolge so in Mode standen. Wir hofften vielmehr, daß auch die feine Ironie, vor allem aber die Selbstironie rüberkamen, die in den »Lobsängen« überreich enthalten waren, welche Apuleius auf den fiktiven Gerichtsherrn, den Prokonsul Claudius, anstimmte. Auch wenn diese dezente Persiflage auf den Personenkult nur vorsichtige Reaktionen beim Zuschauer auslöste, wir haben dies benötigt, auch für uns selbst. Dieses auf künstlerischem Wege gegen einen Stachel löcken zu können, habe ich gelegentlich gebraucht. Zwar befand ich mich nicht einmal mental im Widerspruch zu den Mitgliedern meines Politbüros, deren entfernter ZK-Verwandter ich ohnehin mehr oder weniger war. Aber ich brauchte abwehrende Reflexe – in einem sich sukzessive verschleißenden Kampf. Es waren nicht viel mehr als nur instinktive Aufmüpfigkeiten, die ich mir leistete. Sogar wenn sie völlig nichtssagend waren und wirkungslos blieben, konnte man sich schadlos halten. Das Metronom blieb im Takt.

Ich notiere dies auch nur, weil es mir selbst heute noch als ein politisch wie psychologisch eigenartiges Phänomen vorkommt, daß ich in Intervallen streng dosierte Abweichungen nötig hatte, um mich jeweils wieder ins Lot zu bringen. In eben dem Maße, in dem man mit der Politik der Partei ins Gericht ging – in eben demselben Maße kam man ihr auch wieder näher, fühlte man sich ihr sogar wieder fester verbunden. Das war mir oft von Veteranen anvertraut worden und erging mir nun nicht viel anders. Dann vermochte man auch wieder rote Farbe zu bekennen und wortreich zu agitieren.

Ausgangspunkt meiner Wortmeldung für die 7. Plenartagung des ZK im Dezember 1988 war die drohende Gefahr einer Absetzung der »Übergangsgesellschaft« von Volker Braun. Die schmerzliche Komödie transponierte die Bedrängung und Bedrückung von Tschechows »Drei Schwestern« in die Alltäglichkeit der DDR. Vor sich selbst gut versteckte Aggressionen brechen plötzlich durch. Aus solidarischer Attitüde werden individuelle Allüren. Sehnsüchte trocknen langsam aus. Regelmäßiges Aufbäumen wird zu einer sportiven Angelegenheit.

Die für mich interessanteste Figur war die des alten Kommunisten Wilhelm Höchst, der sich seine Biographie in den Klassenkämpfen dieses Jahrhunderts ertrotzt hat, ein Lebenslauf, bei dem Ernst Busch Pate gestanden haben könnte. Höchst fühlt sich dieser Zeit überlegen, weil er am Unterliegen ist. Volker Braun läßt ihn dann gegen Ende des Stückes sagen: »Übrigens, die Literatur, die nur niedermacht, und die Ideologie, die etwas vormacht, sind gleich weit von der Wahrheit entfernt. Sie haben beide das Leben nicht.« Oder: »Wenn wir uns nicht selbst befreien, bleibt es für uns ohne Folgen.«

An brisanten Aussagen herrschte wahrlich kein Mangel, und insofern gab es genug Argumente für diejenigen, die weitere Aufführungen des Stückes unterbinden wollten.

Die Qualität der Inszenierung durch Thomas Langhoff am Maxim Gorki Theater stand dem Stück in nichts nach. Im Anschluß an die Vorstellung brach sich das Bedürfnis des Publikums Bahn, Stellung zu beziehen. Bei einer lebhaften Debatte, an der ich mich beteiligte, spalteten sich die Zuschauer in bedenkliche, erboste und begeisterte Stimmen. Die Auseinandersetzungen waren fast so spannend und so lohnend wie die Aufführung.

Alle offiziellen Kulturinstitutionen waren hellhörig geworden. »Falls wir zulassen, daß solcher Mißmut weiterhin von unseren Bühnen herab verbreitet wird, brauchen wir uns doch nicht mehr zu wundern, wenn keiner mehr Lust hat, harte Arbeit zu leisten«, ließ mich ein führender Genosse wissen. Er hatte damit ziemlich genau die Stimmung vieler Funktionäre wiedergegeben, die schließlich nur zu gut wußten, daß sich die Gründe für ihre berechtigte Unruhe im Lande mannigfaltig mehrten. Und dann noch so ein Stück!

Verglichen mit Werner Buhs und seiner »Festung«, die mit unheilschwangeren Bildern nur die Oberfläche ritzte, ging »Die Übergangsgesellschaft« sehr viel tiefer, schmerzte, schärfte darum das Wahrnehmen eines ungelösten zwischenmenschlichen Miteinanders. Solidarisch gearbeitet wurde im Lande überall wie wild, auch überlegt, konzentriert, mit einem hohen Grad an gesellschaftlicher Verantwortung. Allein die Produktivität der Arbeit ließ zu viele Wünsche offen – der hohe Preis für so gut wie ausnahmslose Vollbeschäftigung.

Ich hatte 1986 schon eine Vorwarnung bekommen. Der Hochschule wollte ich noch vor meinem Abschied ein für die Ausbildung der Studenten eigentlich unentbehrliches, komplettes Videostudio zukommen lassen. Ich hatte die eitle Hoffnung, daß mir diese Bitte nicht verwehrt werden würde. Aber mein Wunsch wurde abschlägig beschieden, von Alexander Schalck-Golodkowski.

308

Davon einmal abgesehen, war mir der Staatssekretär im Ministerium für Außenhandel schon deshalb immer so sympathisch, weil er zu den wenigen hochrangigen Genossen gehörte, die eine wirkliche Passion für das Theater in sich verspürten und auch das Gespräch mit Schauspielern suchten. Die »Blauen Pferde« hatten es Schalck besonders angetan. So haben wir uns kennengelernt. Er hat von Fall zu Fall auch Studenten der Hochschule für künstlerische Programme in sein Haus geholt und sie für studentische Verhältnisse geradezu fürstlich honoriert. Bei Stipendiaten war das strikt untersagt. Aber das scherte Schalck zum Glück nicht. Auch sonstige Limitierungen bekümmerten ihn nicht sonderlich. Er war von einer beneidenswerten Unbefangenheit, der man nur äußerst selten begegnete – und wenn, dann war sie zumeist nur vorgetäuschte Jovialität. Bei Schalck gehörte Unbefangenheit zu seinem Naturell, und das merkte man.

Natürlich hatte ich ihn zu Strauß befragt, schon weil der – im Sinne von Ponomarjow – ein so hochintelligenter Gegner war. Und sicher hatte auch Strauß seinerseits den Instinkt für das Format eines Alexander Schalck. Beide verstanden sich auf das Geschäft.

Ob solch gegenseitiger Respekt eine Garantie für das Miteinander-Können sei, wollte ich von ihm wissen.

Eine Garantie nicht unbedingt, aber eine Voraussetzung schon. Keiner von uns wollte den anderen überfordern und schon gar nicht übervorteilen, weil wir wußten, daß jeder von uns die Möglichkeit gehabt hätte, sich verteufelt gut zu revanchieren. »Aber anders als der Strauß bist du, Hans-Peter, mit deinem Videostudio auf dem besten Wege, mich zu überfordern. Ich würde dir und deinen Studenten, vor allem auch deinen ausgesucht hübschen Studentinnen, die westliche Aufnahmetechnik von Herzen gönnen. Ich kann mir auch gut vorstellen, wie nötig sie ist. Doch ohne großes

Drumherum: die Anlage wäre zwar nur ein verschwindend kleiner Valutaposten – aber wenn ich dir sage, daß wir uns nicht einmal *den* mehr leisten können, dann würdest du daraus ableiten, daß wir ziemlich am Ende sind. Weil ich dir aber diese Enttäuschung nicht bereiten will, mache ich dir lieber den Vorschlag, freiwillig auf diese Anschaffung zu verzichten. Dann kannst du dir auch wieder andere Sorgen machen.«

Das alles war dezent und sogar freundschaftlich gesagt, aber trotz oder gerade wegen seiner nur scheinbar saloppen Tonart, war die Bitternis, die da mitschwang, unüberhörbar. Die Bitternis ... und ein schier unglaubliches Maß an Vertrauen, daß ich diese Offenbarung für mich behalten würde. Ich habe ihm geglaubt, aber nicht glauben wollen.

Doch zurück von dieser bereits 1986 apostrophierten »Untergangsgesellschaft« zur »Übergangsgesellschaft« des Jahres 1988. Ein hauptstädtisches Verdikt hätte einen Dominoeffekt auslösen können. Darum besprach ich mit Albert Hetterle, dem beherzten Intendanten des Gorki Theaters und gleichzeitigen Darsteller des Wilhelm Höchst, den Tenor meiner Rede, die ich auf der Plenartagung des ZK zu halten gedachte.

Die Eloge an Honecker zum Auftakt war für mich keine Pflichtübung, sondern eine durch und durch aufrichtige Anerkennung seiner antifaschistischen Vergangenheit. Zugleich war sie aber auch schon ein Prolog zu den Schlußfolgerungen, auf die ich hinauswollte. Ich sprach davon, daß die von Hitler-Schergen gefangengehaltenen Genossen, auch wenn sie politisch und physisch unterlegen schienen, ihren Verfolgern ideell und darum letztlich auch wieder politisch überlegen waren und aus dieser Position heraus sogar mit ihren Wächtern diskutieren und Zwiesprache halten konnten. Das war vor allem auch von Thälmann mehrfach belegt worden.

Er und andere waren sich nie zu schade gewesen, Gespräche mit Andersdenkenden zu suchen. Das setzte aber immer die Befragung des eigenen Gewissens voraus. Solch ständige Vergewisserung als Bedingung eines Dialogs beginne in jeder Grundorganisation und dürfe im ZK nicht aufhören.

Hatte ich bis dahin die gespannte Aufmerksamkeit des Plenums deutlich verspürt, so begann mit diesem Halbsatz, »im ZK nicht aufhören«, eine ebenso deutlich spürbare Unruhe zu grassieren, die sich steigerte und mich zu Überlautstärke verleitete, was die Überzeugungskraft minderte. Dabei lag mein Schwerpunkt gerade auf der Art und Weise des politischen Überzeugen-Könnens. Wir sollten mit Phantasie, mit Originalität eine Offenlegung unserer Gedanken beginnen; dem Reichtum unserer Ideen müsse der Reichtum des sprachlichen Ausdrucks entsprechen. Ansonsten würden wir uns ärmer machen als wir seien.

Denn wenn unsere Ideologie sich nur mit sich selbst beschäftigen würde, könnte sie ihre Anziehungskraft gerade auf die Jugend verlieren. Wenn wir Widersprüche nicht aufspürten, könnten wir sie nicht mehr beherrschen, könnten sie nicht mehr Triebkraft der gesellschaftlichen Entwicklung sein.

Das bot die Überleitung zum Thema Theater, weil die Schauspieler insgesamt vom Widerspruch leben, vom Kampf zwischen Protagonist und Antagonist, von Held und Gegenspieler, vom Aufeinanderprallen der Meinungen. Und daraus resultiert auch die aufklärerische Wirkung des Theaters. Die Zuschauer begegnen anderen Positionen als den eigenen, nicht vertrauten, ja fremden. Der Versuch, andere zu verstehen, festigt das eigene Selbstverständnis.

Wenn wir uns auf der Bühne ständig nur Eigenlob spenden würden, alles nur harmonisch und perfekt fänden, würden wir langweilig und verlören unseren Anspruch, öffentlichen und streitbaren Diskurs zu entfachen.

Die Erwähnung des von mir bewußt gewählten Reizwortes Eigenlob führte sofort zu erregten Debatten der ZK-Mitglieder untereinander. Der Lärm schwoll an. Damit einen Nerv zu treffen, das war mein Vorsatz gewesen, trotzdem hatte ich nicht mit derart lautstark geäußertem Unmut gerechnet. Ich mußte meinen Mikrophonvorteil voll ausnutzen.

Insgesamt waren das Gedankengänge, dramaturgisch nicht ganz lupenrein, die mir letztlich zur Vermittlung eines Verständnisses von politischem Theater dienen sollten, um daran anknüpfend auf »Die Übergangsgesellschaft« und die Figur Wilhelm Höchst zu sprechen zu kommen.

Zumindest der Titel und die Problematik des Stückes waren den meisten Genossen vertraut, so daß mir wieder zeitweise die volle Konzentration des Auditoriums für die offensive Verteidigung von Stück und Inszenierung zuteil wurde.

Daß ich diese erneuerte Aufmerksamkeit mit meinem nächsten Thema wieder aufs Spiel setzen würde, wußte ich von vornherein, aber ich wollte es mir ebensowenig ersparen wie meinen Genossen.

Gerade aus Differenzen, Kontroversen, Reibungen mit Parteilosen könne gegenseitiges Verständnis erwachsen, falls wir uns dabei niemals »pharisäerhaft« verhielten, niemals weder an uns selbst noch unseren Leistungen Genüge fänden. Dies bedinge ein Offenhalten gegenüber öffentlicher Kritik.

Das betraf unser Verhältnis zu Andersdenkenden. Von Antikommunisten hatte ich mich ausdrücklich abgegrenzt und darum auch Brecht zitiert, wonach derjenige, der sich gegen den Kommunismus wende, kein Andersdenkender, sondern ein Nichtdenkender sei. Aber *denkenden* Andersdenkenden gegenüber dürften wir keinerlei Voreingenommenheit hegen. Wir sollten vielmehr, Friedrich Engels zufolge, differenzieren, um zu integrieren, und eine neue Kultur des ideellen Streitens begründen. Keinesfalls sollten wir die Augen vor eigenen Schwächen, Oberflächlichkeiten, Mittelmaß und auch nicht vor Fehlern in unserer Arbeit verschließen – statt dessen, wie alle anderen, aus unseren Fehlern lernen.

Mit »Fehler« war nach »pharisäerhaft« bereits kurz hintereinander das dritte Reizwort gefallen. Der Begriff Fehler war lange Zeit deshalb tabu, weil in seiner unmittelbaren Nachbarschaft das Gespenst einer Fehlerdiskussion schlummerte, das am besten gar nicht erst aufgeschreckt werden sollte.

Zum Schluß plädierte ich dafür, keine Angleichung entgegengesetzter Kulturen und Ideologien zu suchen, weder in der nationalen noch in der internationalen Theaterentwicklung könne und solle alles auf ein und denselben Nenner gebracht werden. Der zwischen der Bundesrepublik und uns vereinbarte Kulturaustausch solle nicht assimilieren, sondern gegenseitig animieren. Solch eine wünschenswerte Gemeinsamkeit benötige – nicht nur aus Gründen gegenseitiger Aufrichtigkeit und Wahrhaftigkeit, sondern auch aus Gründen einer gemeinsamen Verantwortung für den Frieden – gerade die Eigenart unserer realistischen Kunst, die ihre sozialistische Substanz nicht preisgibt, sondern sie streibar und offensiv im Verbund mit der Arbeiterklasse und ihrer Avantgarde behauptet.

Der Applaus, den ich für meine Worte erntete, war der dünnste, den ich in den dreißig Jahren meiner ZK-Zugehörigkeit je erlebt hatte. Das verstörte mich. Zwar wollte ich schon herausfordern, aber einzig und allein zu dem Zweck, der Revitalisierung der Partei einen Impuls zu geben und damit auch wieder ihre Autorität zu stärken.

Darum machten mich in der nachfolgenden Pause die eisigen Reaktionen sehr betroffen. Nur Alexander Schalck schien es nichts auszumachen, mit mir zu reden. »Du hättest dir deinen Beitrag noch etwas aufsparen sollen«, meinte er. »Du hast zuviel auf einmal gewollt und gesagt. Noch ist das ZK nicht reif für so etwas.«

Das war kein Trost, denn schließlich hatte ich nicht Aufsehen erregen, sondern etwas in Bewegung bringen wollen. Daran gemessen hatte ich so gut wie nichts erreicht, mit Ausnahme einer aggressiven Reaktion von Joachim Herrmann, dem für Presse und Medien zuständigen Politbüromitglied. Er kam auf mich zu. »Ich habe dich bisher immer für einen ehrlichen Kommunisten gehalten.« Sprach's und machte auf dem Absatz kehrt. Für mich kam das einer Ehrabschneidung gleich, und ich war einfach fix und fertig.

Einige nachfolgende Diskussionsredner warfen mir mangelnde Standhaftigkeit vor: Je stürmischer die Zeiten, desto fester müsse der Klassenstandpunkt des Kommunisten sein; da dürfe man nicht jedes Mal gleich in die Knie gehen, verkündete der Direktor des Instituts für Marxistisch-Leninistische Philosophie der Akademie für Gesellschaftswissenschaften beim Zentralkomitee der SED. Das kannte ich. Solche Sprüche hatte ich selber – auch auf ZK-Tagungen – schon reichlich geklopft.

Soweit ich die Resonanz aus dem Westen mitbekam, schlug dort das Reaktionspendel in genau die entgegengesetzte Richtung aus. Man mokierte sich über meine rückhaltlose Unterwerfung unter die Parteilinie. Das war zwar eine gründliche Mißdeutung, aber dafür hatte ich insofern Verständnis, als ich eben viel zu viel durch die Blume geredet hatte, zu verklausuliert. So bekam ich mein Fett von rechts und von links ab.

*Si tacuisses* ... Aber ein Philosoph bin ich ohnehin selten gewesen, bestenfalls kann ich einen spielen. Schweigen zu können war mir ebenso selten vergönnt.

Obwohl »Neues Deutschland« lang und breit aus meiner

Rede zitierte, fehlten natürlich Passagen. Um so freudiger überrascht war ich über relativ viele, teils zustimmende, teils sogar dankbare Post, die mich via ZK oder Theaterverband erreichte.

Aber ich fürchte, nur wenige Wochen nach dem Plenum habe ich meinen ZK-Beitrag selbst wieder in Frage gestellt, wenn nicht gar verraten. Das traf mich tiefer als alles andere!

Das Kabarett »Die Distel« hatte ein streitbares, geistreiches und kühnes neues Programm herausgebracht. Die Stoßrichtung war auf anderen Wegen in etwa die gleiche gewesen, welche ich propagiert hatte, nur sehr viel freimütiger, aber auch liebevoll versteckter, eben kabarettistischer. Unverständlicherweise fürchtete ich, es könne das Tüpfelchen auf dem i werden und Wasser auf die Mühlen all der Hartgesottenen schütten, welche die Entwicklung des DDR-Theaterlebens drosseln wollten.

Eine Sekretärin der Bezirksleitung Berlin und ich überredeten den integren Chef der Distel, den Genossen Otto Stark, das Programm zurückzuziehen.

Er tat es, nicht aus Überzeugung, sondern aus Disziplin.

Ich tat es, gegen meine Überzeugung, aus bloßer Taktiererei. Das war der klassische Spagat: Aus Sorge vor Gegenmaßnahmen den eigenen Standpunkt opfern. Klaus Pfützner und auch Irm hatten mich davor gewarnt.

Einmütigkeit herrschte aber wieder in der engeren Leitung des Theaterverbandes, als es darum ging, die Uraufführung von Christoph Heins »Die Ritter der Tafelrunde« im Frühjahr 1989 in Dresden durchzusetzen. Dort war es ein anderer Taktierer, der wohl aus vergleichbaren Gründen das verhindern wollte. Der erste Sekretär der SED-Bezirksleitung Dresden sperrte sich dagegen. Hans Modrow hatte sich schon zu viele politische Eigenmächtigkeiten gegenüber der Zentrale herausgenommen, als daß er sich wegen eines Theaterstückes, von dem es hieß, es sei auf das Politbüro gemünzt, dessen Zorn zuziehen wollte.

Die Uraufführung dieses prophetischen Schlüsseldramas mit Endzeitcharakter fand also statt – ein wichtiges Signal nicht nur für die Theater im Lande.

In diesem so geschichtsträchtigen Jahr 1989 trat für mich die Politik zunächst einmal in den Hintergrund. Vielleicht hing dies auch mit diesem unglücklichen Verlauf des 7. Plenums zusammen. Eben weil ich glaubte, ich hätte politisch nichts mehr zu verlieren, bat ich Erich Honecker um ein Gespräch. Er hatte die Präsidenten der anderen Künstlerverbände der Reihe nach empfangen; sie hatten mir jeweils davon erzählt und Wert darauf gelegt zu betonen, wie lebendig und aufschlußreich die Unterredungen gewesen seien. Konkrete Rückfragen meinerseits, was denn dabei faktisch herausgekommen sei, führten zu der Antwort, die offenherzige Atmosphäre sei das wichtigste gewesen.

Ein solches Resultat erschien mir allzu bescheiden; ich hatte mir darum für einen möglichen Termin mehr vorgenommen. Bei einem guten Klima allein wollte ich es nicht belassen. Das Gespräch habe ich mit Varianten in meiner Phantasie durchgespielt. »Du hast alles erreicht, was du dir vorgenommen hast, und in deinem Falle ist das Erreichbare auch das Erreichte. Die Krönung wäre, wenn du nicht nur deine Erfahrungen, sondern auch deine Verantwortung an einen Jüngeren deines Vertrauens delegieren könntest.«

Erst als die Termine immer wieder verschoben wurden, erkannte ich, wie illusionär, wenn nicht grotesk ein solcher Versuch gewesen wäre.

Honecker fühlte sich zu Recht auf dem Gipfel seiner revolutionären Biographie angelangt. Seine Staatsbesuche hatten den Erdball umspannt, vom Vatikan bis nach Mexiko, von Bonn bis Tokio. Das Hamburger Wochenblatt »Die Zeit« hatte ihm die liebedienerische Interviewfrage vorgelegt: »Sie sind nach Umfragen in der Bundesrepublik erstaunlich populär. Wie erklären Sie sich dies?« Mit so einem Statement konfrontiert zu werden, konnte nur einen Höhenflug auslösen, mit dem zwangsläufig Realitätsverlust einher gehen mußte. Populär in der Bundesrepublik! Steigerungsmöglichkeiten in der DDR?

Zu seinem fünfundsiebzigsten Geburtstag schwelgten ARD und ZDF in Ehrfurchtsbezeigungen. Nur wenige Spitzenpolitiker der BRD versäumten es, ihm in Berlin die Aufwartung zu machen. Protokolliert wurden auch persönliche Glückwünsche seiner Besucher, die manchmal weit über Persönliches hinausgingen, wie wir vor unseren jeweiligen ZK-Tagungen genüßlich staunend nachlesen konnten.

Ich gehe sogar soweit zu behaupten, daß auf den vielen traditionellen Massendemonstrationen ihm die Teilnehmer spontan zujubelten, ohne daß solche Huldigung hätte anbefohlen werden müssen.

Wie schon bei seinem Vorgänger Walter Ulbricht vermeinte ich bei Honecker immer auch wieder Verlegenheiten, Gehemmtheiten in seinem Wesen und Verhalten zu entdecken. Honecker mußte sich sichtlich anstrengen, um locker und leutselig zu erscheinen. Das war alles andere als unsympathisch. Ich dachte dann immer bei mir, vielleicht ist er in vielem der Arbeiterjunge geblieben, der im saarländischen Wiebelskirchen aufwuchs.

Dennoch dämmerte mir, daß ein Komödiant wie ich einen solchen Staatsmann wie ihn zu gar nichts würde bewegen können. Meine Visite kam nicht mehr zustande, doch an anderweitigen Verpflichtungen, wenn auch mehr künstlerischer Art, fehlte es nicht. Seit Dezember 1988 hatte ich an der Volksbühne die Titelrolle im »Eingebildeten Kranken« übernommen; im Berliner Ensemble spielte ich nun schon im siebten Jahr den Feldprediger in »Mutter Courage«; der Papst in Brechts »Leben des Galilei« war hinzugekommen; der »Eisler-Abend« war nach wie vor in meinem Repertoire; und besonders freute ich mich über meine Auftritte im Schauspielhaus am Gendarmenmarkt, weil ich dort einst mit meinem Jugendschwarm Renate, Werner Krauss und Bernhard Minetti, Gustaf Gründgens und Lola Müthel bewundern durfte; allfällig gastierte ich weiter mit dem Bassa Selim an der Komischen Oper, mit dem Goethe- und Rilke-Programm im Theater im Palast; der »Apuleius« stand weiter auf dem Spielplan des Berliner Arbeitertheaters; Fernseh- und Filmaufgaben füllten den ausgefüllten Terminkalender zusätzlich, darunter die in Budapest gedrehte ZDF-Produktion »Schatten im Zenit«.

Trotzdem brachte ich es nicht über das Herz, Recklinghausen und den Ruhrfestspielen einen Korb zu geben. Anläßlich des zweihundertsten Jahrestages der Französischen Revolution stand auf dem Programm »Große Freiheit '89«. Da sollte und konnte ich mein Alter ego als Jakobiner ausleben und zudem noch als Immanuel Kant auftreten und dessen Traktate »Was ist Aufklärung?« sowie »Gibt es ein Fortschreiten des Menschengeschlechtes zum besseren?« schauspielerisch und rhetorisch verlebendigen.

Zu einem unerwarteten Höhepunkt nicht nur des Jahres 1989 wurde für mich die unverhoffte Einladung zum Berliner Theatertreffen mit dem Einpersonenstück »Halsgericht« am Hebbel Theater. Daß ein solcher Soloabend in diesem Rahmen eine Art höchster Weihe für den jeweiligen Schauspieler bedeutet, war mir zum Glück unbekannt. So konnte der Ritt über den Bodensee gelingen, ohne daß der Reiter am Ende tödlich vom hohen Roß zu fallen brauchte. Das Publikum war noch besser als die Kritiker, und die waren ein Nonplusultra.

Das war Anreiz genug für ein weiteres Soloprogramm zu den Salzburger Festspielen. Byrons »Ode an Napoleon« war von Arnold Schönberg vertont worden – für ein Orchester und einen Sprecher. In Mario Venzago fand ich einen meisterlichen Dirigenten, der mich sowohl zu ermutigen als auch zu bändigen verstand.

Ich war glücklich, wieder im bestrickenden Salzburg zu sein und dort arbeiten zu können. Aber das Glück war trotz des Erfolgs geteilt, sogar getrübt. Denn in diesem Spätsommer wurde Österreich zu einer Art Transitland für diejenigen Bürger der DDR, die sie verlassen wollten. Abends sahen wir im ORF die Bilder von notdürftig untergebrachten Ausreisewilligen in Budapest, Bilder von Flüchtlingen, die über die grüne Grenze gekommen waren, Menschen, die, in Passau angekommen, ihre neuen Bundespässe freudig hochhielten. Alle ihre Höhen und Tiefen erlebten Irm und ich mit, die Bilder von glücklichen Familien rührten uns und stimmten uns gleichzeitig traurig, weil wir ahnten, daß dies alles den Auftakt zum Finale der DDR bilden konnte.

Ich rief Klaus Pfützner an, er möge für mich im ZK nachfragen, ob es nicht geboten sei, unseren Aufenthalt abzubrechen und umgehend nach Berlin zurückzufahren. Klaus übermittelte mir telefonisch, man verstünde, daß unsere Beunruhigung in Österreich unmittelbarer und darum bedrückender sei; auch in Berlin wäre man besorgt, doch wir sollten erst zu dem vorgesehenen Termin heimkehren. Dann allerdings warteten viele Aufgaben auf mich.

Auf der Dringlichkeitsliste obenan stand wieder einmal Heiner Müller. In Potsdam sollte seine »Wolokolamsker Chaussee« auf Betreiben der dortigen Bezirksleitung vom Spielplan abgesetzt werden. Mein erster Gesprächspartner war der Intendant des Hans-Otto-Theaters, Gero Hammer, von dem ich mich informieren ließ, was eigentlich der Stein

des Anstoßes war. Es gab gleich deren mehrere. Anschließend meldete ich mich bei Günther Jahn, dem 1. Sekretär
der SED vor Ort. Er gehörte zu den beherzten Genossen
und war in Potsdam sehr populär. Es brauchte seine Zeit, bis
wir zum Wohle des Theaters miteinander klarkamen.

Auch im Theaterverband galt es, allerhand zu regeln. Ich
verabredete mich mit Christoph Schroth im Berliner Hotel
Johannishof. Er hatte in Schwerin einen »Wilhelm Tell«
herausgebracht, der während eines Berliner Gastspiels Furore gemacht hatte. Viele Zuschauer hatten die Volksbühne
unter Protest und Türen knallend verlassen. Schroth hatte
Parallelen zwischen Geßler-Tyrannei und zeitgenössischem
Potentatentum gezogen, und das war nicht nur mutig gewesen, sondern hatte auch warnenden, beschwörenden
Charakter. Im Gegensatz zu mir, meist um vermittelnden
Ausgleich bemüht, war er viel risikobereiter. Ich wollte sondieren, ob er geneigt sei, gegebenenfalls meine Nachfolge
im Theaterverband anzutreten. Die Präsidentschaft wollte
ich nicht bis zum nächsten Kongreß wahrnehmen, der für
Frühjahr 1991 anberaumt war. Auch auf Grund gemeinsamer Erfahrungen in der Zusammenarbeit hielt ich
Schroth für den geeignetsten Kandidaten. Er war überrascht, sagte immerhin nicht nein, konnte sich aber nicht
vorstellen, daß die Kulturabteilung im ZK jemals mit ihm
einverstanden sein würde. Kaum hatte er seine Bedenken
ausgesprochen, mußten wir beide unwillkürlich lächeln.
Vielleicht würde es einer solchen Prozedur, der Bestätigung
vor einer Wahl, schon in Bälde gar nicht mehr bedürfen.
Dazu paßte, daß er aus seiner Jackentasche ein schon reichlich abgegriffenes Blatt Papier holte und es mir reichte. Ich
glaube, er hat mich, während ich den Text las, noch schärfer
beobachtet als er das auf Proben zu tun pflegte, wenn seine
Schauspieler agierten. Es handelte sich um den Aufruf des
Neuen Forum. Die Ablichtung war technisch mangelhaft,

um so sorgsamer mußte man lesen. Das Ganze roch ein bißchen nach legaler Illegalität. Als er mich um meine Meinung dazu bat, bekannte ich, daß vor allem die analytischen Bewertungen feinsinnig ausgefallen waren, aber die allgemeinen Anwürfe, selbst wenn sie partiell berechtigt waren, versperrten mir den Weg, dazu ja zu sagen. Schroth nahm das Papier gleich wieder an sich, faltete es zusammen, ließ es verschwinden. Ich glaube, er war von meiner Reaktion ziemlich enttäuscht. Meinerseits registrierte ich an mir, daß bei allem, was auf uns noch zukäme, ich nicht aus meiner Haut würde heraus wollen. Vielmehr bestärkte sich in mir, gerade nach dieser flüchtigen Bekanntschaft mit dem Neuen Forum, mein Vorsatz, jede noch so winzige Chance zu nutzen, um den Sozialismus in der DDR bewahren zu helfen.

Christophs Weg war vorgezeichnet, meiner auch, nur fand ich zunehmend unter Schauspielern immer weniger Weggefährten. Damit war endlich wieder einmal ein Gegen-den-Strom-Schwimmen angezeigt. Das bekam mir ganz gut, schon weil es inopportun war.

Ich beobachtete prominente Berliner Kollegen, die nun ihrerseits mit dem Strom schwammen und sich beileibe nicht mehr erinnern wollten an Privilegien, an Pässe, mit denen auch sie regelmäßig in den Westen, nach West-Berlin fuhren; verdrängt waren ihre Besuche im ZK, wenn sie dort ihre Beschwerden über mangelnde Beschäftigung anbrachten, über unwillige Intendanten klagten und ihre persönlichen Wunschlisten vorlegten. All das sollte es mit einem Male für sie nie gegeben haben.

Mein väterlicher Stolz auf Daniel wuchs, denn er war bereits 1985, Position beziehend, aus der Deckung hervorgetreten, als dies noch Wagemut erforderte. Nun, da ein solcher Schritt nicht mehr bedrohlich, sondern gar verdienstvoll erschien, wurde der Einzelfall zum Regelfall. Diejeni-

gen, die nun die politische Initiative ergriffen, machten das
aber sehr klug, sehr konsequent und zweifellos aufrichtig
gemeint.

Das stärkere Engagement für Politik, das ich mir von ihnen immer gewünscht hatte, trat nun ins Licht der Öffentlichkeit, und das hatte diese Öffentlichkeit auch derart bitter
nötig, daß gleichfalls ich mich – beinah ohne Bitterkeit –
darüber freuen wollte.

Hinzu kam, daß es vor allem im Deutschen Theater zu
Auftritten von Politikern gekommen war, welche, sei es mit
Vorsatz, sei es fahrlässig, die Schauspieler mit Grobheiten
vor den Kopf gestoßen hatten. Darüber hatte der »Spiegel«
berichtet, was zum Beispiel einen Günter Schabowski
schwer verdroß. Hervorragende Darsteller hatten auf
Grund dieser »Schauspielerbeschimpfung« ihre Ausreise be-
antragt und sie auch problemlos bewilligt bekommen.

Zu Beginn der Spielzeit 1989/90 hatte der Kulturminister, von der Abteilungsleiterin des ZK begleitet, Künstlern
in der Staatsoper sowie dem Deutschen Theater bedeutet,
sie sollten ihren Ehrgeiz eher daransetzen, mit ihren großen
Talenten weiter ihr dankbares Publikum zu erfreuen, als
sich mit der stets undankbaren Politik zu befassen. Frei
übersetzt hieß das: Schuster, bleib bei deinem Leisten! Im
Klartext war dies auch mir in schöner Regelmäßigkeit gesteckt worden, und ich hatte mich darum ebensowenig ge-
schert, wie es meine Kollegen jetzt taten.

Unruhe war ohnehin nun zur ersten Bürgerpflicht geworden. Schon die allmorgendliche Lektüre des »Neuen
Deutschland« verdarb einem den Appetit. Die Tonlage
wurde noch zynischer, noch verlogener. Abstruse Geschichten von entführten Mitropa-Kellnern wurden frei erfunden,
um eine expandierende Unruhe in die schläfrige Ruhe des
»Halb-so-schlimm« zu verzaubern.

Die »Berliner Zeitung« verlieh mir wiederum ihren von

einer Kritiker-Jury vergebenen Preis für die beste schauspielerische Leistung in der Spielzeit 1988/89. Die Auszeichnung galt dem »Apuleius«. So recht konnte ich mich an ihr aber deshalb nicht erfreuen, weil die federführende Redakteurin mich gehörig schockierte. Nach der Verleihung gab es in der Runde der Preisträger nur ein Thema: die anhaltende und ständig zunehmende Ausreisewelle. »Was wollt ihr«, funkte die Zeitungsdame dazwischen, »all diese Verblendeten reichen doch nicht einmal aus, um den August-Bebel-Platz zu füllen!« Unser Kreis löste sich daraufhin rasch auf.

Die Krisenerscheinungen wurden eher noch dadurch verschärft, daß der vierzigste Jahrestag der DDR unmittelbar bevorstand. Ich traf mich mit Ekkehard Schall in seiner Wohnung, um das künstlerische Begleitprogramm zu besprechen, das die DKP in Düsseldorf sich auf Grund des festlichen Anlasses gewünscht hatte. Uns beiden war klar, daß dafür die üblichen Texte nicht in Frage kamen. Aber die Auswahl fiel uns dann schwer. Wir wollten einerseits nicht auf affirmative, ermutigende Beiträge verzichten, andererseits wollten wir die Sorgen, die uns umtrieben, nicht unterschlagen. Brecht bot sich natürlich dafür als Fundgrube förmlich an – den hätte ich allzu gern selber bemüht, doch diese Domäne mußte ich seinem Schwiegersohn überlassen. So blieben mir nur zwei oder drei Varianten, darunter der »Feliks D.«. Der Vorschlag sagte auch ihm zu. Ihm gefiel die Kombination von bedingter Bejahung und herber Kritik.

Am 4. Oktober 1989 ging unser Programm am Rheinufer über die Bühne. Auch Herbert Mies, ungebeugt als Vorsitzender der DKP, hatte Wert auf eine klug-ausgewogene Rede gelegt.

Den sowjetischen Botschafter in Bonn, Julij Kwizinskij,

hatte der »Feliks D.« so interessiert, daß er mich darüber in ein längeres Gespräch verwickelte. Er wollte wissen, wann dieses Beispiel für Glasnost in der DDR entstanden sei und wie es bei uns gewirkt habe und anderes mehr. Ich staunte über seine Wißbegier.

Am nächsten Morgen reiste ich nach Österreich zu einem Schriftsteller- und Schauspielerseminar weiter. Es war mir nicht unwillkommen, auf diesem Wege den offiziellen Feierlichkeiten zu entgehen. Mit der Möglichkeit, daß es an diesem Tage zu Protesten kommen würde, hatte ich nicht einmal im Traum rechnen wollen. Da war ich nicht allein auf weiter Flur, auch der Bundespräsident und der Bundeskanzler hatten der Regierung der DDR zu diesem Jubiläum noch ihre offiziellen Glückwünsche übersandt.

Wiederum im ORF sah ich Bilder, wie man sie bisher nur aus dem Westen gewohnt war. Polizisten schlugen mit Knüppeln auf wehrlose Demonstranten ein.

Für mich war klar, ich mußte umgehend zurück nach Berlin.

Mitte Oktober war im Deutschen Theater ein großes Schauspieler-Meeting anberaumt. Die Kritik am Theaterverband hatte wegen dessen politischer Zurückhaltung zugenommen. Viele Künstler gingen mit ihren Bühnen in die Offensive. Den Vorwürfen, die unserer defensiven Haltung galten, wollte ich mich stellen.

Eine Woche, nachdem es zu den schlimmen Ausschreitungen gegen die Demonstranten gekommen war, begann die Versammlung mit den Schilderungen der Kollegen unserer gesamten Zunft, wie sie an diesem 7. Oktober und auch noch Tage danach mißhandelt und gedemütigt worden waren. Das anzuhören machte jeden betroffen. Es gab keinen, dem das nicht unter die Haut ging. Wir schämten uns für die, welche mit Gewalt gegen unsere Kollegen vorgegangen waren.

Der eigens eingeladene Gregor Gysi war ausgesprochen mutig, als er die allgemeine Empörung mit dem Hinweis zu dämpfen versuchte, daß eben dies auch zu den Gepflogenheiten eines Anwalts und Verteidigers gehöre. Doch an Gysis eigener Empörung konnte jeder spüren, wie bitter ernst er das Geschehene nahm.

Eine Schauspielerin hatte, der Stimmung im Deutschen Theater Rechnung tragend, vorgeschlagen, Anfang November einen Protestmarsch in Berlin zu initiieren, mit dem für die Einhaltung derjenigen Artikel in der DDR-Verfassung demonstriert werden sollte, welche die Presse- und Meinungsfreiheit garantierten. Die Idee fand deutliche, sogar begeisterte Zustimmung.

Nicht bei mir. Ich fand zwar die Beweggründe und vor allem die Zielsetzung aller Ehren wert, fürchtete aber die Folgen einer solchen Massendemonstration. Denn ich fragte mich, ob eine dadurch zweifellos *veränderte* DDR, die im Grunde ja auch ich wollte, unter diesen Umständen überhaupt noch eine DDR bleiben könnte, zumal die »Landesflucht« besonders junger Menschen, die zig Bebel-Plätze hätten bevölkern können, immer noch unvermindert anhielt. Würde eine wie auch immer veränderte DDR unter diesen Umständen nicht eine entscheidend *geschwächte* DDR sein?

Hinter meiner bangen Frage nach der künftigen Notwendigkeit oder Überflüssigkeit einer gewandelten DDR stand die alte Gespensterfrage nach dem Dritten Weg, der sich immer so gern schon als der einzige Aus-Weg anbot, von dem man aber nie wußte, wohin er führen mochte. Realistischer oder vielmehr wünschenswerter als dieser ewig ungewisse Dritte Weg erschien mir vielmehr ein auf *beiden* Seiten verändertes Deutschland. Aber das mußte wohl ein Phantom bleiben – und ist es geblieben.

War ich also schon von der gleichen Naivität heimgesucht, wie ich sie insgeheim meinen Schauspieler-Kollegen unterstellte?

Alle diese Fragwürdigkeiten neutralisierten sich gegenseitig. Und so erging es mir folgerichtig auch mit dem, was ich im Deutschen Theater loswerden wollte. Der gespaltene Widerhall entsprach meiner eigenen Zwiespältigkeit – mit einer Ausnahme, einer Passage, zu der ich heute noch stehen will: Für mich bleibt der 9. Oktober in Leipzig ein achtbarer Anfang vom Ende der DDR, auch wenn die Republik dann noch ein knappes Jahr dahinfristete. An jenem Montagabend standen sich schwerbewaffnete Kampfgruppen, die gerade auch für den Fall innerer Unruhen militärisch ausgebildet waren, und siebzigtausend unbewaffnete Demonstranten gegenüber, streckenweise nur einen Meter voneinander entfernt. Aber die Bewaffneten wollten von ihren Waffen partout nicht Gebrauch machen ... und die Unbewaffneten nicht von ihrer Wut und ihrem Zorn. Sie konnten sich einander in die Augen sehen und in ihnen lesen, gut lesen: »Wir sind das Volk!«

Sie wollten nicht wiederholen, was nur zwei Tage zuvor in Berlin geschehen war, erst recht Schlimmeres nicht zulassen. Die Fernsehbilder dieses 9. Oktober gehören zu den beeindruckendsten Dokumenten des Umbruchs, der sich vollzog, ohne daß er sich radikalisierte, ohne daß ein Tropfen Blut vergossen worden ist – ziemlich einmalig in der Geschichte und nicht nur in der deutschen. Trotzdem ist dieser Tag fast folgenlos verstrichen. Das hat er nicht verdient. Er hätte einen besseren Nationalfeiertag abgeben können als jedes bloß willkürlich festgelegte Datum, das nur von einer verbreiteten deutschen Unlust an eigener Geschichte zeugt.

Wie auch immer Geschichte, wenn sie vergangen ist, beurteil werden mag, so war es meiner Überzeugung nach allein das Volk der DDR, das die Prämisse für die deutsche Vereinigung schuf. Anfangs half kein »höheres Wesen, kein Gott, kein Kaiser noch Tribun«; auch darum, weil dieses Volk eine mißratene Politik auf seine Weise wiedergutmachte, müssen wir alle, die wir in diesem Lande politische Verantwortung trugen – und mich ausdrücklich eingeschlossen – uns auch vor diesem Volk entschuldigen ... für Schuld, die wir mit und in Folge dieser Verantwortung auf uns geladen haben.

Als die Versammlung im Deutschen Theater sich zerlief, kam Heiner Müller auf mich zu, griente, legte die Hand auf meine Schulter und sagte sibyllinisch: »Der Anfang und der Schluß deiner Rede haben mir gut gefallen.« Es war das letzte Mal, daß wir uns gesehen haben.

Nur drei Tage später, am 18. Oktober 1989, trat das Zentralkomitee der SED zusammen. Daß Honecker gezwungenermaßen seinen Rücktritt erklären würde, hatte sich schon vorher herumgesprochen und war von jedermann akzeptiert worden. Aber *wie* das dann in der Manier eines Schnell-Schnell-Verfahrens vonstatten ging, sollte postwendend wieder neue Besorgnis erwecken. Honecker hatte zunächst das Wort genommen, verlas eine vorbereitete Erklärung, mit der er seinen Rücktritt begründete und, wie bekannt, Egon Krenz als seinen Nachfolger vorschlug. Der Rücktritt wurde mit nur einer Gegenstimme gutgeheißen. Honecker verließ den Saal. Das gesamte ZK applaudierte ihm stehend.

Kaum hatten wir wieder Platz genommen, verlas Willi Stoph, der die Tagung leitete, den knapp gehaltenen Vorschlag, Egon Krenz zum neuen Generalsekretär zu wählen. Die Abstimmung mußte, so hatten die Regisseure sich das gedacht, in Windeseile über die Bühne gehen, damit ja keine Panne passieren konnte.

»Wer dafür ist, den bitte ich um das Handzeichen. Danke. Gegenstimmen? Stimmenthaltungen? Keine.« Egon Krenz war der neue Generalsekretär.

Das wäre unter Honecker nicht anders abgelaufen! Es war eine miese kleine Palastrevolution, gesponnen von gleich mehreren Cliquen in Wandlitz, im ZK, im Apparat des Zentralrats der FDJ und im Ministerium für Kultur, wo der bewährte FDJler Hartmut König die Krenz-Fäden zog.

Doch wir, die ZK-Mitglieder und -Kandidaten, hatten uns – und das war eigentlich viel, viel schlimmer – wieder einmal still und glatt überfahren lassen und somit die einzige noch so schwache Möglichkeit verpaßt, allen Bürgern und den Genossen eine überzeugende personelle Alternative anzubieten, die nur Hans Modrow hätte heißen können. Denn dieser Name wäre wohl überall in der Republik als ein Signal für eine von Grund auf zu erneuernde DDR verstanden worden.

In der Antrittsrede von Egon Krenz klangen immerhin einige wenige neue Töne an. Aber allein schon die deplazierte Beschwörung von FDJ-Fackelumzügen zeigte, daß die »Wende«, von der er immer wieder und so gerne sprach, ein simples Manöver war – wie die Wenden oder Halsen eines Seglers, der damit auf Kurs bleiben will.

Wenigstens verzichtete Krenz dankenswerterweise darauf, die drei gewonnenen großen Klassenschlachten zu erwähnen, welche die Partei im ersten Halbjahr 1989 unter der erprobten Führung des Generalsekretärs Erich Honecker gewonnen hätte. Dieser Schlachten hatte sich Krenz vor einem Parteiaktiv des DDR-Fernsehens gerühmt und sie aufgezählt: die Demonstrationen zum 1. Mai, die Kommunalwahlen am 7. Mai, das Pfingsttreffen der FDJ!

Auch die rhetorische Qualität der Krenz-Rede vor dem

ZK war ausgesprochen dürftig, von ihrer mangelnden Überzeugungskraft ganz zu schweigen. Dabei hing von ihr so vieles ab.

Immerhin aber begann sich, womöglich zum ersten Male in der über dreiundvierzigjährigen Geschichte des ZK der SED, dort so etwas wie eine freie Diskussion zu entwickeln, die jedoch bald wieder ihr jähes Ende finden mußte, als Hans-Joachim Hoffmann energisch »Schluß der Debatte« beantragte, damit »der Egon« noch Zeit habe, sich darauf vorzubereiten, diese wichtige Rede heute abend im Fernsehen der ganzen Bevölkerung der DDR vortragen zu können.

Die Wirkung dieses Fernsehauftrittes hätte dann kaum verheerender ausfallen können. Der Gedankenarmut seiner Worte entsprach die verkrampfte Art des Ablesens vom Blatt. Als Schauspieler kam ich dabei voll auf meine Kosten, ohne mich darüber freuen zu können.

Der Adlatus von Krenz, Günter Schabowski, war von Hause aus Journalist, sehr lange Chefredakteur eines tristen »Neuen Deutschland«, das Honecker beständig auf eine degoutante Art in den Himmel hob. Schabowski wurde nach dem politischen Ende Konrad Naumanns dessen Nachfolger als 1. Sekretär der Berliner Parteiorganisation.

Da hatte er zunächst meine aufrichtige Sympathie gefunden, nicht nur weil er ernsthafter war als Naumann es je sein konnte, sondern auch weil er – wieder im Gegensatz zu seinem Vorgänger – kein schnoddriges, wohl aber ein flottes Mundwerk besaß. Man konnte seinen Ergüssen zuhören, ohne zum Zeitungslesen oder, wie in meinem Fall, zum jeweiligen Textlernen Zuflucht nehmen zu müssen.

Auf der anderen Seite aber konnte Schabowski jederzeit auch sehr übellaunisch werden und mitunter sogar cholerisch reagieren. Als ich ihn einmal bat, im Berliner Bezirk

Marzahn eine geeignete Stätte für eine freie Theatergruppe zur Verfügung zu stellen, reagierte er wie das Epizentrum eines Erdbebens.

Die größte Peinlichkeit hatte sich das Gespann Krenz/Schabowski noch vorbehalten: Die alte Personalunion Honeckers als Generalsekretär der SED, Staatsratsvorsitzender und Vorsitzender des Nationalen Verteidigungsrates war schwer in Mißkredit geraten. Was die beiden aber nicht davon abhielt, genau mit diesen drei Funktionen der Machtanhäufung nun auch wieder Krenz auszustatten. Das Maß an politischer Instinktlosigkeit war nicht mehr nur voll, es schwappte über!

Die Volkskammer, vor allem die vier Blockparteien, die sich aber mit Geschick vom Block distanzierten und befreiten, opponierten und überholten damit das in Hilflosigkeit verharrende ZK in puncto Mut: Es gab Gegenstimmen!

Solche Entschlossenheit wurde noch von der Bevölkerung übertroffen. Die Bürgerbewegung, die bisher mit oft Aufsehen erregenden Protesten ihre Stimme erhoben hatte, übernahm schrittweise politische Verantwortung – das war mit entscheidend, um einen unter Hochdruck stehenden Kessel an einer Explosion zu hindern.

Am 4. November sollte die Massendemonstration am Alexanderplatz stattfinden, zu der die Schauspieler des Deutschen Theaters und anderer Berliner Bühnen sowie Schriftsteller aufgerufen hatten. Wenige Tage vorher lud der Berliner Polizeipräsident die Schriftstellerin Gisela Steineckert, den amtierenden Vorsitzenden der Gewerkschaft, Horst Singer, und mich in sein Büro ein. Warum gerade wir drei es waren, die dann eine Art Bürgschaft dahingehend abgeben sollten, inwieweit man sich auf Zusagen der Organisatoren wirklich verlassen könne, wußten wir weder vorher noch nachher. Ganz behutsam präsentierte uns der oberste Ordnungshüter die Frage, ob denn wirklich gewährleistet sei, daß der Zug der Demonstranten, wenn er die Lieb-knecht-Straße herunterkäme, auch tatsächlich, wie geplant, am Palast der Republik links einschwenken und nicht etwa geradeaus aufs Brandenburger Tor zu marschieren würde. Das haben wir zu dritt bejaht, vor allem, weil wir unser volles Vertrauen in die angebotene Sicherheitspartnerschaft mit den Organisatoren der Veranstaltung setzten.

Dem Aufruf der Künstler hatten sich viele Organisationen angeschlossen. Auch der Theaterverband mußte dringend Position beziehen. Fast alle eingeladenen Präsidiumsmitglieder waren zu der Sitzung im Club der Kulturschaffenden erschienen. So etwas war selten der Fall. Die Debatte wogte hin und her. Daß ich, bevor ich die Tagung wegen einer Vorstellung verlassen mußte, gegen einen flankierenden Aufruf unseres Verbandes votierte, habe ich mit meinen Sorgen über die Langzeitfolgen der Massendemonstration begründet. Mit meinen damals dreiundsechzig Jahren hätte ich eine andere Biographie gebraucht, um mich anders entscheiden zu können.

In meiner Abwesenheit stimmte eine knappe Mehrheit des Theaterverbandes gegen einen eigenen Aufruf. Jedem Verbandsmitglied wurde aber die Teilnahme an der Novemberdemonstration anheimgestellt. Diese Entscheidung sollte sich als verhängnisvoll für den Verband erweisen, obwohl das Sekretariat einschließlich des Präsidenten mit auf die Straße ging.

Während wir gemeinsam mit den Theaterleuten, von der Liebknecht-Straße kommend, zünftig nach links auf den Marx-Engels-Platz einbogen, redeten moderate Mitglieder der Jugendkommission des Verbandes auf mich ein. Sie waren der Ansicht, der Verband müsse sich zu einer schlagkräftigen Gewerkschaft mausern. Einen Namen hatten sie ebenfalls schon parat: UTV – Unabhängiger Theaterverband. Sie meinten das ganz ernst, hatten konkrete Pläne bis hin zum Beitragssatz. Trotzdem gab ich ihrem Vorhaben keine Chance. Sie würden das auch gegen meinen Rat dennoch versuchen, meinten sie. Das verstand ich gut und fühlte mich wieder mal auf dem Weg zu einem älteren Herrn.

Auf dem Alexanderplatz selbst waren die Gespräche von Teilnehmern untereinander im Grunde ebenso interessant, vielleicht sogar lehrreicher als die Reden, die mit Hilfe gewaltiger Verstärker über die Köpfe einer halben Million von Menschen donnerten. Christa Wolfs Vergleich mit den Vögeln, die Wendehälse genannt werden, war schön abschreckend. Ich war mir sicher, daß ich zu Wendemanövern kein Talent hätte. Markus Wolf bekannte sich couragiert zu seinen Genossen von der Staatssicherheit und erntete dafür lautstarkes Mißfallen. Vielleicht gerade weil er der leiseste und prägnanteste war, imponierte mir Friedrich Schorlemmer am meisten. Heiner Müller hatte es bei der Masse, weil er mit beinahe mythologischen Begriffen über neu zu gründende Gewerkschaften sprach, ebenso schwer wie es meine jungen Gesprächspartner auf dem Anmarsch zum Alex mit mir hatten. Der greise Stefan Heym hingegen kam glänzend an, riß mit seiner Leidenschaft alle mit. Gregor Gysi suchte den Schulterschluß mit Egon Krenz, pries ihn als den Leipziger Friedensstifter. Christoph Hein konnte dazu Gewichtigeres aussagen. Günter Schabowski warb mit dem Bild: Krenz und Gorbatschow Arm in Arm! Ihm schlugen Wutausbrüche am heftigsten entgegen. Seine Rede ging in Tumulten des Protests unter. Der LDPD-Vorsitzende Manfred Gerlach kontrastierte durch seine innere Ruhe gegenüber anderen Rednern. Ekkehard Schall, mit dem ich vor exakt einem Monat bei der DKP-Feier in Düsseldorf gemeinsam aufgetreten war, stellte klar, daß er kein Wendehals sein wollte. Er polemisierte gegen die Unwahrhaftigkeit des Begriffes »Einheit«.

Alles war sehr turbulent, schillernd, brodelnd, wild durcheinander, aber es konnte einen dennoch hoffnungsvoll stimmen! Ich wollte wieder einmal an die Realität einer veränderten DDR glauben.

Auf dem Nachhauseweg beschäftigten mich die Worte Schorlemmers am nachhaltigsten. Er hatte davon gesprochen, daß jeder, der Verantwortung trägt, sich prüfen solle, ob er nicht mit einem ehrenvollen Rücktritt Konsequenzen ziehen und den Weg zu einer Erneuerung frei machen wolle. Nun hatte ich ja ohnehin schon Gespräche mit potentiellen Nachfolgern geführt. In den Auseinandersetzungen, wie der Theaterverband überleben könne, ob als UTV-Gewerkschaft oder nicht, wollte ich mich nicht mehr engagieren. So fiel es mir zunächst auch leichter als erwartet, mich an den Rücktrittsgedanken zu gewöhnen. Aber als ich damit Ernst machte, fiel er mir doch gebührend schwer, auch wenn sich schon abzeichnete, daß allen Künstlerverbänden keine lange Lebensdauer mehr beschieden sein würde.

Über die Alternativen aber entzündete sich noch einmal heftiger Streit. Die Rede war von Fusion mit der Bühnengenossenschaft oder der IG-Medien. Daß ich eher für eine Zusammenarbeit mit dem Deutschen Bühnenverein plädierte, hatte eine Vorgeschichte. Schon 1986 hatte ich bei einem »Galilei«-Gastspiel des Berliner Ensembles in Köln auf eigene Faust erste Kontakte zum Bühnenverein geknüpft, hatte auch sehr kompetente und interessierte Gesprächspartner gefunden. Die gegenseitigen Sondierungen liefen bis zum September 1989. Mein nunmehriger Vorschlag einer Kooperation zwischen Theaterverband und dem Deutschen Bühnenverein fand keine große Gegenliebe. Inzwischen glaube auch ich, die »Ehepartner« hätten nicht gut zueinander gepaßt.

Zwei Wochen nach der Alexanderplatz-Demonstration erklärte ich dem Vorstand meinen Rücktritt. Sowohl die Vi-

zepräsidenten als auch die Sekretäre hatten mich davon abzuhalten versucht. Aber ich war mir sicher, daß es für diesen
Schritt an der Zeit war.

In meiner Abschiedsrede wünschte ich dem Theaterverband, er möge nunmehr die Chance nutzen, die in den
Statuten unglückselig festgeschrieben und ausschließliche
Beraterfunktion abzuwerfen und sich jetzt endlich die politischen und rechtlichen Kompetenzen anzueignen, die wir
schon immer gern gehabt hätten. Die Gelegenheit hierfür
sei ungewöhnlich günstig. Doch dies blieb nur ein frommer
Wunsch. Die Monate des Theaterverbandes waren gezählt.

In Presseberichten hieß es, ich hätte die Verantwortung
für Fehlentwicklungen des Theaterverbandes übernommen. Dafür wurde ich sogar allgemein gelobt, ohne es jedoch verdient zu haben. Ich hatte lediglich, und das fand ich
allerdings nötig, als Mitglied des ZK die Mitverantwortlich-
keit für *dessen* politische Fehlentwicklung betont. Denn die
in den Leitungsgremien des Theaterverbandes stets gemeinsam getroffenen Entscheidungen hatten schließlich keine
Fehlentwicklung zur Folge, vielmehr hatten sie Anteil an
den herausragenden Leistungen des DDR-Theaters, die dessen hohen Ruf begründet haben. Insofern lassen sich auch
die insgesamt fünfundzwanzig Jahre, in denen der Verband
höchst lebendig gewirkt hat, aus den über fünfundvierzig
Jahren Geschichte des deutschen Ostens nicht wegdenken.

Um die Jahreswende 1989/90 wurde ich noch mehr als je
zuvor von vielen Seiten zu Interviews und Stellungnahmen
gedrängt. In den überwiegenden Fällen konnte ich mich
über mangelnde Fairneß keineswegs beklagen. Ein Repor-
ter allerdings war förmlich versessen darauf, mich auf möglichst viele der zu dieser Zeit unzähligen Demonstrationen
zu schleppen. Als ich ahnte, worauf er es abgesehen hatte,
tat ich ihm diesen Gefallen. Entgegen seiner Annahme kam

es weder zu Zwischenfällen noch zu Ausschreitungen, die er gegenüber SED-Funktionsträgern erwartet hatte. Er schien enttäuscht, prophezeite mir jedoch: »Es wird zu Repressalien kommen!« Er hatte nichts begriffen. Das verstand ich. Ich hatte ihn vermutlich genauer studiert als er mich.

Überhaupt brach in dieser neuen Zeit mein alter Hang, Menschen intensiv zu beobachten, neuerlich verstärkt in mir durch. Und das führte wieder hin zu meinem eigentlichen Beruf. Ich konnte alle möglichen Zeitgenossen, ihre Veränderungen oder ihre Verwandlungen wie ihre Nicht-Verwandlungen erleben und aufmerksam registrieren. Der Beobachtende ist in der Regel ja immer im Vorteil. Ich sah Menschen, wie sie sich radikal oder vorsichtig, schnell oder gemächlich, enttäuscht oder hoffnungsvoll, gründlich oder zögernd, mit gutem oder mit schlechtem Gewissen veränderten; wie sie sich treu bleiben wollten, aber nicht konnten, oder doch konnten. Daß es sich dabei auch immer um Spiegelbilder von mir selbst handeln konnte, machte die Konzentration auf Physiognomien und Verhaltensweisen nur noch lohnender.

Das Staunen, von dem Platon behauptet hatte, es sei der Beginn des Denkens, brachte so viele Aufschlüsse, daß es mir leid tat, es so lange vernachlässigt zu haben; obwohl doch auch Brecht das Staunen-Können insbesondere dem Darsteller so sehr ans Herz gelegt hatte. Mein Fundus, auf den ich als Schauspieler weiter angewiesen bleiben sollte, wurde frisch genährt, wurde zum Reservoir, aus dem sich künftig in reichem Maße schöpfen ließ.

Auch das ZK war für mich schon immer eine Fundgrube für Studien von Mienenspiel und Psychologie gewesen. Daß praktizierte Psychologie in der SED-Parteiführung und deren Politik so mißachtet, ja geradezu geächtet war, hat mich oft beschäftigt. Die Rechtfertigung für diesen Mangel war eine so unwahre wie vage Gleichung: Psychologie gleich Psychoanalyse gleich Freud gleich bourgeois gleich Anti-Marxist. Mit dieser Ungleichung mag zusammenhängen, daß auch Menschenkenntnis als höchst suspekt galt. Stalin hatte Glück, daß er nicht mehr erleben durfte, wie seine vertrautesten Paladine nach seinem Tod mit ihm umsprangen. Als es für ihn bedrohlich wurde, stand auch Nikita Chruschtschow schlagartig alleine da, doch auch ein Trotzki hatte sich nicht nur in Stalin gründlich verrechnet, Thälmann hat Heinz Neumann verkannt und ist selber mehrfach verraten worden. Walter Ulbricht glaubte seinen potentiellen Nachfolger Erich Honecker immer in Schach gehalten zu haben, bis er eines Schlechteren belehrt wurde: und eben dieser Honecker hielt Günter Mittag für seinen verläßlichsten Freund. Kläglicher kann man sich kaum irren, als Gorbatschow es in Jelzin getan hat. Das konspirative Pärchen Krenz/Schabowski befehdet sich heute noch. Brechts Mahnung an alle, man könne den Kampf der Klassen nicht ohne Menschenkenntnis führen, war in der politischen Arena ungehört verhallt.

Die Abwesenheit von Menschenkenntnis riß auch das ZK durch schwere Turbulenzen noch einmal aus seinem Koma. Wahlakte von Politbüromitgliedern wurden vorgenommen, auf Proteste von Bezirksleitungen widerrufen, Widerrufe wurden nicht zurückgenommen – das Ganze glich einem höchst spannenden Krimi mit ungewissem Ausgang.

Das lag vor allem an der Basis, die sich nun schon unüberhörbar in die Beratungen und Beschlußfassungen einmischte. Die Zeit der Ehrfürchtigkeit vor dem ZK war endgültig vorbei. Die Genossen in den Grundorganisationen hatten uns lange genug geduldig ertragen. Mit einem hohen Grad an Selbstlosigkeit und Hingabe hatten sie ZK-Beschlüsse vertreten, erläutert und anzuwenden versucht.

Ich konnte die vielen Genossen verstehen, die jetzt enttäuscht oder wütend die Partei verließen, auch wenn man ihnen wenigstens noch Tränen nachweinen wollte. Andere jedoch, und dies war natürlich sympathischer, begehrten auf und setzten das ZK konzentrisch unter Druck. Arbeiter in Großbetrieben, Dozenten und Studenten der Humboldt-Universität, der Akademien und Mitarbeiter des Rundfunks ergriffen die Initiative. Das ZK stöhnte und ächzte. Jeder von uns mühte sich, endlich wieder ein Jakobiner zu werden und mußte doch nach ehernen Gesetzen halbherziger Girondist bleiben! Nur hie und da schied sich erkennbar die Spreu vom Weizen. Das alles war noch aufregender und noch trauriger als einem recht sein konnte.

Ein neues Reisegesetz mit einem umständlichen Namen und einem Höchstmaß an bürokratischer Manie war ausgearbeitet worden von Genossen im Innenministerium, die immer noch nicht den Schimmer einer Ahnung hatten von dem, was im Volk vor sich ging. Die Empörung in der Bevölkerung, sogar die im ZK war einhellig. Da blieb für Krenz und Schabowski nur noch die Flucht nach vorn: die Öffnung der Mauer.

Doch deren Verkündigung erfolgte dann so dilettantisch wie auch unglaublich leichtfertig. Allein den nicht einmal benachrichtigten Offizieren und Soldaten an der Grenze war es zu verdanken, daß sie, als sie zum allerersten Mal selbständig Entscheidungen treffen durften und mußten, so spontan wie human reagierten! Nicht ihre Oberen etwa, sondern sie, die Grenzposten, waren es, die die Mauer öffneten. Bundespräsident Weizsäcker bedankte sich bei ihnen mit einem symbolischen Händedruck. Das bedeutete damals viel. Heute sollte es mehr sein.

Für den 3. Dezember 1989 war wieder eine ZK-Tagung einberufen worden. Es war die vierte in diesem Jahr – ein einmaliger Rekord, denn in der Vergangenheit hatten dem Politbüro zwei Tagungen ausgereicht, das ZK früher zu desinformieren als die ganze Partei und zu guter Letzt auch noch die Bevölkerung. Immerhin aber hatte auf der vorangegangenen Sitzung des ZK das Politbüro erklärt, es bedauere zutiefst, das Zentralkomitee zu keiner Zeit in den Stand gesetzt zu haben, eine Kontrolle über das Politbüro auszuüben, wie es die Statuten vorsahen.

Doch so stürmisch auch die letzten beiden ZK-Sitzungen über die Bühne gegangen waren, so kurz und schmerzlos verlief diese vom 3. Dezember, denn es sollte nach dem Willen der Führung die allerletzte sein. Aufgebrachte Funktionäre, vor allem aus Potsdam, hatten von Krenz einen sofortigen Rücktritt gefordert. Krenz, so hieß es, sei dann eingefallen, daß mit ihm gefälligst aber auch das neu gewählte Politbüro und das gesamte ZK zurücktreten sollten. Im Parteistatut war weder das eine noch das andere vorgesehen, doch das störte schon keinen mehr. Viel mehr störte mich die lähmende Angst vor dem Ruf »Gregor Gysi ante portas« sowie die aus einer solchen Phobie herrührende Torschlußpanik.

So erbärmlich durfte sich eine Partei nie und nimmer aus der Geschichte verabschieden, die Marx und Engels, August Bebel, Rosa Luxemburg, Karl Liebknecht und einen Ernst Thälmann zu ihren Vorbildern zählte. Solche Bangbüchsigkeit tat mir weher als alles andere, was nun mit wehender oder schlaffer Flagge zu versinken begann.

In den Dramen der griechischen Antike folgte auf die Hybris die Katharsis. Ich möchte glauben, eine Mehrheit der ZK-Mitglieder ist längst auf dem Wege dahin. Andere verweilten wohl aus Gewohnheit noch ein bißchen in der Hybris, wie beispielsweise auch ein Günter Schabowski. Tonbandaufnahmen belegen, wie zynisch er sich vor der noch verbliebenen SED-Fraktion der Volkskammer über Kirchenleute äußerte, die sich nicht mehr an das halten wollten, was er von ihnen erwartete. Das war der Genuß von Hybris noch während des Absturzes.

Für die meisten, wie für mich auch, war Besinnung angesagt. In meinem Fall vertrug sie sich gut mit Monologen, auch mit vielerlei Dialogen und Zitaten. Eine Strophe aus Goethes »Selige Sehnsucht« hatte mich schon immer begleitet:

> »Und solang du das nicht hast,
> Dieses: Stirb und werde!
> Bist du nur ein trüber Gast
> Auf der dunklen Erde.«

Ein trüber Gast hatte ich nie sein wollen. Dann lieber keiner.

Sicher half mir auch, daß ich darüber hinaus, Gott sei Dank, auch alle Hände voll zu tun hatte. Ich spielte meine Rollen an vier Berliner Theatern weiter. Die Zuschauer, als ob sie gewußt hätten, wie gut ich das gebrauchen konnte, verwöhnten mich mit Szenen- und Schlußapplaus; auch meine Kollegen ließen mich auf und hinter der Bühne spüren, wie gut wir zueinander standen. Manch einer, der sich das nicht vorstellen konnte, wurde nur zu bald eines Besseren belehrt.

Gleich im Januar 1990 hatten die Proben für eine Fernsehsendung von Christoph Heins »Ritter der Tafelrunde« begonnen. Regie führte Fritz Bornemann, mit dem ein Teil von uns Schauspielern schon bei der »Passage« des selben Autors zusammengearbeitet hatte. Ich durfte mir dieses Mal meine Rolle auswählen und entschied mich für den Orilus. War in bisherigen DDR-Zeiten auf solchen Proben in den Pausen eher zuwenig, vielleicht gar nicht politisiert worden, sollte sich dies nun gewaltig ändern. Natürlich war das Stück nicht unschuldig daran. Nebenher fand ich noch Zeit, an neuen Soloprogrammen zu arbeiten, mit denen ich überwiegend in Westdeutschland gastierte.

Ende Januar hatte mein Vater seinen fünfundachtzigsten Geburtstag. Im Schloß Bellevue gab Bundespräsident von Weizsäcker ihm zu Ehren einen Empfang. Er hatte auch mich und Irm eingeladen. Ich schrieb ihm einen Brief, mit dem ich dankend absagte. Hals über Kopf wollte ich mich nicht, familiär bedingt, in ein so hohes Protokoll stürzen, obwohl gerade Weizsäcker unserer Hochachtung als Mensch und Politiker sicher sein konnte. Er schrieb mir eigenhändig zurück, suchte mich zu besänftigen und lud uns erneut ein. Zum zweiten Male abzulehnen wäre taktlos gewesen.

Wir führten ein Gespräch miteinander, natürlich hauptsächlich über die DDR, und ich fand voll bestätigt, was ich erhofft hatte: da war ein Mensch, der den noch so noblen Politiker in sich überwunden und übertroffen hatte. Jeder Ansatz, ihn studierend beobachten zu wollen, verbot sich von selbst. Richard von Weizsäcker beherrscht die Kunst, den anderen zum Partner zu machen.

Mein Vater genoß die Feierlichkeiten und war in Hochform. In seiner Erwiderungsrede war alles beieinander, was wir an ihm so lieben: der herbe Kieler Charme, der Witz, überfließende Freude, kühne Spontaneität, geistiger Höhenflug und immer dabei, tropfenweise, die von ihm oft verfluchte und doch so geliebte Melancholie.

Zu den geladenen Gästen gehörten auch Kollegen, die ich bis dato nur als Zuschauer kannte, Harald Juhnke, Jutta Lampe und viele andere. Längere Zeit konnte ich mich mit Friedrich Luft unterhalten, auf den man im Osten immer angewiesen war, wenn man hören wollte, was sich alles Neues auf Westberliner Bühnen tat.

Am eigentlichen Geburtstag traf sich die vom Chef gegründete Minetti-Dynastie. Er hatte sein Vergnügen an seiner Urenkelin Anne-Elise, an uns allen. Die große Familie seiner Frau konnte sich bestens behaupten. Wir hatten uns bisher auch nur zu seinen runden Geburtstagen treffen können. Aber das war schon viel wert gewesen. Ansonsten hatte mein Vater uns, sooft es möglich war, per Passierschein besucht. Von den Grenzern war er dabei gelegentlich gefragt worden: »Sind Sie etwa mit unserem berühmten Hans-Peter Minetti verwandt?« Das hatte ihn jedes Mal väterlich gefreut.

Jetzt freuten wir uns gemeinsam über Treffen bei allen möglichen Gelegenheiten.

»Wie steht's denn nun mit deiner dritten Leidenschaft, der Politik?«, hat er mich dann doch einmal gefragt.

»Ich glaube, die ist perdu«, gab ich zur Antwort. »Um so begieriger bin ich von daher auf die zweite und die erste.«

»Jaaa – die erste«, sagte er gedehnt und verträumt. Und wir dachten, jeder für sich, an unser Hamburger Gespräch.

So ganz perdu war die dritte Leidenschaft allerdings noch nicht. Wenige Tage nach diesem fünfundachtzigsten Geburtstag des Chefs fand eine Vollversammlung der »Liga für Völkerfreundschaft« statt. Sie bestand aus mehreren internationalen Gesellschaften; einer von ihnen stand ich als Präsident vor. Wie es in dieser Zeit des Umbruchs üblich war, hatte ich noch im Januar 1990 die Vertrauensfrage bezüglich meines Amtes gestellt. Daraufhin war mir von den Vertretern aller Parteien und beider Kirchen das Vertrauen ausgesprochen worden. Dies war der Grund, warum mir vom Ligapräsidium vorgeschlagen wurde, ich solle die Eröffnungsrede im Festsaal der Charité halten. Das überraschte mich schon, denn in der Liga waren die verbliebenen SED-Mitglieder inzwischen in ungewohnt klarer Minderheit. Die Vertreter des Runden Tisches, der Bürgerbewegung, die CDU, SPD und NPD führten das große Wort. Ein noch größeres aber nahm die bereits formierte SPD für sich in Anspruch. Sie wähnte sich, wo immer ihre

Repräsentanten auftraten, in der Hauptrolle. Scheinbar zu Recht, denn nicht nur sie selbst, sondern so gut wie wir alle rechneten mit ihrem überwältigenden Sieg bei den Wahlen im März. Ihn haben die Sozialdemokraten wohl nur deshalb so leichtfertig verschenkt, weil sie in den – per Fernsehen übertragenen – Volkskammersitzungen mit klassischer Regelmäßigkeit vor der CDU in die Knie gingen.

In der Liga-Vollversammlung fand die Eröffnungsrede starken Widerhall. Auch wenn sie hie und da kritisiert wurde, akzeptierte man insgesamt meine Aussagen zu einer Umorientierung. Damit hatte ich nicht gerechnet. Noch überraschender für mich war die relativ hohe Stimmenzahl, mit der ich in ein von Grund auf erneuertes Präsidium gewählt wurde. Auf dessen konstituierender Sitzung wurde ich dann gar Vizepräsident. Die Liga für Völkerfreundschaft verfügte damals über beträchtliche finanzielle Mittel, deren Verwendung im einzelnen allerdings dann penibel von unabhängigen Kommissionen überwacht wurde. Die Gelder durften wir dennoch für viele gute Zwecke einsetzen. Zum Überleben stand der Liga jedoch nur noch ein Jahr zur Verfügung.

Ansonsten fand ich mich ziemlich schnell und gut damit ab, Politik nunmehr aus dem Proszenium zu verfolgen. Unheimlich berührten – bei allen Antinomien – die Ähnlichkeiten vergangener und gegenwärtiger Politik. Insbesondere die andauernde Behauptung, immer alles richtig gemacht zu haben sowie das Brandmarken von etwaiger Kritik als finstere »Miesmacherei« erinnerten eindringlich und streckenweise wortwörtlich an Attitüden vergangener SED-Agitation und -Apologetik. Sprache und vor allem auch Aussprache bevorzugten Klischees. Eine ganze Zeit lang geisterte beispielsweise das Bild von einer Einigung auf den kleinsten Nenner durch die Presse. Gemeint war mit Sicherheit eine – unverbindliche – Einigung auf den größten

Nenner. Aber um darauf erst einmal zu kommen, hätte man, wenn auch nur kurz, nachdenken müssen. Nachdenken ist aber höchst unpopulär. »Leg' an, drück' ab«, spottete Alfred Polgar. »Und wo auch immer der Pfeil steckengeblieben ist, dort male um seine haftende Spitze als Mittelpunkt eine Scheibe. So werden dir immer lauter Kernschüsse gelingen.«

Im Rahmen meiner allmählich auslaufenden Funktionen nahm ich im Frühjahr 1990 an einem deutsch-deutschen Zusammentreffen auf der Wartburg teil. Dort versammelt waren einstmalige Kontrahenten, die sich nun zu Partnern qualifizieren wollten. Uns ergötzte, wenn wir immer noch verdeckte Grenzen in unseren Gemütern entdeckten, die wir aber wenigstens jetzt öffnen und halbwegs schleifen konnten. Trotzdem waren wir fast dankbar, wenn uns noch ein winziger Rest an Vorurteil verblieb.

Lohnend fand ich das Zusammentreffen mit Peter Schultze, der zur Zeit der sozial-liberalen Koalition in Bonn das politische Ost-West-Fernsehmagazin »Kontraste« begründet hatte. Die Sendung war damals ein Muster an kraftvoller Streitlust gegen kommunistische Ideologie, voll Scharfsinn und Sarkasmus. Daß sie so professionell-perfekt und sachlich gemacht war, erhöhte damals meinen Aufwand, um die eigene Immunisierung gegen die ansteckende Wirkung der Sendung mobil zu machen. Unsere Begegnung führte zu einem Kennenlernen, welches in ein gegenseitiges Verstehen mündete, das freundschaftliche Verbindungen nach sich zog.

Nicht allzu weit von Eisenach entfernt lag Schloß Kochberg, der einstige Sitz derer vom Stein, wo nach Goethes Entwürfen ein zauberhaftes Theater gebaut worden war. In Kochberg hieß es, Goethe hätte auf dem Hinweg zu Frau

Charlotte für den Ritt kaum glaubliche zwei Stunden benötigt; retour soll er sich ein sehr viel gemächlicheres Tempo gegönnt haben. Dieses Ondit hat mich dort immer beflügelt. In diesem schmucken Theaterchen auftreten zu können, muß für jeden Schauspieler eine Attraktion bedeuten, und ich hatte in Kochberg manche reizvolle Aufgabe bestanden.

Im Anschluß an das Wartburg-Treffen hatte ich dort einen gemeinsamen Auftritt mit Vera Oelschlegel. Ich wußte von ihren Plänen, ein »Theater des Ostens« als Tourneeunternehmen zu gründen. Mit diesem Namen konnte ich mich zunächst nicht so recht anfreunden, weil ich befürchtete, er könne uns gegenüber einem westlichen Publikum einseitig auf östliche Thematik festlegen. Mit solchen Bedenken hatte ich völlig falsch gelegen – das Gegenteil sollte der Fall werden: Man war gerade eben in Westdeutschland, Österreich und der Schweiz wie in Liechtenstein und Luxemburg höchst gespannt darauf, inwieweit eine östliche Theatertruppe dem Ruf des DDR-Theaters unter nun derart veränderten Bedingungen noch würde gerecht werden können.

Auf dem Rückweg von Schloß Kochberg nach Berlin konnte mich Vera jedoch mit begründeten Argumenten überzeugen. Eine renommierte Agentur aus dem von mir so geliebten Salzburg würde uns den schwierigen Start ebnen und so etwas wie ein Patronat übernehmen.

Ohnehin hätte ich partout nicht mehr an ein »richtiges«, will richtiger sagen: stationäres Theater gewollt. Der Cliquenwirtschaft, den leidigen Eifersüchteleien hatte ich mich ja schon in der Vergangenheit erfolgreich entziehen können. Und jetzt, nachdem die neuen/alten vertraglichen Normen an den Theatern ihre Geltung zurückgewonnen hatten und Schauspieler um die jeweilige Bestätigung ihres Engagements fürchten lernen mußten, drohte ja die Katzbuckelei gegenüber den wieder allmächtig gewordenen Intendanten Usus zu werden. Von dem Selbstbewußtsein des nichtkündbaren DDR-Schauspielers war nichts mehr übrig geblieben. Ich hatte mir mein Gefallen am selbstbestimmten Einzelgängertum bewahrt. Da kam mir ein Tourneetheater eigentlich wie gerufen. Ich erinnerte mich meiner Anfänge mit dem »Blauen Bus«, aber auch der Ursprünge unserer Zunft – vom Thespiskarren bis zu den Kutschen, mit denen Wilhelm Meisters Truppe durch die Lande zog und in billigen Herbergen nächtigte.

Heutzutage bevorzugen sowohl die professionellen Tournee-Ensembles als auch die führenden Bühnen, wenn sie irgendwo gastieren, klimatisierte Busse und luxuriöse Hotels. Das ist ungerecht gegenüber den Wilhelm Meisters, aber dafür ist uns, wenn auch nicht mehr die Romantik, so doch wenigstens noch das Abenteuer des Vagabundierens geblieben. Angesteuert werden in der Regel diejenigen Städte, die sich zwar irgendwann von ihren festen Ensembles verabschiedet haben, aber über vortreffliche Bühnenhäuser verfügen ... und über ein in hohem Grade kompetentes Publikum. Es hat sich auch auf Grund der vielen Schauspielerprominenz, die sich mit Gastspielen die Ehre gibt, schon vielfältig verwöhnen lassen und stellt demzufolge allerhöchste Ansprüche.

Für uns Schauspieler sind Tourneen insofern eine künstlerische Herausforderung, als wir es allabendlich mit neuen Anforderungen, mit einem anderen Haus, anderen Bühnendimensionen und unbekannter Akustik zu tun bekommen. Das ist der so schöne wie zweckmäßige Tod jeder schauspielerischen Routine! Zudem entfällt der an festen Häusern dem Schauspieler vom Publikum eingeräumte Bonus, von dem er zehren darf. Und schließlich hat der Schauspieler, der sich den Strapazen und Vorzügen von Tourneen aussetzt, auch zu jeder Vorstellung die Kritik im Haus und nicht nur einmalig zur Premiere. Und eben weil diese Kritiker nicht immer nur die gleichen »Besetzungen vom Dienst« vor Augen haben, verfügen sie über vielfältige Vergleichsmöglichkeiten dank der wechselnden Ensembles.

Ende September 1990 fuhren Irm und ich erneut nach Salzburg. Professor Ulrich Müller von der dortigen Universität, ein passionierter Theatermann, mit dem mich schon lange eine enge wie produktive Freundschaft verband, hatte dem Landestheater empfohlen, mich einzuladen, um »Die Ritter der Tafelrunde« zu lesen.

Das Dramen-Vorlesen hatte mich aus theatergeschichtlichen Gründen schon als Student beschäftigt. Ich hatte mich auf Ludwig Tieck (1773–1853) kapriziert, auch auf Karl von Holtei (1798–1880) und Karl Immermann (1796–1840).

»Das beste Theater in Deutschland findet jetzt in Ihrem Zimmer statt, an Ihrem großen gerundeten Tische. Da ist Inspiration, Stil, Ironie, Humor und Ensemble – alles also, was wir uns vom Theater wünschen können«, hatte der Schriftsteller und Schauspieler Pius Alexander Wolff an Tieck geschrieben. Und Goethe, der am Vorlesen von Dramen lobte, daß die Vielzahl von Rollen wieder auf Einen zurückgeführt würde – wie auf den Einen, der sie auch verfaßt habe –, war stets ein dankbarer Gast bei derartigen erlesenen Zusammenkünften; da werde ein uraltes Bühnenmysterium wirksam.

In »Shakespeare und kein Ende« hält Goethe fest, daß der Hörer nie zerstreut werden könne, weder durch schickliche noch durch eine unschickliche Darstellung. Es gäbe »keinen höheren Genuß und keinen reineren«, als sich mit geschlossenen Augen durch eine angemessene Stimme Shakespeare nicht deklamieren, sondern rezitieren zu lassen.

Ich hatte schon mehrere Male angesetzt, solchem An-

346

spruch näherzukommen, aber jedes Mal nicht die Ruhe und vor allem Muße gefunden. Doch die vorangegangene Fernseharbeit an den »Rittern der Tafelrunde« hatte mich derart stimuliert, daß ich mich nun erstmalig auf dieses Feld wagen wollte. Christoph Hein hatte generös eingewilligt.

Sich nun in jede Rolle, gerade auch in die weiblichen, mit einer nuancierten Distanz hineinzuversetzen und doch durchgehend der Vorleser zu bleiben, war spannend und lehrreich. In Salzburg und anschließend in anderen Städten Österreichs nahm das Publikum »Die Ritter der Tafelrunde« weniger als Anspielung auf das Ende der DDR auf, denn als Präludium oder gar als Abgesang zum traurigen Verenden der Ideale. Beinahe jede Figur konstruiert ihre eigene Scheinwelt, die Entwürfe geraten jedoch gegeneinander, durcheinander. Jeder scheint auf den anderen angewiesen und dennoch aber wieder allein zugrundezugehen.

Die im Vergleich zu den vielen Aufführungen in der DDR so konträre Reaktion des österreichischen Publikums hat die »Lesart« des Stückes sicher bereichert. Es hätte es auch nicht verdient, ein Gelegenheitsstück zu bleiben.

Den ersten Feiertag der deutschen Einheit erlebten Irm und ich also in Österreich. Die geographische Distanz schwächte aber den Zwiespalt der Gefühle nicht ab. Warum hatte man bloß so an der DDR gehangen? Ich möchte glauben, es hatte auch viel mit Trotz zu tun, mit dem Pathos des Trotzes. Die Landstriche im Osten gehörten, vielleicht mit Ausnahme von Regionen in Sachsen und dem Chemiegebiet um Halle, zu den ärmsten Gegenden Deutschlands: Mecklenburg, Brandenburg, Thüringen. Der Begriff »Ostelbien« spielte besonders in den Reichstagsprotokollen der Weimarer Republik deshalb eine vorrangige Rolle, weil der reiche Westen permanent die Länder östlich der Elbe bis nach Ostpreußen hin subventionieren mußte, um deren heruntergekommene Agrarstrukturen notdürftig zu konservieren. Daß sich Adel und Großgrundbesitz dabei stets den Hauptanteil der Mittel zu sichern trachteten, war Anlaß zu andauernden Skandalen, in die schließlich auch der Reichspräsident Paul von Beneckendorff und von Hindenburg verstrickt war.

Aus Relikten dieses verrufenen Ostelbien, das noch dazu durch schier unvorstellbare Reparationsleistungen an die Sowjetunion und Polen, durch Demontage verbliebener Fabrik- und Eisenbahnanlagen, durch zerstörte Infrastrukturen erbarmungslos geschwächt, auf den Hund gekommen war, ein neues Land »aus dem Boden zu stampfen«, das bleibt für mich eine historische Leistung von Rang. Denn wieviel haben die Menschen sich selbst dafür an Kraftakten abtrotzen müssen, um es zu verbessern, ohne es gänzlich gut machen zu können? Und immer noch ist Wiedergutmachung angesagt. Aber wieviel ist in breit gefächerte Bildung, in Wissenschaft und Kultur investiert worden, wieviel Aufopferung haben wir uns selbst und mitunter liebend gern zugemutet? Wieviel Gerechtigkeit und Ungerechtigkeit, wieviel Mut und Unmut, wieviel Glück und Unglück mußten stattfinden, um solchen Aufstieg und solchen Absturz zu bewirken?

Die Zweistaatlichkeit, die ja beileibe keine deutsche Erfindung war, eher ein störrischer Bastard der Konferenz von Jalta, hat in ihren jungen Jahren den Kalten Krieg ausgefochten, aber überstanden. »Peccatur intra et extra ...« Beide Seiten haben mächtig aufeinander aufgepaßt und jeweils Alarm geschlagen. Aber letztlich gelang es beiden Staaten unter großen Belastungen, mit bedauernswert tragischen Konsequenzen den Frieden an der Trennlinie der beiden gegeneinander gerichteten Blöcke im Zentrum des so kriegsgewohnten Kontinents zu bewahren. Noch 1988 hatte Außenminister Genscher vor der Vollversammlung der

Vereinten Nationen dieses Verdienst beider deutscher Staaten hervorgehoben.

Dieser 3. Oktober 1990 hätte nun der Tag, die Stunde werden können, in der jener verzweifelte Ruf des Gerhart Hauptmannschen Florian Geyer sich hätte bewahrheiten können: »der deutschen Zwietracht mitten ins Herz«. Ich bin mir aber gar nicht sicher, ob wir mit einer plötzlichen Eintracht umgehen könnten. Sie erscheint mir nur bedingt verführerisch. Sollten wir nicht, anstatt über eine mangelnde innere Einheit zu räsonieren, mehr Energie aus der Spannung der noch immer zusammenwachsenden Teile gewinnen? Gegenseitig Biographien vorzustellen und auszutauschen hat Bundespräsident Herzog vorgeschlagen. Eine lohnende Anregung, wie ich meine.

Aus Österreich zurückgekehrt, wurde mir von dem Filmregisseur Ulrich Weiß eine reizvolle Rolle in dem DEFA-Film »Miraculi« angeboten. Weiß war von der DEFA in ihren letzten Jahren sträflicherweise nicht mehr berücksichtigt worden, was einem Berufsverbot gleichkam. Die Zusammenarbeit bereitete uns allen Vergnügen, aber der Spaß am Spielen war schon getrübt. Keiner aus dem Drehstab wußte, was aus ihm und der DEFA werden würde. Mit diesem Film begruben wir die DEFA; es war wohl ihr letzter, sogar irgendwo noch einmal preisgekrönter Film.

Daß ich dann 1995 noch einmal in den alten Babelsberger Studios der DEFA, die dann aber längst schon wieder Ufa hieß, einen Film drehen würde, noch dazu einen amerikanischen, hätte ich mir bei den letzten Aufnahmen 1991 nicht vorstellen können.

Die erste Produktion des Theaters des Ostens war Strindbergs »Totentanz«. Vera spielte die Alice, ich den Edgar, den ewigen Hauptmann, der insgeheim davon träumt, irgendwann einmal Major zu werden, und die Rolle des Dritten verkörperte zuerst Wolf-Dieter Rammler, später Alfred Struwe. Beide widerlegten das Vorurteil, daß diese Rolle höchst undankbar sei.

Regie führte Gregor Edelmann. Er war von Haus aus Germanist, hatte als Lektor im Henschel Verlag längere Zeit Volker Braun, Heiner Müller und andere Autoren betreut. Die Stärke von Edelmann war seine respektvolle Scheu gegenüber Schauspielern. Nie in meinem Leben habe ich mit einem Regisseur zusammengearbeitet, der derart traurig und verletzt war, wenn man einmal seine Vorschläge nicht annehmen wollte. Deshalb beeilten wir uns, seine Anregungen wohl oder übel schleunigst umzusetzen. »Der Regisseur muß im Spiel des Schauspielers sterben«, hatte Stanislawski postuliert. Edelmann war dazu bereit. Damit bildete er eine Ausnahme. Er verfügt über das Format und die Selbstlosigkeit, welche das Postulat unterstellt.

Das Publikum im Westen war tatsächlich neugierig auf uns: Was können die, und was kann Minetti junior? Dies allein zählte.

Sechzehn Jahre zuvor war mein Vater mit demselben Stück, derselben Rolle in einer Inszenierung von Rudolf Noelte auf Tournee-Tour gewesen. In einigen Städten hatten Kritiker alte Rezensionen hervorholen und Vergleiche anstellen können. Einem Kritiker hatten es Vater und Sohn wohl gleichermaßen angetan. Er brachte das Resultat auf die lakonische Formel: »Sehr ähnlich, aber völlig anders – und trotzdem ebenbürtig.«

Wir spielten den »Totentanz«, im Spätherbst 1990 beginnend, bis zum Frühjahr 1994 weit über hundert Mal, verteilt auf vier längere Tourneen. Dann hielten wir uns an die verbitterte Lebensweisheit des Strindbergschen Hauptmanns: »Durchstreichen und weitergehen!« Das Weitergehen fiel uns nicht schwer, denn jeder von uns hatte neue

Projekte im Visier. Aber das Durchstreichen, also der Abschied von dieser so erfolgreichen »Totentanz«-Inszenierung tat so weh, wie nur Abschiednehmen wehtun kann.

Nach der ersten »Totentanz«-Staffel und unmittelbar vor meinem dreimonatigen Abstecher nach Paris, wo ich, wie schon einmal erwähnt, den Bassa Selim das vierte Mal spielte, suchte mich in Berlin, aus Wien kommend, ein Dr. Robert Quitta heim. Er war nicht nur Film-, sondern auch Theaterregisseur, nicht nur Regisseur, sondern auch Autor, nicht nur Autor, sondern auch ein brillanter Agent provocateur. Quitta würde es kategorisch von sich weisen, im Schauspieler zu sterben, dann schon lieber sich im Schauspieler verewigen – mit Hilfe von raffinierten Videoaufzeichnungen. Darum wird er in Österreich auch immer noch der Filmemacher genannt, obwohl er zum Glück längst seine Vorliebe für Film mit dem Primat des Theaters vertauscht hat.

In Berlin stand er also eines Tages vor mir. Blitzgescheit, hochgebildet, mit sowohl offenem als auch angenehmdurchtriebenem Charme, mit Sinn und Freude an jeder Dialektik, höchst eigenwillig, unberechenbar, aber auch fast unwiderstehlich, denn er verfügt auch über die von mir so favorisierte jüdische Intellektualität und Vitalität, und er brachte mich dankenswerterweise auf den Weg zu einem anderen Juden von allerhöchstem Karat. Quitta bot mir an, ich solle im Sommer 1990 in der Wiener Uraufführung des von ihm verfaßten Stückes »Onassis und Bloch« die Rolle des Philosophen übernehmen.

Ernst Bloch hatte ich 1955 in Leipzig kurz kennengelernt – nicht an der Universität, sondern bei einer Veranstaltung des Kulturbundes. Was er dort vortrug, belebte die bis dahin eher träge und trockene Debatte schlagartig. Ich war fasziniert von seiner spirituellen Phantasie, von der Originalität seiner Rhetorik, fortwährend begleitet von einer spontanen, mitunter auch wilden, scheinbar unkontrollierten Gestik. Da sprach jemand, der während seines Redens auch noch nachdachte und höchst scharfsinnig dazu. Für DDR-Verhältnisse etwas höchst Ungewöhnliches. Ich war davon ebenso berührt und beeindruckt wie dann auch von einem anschließenden, sehr knappen Zwiegespräch zwischen uns. Bloch war unvermutet auf mich zugekommen und hatte mir ein sehr konzentriertes, weil streng bemessenes Kompliment gemacht – für je einen Film und eine Vorstellung, die er von mir gesehen hatte. Aber so flugs, wie er sich meiner angenommen hatte, so pfeilschnell verschwand er auch wieder und stürzte auf ein nächstes Objekt seiner Beredsamkeit zu.

Diesen an sich unnachahmlichen Mann sollte ich nun verkörpern, in einem Stück, das zwei Mythen dieses Jahrhunderts gegenüberstellen wollte: den Inbegriff des Kapitals konfrontiert mit einem Vertreter des Geistes. Ursprünglich hatte Quitta als Antipoden zu Onassis wohl Einstein gesehen, dann aber dem Marxisten und damit zugleich auch Antikapitalisten Ernst Bloch den Vorzug gegeben.

Wenn aber viel Geist und viel Geld beieinander sind, dann gehört natürlicher- oder logischerweise auch noch eine Frau dazu, die sich für das eine von beiden entschieden hat. Diese Partie war einer Callas zugedacht.

Das Stück endet mit einem bitterbösen Finale: Onassis und Bloch tanzen Sirtaki und zertreten eine sich zwischen sie werfende Callas.

Die Rolle des Onassis und der Callas besetzte Quitta mit beinahe adäquaten Griechen.

Aber als Quitta mich in Berlin mit Bloch bestach, war von Details noch nicht die Rede.

In Paris erreichte mich ein Rohentwurf des Stückes, der

im buchstäblichen Sinne alles offenließ. Allerdings war Quitta so leichtsinnig gewesen, mir die Auswahl von Bloch-Texten zu überlassen. Da mir der vierte Bassa Selim großzügig etwas von der ihm gebührenden Probendauer überließ, könnte ich einen Teil des verbleibenden Zeitkontingents für die Zusammenstellung nutzen. Das Pariser Goethe-Institut versorgte mich reichlich mit Blochs Schriften. Durch meine Arbeitswütigkeit sollten vorübergehend sogar die Reize von Paris ins Hintertreffen geraten. Zum Ausgleich fand ich bei meiner Lektüre pures Vergnügen an einem nicht amputierten, weil nicht mehr selektierten Marxismus, der dadurch seine Vitalität wiedergewann.

Als ich nach meinen Opernverpflichtungen von Paris nach Wien flog, verblüffte ich dort Quitta mit einer zweieinhalbstündigen Lesung meiner Bloch-Auswahl. Er war – und das wollte in seinem Fall viel heißen – vorübergehend sprachlos. Nachdem er sich von dieser Überraschung erholt hatte, bat er mich dringend um Kürzungen. Dem Wunsch wollte ich mich nicht verschließen. Dennoch mußte er mich noch ein paar Mal zu weiteren Straffungen überreden, bis ein spärlicher Rest übrigblieb, der Zutritt zu seinem Stück fand.

Quitta tröstete mich: »Du kannst ja irgendwann aus deiner Materialsammlung etwas Eigenes auf die Beine stellen.«

Aber darüber sollten noch ein paar Jährchen vergehen.

»Die Presse« aus Wien testierte uns nach der Uraufführung: »Das war große Kunst.« Wir alle waren trotz aller unvermeidlichen Kontroversen, die vorausgegangen waren, selig.

Auf das Gastspiel in Wien folgte gleich anschließend ein weiteres in Innsbruck. Mit einem Sommerfestival von lupenreinen Uraufführungen wollte die Stadt ein wenig mit Salzburg rivalisieren. Sicherlich auch um hohe Gagen zu sparen, wurden dazu überwiegend Dramatiker und Schauspieler aus dem deutschen Osten verpflichtet. Wir verstanden uns dennoch mit der Minderheit der Kollegen aus Österreich und Westdeutschland hervorragend. Ich spielte die Titelrolle in dem von einem Innsbrucker Journalisten findig geschriebenen Stück »Charlies Angst«. Dieser Charlie begehrt ebenso gegen die Welt wie auch gegen sich selbst auf. Regie führte ein guter Freund aus der Zeit der Laienspielschar am Paulsen-Realgymnasium, Hannes Dahlberg. Nun waren wir wieder vereint.

Ein anderes uraufgeführtes Stück stammte aus der Feder von Rudi Strahl, und so wurde der »Innsbrucker Sommer« standesgemäß belebt.

Jammerschade nur, daß die privaten Veranstalter durchtrieben genug waren, um den tumben Ossis auch noch deren Minimalgagen vorzuenthalten. »Das weit're verschweig ich, doch weiß, doch weiß es die Welt«, wie der Figaro singt. In diesem Fall weiß es hoffentlich halb Innsbruck. Wir waren um eine Mammon-Erfahrung reicher und trösteten uns notgedrungen damit, daß wir nun im Kapitalismus agierten. Die Stadt und ihre herrliche Umgebung versuchten wir trotzdem ohne Verdrossenheit zu genießen.

Im Herbst 1991 begann das Theater des Ostens mit den Proben zu Ionescos »Die Stühle«. Die Premiere fand im November in dem berühmten kleinen Fürstentum, zwischen Österreich und der Schweiz gelegen, statt. In Liechtenstein muß man sich einfach verlieben können – in das ganze Land, nicht einmal nur in die hinreißende Landschaft, sondern erst recht in die Menschen, vor allem aber in die Zuschauer.

»Die Stühle« boten Vera Oelschlegel und mir als dem alten Ehepaar all das, was Schauspieler sich nur allzuoft wünschen, aber oft genug nicht bekommen. Wir wurden von einem qualifizierten Publikum in einer Weise verwöhnt, daß man alle Mühe hatte, es *nicht* glauben zu wollen.

Schon ein Jahr zuvor waren das Theater am Kirchplatz und ich übereingekommen, im Dezember 1991 die Proben zu Thomas Bernhards »Der Theatermacher« aufzunehmen. Es sollte eine Koproduktion mit dem Stadttheater in St. Gallen werden, und sie begann und endete auch mit einer Hochstimmung unter allen Beteiligten. Dazwischen wogten Schlachten, lagen tiefe Schluchten und Abgründe.

»Der Theatermacher« war mein erster Thomas Bernhard. Ihm glaubte ich durch sehr sparsame, immer nur bruchstückhafte, vieldeutige Aussagen meines Vaters ein wenig nähergekommen zu sein. Die Bindung zwischen diesen beiden muß übersinnlicher, wenn nicht gar seelenverwandter Natur gewesen sein. Wenn Chef über Thomas Bernhard nach dessen Tod sprach, war sein längeres Schweigen zwischen den Sätzen beredter und aufschlußreicher als das, was er wollend und nicht wollend preisgab. Er, mein Vater, hatte die vielen Bernhards ausgelotet, ausgekostet, vor allem natürlich den »Minetti«.

Da müssen sich ein exemplarischer Norddeutscher, ein Kieler noch dazu, der sich gegebenenfalls auch auf Geisterseherei und Dämonie versteht, und einer der großen Haßliebenden aus weit südlicheren Gefilden auf einer Wellenlänge getroffen haben. Thomas Bernhard kannte sich aus im menschlich-kreatürlichen Bestiarium ... daß ausgerechnet der Mensch so unmenschlich sein kann! Zwei Bernhards, beide oftmals zu Unrecht angefeindet, hatten sich gefunden.

Mir kam ein Umstand zugute: den »Theatermacher« hatte mein Vater nie gespielt! Das verlieh mir eine Unbefangenheit, auf die ich angewiesen war.

Der Regisseur und damalige Intendant des Theaters am Kirchplatz tat seinerseits alles, um mich für Thomas Bernhard zu präparieren. Er spielte mir Musikstücke vor, deren Sinn ich gern verstehen wollte, besorgte mir Unmengen Bücher, brachte mich – spät genug – auf Robert Walser und bestach mich durch mehrfach geläuterte Bildung.

Bei meiner Beschäftigung mit dem Stück dämmerte mir, daß Thomas Bernhard das Geheimnis des Theaters derart verschlüsselt hat, daß man es beinahe erkennen kann:

> »Wenn wir ehrlich sind
> ist das Theater an sich eine Absurdität
> aber wenn wir ehrlich sind
> können wir kein Theater machen ...
> Wenn wir ehrlich sind
> können wir überhaupt nichts mehr tun
> ausser uns umbringen ...«

Die Besetzung war optimal: Otto Bolesch als Wirt, Henry Meyer und Anna Schindler als Sohn und Tochter. Auf den Proben wurden wir vom Regisseur, um dessen Nervensystem es nicht sonderlich gut bestellt war, wie Moleküle umhergewirbelt. Das hatte was für sich, löste Produktivität aus. Aber jeder von uns wurde auch seinerseits nervlich belastet.

Irm war nach Liechtenstein gekommen, verstand es hervorragend, immer einen kurzfristigen Frieden zu stiften, sekundiert auch von der Frau des Regisseurs. Im Programmheft avancierte Irm zu einer Mitarbeiterin für Regie. Das ist sie auf Grund ihrer schauspielerischen Kraft und Phantasie für mich immer schon gewesen.

Einmal aber probte unser ganzes Ensemble den Aufstand. Die Kräche hatten sich über das normal erträgliche Theatermaß gehäuft; sie gipfelten in einer widersinnigen, vom Jähzorn diktierten Umbesetzung der Theatermacherin. Nur dem Intendanten des St. Gallener Stadttheaters, Glado von May, war es zu danken, daß wir schließlich doch Theater machten und mit der Premiere im Januar 1992 sogar noch Triumphe feiern konnten.

Eine schweizer Zeitung hatte die Frage gestellt, ob man mich jetzt nicht unter die Top ten deutschsprachiger Schauspieler rechnen müßte. Das hat mich zwar sehr gefreut, aber natürlich habe ich es nicht ernst nehmen wollen. Ich kenne zumindest ein halbes hundert Top ten.

Einen fabelhaften Effekt hatte die Kritik, die meinen Vater auf Umwegen erreichte, aber dann doch noch: Er kam nach Liechtenstein, sah die letzte Vorstellung. Sie war womöglich unsere beste, wie das oft der Fall ist, wenn der Abschied von einer Rolle, einem Stück dem Schauspieler die letzte Freiheit gibt. Chef war so erstaunt wie erfreut, daß dieser »Theatermacher« das Erschrecken der Zuschauer nötiger hatte als deren Lacher. Jedenfalls dauerte der Abend bis zum Morgen.

Wir sprachen über Thomas Bernhards Unerbittlichkeit, von der mein Vater mehr als nur affiziert war. Thomas Bernhard hatte meinem Vater zu dessen fünfundsiebzigstem Geburtstag 1980 geschrieben: »Ich verachte die Schauspieler, ja, ich hasse sie – denn sie verbünden sich bei der geringsten Gefahr sofort mit dem Publikum und verraten den Schriftsteller ... Die Schauspieler sind die Zerstörer und Vernichter der Phantasie, die eigentlichen Totengräber einer Dichtung. Minetti ist die Ausnahme!«

Dem kann ich nur beipflichten. Ich konzedierte meinem Vater sofort, daß ich hingegen gerne und leidenschaftlich um das Publikum werbe, wie man gerne und leidenschaftlich um die Gunst von Frauen wirbt.

Der Chef hinwiederum geht den schwereren, den dornigen Weg des sich auch Verschließen-Könnens, und dies honoriert das Publikum mindestens genauso gern.

357

Im Sommer 1992, zwischen den Spielzeiten, hatte ich in Dresden zum ersten Male öffentlich meine eigene Fassung von dem »Besuch bei Bloch« erprobt. Sie war, wie sich erwies, viel zu extensiv. Aber Bloch hatte mich derart inspiriert, daß ich mehr, als für die Zuschauer und mich verträglich, an Reflexionen, Analysen, Bewertungen, Geistesblitzen, Pointen und philosophischen Diskursen hineingepackt hatte. Der intensive Schlußbeifall und meine Dankesworte an das Publikum für dessen Marathon-Geduld hatten schon alle Anzeichen gemeinsamer Erschöpfung.

Meine ja keineswegs neue Idee zum Ablauf des »Gedanken-Spiels«, wie ich das Genre betitelte, war folgende: Ein imaginärer Journalist interviewt Ernst Bloch. Aus den Antworten erschließen sich dann überhaupt erst die gestellten Fragen. Diesen unsichtbaren Medienvertreter durch Blochs vielfältige Reaktionen gleichsam sichtbar zu machen, war mir ein wichtiges Anliegen. Wichtiger allerdings war mir natürlich, den gedanklichen Reichtum, die Lust am Philosophieren und Polemisieren dieses marxistischen Denkers zu vermitteln. Gleich Brecht hatte er sich bei seiner Rückkehr aus der Emigration für die DDR entschieden; er lehrte an der Leipziger Universität und zündete in seinen Vorlesungen Brillantfeuerwerke auf höchstem intellektuellen Niveau, bis er das unfreiwillige Schicksal des Sokrates erleidet, als Verderber der Jugend verleumdet zu werden. Als Renegat wird er aus der DDR vergrault und verjagt. Grotesk nur: In der Bundesrepublik gewinnt er namhafte Freunde, die ihn auffangen, öffentlich aber wird er als »philosophischer Politclown« abgestempelt, ja sogar als sowjetischer Topagent denunziert. Immerhin ist er in beiden deutschen Staaten mit höchsten Auszeichnungen dekoriert worden. Ein deutsch-deutsches Schicksal, wie es im Buche steht – eine Biographie, die mich aber leider auch dazu verführte, zuviel von ihr zu verwenden.

Nach der Dresdner Generalprobe war mir klar, daß ich überflüssigen Ballast abwerfen mußte, um den Fesselballon wirklich flugfähig zu machen. Und noch eins wurde mir klar: Mein Bloch-Projekt bedurfte einer Art Segen. Von Bloch konnte ich ihn leider nicht mehr bekommen, doch von wem dann? Da kam nur Hans Mayer in Frage. Wie Bloch hatte er in Leipzig Furore gemacht und nicht nur dort. Er war in den frühen Jahren der DDR eine literarische und politische Autorität von Format, bis ihm dasselbe Schicksal wie seinem Freund Ernst Bloch widerfuhr.

Ich besorgte mir seine Tübinger Telefonnummer, ließ sie aber lange liegen, weil ich wußte, daß von Mayers Urteil letztlich die Realisierung meines Vorhabens abhing. Als ich mir schließlich ein Herz faßte, erreichte ich ihn und begann höflich, umständlich, diplomatisch: »Ich habe ein großes Anliegen an Sie. Würden Sie unter Umständen bereit sein, mir ...«

Scharf und prononciert wurde ich unterbrochen: »Seit wann siezt du mich denn? Hast du etwa vergessen, daß ich dir schon 1955 das Du angeboten habe?«

Das hatte ich tatsächlich vergessen. Er verzieh mir großmütig. »Worum geht es also, Hans-Peter?«

Wir vereinbarten einen Termin, um uns zu treffen. Den konnte er dann doch nicht wahrnehmen; er schlug ein neues Datum vor. Da mußte ich nun meinerseits wegen Vorstellungen absagen. Bis es mit unserer Verabredung klappte, sollte fast ein Jahr vergehen.

Ein junger schweizer Dramatiker, Felix Kauf, hatte eigens für mich ein Stück verfaßt. Er hatte meinen »Theatermacher« gesehen, mir einen Brief geschrieben, der mich neugierig auf ihn und sein Werk machte, für das er mir bereits Kurt Schwarz als Regisseur benennen konnte. »Der letzte Diktator« hieß das eigenwillige Opus.

Der entmachtete Tyrann eines Kleinstaates lebt im vierzigsten Stockwerk eines Hochhauses in einem mit allem Komfort ausgestatteten Luxusappartement, das ihm von dem nachfolgenden, einem demokratischen Regime zur Verfügung gestellt und eingerichtet wurde. Er ist einsam, hat aber alles, was er wünscht. Für die, welche sich *nicht* an ihm rächen wollen, hat er nur Verachtung übrig. Der Mann haßt die friedliche Rache der Nicht-Rächer, denn sie kann Geschichte auf den Kopf stellen. Aus seinen Selbstgesprächen geht hervor, er versteht die Welt nicht mehr, weil sie ihn nicht verstehen will. Vergangenheit und Gegenwart durchkreuzen sich andauernd, ihn selbst und das Publikum immer wieder verunsichernd. Die Frage, ob er wirklich ein letzter Diktator ist, bleibt offen, auch wenn ein skeptisches Nein unterschwellig mitschwingt.

Ein grandioser Wurf eines großen Talents.

Allerdings wieder einmal ein Monodram – und für den armen Autor mit dem Minettischen Probenstil verbunden. Zu seinem Glück war er oft unterwegs, um Sponsoren heimzusuchen oder kostbare Requisiten aufzutreiben oder weitsichtig schon die Gastspiele in Zürich und Bern zu organisieren.

So extravagant wie das Domizil des Diktators war auch die Stätte unserer Proben – das architektonische Zentrum eines katholischen Kollegiums in Appenzell, geleitet von Kapuzinern. Rektor war und ist Pater Ephrim. Schon nach dem allerersten Tag fanden wir Gelegenheit, miteinander ins Gespräch zu kommen. Ich fragte ihn aus, er revanchierte sich. Wir nahmen uns Zeit dafür. Aus freiem Willen legte ich eine verkürzte Generalbeichte ab. Er mußte oft lächeln. Von meinem Bloch-Projekt sprach ich eher beiläufig. Bloch werde ihm doch bestimmt ein Begriff sein, sondierte ich vorsichtig. Darauf lachte er von Herzen und bekannte, er gelte in der katholischen Kirche als so etwas wie ein Experte für Bloch. Nach diesem Geständnis mußten wir beide uns viel Mühe geben, einen sich anbahnenden Exkurs rechtzeitig zu unterbrechen. Wir hatten jeder genug zu tun.

Dafür trafen wir uns nun öfter, und er schaute auch gelegentlich bei unseren Proben vorbei – wie Schwester Gisela auch, die es begnadet verstand, jeden in gute Laune zu versetzen. Mein Dankeschön bestand aus einer Bloch-Lesung im Meditationsraum.

Wenn die Uraufführung des »letzten Diktators« überall in der Schweiz hoch gelobt wurde, so hat die exzeptionelle Atmosphäre in Appenzell einen gehörigen Anteil daran. Durch die Nachfrage erhöhte sich die Zahl unserer Vorstellungen sprunghaft. Das bereitete mir erstmals ungewohnte physische Schwierigkeiten. Auf der Bühne hatte ich neuneinhalb Minuten lang einen exzentrischen Tanz zu den Klängen der »Fledermaus«-Ouvertüre zu absolvieren, der mich jedes Mal bis an oder über meine Grenzen hinaus forderte. Aber diese Grenzen wurden immer enger. Es kostete mich unglaubliche Kraftanstrengung, mich danach wieder zu fangen und weiter zu spielen. Solche Überbeanspruchungen hatte ich mir bisher »spielend« zugemutet. Nun brauchte ich, nachdem der Vorhang gefallen war, eine Verschnaufpause von mindestens einer halben Stunde. Ich begann zu fürchten, daß meine Kondition ernsthaft auf die Probe gestellt würde.

Mein Arzt in Berlin machte bedenkliche Miene zum nicht mehr guten Spiel. Er diagnostizierte Anämie und mahnte eine längere, aufwendige Untersuchung an; die verweigerte ich, denn ich hatte ein Angebot aus Wien, in einer Inszenierung Quittas Philipp V. zu spielen. Da hatte ich in Geschichtsbüchern nachschlagen müssen, weil er mir absolut kein Begriff war. Konnte er auch nicht sein. Er war ein debiler König, manisch depressiv, und er sollte nach Meinung der Königin nur durch Gesang geheilt werden können. Sie ließ den italienischen Sänger Farinelli an den spanischen Hof rufen. Umfang, Atemkraft, Färbung, Intonierung, Schwellfähigkeit und Biegsamkeit der Stimme dieses Kastraten sollen ohne Beispiel gewesen sein.

In dem Stück bewirkt sein Gesang jedoch keine Heilung, sondern verwandelt hoheitliche Depressionen in höchst irdische Aggressivität. Dreißig Porzellanteller mußte ich jeden Abend an der Bühnenwand zerschmettern. Von dem Moment an, da ich diese für meine zu spielende Zerstörungswut höchst geeigneten Objekte entdeckte, bis zum Vernichten des allerletzten Tellers vergingen etwa zehn Minuten. Während ein brillanter Countertenor der Wiener Staatsoper kunstvoll Farinellis Arien sang, suchte ich – wie ich's noch in Weimar gelernt hatte – mit den Requisiten höchst liebevoll umzugehen und jedes Wurfgeschoß sehr individuell zu behandeln, zu streicheln, mit königlichem Speichel zu polieren, bevor ich es an die Wand donnerte. Das Publikum amüsierte sich köstlich. Ich lag nach jeder Vorstellung flach, rang um Atem.

Kaum war ich wieder in Berlin, duldete der Arzt keinerlei Ausrede mehr. Die medizinischen Untersuchungen waren umfassend, der Befund eindeutig: Ein Darmtumor mußte schleunigst entfernt werden. Innerhalb weniger Tage wurde ich operiert.

Ich begann mich nur mühsam davon zu erholen. Da mußte ich ein zweites Mal operiert werden. Ein Kunstfehler, wurde gemunkelt. Ein Assistenzarzt, zu dem ich anfänglich Zutrauen gefaßt hatte, erwiderte mir, als ich mich über die bevorstehende zweite Operation beklagte: »Sie haben sich doch bestimmt auch schon einmal auf der Bühne versprochen, oder etwa nicht?«

Da war sie wieder, sie lebte noch, die alte Unempfindlichkeit der DDR!

Dafür kümmerte sich aber Schwester Jutta beispielhaft um mich, und vor allem Irm lieh mir viel von ihrem eigenen Lebensmut, sie wollte mich nicht sterben lassen, obwohl ich es so ersehnte. Ich hatte, wie weiland im sowjetischen Trommelfeuer an der Oder, wieder Gespräche. Diesmal schien es mir nicht der Gevatter zu sein, sondern eine französische Madame la mort. »Komm, laß dich fallen«, hörte ich im Unterbewußtsein. Die Stimme war angenehm. Ich weiß nicht mehr, warum ich diese Einladung nicht wahrnahm. Noch ein kleiner Aufschub? Gut, noch ein Aufschub, ein kleiner.

Danach haderte ich mit mir. Worte des Schlußmonologs von Gerhart Hauptmanns »Michael Kramer«, den ich vor Jahren gespielt hatte, stellten sich mit einem Male ein: »Die Liebe, sagt man, ist stark wie der Tod. Aber kehren Se getrost den Satz um: Der Tod ist auch mild wie die Liebe, Lachmann. – Hör'n Se, der Tod ist verleumdet worden, das ist der Betrug in der Welt!! Der Tod ist die mildeste Form des Lebens: der ewigen Liebe Meisterstück.« Vieles andere habe ich leider vergessen.

Immerhin konnte ich das Krankenhaus im August 1993 schon nach drei Wochen wieder verlassen. Ich rekonvaleszierte auf Hiddensee mit Irm und Anne-Elise. Es gab noch kleine Komplikationen, aber ich spürte bald, daß ich es noch einmal schaffen könnte.

Als ich siebeneinhalb Wochen nach der Operation im Rheinland wieder mit den »Stühlen« umzugehen hatte, die in Ionescos Stück ja auch eine gegenständliche Rolle spielen, und als ich mit ihnen und auf ihnen turnen, gar wieder über sie hinwegspringen konnte, tat ich Abbitte für meinen Groll wegen des zweiten Eingriffs. Es geht auch anders, aber so geht es auch. Ich denke, es war der unbändige Wille zum Spielen, der mir wieder auf die Beine half. Vera hatte als Partnerin ihren Anteil daran. Erst recht auch das Publikum.

Nach der dritten Vorstellung kam eine Bekannte auf mich zu, die von der Erkrankung wußte und nicht glauben wollte, was sie auf der Bühne gesehen hatte. Nicht anders erging es mir selbst. Auch ich wollte es eine Zeitlang nicht glauben. Der oft strapazierte Slogan paßte: *The show must go on.*

Gegen Ende des Jahres hatte ich in Liechtenstein zu tun. Von dort aus fuhr ich nach Zürich, um endlich mit Hans Mayer zusammenzutreffen.

Er hörte meiner Bloch-Lesung konzentriert zu, unterbrach mich kurz nach etwa zwanzig Minuten: »Ich glaube, das kann etwas werden. Mach weiter.«

Mit fielen ein paar Steine vom Herzen.

Zum Schluß resümierte er: »Was von Bloch ist, das ist sowieso immer gut, und was du hinzuerfunden hast, scheint mir in seinem Sinne zu sein. Meinen Segen hast du, und den Segen von Suhrkamp besorg' ich dir auch noch.«

Für all die Anregungen, Korrekturen, Verbesserungen, Pointen, mit denen er meine Textfassung bereicherte, ist Dankbarkeit allein ein viel zu schwacher Ausdruck.

Im Februar 1994 begannen die Proben zu einer erneuten Uraufführung. Gregor Edelmann, der erfahrene Dramaturg, hatte aus seinem Umgang mit Dramatikern die kühne Konsequenz gezogen, nun endlich einmal ein eigenes Stück zu verfassen: »Die letzte Liebe des Marquis de Sade«.

Von dessen Schriften heißt es ja allgemein, sie seien spröde und monoton. Ein Urteil, das ich schon immer teilte. Allenfalls der »Philosophie im Boudoir« konnte ich Geschmack abgewinnen. Ansonsten stellte sich bei der Lektüre immer rechtzeitig Langeweile ein.

Erst durch das Stück von Peter Weiss war mir de Sade als geschichtliche Figur nähergekommen. Ich besorgte mir Monographien und war daraufhin von diesem bewegten, tragischen Leben mehr beeindruckt als von seinen Schriften. Seit 1777 hat de Sade mehr als ein Vierteljahrhundert mit nur kurz bemessenen Unterbrechungen im Kerker, zuletzt im Irrenhaus von Charenton, verbringen müssen. Vier extrem gegensätzliche Regime, das Ancien régime, die Jakobiner, das Konsulat und schließlich Napoleon Bonaparte hielten ihn für so gefährlich, daß sie glaubten, ihn unter Verschluß halten zu müssen.

Als Gefangener verfaßte er brisante philosophische, auch hoch politische Traktate. Klassische Sentenzen übernahm Edelmann in den Text: »Nicht die Laster einzelner schaden dem Staat, sondern die Sitten und die Unsitten der Staatsdiener.«

Die Fabel des Stückes: Auf Wunsch des Gefängniswärters bringt de Sade dessen Tochter Magdeleine Bildung auf vielerlei Art bei. Sein Erziehungswerk vervollständigt er mit ihrer Verführung. Das macht er so raffiniert, daß sie daraufhin den Spieß mit Leichtigkeit umdrehen kann und ihn sich unterwirft; sie schlüpft in die Rolle einer Sadistin und treibt ihn schließlich, ohne es zu wollen, in seinen erlösenden Tod. Ein Sieg der Wirklichkeit über die Phantasie, ein Sieg des Geschlechts über den Geist; die gelungene Rache des Geistes ist schließlich der Verlust an Liebe. Ein meisterhaft geschriebenes Drama, eine wundervolle Partitur für zwei Schauspieler. Meine Partnerin war Patricia Ell, eine feinnervige Schauspielerin. Vera Oelschlegel übernahm die Regie, sehr akkurat, mit viel Gespür und Phantasie.

Luxemburg, wo die Schlußproben und auch die Uraufführung stattfanden, war gut gewählt, weil dort die französische und deutsche Kultur exquisit miteinander kommunizieren, und da paßte ein »deutscher« de Sade moderat ins Bild.

Insbesondere die politische Konfession des Marquis, vor allem seine Bewertung der Französischen Revolution, die erotische Revanche, die Magdeleine für ihre Erziehung nimmt, die frechen Lieder und jede Menge deutsch-französischer Anzüglichkeiten sowie die verzweifelten Petitionen de Sades an Napoleon brachten das Publikum in Wallung. Und wir genossen Luxemburg, die Stadt und das Land, in vollen Zügen.

Im Mai war ich wieder zurück in Berlin. Dort wartete ein Angebot von Thomas Thieme auf mich. Als Schauspieler hatte ich schon viel Rühmliches von ihm gehört. Er war vor meiner Zeit an der Berliner Schauspielschule gewesen, war in den Westen übergesiedelt, hatte sich in Frankfurt am Main und Wien Meriten erworben und hatte auch schon das Stück »Die Präsidentinnen« von Werner Schwab inszeniert. Daraufhin hatte der Autor ihm noch vor seinem Tod die Uraufführung von »Faust: Mein Brustkorb: Mein Helm« anvertraut.

Jennifer, meine Schwester, die sich Schwab seit der Uraufführung der Radikalkomödie »Volksvernichtung oder Meine Leber ist sinnlos« an den Münchener Kammerspielen verbunden fühlte, sekundierte Thiemes Werben um mich. Natürlich hätten wir gerne einmal gemeinsam auf der Bühne agiert. Wenn wir schon nicht alle Minettis zusammenbekämen, wollten wenigstens wir beide es miteinander versuchen. Dabei standen die Chancen, daß auch der Chef mitmachte, zunächst gar nicht so schlecht. Er sollte auf Schwabs Wunsch den alten Faust spielen, hatte uns ursprünglich auch Hoffnungen gemacht, aber dann doch mit guten Gründen abgesagt.

Die Rolle des Wagner fand ich schon bei Goethe nicht reizvoll. Ein paarmal war ich nämlich bei der berühmten und umstrittenen »Faust«-Inszenierung von Adolf Dresen und Wolfgang Heinz aus dem Jahr 1968 als Wagner eingesprungen.

So etwas in kürzester Frist zu übernehmen, hat mir schon immer einen Heidenspaß bereitet. Zum einen wegen des blitzschnellen Textpaukens, zum anderen, weil da wohl noch Relikte aus der Theatertradition des neunzehnten Jahrhunderts virulent werden. Damals wurde noch nicht mit der angestrengten Gründlichkeit und Pedanterie inszeniert, die sich inzwischen eingebürgert haben. Mir ist da manchmal allzuviel von des Gedankens Blässe angekränkelt.

Bei Übernahmen gilt es, sich rapide auf Rhythmus, Arrangements, Gänge, Partner einzustellen. Flüchtige, skizzenhafte Proben müssen genügen. Die Regisseure halten sich diskret zurück und verwandeln sich zeitweise in Lämmer. Und dann am Abend das eigentliche Abenteuer des Ernstfalls, wenn einen die Kollegen behutsam, unauffällig in die richtigen Positionen manövrieren und fast atemlos, andächtig zuhören, wie man sich abmüht. Die unmittelbare Nähe zu Zwischenfällen, Improvisationen aller Art erzeugt Hochspannung.

Wenn Fred Düren als Faust bei Dresen/Heinz und ich als provisorischer Wagner unseren Osterspaziergang unternahmen, wenn wir uns gegenseitig mit Text aushalfen und er mich an die jeweiligen Standorte dirigierte, dann war diese verwunschene Theateratmosphäre des neunzehnten Jahrhunderts zum Greifen nahe.

Ansonsten aber vermochte ich dem Goetheschen Wagner eben nicht viel mehr abzuringen als nun dem Schwabschen. Den ganzen heißen Sommer über probierten wir am Hans Otto Theater in Potsdam. Da schneite ein verführerisches Angebot einer großen süddeutschen Bühne dazwischen. Ich versuchte von Potsdam wieder loszukommen. Es gelang mir nicht, hat nicht sollen sein. Aber nach Chefs endgültigem Nein war der Part des alten Faust vakant. Ihn sollte ich zusätzlich übernehmen. Immerhin versöhnte mich der

Faust mit dem Wagner, an dem ich nun sogar Gefallen fand, nicht zuletzt an seinem wilden, ekstatischen Tanz.

Unser Vater kam zu einer der letzten Vorstellungen, verteilte Lob an Jennifer und mich. An ihr hatte er die spielerische Präzision bewundert; an mir hatte ihm das Beherrschen der Körpersprache gefallen: »Körpersprache ist mehr als Körper und Sprache zusammen«, stellte er fest.

Diese Anerkennung war uns mehr wert als die wohlmeinende, aber auch zweifelhafte Überschrift der Besprechung einer Berliner Zeitung: »Gut waren nur die Minettis«. Es waren viele gut, von den »Einstürzenden Neubauten« bis zu Potsdamer Kollegen. Und daß Schwab nach seinem frühen Tod auch mit diesem Stück noch rätselhaft bleibt, kann ihm niemand streitig machen.

Warum unser Hamburger Gastspiel 1994 das Publikum sehr viel mehr ästimierte, als dies in Potsdam der Fall war, konnten wir nicht ergründen. Aber wahrscheinlich hing das wohl doch auch mit der Misere der Potsdamer Blechbaracke zusammen. Dort war noch zu DDR-Zeiten der Grundstein zu einem neuen Theaterbau gelegt worden. 1989 war er bis auf den Innenausbau vollendet. Aber die neuen Oberen der Stadt erwiesen sich als klassische Schildbürger, indem sie einen teuren Abriß verfügten und ihren Bürgern statt dessen diesen Blechkasten vor die Nase setzten. Dafür wurden zig Gründe benannt, was immer verdächtig ist. Die Intention dürfte wohl gewesen sein, daß, anders als in Berlin oder Dresden, von DDR-Rudimenten nichts mehr übrigbleiben sollte. Blech für Beton. Ein Glück nur, daß das Potsdamer Publikum auch der Schwachsinn ihrer Bürokratie nicht davon abhält, ihrem Hans Otto Theater, aller Unbill zum Trotz, die Treue zu halten.

Im Sommer 1995 gastierte das Theater des Ostens in Potsdam, aber zum Besten des Besuchers nicht im fatalen Blech-

368

kasten, sondern in dem Schmuckstück des Theaters, im Neuen Palais von Sanssouci, das für den Großen Friedrich von Johann Christoph Hoppenhaupt im Südflügel eingerichtet werden mußte. Zum Abschluß einer ausgedehnten Tournee zeigten wir dort »Die letzte Liebe des Marquis de Sade«. Das Haus war in seinem Filigran wie geschaffen für den bitteren Filigranstil des Stückes. Es gebührt dem Marquis zur Ehre, daß man heute noch Anstoß an ihm nehmen kann. Dies hätte ihn sicher gefreut, wir freuten uns am vergnügten Entsetzen des Publikums, und endlich konnte ich es einmal genießen, en suite zu spielen. Ich fühlte mich dabei so wohl wie ein Fisch im Wasser, zumal ich tagsüber in den nahegelegenen Studios von Babelsberg wieder einmal einen Film drehte.

Unmittelbar nach unserer letzten Vorstellung brach ich nach Linz auf. Das hatte eine längere Vorgeschichte. Zwei Jahre zuvor hatte das Staatstheater Mainz eine »Woche des Österreichischen Theaters« veranstaltet. Aus Wien waren unter anderem das Burgtheater mit dem Dramolett von Thomas Bernhard »Der Deutsche Mittagstisch«, das Quitta-sche Theater mit »Onassis und Bloch« sowie das Phoenix Theater aus Linz eingeladen worden. In Linz hatte Werner Schwab seine »Volksvernichtung« selber inszeniert. Nach einer Lesung seines neuesten Stückes »Pornogeographie« im Rahmenprogramm kamen wir beide ins Gespräch.

»Ihre unnachahmliche Art, den Text im Schnellverfahren vorzutragen, hat mich noch mehr beeindruckt als Ihr Stück«, bekannte ich ihm. Das war ein bißchen hintersinnig, aber es schien ihm zu gefallen. Jedenfalls lächelte er gnädig.

Auf der obligatorischen Pressekonferenz zum Auftakt der Theaterwoche in Mainz hatte ich auch den Chef des Theaters aus Linz kennengelernt. Während Quitta und die Burgtheaterrepräsentanten brillierten, bestach mich Stefan Kurowski durch seine auffällige Unauffälligkeit. Wir verstanden uns auf Anhieb ziemlich gut, so daß wir uns vornahmen, in Kontakt zu bleiben, denn uns war Zeit genug geblieben, zünftige Pläne zu schmieden, wie das Theaterleute so lieben.

Als schließliches Resultat sollte dann aber etwas völlig anderes herauskommen, wie das ja ebenfalls Theatergepflogenheiten entspricht.

Stefan Kurowski visierte in Linz ein Projekt an, das nicht nur den engeren Rahmen eines Theaters, sondern auch den einer Stadt, ja einer Region sprengen sollte.

Kurz nach der Annexion Österreichs 1938 hatte Hitler verfügt, daß Linz, die Traumstadt seiner Kindheit, in das Muster einer Metropole zu verwandeln sei. Dies setzte den Aufbau eines Industriepotentials voraus. Allerdings mußte dafür eine störende kleine Ortschaft, das idyllische St. Peter, daran glauben. Ein freundlicher Herr mit weniger freundlichen Begleitern erschien in dem Dorf, stieß auf eine Bauersfrau, die dabei war, ihre Wäsche aufzuhängen. Er gab ihr behutsam zu verstehen, daß sie nicht mehr genug Zeit haben werde, sie trocknen zu lassen. Sie müsse, wie alle Bewohner, St. Peter bis zum Abend leider verlassen. Aber, beruhigte er sie, es werde für alle gesorgt werden.

So begann die Geschichte der Reichswerke »Hermann Göring« in Linz. Die heutige VOEST – ALPINE STAHL AG produziert längst nicht mehr nur Stahl, sondern vor allem zu exportierende Anlagen für Stahlwerke in aller Welt. Auch am Aufbau von Eisenhüttenstadt in der DDR war das Unternehmen entscheidend beteiligt.

Die Idee zu Kurowskis Projekt »Die Achse des Ofens« bestand darin, nach dem Preis des Verlustes an Heimat zu fragen und diese Frage mit dem lebendigen Wert, den Heimat bedeuten kann, zu beantworten: »Grabe, wo du stehst – lebe, wo du gegraben hast.«

Eine eigens umkonstruierte Werksbahn mit Waggons,

deren Dächer sich öffnen und schließen ließen, sollte die Zuschauer auf eine Nachtreise durch das riesige Industrieareal mitnehmen und mit ihnen Stationen, Szenen aufspüren, in denen Menschen arbeiten – oder eben nicht mehr arbeiten können; Stätten von höllischem Arbeitslärm oder von tödlicher Stille geprägt; aber auch Episoden, in denen Flüchtlinge um Schutz flehen, keine Schauspieler, sondern Frauen aus Bosnien, Serbien, der Türkei, aus Litauen, Moldawien und Afrika – auf der verzweifelten Suche nach dem, was Heimat sein oder werden könnte.

Die vorletzte Station der Nachtfahrt war die aufgelassene Stahlwerkshalle LD1, achtzig Meter breit, an die zweihundert lang. Dort erwarteten die »Schutzflehenden« aus der gleichnamigen Tragödie des Aischylos die einfahrenden Zuschauer. Sobald sie ihre Gefährte verlassen und die vorgesehene Zuschauerplattform erreicht hatten, setzte Fred als mein Fahrer seinen gewaltigen Deckenkran mit großem Getöse in Bewegung, an dem ich stehend in einem Stahlkorb hing. Die echten Asylantinnen, die Zuflucht in riesigen Stahlrohren gesucht hatten, entzündeten währenddessen ihre Fackeln. Und dann schleuderte ich ohne jedes technische Hilfsmittel den Aischylos-Text des Chorführers auf die Menschen unter mir herab: »Zeus, o Erbarmer, schau gnädig herab auf die Frauenschar … Welch anderer Ort nähm' uns gütiger auf als Eure Stadt und Euer Land, als Eure schimmernden Quellen? Und so haucht sanften Geist diesem Lande ein.«

Noch nie und seitdem auch nie mehr habe ich in einer solchen lebendigen, überdimensionalen Kulisse agieren können. Das war Theater jenseits allen Theaters!

Das Jahr 1996 begann damit, daß ich Freiburg entdeckte. Es will mir partout nicht gelingen, eine Liebeserklärung an Freiburg zu vermeiden. Die Stadt strahlt selten gewordene

Ruhe aus, hat den Schwarzwald im Rücken, und vom Westen weht ein Hauch Französisches, sie ist nicht zu groß, nicht zu klein, um sowohl Charakter zu entwickeln als auch die Anwesenheit von Hektik durchzusetzen. Trotzdem können Freiburger, wenn sie denn dazu aufgelegt sind, guten Fußball spielen. Ansonsten beherbergen sie eine Universität, die Universalität ausstrahlt, und ein streßfreies, dennoch reizvolles Theater am Wallgraben, das zu dieser Stadt optimal paßt.

Dort konnte ich Anfang Februar auch einmal alle meine angesammelten Soloprogramme bündeln, von den mittelhochdeutschen Minneliedern des Tannhäuser über Goethes Liebesgedichte, über Heine bis zu Rilke und Bloch. »Elektra oder: Gerechtigkeit ist alles« gehörte mit zum Repertoire, eine Textmontage, die ich für die Salzburger Osterfestspiele 1995 zusammengestellt hatte. Von der »Elektra« des Sophokles spann sich der Bogen über Seneca, Boccaccio, Hans Sachs, Voltaire bis zu Hofmannsthal, O'Neill, Giraudoux, Sartre und Gerhart Hauptmann. Alle »Elektra«-Adaptionen, so sehr sie auch voneinander abweichen, korrespondieren, kontrastieren miteinander, und sie kreisen um das Thema von Rache und Vergebung als der Bedingung für eine Gerechtigkeit, die eher für die Götter als für die Menschen erschaffen scheint.

Dann war wieder Wien an der Reihe und damit erneut auch Robert Quitta: »Beckett im Altersheim« hieß diesmal sein Stück. Der junge und der alte Beckett sitzen sich an einem schier endlos langen und schmalen Tisch gegenüber und meditieren. Sie spielen eine Partie Gehirnschach ... mit Ansage lediglich der Züge. Abgesehen von einem gemeinsam gesungenen Choral monologisiert jeder der beiden Becketts nur vor sich hin. Abgerissene Satzfetzen, Wunschvorstellungen, Flüche, Fragwürdiges, Unverständliches.

Im Gegensatz zu Ionesco hatte ich Beckett weder als Zuschauer noch gar als Schauspieler sonderlich viel abgewinnen können. Aber als ich Beckett, rollenbedingt, erneut las, änderte sich das gründlich. Es ist mir nicht zum ersten Mal so ergangen, daß ich einen Autor erst verstehen lernte, wenn ich etwas von ihm spielen sollte – und nun gar noch ihn selbst –: Den Sinn sinnlos machen, damit man ihn endlich versteht.

Insoweit Quitta und ich uns selbst treu blieben, gab es zwischen uns die gewohnten Differenzen, weil ich von seinem Textangebot an Beckett-Fragmenten schauspielerisch nicht satt werden konnte.

Er warf den Köder aller »dichtenden« Regisseure aus: »Was willst du? Du bist doch *sooo* gut, wenn du nur dastehst, staunst, strahlst und stachelst! Großen Text hast du doch überhaupt nicht nötig!«

Natürlich hatte ich ihn nötig!

Ein Wort gab das andere. Um den Bruch jedoch herbeizureden, hingen wir viel zu sehr aneinander. Darüber hinaus waren wir beide schon derart von Beckett infiziert, daß uns kein Eklat mehr hätte heilen können. Wir einigten uns darauf, daß ein eigener Beckett-Leseabend meinen Beckett-Texthunger stillen sollte. So geschah es denn auch, und wir hatten wieder Grund, uns reinen Herzens zu umarmen.

Angesichts der Wertigkeit, die ich den Ruhrfestspielen immer beigemessen habe, war ich gespannt, wie der »Besuch bei Bloch« dort aufgenommen werden würde. Ich hatte Hansgünther Heyme und seinem Stellvertreter Hans Adalbert Karbe vorgeschlagen, ihnen vorab Auszüge aus meiner Textcollage vorzulesen, weil ich das Material mit meinen vielfarbigen Markierungen bis zur Unkenntlichkeit entstellt hatte und es nirgendwohin mehr schicken konnte – abgesehen davon, daß es genügend Theater gibt, die dergleichen Manuskripte ohnehin nur stapeln und verstauben lassen.

Die Dreierrunde in den Räumlichkeiten der Intendanz wurde für mich so produktiv wie die vorangegangenen öffentlichen Bloch-Präsentationen, und deren Zahl war mittlerweile gehörig gewachsen. Auf Dresden und Berlin, die ich als experimentelle Voraufführungen einstufte, folgten Minden, Tübingen, Freiburg und Salzburg sowie die Universitäten Leipzig und Münster. Dabei konnte ich endlich die sowohl affirmativen als auch kritischen Reaktionen der Zuschauer einmal nicht nur als Schauspieler, sondern auch als »Autor« verarbeiten.

Wie schon in Appenzell bei den Kapuzinern stieß ich auch bei den Benediktinern in Meschede im Sauerland auf eine geistige, weil auch geistliche Souveränität im Rezipieren, auf ein vitales Interesse an der Ethik, am Gedankengut Andersdenkender, an der Auslegung des Marxisten Ernst Bloch und dessen subtiler Hinneigung zu Religiosität.

Ursprünglich, in Paris, als ich Bloch durch Quitta gleichsam erzwungenermaßen aufstöberte und ihn mir peu à peu erschloß, war das Balsam für mich gewesen: Durch das Erkennen der Verirrungen des Sozialismus, der Lebensnotwendigkeit von Utopien und durch die Hoffnung stiftende Kraft seiner Philosophie.

Ich wollte meinem Publikum die Lust an derlei Entdeckungen und Einsichten, an Blochscher Versalität vermitteln. Wenn das gelang, konnte sich kommunikatives, spielerisches Denken entfalten. Und »Denken ist die lohnendste Verführung zum Reden« – das wußte schon Bloch. Je nachhaltiger ich Blochs »Prinzip Hoffnung« versinnlichen konnte, desto sicherer wurde aus dem Interview mit dem fiktiven Journalisten ein lebendiger Dialog mit dem realen Zuschauer.

Obwohl ich vor meinen lediglich zwei Zuhörern in

Recklinghausen unter einem schon mehrfach erreichten Niveau blieb, stieß ich bei Heyme auf überraschende Gegenliebe. Auch er hatte Bloch kennengelernt, hatte ihn sogar bei seiner Inszenierung von Dieter Fortes »Martin Luther & Thomas Münzer oder Die Einführung der Buchhaltung« als Konsultanten gewinnen können, war mit Bloch und dessen Werk bestens vertraut.

Während ich meinen Text vortrug, hatte ich ihn natürlich ebenso beobachtet wie er mich wohl auch. Er reagierte optimal. Seine sorgfältige Kritik verriet sein Format. Ich hatte sie durchaus nötig, konnte sie aber umsetzen, und so vermochte sich mein Bloch im opulenten Programm der Ruhrfestspiele 1996 gut zu behaupten.

Im unmittelbaren Anschluß daran hatte das Jüdische Zentrum in Nordrhein-Westfalen eine herausfordernde Aufgabe für mich parat: wüste Passagen aus Hitlers »Mein Kampf«, die ich vorzutragen hatte, wurden von einer hinreißenden österreichischen Band mit ausgewählten jiddischen Liedern bloßgestellt und nach allen Regeln der Kunst konterkariert.

Im Juli jährte sich zum fünfzigsten Male der Tag der Beisetzung Gerhart Hauptmanns auf dem Friedhof von Kloster auf Hiddensee. Bei der offiziellen Feierstunde in der Inselkirche konnte ich aus des Dichters »Griechischer Frühling« lesen. Seine Gedanken über eine Antike, die so alt wie jung wirken, lassen ihn auch über eigene Jugend und vorausgeahntes Altern reflektieren.

Daß das Älterwerden eine Kunst ist, haben die Griechen uns gelehrt. Ich wünschte mir, auch von dieser Kunst noch lernen und im Lernen mir treu bleiben zu können, gemäß Goethe und seinen »Urworten. Orphisch«:

»Wie an dem Tag, der dich der Welt verliehen,
Die Sonne stand zum Gruße der Planeten,
Bist alsobald und fort und fort gediehen
Nach dem Gesetz, wonach du angetreten.
So mußt du sein, dir kannst du nicht entfliehen ...«

Ich will, glaube ich ... fürchte ich, keine andere Biographie
gelebt haben als diese – nicht nur, weil vieles so schön, sondern ausdrücklich auch, weil vieles so schön schlimm war.
Das Schlimmste waren der Krieg und der lange Nachkrieg.
Das Schönste muß man leider immer verschweigen.

## EIN LETZTES WORT
## IN EIGENER SACHE ZUM SCHLUSS

Es mag sein, daß der eine oder andere eine Zusammenstellung aller der von mir auf der Bühne, im Film und im Fernsehen gespielten Rollen vermissen wird. Der Verlag hat
mich immer wieder um eine solche Liste gebeten. Auch ich
hätte sie gern für den eigenen Bedarf. Sie hätte aber natürlich nur einen Sinn, wenn sie wirklich einigermaßen vollständig wäre. Eben diese Vollständigkeit kann ich aber nicht
gewährleisten – vor allem nicht, was die exakten Daten, die
jeweiligen Regisseure und andere Umstände wie Gastspiele,
Reprisen und dergleichen betrifft.

Ebenso wie ich mich regelmäßig vor Tagebuchnotizen
gescheut habe, so auch vor sorgfältiger Buchführung oder
gar Buchhaltung. Heute bedauere ich das sehr und möchte
mich deshalb auch dafür beim Leser entschuldigen.